中国国防科学技术信息学会

U0685612

# 情报学进展

## 2014—2015 年度评论

### 第十一卷

国防工业出版社
National Defense Industry Press
·北京·

# 内 容 简 介

本书是一本对情报学和信息技术应用领域研究进展的年度评论，反映最近一个时期该领域的热点问题及研究所取得的成果。

本书选取在国内、国际上有一定研究成果，或有一定应用的课题，利于回顾，利于引导相关研究。本书主要内容有：信息生态学的研究进展，文献计量分析视角下的情报学理论研究进展，我国情报学教育发展透析，补充计量学的发展及应用，移动技术应用领域信息服务相关研究进展，社会舆情分析研究与进展综述，大数据时代：思维变革、产业转型与数据科学兴起，国内外开放获取进展，信息质量评价研究进展等。

本书可供情报学研究人员、图书情报学以及信息管理学专业师生参考。

**图书在版编目（CIP）数据**

情报学进展. 第十一卷，2014～2015 年度评论 / 中国国防科学技术信息学会主编. — 北京：国防工业出版社，2016.9

ISBN 978 - 7 - 118 - 11029 - 6

Ⅰ.①情⋯　Ⅱ.①中⋯　Ⅲ.①情报学－进展－2014～2015　Ⅳ.①G350

中国版本图书馆 CIP 数据核字（2016）第 235026 号

※

*国防工业出版社* 出版发行

（北京市海淀区紫竹院南路 23 号　邮政编码　100044）
北京科信印刷有限公司印刷
新华书店经售
*
开本 710×1000　1/16　印张 19.25　字数 350 千字
2016 年 9 月第 1 版第 1 次印刷　印数 1—2500 册　定价 38.00 元

**（本书如有印装错误，我社负责调换）**

国防书店：（010）88540777　　发行邮购：（010）88540776
发行传真：（010）88540755　　发行业务：（010）88540717

# 目　录

# 信息生态学的研究进展

靖继鹏，张向先，王晰巍

（吉林大学　管理学院，吉林　长春　130022）

**摘　要：**随着信息技术的迅猛发展，信息系统中人与信息环境之间的协调和可持续发展问题越来越突出，信息生态的理论与应用研究已引起了学术界和实业界的广泛关注。信息生态是指信息人与信息环境之间的相互影响和相互作用关系。信息生态学是一门新兴的交叉性学科，是运用生态学的理论和方法研究信息生态系统的构成、特征、运行机制和发展规律的学科。信息生态学的提出，把人类信息活动及其信息环境作为一个统一的整体来看待，有利于实现信息生态系统的平衡，促进信息生态系统中人与信息环境的协调和可持续发展。文章首先对信息生态学的产生和发展过程进行了概括；其次，对信息生态学的基础理论和学科体系进行了总结；再次，运用文献计量方法和内容分析方法对国内外信息生态学研究现状进行了比较分析；最后对信息生态学研究的热点问题及发展趋势进行了阐述。

**关键词：**信息生态学；基础理论；学科体系；研究进展

## 1　信息生态学的产生与发展

随着信息技术的快速发展和社会信息化进程的加快，人与信息环境的协调与可持续发展问题已引起国内外众多学者的普遍关注。学者们在研究如何使人与信息、人与信息环境之间得到协调和持续发展的同时，一门研究人、信息、环境之间关系的新兴学科——信息生态学开始成为国际上一个重要的学术研究领域。信息生态是指信息人与其周围信息环境的相互关系，即涉及信息人、信息、信息环境之间的相互影响和相互作用。信息生态学（Information Ecology）是一门世界范围内的新兴学科，是信息科学与生态科学相互交叉而出现的全新的研究领域，其目的在于利用生态学的观点与方法，对人、信息、信息环境之间的关系进行宏观考察与分析，对信息生态系统进行合理规划、布局和调控，解决信息生态失调现象，进而保持信息生态系统的平衡、稳定和有序[1]。研究信息生态学对构建和谐社会，加速企业信息化、城市信息化、社会信息化的发展进程，以及促进社会的健康、可持续发展都具有重要的指导意义。

## 1.1 信息生态学的产生背景

信息科学发展到今天，信息技术日新月异、社会信息化日趋深入，人与信息环境之间的关系却出现了诸多矛盾与问题。怎样使人与信息、人与信息环境之间得到协调和持续发展，是信息生态学研究的重要使命。

### 1.1.1 实践背景

随着人类社会的发展，人们对其生存环境及发展环境的要求越来越高。而信息社会的到来，使人们对信息的需求越来越大、对其依赖程度日益加深，然而目前在信息量暴增的同时，人类获取、吸收、消化信息的能力却在不断下降。信息超载、信息焦虑、信息障碍、信息污染、信息侵犯、信息垄断、信息贫困、数字鸿沟等日益恶化的信息环境不仅对人们的正常生活、工作和企业生产、政府决策等造成了极大的影响，而且严重地影响着人类社会的发展进步，因此信息生态学的提出和研究具有非常重要的现实意义。

从信息生态系统视角对信息科学组织和高效利用并对信息资源优化配置，从而达到对物质和能源科学置换的目的，是社会实现可持续发展的必由之路。信息生态学把人类的信息活动和信息环境因素作为一个统一的整体看待，避免了系统内人、信息、信息环境的相互分割。随着信息技术的迅猛发展，信息化进程的日趋加快，人与信息环境之间的协调和可持续发展问题愈发突出，信息生态问题已经成为人类必须面对的一个重大课题。

### 1.1.2 学科背景

信息生态学的形成和发展是人类社会科学技术与经济发展共同作用的结果。作为一门新兴的交叉性学科，现代生态学的发展成果为信息生态学研究提供了有效的理论与方法，而信息技术的进步则为生态信息学的发展提供了有力的技术支撑与保障。

（1）现代生态学的发展趋势和信息需求。近20年来，生态科学取得了长足的进步，目前呈现出了新的发展趋势，其主要体现在：①复杂化和综合化。随着科技的进步，人类开发资源的能力日益增强，各种生态问题相互交织，各种生态危机层出不穷，生态学研究日趋复杂化和综合化。②长期化和全球化。过去那种有限空间尺度和短时间尺度的生态学研究已经难以解释当前日趋复杂和综合的生态环境现象和问题，进而要求进行长期的生态学定位和更大时空范围内的网络研究。为了解决当前日益严重的城市环境污染、生态破坏等区域性或地球变暖等全球性的环境问题，生态学研究的视角也逐渐从有限的空间尺度扩展到区域和全球，诸多全球性的国际协作项目如全球陆地观测系统/全球陆地观测网络等也相继建立起来。③研究手段日益现代化。随着生态学研究问题的日趋复杂化和综合化以及信息系统和计算机技术的飞速发展，研究者们希望借助数学模型来模拟生态系统现状并预测未来发展趋势，希望利用地理信息和遥感等先进技术来监测和分析各种生态现象。④研究目的转向生态系统的科学管理。当前，生态学研究的目的已经开始从对生态系统的适应向对生态系统的科学管理转变[2]。

（2）信息技术在信息科学研究中广泛应用。信息生态学的技术核心是计算机技术等信息技术。20 世纪 70 年代微型计算机的面世，特别是 1975 年个人电脑的出现，有力地促进了信息系统的自动化。20 世纪 80 年代后期，由数据库技术和网络技术相结合而产生的分布式数据库使信息系统的研究得到了长足发展。进入 20 世纪 90 年代，元数据的出现使得在互联网上科学查询信息成为可能，从而刺激了信息技术迅猛发展。

综上所述，信息生态学的形成与发展是历史发展的必然要求，是实践上升到理论的必然结果。

## 1.2 信息生态学的发展

### 1.2.1 国外信息生态学的发展情况

信息生态学是一门新兴的交叉性学科，发源于 20 世纪 60 年代的美国，至今只有 50 多年的历史。纵观国外信息生态学的发展历程，笔者将之划分为两个阶段。

（1）第一阶段（20 世纪 60 年代至 80 年代末期）：信息生态学的初始研究阶段。20 世纪 60 年代初期，著名传播学者马歇尔·麦克卢汉（H. M. McLuhan）首次提出了媒介生态的概念，他从传播技术的角度对信息生态学中信息传播的媒介对文化产生的生态影响、媒介和信息的关系等问题进行了深入的研究，提出了"媒介即讯息""冷媒介和热媒介"及"地球村"等引人关注的观点[3]。

1971 年，美国社会科学家威尼博格（G. M. Weinberg）出版了《计算机程序编写心理学》一书，从信息技术对社会伦理问题产生影响的角度，首先对信息生态中的伦理问题进行了研究，可称为国外最早涉足信息伦理学研究领域的学者之一[4]。1975 年，加拿大渥太华大学哲学系沃杰霍夫斯基教授创立了知识生态学，对知识、人类及社会之间的相互关系进行了开创性的研究，初步构建了知识生态系统体系。1978 年，美国印第安纳大学学者布鲁克斯（B. C. Brookes）对社会科学进行了研究，从计算机对社会影响的角度，探讨了信息技术在社会与组织变革中的作用[5]。

这一阶段的特点是由传播学、伦理学、社会学等学科的学者从各自学科角度对涉及信息生态学的相关问题进行研究，出版了一些论文和专著，其中涉及较多的是媒介生态问题，提出了一些信息生态学的理念和观点，但还没有形成一个统一的理论框架，也没有独立成一个学科，也很少涉及信息生态学的应用与实践问题。

（2）第二阶段（20 世纪 80 年代末期至今）：信息生态学的发展阶段。1989 年，德国学者拉斐尔·卡普罗（R. Capurro）在哥本哈根举行的"信息与质量"研讨会上发表了论文《信息生态学进展》（Towards an Information Ecology），这是最早正式提出"信息生态学"概念的文献之一，他对信息生态学进行了初步研究并讨论了信息污染、信息平衡、信息富有社会与信息贫乏社会之间的"数字鸿沟"等问题[6]。1995 年，美国学者大卫·阿什德（D. L. Atheide）出版的《传播生态学——控制的文化范式》（An Ecology of Communication：Cultural Formats of Control）一书系统地研究了信息在传播过程中面临的生态问题，探讨了信息技术及其范式与政治、文化、社会现象之间的关系，强调要确立媒介与环境、人与自然和谐相处的新型价值观和资源观，构建正确的信息传播与消费模式，进而确保媒介生态的总体平衡和良性循环。1997 年，备受国内学者推崇的美国学者托马斯·达文波特（T. H. Davenport）与劳伦斯·普鲁萨克（L. Prusak)[7]在深入研究企业信息化的基础上，提出了微观层次的信息生态学概念，他们认为信息生态学是指对组织内部信息利用方式产生影响的各个复杂问题采取整体的观点，显示在许多不同现象的相互作用时必须利用系统观来分析问题。1999 年，纳笛（B. A. Nardi）和欧戴（V. L. O'Day)[8]合作撰写了《信息生态：用心使用技术》（Information Ecologies：Using Technology with Heart），对信息系统中信息技术与人的关系进行了探讨，将信息生态系统定义为"特定环境里由人、实践、价值和技术构成的一个系统"，认为信息生态系统里占核心地位的不是技术，而是由技术支持的人的活动。

进入 21 世纪之后，国外学者开始关注信息生态学的实践应用问题，利用信息生态学的理论与方法研究电子政府、电子商务、社交网站等网络环境中信息生态实践层面的诸多问题，取得了一大批丰硕的成果，有力地推动了信息生态学的发展。2001 年，B. Detlor[9]秉承了达文波特的观点，认为信息生态学研究的主要内容是组织中的员工、政治与文化环境之间的相互关系，并探讨了信息生态对电子商务的影响。2005 年，C. T. Marsden[10]在《自由、开放或关闭——信息生态学的方法》一文中从政策等因素入手探讨了一个通过数字传输的、有效竞争的新媒体市场所需的关键结构变化，为信息生态相关研究提供了很好的指引。2006 年，Snijkers[11]、Grafton[12]等深入地研究了电子政务的信息生态问题。2008 年，Finin 等[13]分析了如博客、维基、网上论坛等社会化媒体与网络社区的信息生态问题。2010 年，Zhu

Ling 等[14]提出了"国家信息生态学"的观点，以一种更加宏观的角度来考察一个国家和全球的电子商务发展活动和过程，从信息生态学视角提出了建议和对策。2014 年，Vasiliou 等[15]将信息生态学理论作为一个完整的认知体系，通过分析、构建信息流以理解"信息空间"中的合作学习活动；Eddy，G. Brian 等[16]运用信息生态学方法研究了社会生态系统适应性管理中的问题。

信息生态学在这一阶段逐渐形成了一个相对完整的理论体系，构建起了一个较为统一的理论框架，并不断发展和完善，已经开始作为一门独立的学科出现。信息生态学的理论逐渐成熟，信息生态学的实践应用也日趋广泛。与此同时，学者们从其他学科视角出发也对信息生态学展开研究并取得了较为丰富的成果。总体而言，国外相关学者对于信息生态学的讨论研究更注重于实践，也即更多地关注对其进行微观上的解释和应用。

### 1.2.2　国内信息生态学的发展情况

国内信息生态学研究大约开始于 20 世纪 90 年代，与国外相比，虽然起步较晚但发展较快。总结国内信息生态学的发展历程，笔者认为可以将之划分为三个阶段。

（1）第一阶段（20 世纪 90 年代初至 2005 年）：信息生态学研究的起步阶段。1990 年，张新时院士在国内较早提出了信息生态学的概念，不过其研究主要局限于生态学领域，以自然生态系统而非信息为研究对象，强调运用信息技术对自然生态系统进行建模并加以分析[5]。1995 年，陈曙对信息生态系统的失调问题进行了探讨，据不完整分析，这是国内首篇从社会科学视角研究信息生态问题的文章[17]。1996 年，陈曙对信息生态学进行了较为系统的研究，从信息超载、信息垄断、信息侵犯、信息污染和信息综合征五个方面剖析了信息生态失调的基本形态，又从信息的生产和消费、信息的储存和传递、信息的民主和法制、信息的污染和净化以及信息生态的综合治理五个方面论述了与之相应的信息生态平衡[18]。1998 年，李美娣对信息生态系统的要素、功能和组成成分等问题进行了详细的探讨[19]。2000 年，谢立虹从信息生态学角度分析了网络信息的生态环境和信息管理手段[20]。2001 年，蒋录全在国内首次应用信息生态学理论对企业信息生态模型进行了研究[5]。2003 年，蒋录全出版了《信息生态与社会可持续发展》，这是国内第一本系统地研究信息生态问题的学术专著[21]；2004 年，支庭荣出版了《大众传播生态学》一书，提出了大众传播生态管理的思想[22]。

这一时期国内关注信息生态学的人数较少，研究成果数量不多，学者们主要运用思辨的研究方法进行理论探讨，研究主题有限，基本没有涉及信息生态学的实践应用。

（2）第二阶段（2006—2012 年）：信息生态学研究的发展阶段。随着信息生态学研究的逐步深入，很多学者开始重视这一新兴领域，并对信息生态系统、信息生态位、信息生态链等信息生态学的基础理论及其实践应用进行了深入研究。①对信息生态系统的研究。2006 年，娄策群探讨了信息生态系统的构成要素及其相互作用，阐述了信息生态平衡的含义与表现，分析了信息生态平衡在构建和谐社会中的作用[23]；庞海燕分析了数字化城市信息生态系统的构成要素及数字化城市建设中的信息生态问题[24]。2009 年，娄策群探讨了信息生态系统的进化问题[25]。2011 年，谢会昌分析了信息生态系统中的信息流转过程[26]；李杨研究了网络信息生态系统的恢复力问题[27]。2012 年，赵云合分析了政务信息生态系统的功能[28]；张海涛[29]、董微微[30]构建了商务网站信息生态系统并分析了其运行机制、配置与评价等问题。②对信息生态位的研究。2006 年，娄策群首次从理论上分析了"信息生态位"的内涵与外延、维度与宽度、重叠与分离、形成与变化等问题[31]。2008 年，刘志峰等分析了信息生态位的基本原理并构建了模型[32]。2010 年，张建坤构建了信息生态位的共生模型[33]，分析了信息生态位的演化机理[34]。2011 年，周承聪提出了信息服务机构信息生态位的优化原则与方法[35]。2012 年，张向先研究了商务网站信息生态位的测度方法[36]。③对信息生态链（信息生态圈）的研究。2006 年，程鹏阐释了"信息生态循环圈"的基本内涵并研究了信息生态循环圈的基本结构[37]。2007 年，韩刚、覃正提出了"信息生态链"的概念[38]；娄策群对信息生态链的内涵、本质和类型等进行了深入分析[39]，随后又分析了信息生态链中信息流转的方式、模型与效率等问题[40]。2008 年，慕静探究了信息生态链的管理模式与对策问题[41]。2010 年，李北伟分析了信息生态群落的演化过程[42]和演化机理[43]；2011 年，张旭分析了网络信息生态链的形成机理，提出了优化与管理的对策[44]。2012 年，张向先研究了商务网站信息生态链的运行机制[45]；马捷研究了微博信息生态链的构成要素与形成机理[46]；杨小溪研究了网络信息生态链价值管理问题[47]等。

在这一阶段，学术界开始对信息生态进行系统研究，研究人数和发表论文数量都大幅增加，处于快速发展成长期。同时，相关学术会议的展开，也提高了学者们对信息生态研究的热情，大大加深了对信息生态理论和应用的研究[48]。

（3）第三阶段（2013 年至今）：信息生态学研究的深化阶段。2013 年以来，信息生态学研究逐渐成为国内情报学界研究的热点之一，信息生态研究呈现出一派繁荣的盛况。广大学者运用信息生态学理论分析各个行业具体的、微观的信息生态问题，从各个角度对社交网站/网络、电子商务网站/网络、政务网站/网络以及其他行业、领域的信息生态问题进行了广泛、系统而又深入的研究，取得了丰硕的研究成果。①社交网站/网络信息生态理论与应用研究。2014 年，瓮毓琦[49]研究了微博等社交网络的信息生态问题。2015 年，李京蔚研究了微信信息生态链的信息流转问题[50]；宋拓[51]、张文晓[52]深入分析了微博信息生态链结构、运行机制、传播模式等问题并进行了仿真研究；孙悦[53]以微信信息生态链为例对 MIM 信息生态链及其影响因素灰色关联度进行研究。②商务网站/网络信息生态理论与应用。2014 年，冷晓彦分析了商务网站信息生态系统的运行机制[54]；许孝君研究了商务网络信息生态链的形成机理与运行机制问题[55]。2015 年，陈茫分析了大数据背景下的信息生态系统演变与建设问题[56]；张海涛[57]从价值链视角分析了商务网站信息生态系统的演进机理；刘原池[58]研究了商务网站信息生态化水平的评价问题。③政务网站/网络信息生态理论与应用。2013 年，赵云合[59]探讨了政务信息生态链的功能。2014 年，赵云合[60]、吴婷婷[61]等对政务信息生态位、信息生态链等进行了深入研究；陈凤娇[62]研究了政务网络平台信息生态化程度测度、存在的缺陷及优化问题。2015 年，赵龙文[63]、王涛[64]等研究了政务网络环境中信息生态的演化及信息生态链中的可信云服务维度构建问题。④其他行业、领域的信息生态问题。齐燕[65]研究了专利信息生态问题；肖钠[66]研究了图书馆信息生态链的管理模式；杨大干[67]探讨了临床实验室数字化信息生态圈等。

值得一提的是，2014 年娄策群等[68]出版的《信息生态系统理论及其应用研究》一书是目前最为系统阐述信息生态学的学术专著，该专著系统地介绍了信息生态系统基本理论、信息生态位理论、信息生态链理论、信息人共生理论、信息生态系统平衡理论、信息生态系统演进理论，并从宏观和微观两个层面研究了信息服务生态系统的构建、优化与运作等问题。

在这一阶段，信息生态学理论逐渐成熟并不断完善，信息生态学实践应用日益广泛，整体研究处于一个高峰时期，信息生态学研究进入深化阶段。同时，关于信息生态学的学术会议频繁召开，国家社会科学基金、国家自然科学基金等各种基金大力支持，都大大提高了学者们研究信息生态学的积极性。

综上所述，虽然我国信息生态学的研究起步较晚，与国外相比还有不小差距，在系统性和科学规范以及中国本土化策略分析方面略显不足，但是目前已经成为我国学术界研究的热点之一。信息生态问题的研究是信息伦理研究中一个基本和重要的问题，事实上国外的信息伦理研究，已经不仅仅局限在信息道德本身，而是从信息生态角度，解决信息道德环境问题。

## 2 信息生态学的基础理论和学科体系

### 2.1 信息生态学的内涵和研究对象

#### 2.1.1 信息生态学的内涵

我国较早提出信息生态学概念的是生态学家张新时院士[69]，他对信息生态学给出了如下定义：信息生态学不仅具有信息科学的高科技与信息理论的优势，而且继承和发展了生态学的传统理论，强调对人类、生态系统及生物圈生存攸关的问题的综合分析研究、模拟与预测，并着眼于未来的发展与反馈作用。卢剑波[70]等在其著作中对信息生态学也下了类似的定义：信息生态学是以现代系统理论、方法和现代计算机水平来分析、处理日趋膨胀的试验和观测的生态学信息，寻求生态学系统整体水平的规律。从这些早期提出的定义可以看出，最初信息生态学是利用信息技术来研究生态学的一门学科。

对于信息生态的含义，更多的社会科学学者认为是指信息人与信息环境之间的相互影响和相互作用关系，因而对于信息生态学的研究学者们关注的是从系统角度构建信息管理的系统环境。陈曙[18]、薛纪珊[71]、田春虎[72]等都认为信息生态学是信息人、信息、信息环境之间关系的总和。蒋录全与邹志仁[73]明确提出，信息生态学是研究人类生存的信息环境、社会及组织（企业、学校、机构）与信息环境相互作用的过程及其规律的科学，也是人类用以指导、协调信息社会自身发展与整个自然界（自然、资源与环境）关系的科学。

国外相关学者对于信息生态学的讨论注重于实践，也就是说更多地关注于对其进行微观上的解释。托马斯·达文波特（T. H. Davenport）[7]指出，信息生态学是指对组织内部信息利用方式产生影响的各个复杂问题采取整体的观点，显示在许多不同现象的相互作用时必须利用系统观（System Approach）来分析问题。纳笛（B. A. Nardi）和欧戴（V. L. O'Day）[8]在《信息生态：用心使用技术》一书中，对局部环境中信息技术与人的关系进行了探讨，认为信息生态是指一个由人、实践、技术和价值组成的系统。Y. Malhotra[74]指出，信息生态指的是一个组织内的信息环境，它由许多互动和互相依赖的群体、文化，以及那些能利用组织内的信息产生创造性的子系统组成，因此一个组织的信息生态影响到信息的产生和存储、信息的服务对象、信息的有效性以及影响在一个项目平台上什么信息是需要的、有价值的。

生态学是研究生物生存条件、生物及其群体与环境相互作用的过程及其规律的科学，其目的是指导人与生物圈的协调发展[75]。信息生态学是一门新兴的交叉性学科，是一门运用生态学的理论和方法研究信息生态系统的构成、特征、运行机制和发展规律的学科。通过分析研究信息生态系统中的信息人、信息与信息环境之间的各种关系，以实现信息生态系统的平衡和健康发展。

### 2.1.2 信息生态学的研究对象

信息生态学把信息人、信息及信息环境作为一个整体来看待，以其共同形成的相互作用的整体——信息生态系统作为其研究对象。信息生态系统是指以实现信息的产生、集聚、传递、开发、利用等为目的，具有特定结构和秩序的由各种要素组成的相互关系的总和。它是由信息人、信息和信息环境三部分组成的和谐、动态均衡的自组织系统，系统中的各个要素相互影响、相互作用。信息人可以是个人或组织，在信息生态系统中处于核心地位，信息生态系统的生成、演变既是由信息人引起的，也反过来建构信息人，是一种"以人为本"的信息存在状况。信息人通过一定的信息技术获取信息资源，同时也通过信息技术的进步提高获取、利用和管理信息资源的能力，促进信息环境的改善，但同时信息人又受到信息和信息环境的影响。

## 2.2 信息生态学的基础理论

### 2.2.1 信息生态系统理论

信息生态学把信息人、信息及信息环境作为一个整体看待，以其共同形成的相互作用的整体——信息生态系统作为其研究对象。信息生态系统的构成要素为信息、信息人和信息环境。其中，信息是信息生态系统的客体，也是信息生态系统的粘合剂，它包括所有的一次信息、二次信息等；信息人是信息生态系统的主体，主要包括信息生产者、信息传递者、信息消费者和信息分解者；信息环境不仅是背景和场所，而且也是所有与信息相互关联的所有外在因素之和，它既可以是微观和局部的区域，也可以是宏观的整个生态空间[76]。

张福学认为信息生态系统是由信息、灵感、洞察力、人和组织能力构成的自组织系统，系统中的各个要素互相影响互相促进，系统由人、技术和知识网络三部分构成[77]。李美娣指出信息生态系统是信息、生命体及其环境相互作用的有机整体，并从基本要素、系统功能和结构成分三方面剖析了信息生态系统[19]。陈曙认为信息生态系统即是人和外部环境相互作用的有机整体，信息生态系统中的结构分为信息子、信息素、信息场、信息链、信息网、信息域和信息圈等[18]。陈远提出信息生态系统就是特定环境中由人、实践、价值和技术构成的一个系统，它是个复杂的大系统，有一定的负荷力，有自我维持、自我调控功能，有动态的、生命的特征，它是健康可持续发展的。它强调的是人与技术、实践等构成的和谐系统，最核心的是人的实践[76]。

综上所述，信息生态系统是由信息人、信息和信息环境三部分组成的和谐、动态均衡的自组织系统，系统中的各个要素相互影响、相互作用。信息人处于信息生态系统的核心地位，信息人不断从外界环境中吸收新信息、释放旧信息、剔除无用的信息；信息及信息环境是由信息人创造的，但同时信息主体又受到信息和信息环境的影响[78]。

### 2.2.2 信息生态位理论

在以往对信息生态系统研究的过程中，过于偏重技术，有重硬轻软的思维惯性，为了摒弃以往把人当作信息系统的环境因素来考虑的消极观点，张新明等主张将人视为信息生态系统的核心要素，这就突出了人在信息环境中的能动性、积极性作用[79]，从而构建出一个以人为本的信息生态系统。由此对于信息生态位的研究也是这一核心理念的最佳切入点。娄策群[31]认为信息生态位就是指信息人在信息生态环境中所占据的特定位置。具体地说，信息生态位是指具有信息需求且参与信息活动的个人和社会组织在由其他信息人、信息内容、信息技术、信息时空、信息制度等信息环境因子构成的信息生态环境中所占据的特定位置。

信息生态位的维度与宽度是研究信息生态位的两个重要角度。娄策群将信息生态位归纳为3个维度，即功能维度、资源维度和时空维度，信息生态位主要由信息功能生态位、信息资源生态位和信息时空生态位三个方面构成。信息功能生态位是指信息人在信息环境中所充当的角色及其所承担的社会职能，反映的是信息人在信息社会中的角色定位和信息人之间的职、权定位；信息资源生态位是指信息人在信息环境中占有和利用信息资源的状况；信息时空生态位包括信息时间生态位和信息空间生态位，信息时间生态位是指信息人的信息活动占用的时间段，信息空间生态位是指信息人生存空间和活动空间的类型与区位。信息生态位宽度是指信息人在不同的信息生态维度上对多个信息环境因子适应、占有和利用的范围与数量。信息生态位宽度表示信息人具有信息功能和利用信息资源多样化的程度，也反映了信息人信息资源利用能力和竞争水平。在信息生态系统中，当某一部分信息资源被两个信息人共同占用时，就会出现信息生态位的重叠，一般来说，信息生态位较宽时，信息人之间功能和资源占用方面重叠较多，容易发生竞争；信息生态位较窄时，信息人之间的生态位重叠较小，可减少竞争，但如果所依赖的信息资源因某种原因急剧减少，就会危及某些信息人的生存[31]。

### 2.2.3 信息生态链理论

近年来，信息生态链的理论研究和应用研究趋于成熟。娄策群借鉴生态学中的生态链理论，探讨了信息生态链的概念、本质和类型，他认为信息生态链是信息生态系统中不同种类信息人之间信息流转的链式依存关系，并从构成主体、功能实质、依存关系三个方面探讨信息生态链的本质，按信息人的组织形式、信息人信息角色的专兼职程度、信息人种类及其职能多少、所流转的信息内容性质四个标准对信息生态链进行分类[39]。韩刚、覃正构建了信息生态链的理论模型，该模型是信息在信息环境下信息流从信息的供应者（吸收加工信息）—传递者（存储传播信息）—消费者（搜索使用信息）—分解者（释放删除信息）之间的传递过程，再经过信息流、信息人和信息环境之间的相互适应，以达到信息的共享和协同进化。并探讨了信息生态链管理的目标、理念和方法，为信息管理提供了一个生态学视角的分析工具[38]。张向先对企业电子商务信息生态链的结构进行剖析，并研究了企业电子商务信息生态链的信息流转方式和管理模式[80]。

　　信息生态链研究的核心问题是信息生态链管理，信息生态链管理是一种整体的管理方法，追求信息活动给信息生态链带来的整体收益，即信息收益最大化。信息生态链管理的关键点不在于对信息和信息主体本身的管理，而在于对信息流、行为、关系和过程的管理；之所以引入生态学的理念，就是要强调信息生态链构成要素之间共生共变的关系和相互适应的过程。通过信息生态链管理，可以使信息生态链处于持续的动态平衡状态，最大限度地发挥各构成要素的作用。

## 2.3　信息生态学的学科体系

　　信息生态学并不是研究者凭空杜撰出来的，而是有一定的理论基础。哲学、生态学、信息科学、系统论、管理学、社会学、人类学、社会信息学、人类生态学、认知科学、可持续发展理论等都是信息生态学的理论基础，信息生态学是建构在这些理论基础之上的一门新兴的交叉性学科。信息生态学坚持"以人为本"的理念，是以信息社会可持续发展为目标和宗旨的研究信息资源管理与利用的新理论。

　　信息生态学是一个多层次的学科体系结构，就其生成而言，它主要是信息科学和生态科学相互交叉渗透形成的一门边缘性横断学科（如图1所示）。就信息生态学体系结构

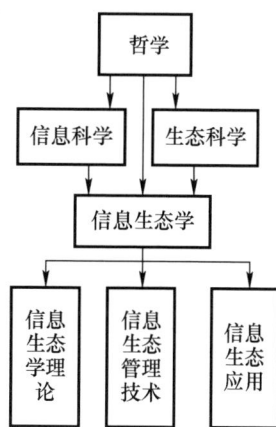

图1　信息生态学体系结构生成

本身而言，它是由信息生态学理论、信息生态管理技术、信息生态应用三大板块组成的，其中，每一板块又分若干个分支学科，分支学科之下又有子学科（如图2所示）。

　　信息生态学理论主要研究信息生态系统的结构、本质、模型构建、发展规律和协调与维护等一系列问题，既要从总体上研究信息生态系统的协调、平衡与发展的基本原理和一般规律，又需要研究信息生态理论在某些领域或局部的具体应用问题，故其分支学科应有信息生态学基础理论、信息生态管理理论、信息生态管理学方法论、信息生态学研究方法论、信息生态系统理论等。

　　信息生态管理技术主要是应用信息生态理论和信息科学、生态学等相关

信息生态理论

信息生态管理理论

信息生态管理学方法论

信息生态学理论

信息生态学研究方法论

信息生态系统理论

......

信息生态的需求、分析

信息生态的协调、发展

信息生态系统构建

软技术学科

信息生态系统开发维护

信息生态系统应用推广

......

信息生态学

信息生态管理技术

信息生态管理自动化技术

信息生态保护技术

数据库技术

硬技术学科

网络技术

新型载体技术

......

商务信息生态应用

政务信息生态应用

科教信息生态应用

信息生态应用

网络信息生态应用

社会信息生态应用

......

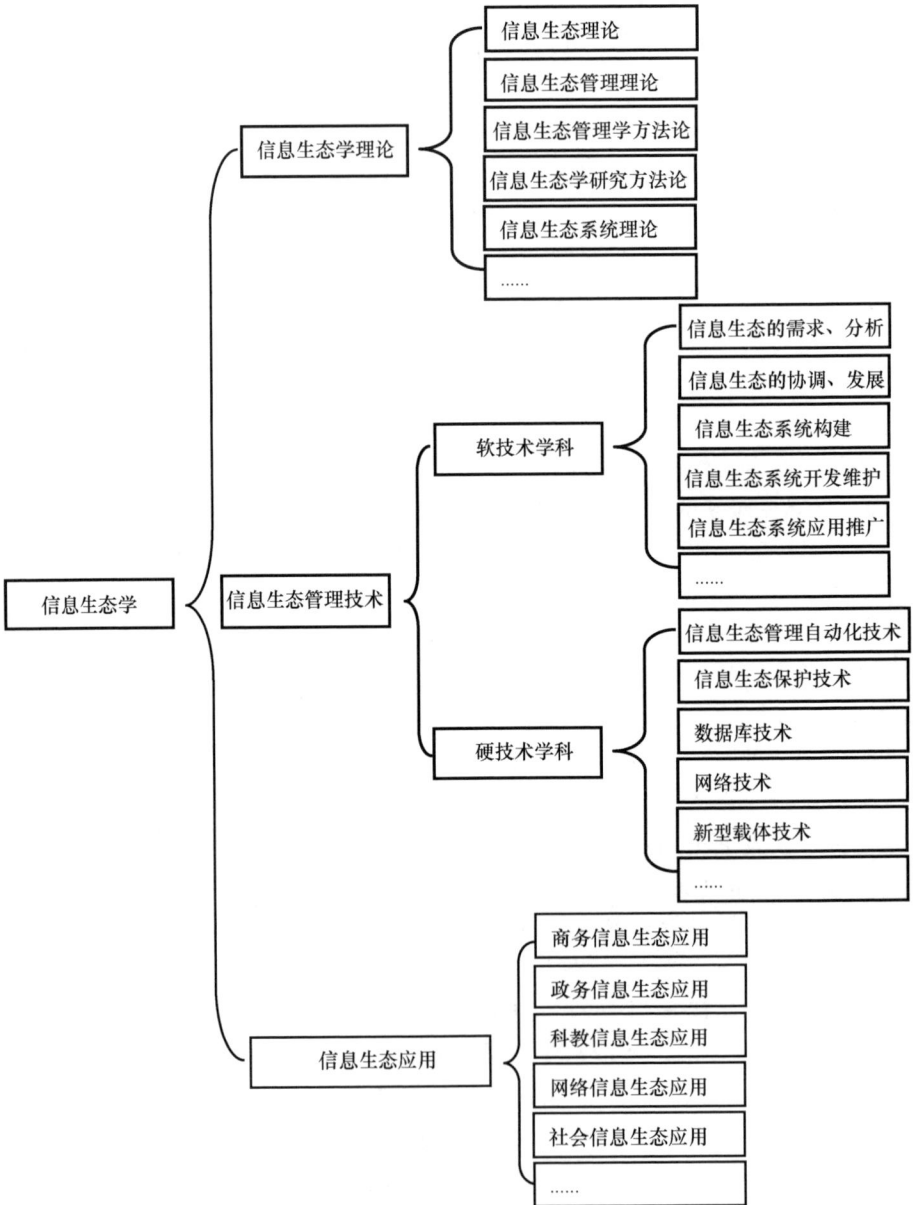

图 2　信息生态学的体系结构

领域的技术工具和方法来研究信息生态的需求、分析、协调与发展以及信息生态系统开发、构建、维护、应用与推广等一系列管理活动的原则、程序、方法和技术等问题。它又可以分为软技术学科和硬技术学科两部分。软技术学科是指研究信息生态管理的程序与方法所形成的知识体系，包括信息生态的需求、分析，信息生态的协调、发展，信息生态系统构建，信息生态系统开发、维护，信息生态系统应用与推广等。硬技术学科是指研究信息生态管理设备、设施和工具的应用与开发所形成的分支学科，主要包括信息生态管理自动化技术、信息生态保护技术、数据库技术、网络技术、新型载体技术等。

信息生态应用则是应用信息生态学理论与方法以及信息生态管理技术解决某一领域或行业的具体信息生态问题所形成的学科体系，主要包括商务信息生态应用、政务信息生态应用、科教信息生态应用、网络信息生态应用、社会信息生态应用等。

## 3 国内外信息生态研究的比较分析

### 3.1 国外信息生态研究的统计分析

国外文献样本的定量统计上，选择了 Web of Science 中的子库《社会科学引文索引》（Social Sciences Citation Index，SSCI）。检索条件为：主题＝关键词为（"Information Ecology" OR "Ecology of Information" OR "information ecosystem"），时间限定为 1992—2015 年，文档类型（Document Type）限定为文章（Article），检索截止时间为 2015 年 12 月 19 日，共检索到 2743 篇文献，以这些期刊文献为国际学术论文的研究样本。

#### 3.1.1 时间序列上文献特点

（1）文献的年代分布。依据检索条件，得到 1992—2015 年 SSCI 源期刊中关于信息生态的论文共计 2743 篇。从近 23 年的文献分布情况来看（如图 3 所示），论文发表数量呈现稳步的增长态势，从国际层面来看信息生态的研究仍是一个成长中的新型学科。

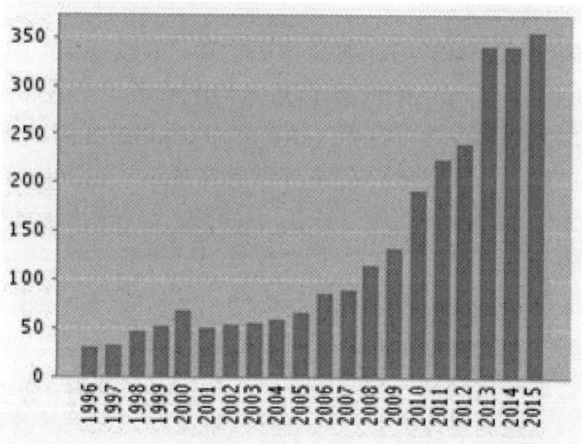

图 3　SSCI 中信息生态文献的年代分布情况

（2）文献的被引情况。从 SSCI 数据库中论文被引情况来看（如图 4 所示），篇均被引 15.51 次，相对来看处于较高水平，并且被引量处于逐年递增的状况，说明信息生态领域方面论文的质量相对较高，被学术界较为认可，学术影响力不断扩大。这在一定程度上也反映出信息生态研究领域正成为国际社会科学的研究热点。

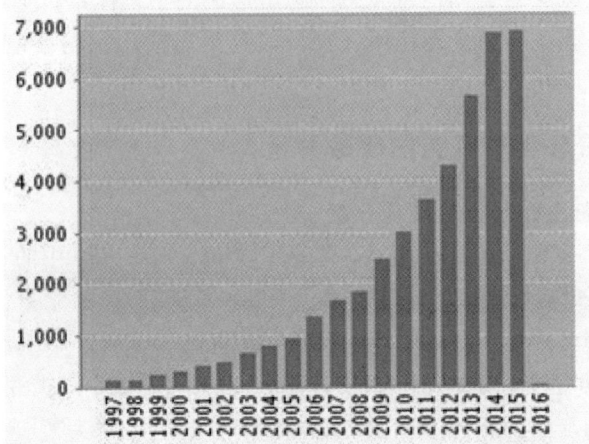

图 4　SSCI 中信息生态文献的被引情况

（3）文献的 h 指数情况。检索出的信息生态论文的 h 指数为 79，这是一个较高的数值，表明国际上对信息生态的研究不仅是数量上，更在质量上处于相对较高的水平，认同度相对较高，研究发展正处于上升期，未来该领域的研究将有更大的发展。

### 3.1.2　文献分布特点

（1）文献的期刊分布。根据布拉德福定律，论文总数约占 33％的期刊是该学科的核心期刊。笔者对 2743 篇信息生态学术论文进行分析，将文献来源期刊按发文量按降序进行排列（排名前 10 的期刊如表 1 所列）。整体来看涉及学科相对较多，主要集中在城市和乡村规划、生态经济、信息科学、环境管理和产业生态等不同领域，这在一定程度上反映出信息生态的研究呈现多学科交叉融合的态势。

（2）文献的资金资助机构分布。经统计，文献的资金资助机构分布于各个国家，其中欧美等发达国家和地区对此研究领域的资助相对较多。美国的国家科学基金会资助量最高，中国国家自然科学基金排在第 2，说明中国在此领域的关注程度也相对较高。这一分析结果说明，高水平的科研成果产出离不开国家科研基金的支持，中国在此领域的资助力度虽然排名相对靠前，但相对欧美等发达国家来看高水平的国际化论文相对较少，这在一定程度上反映出我国在此领域的国际化研究水平还有待进一步提升。

表 1　SSCI 中信息生态载文量排名前 10 位的国际期刊

| 期刊名称 | 载文数量/篇 | 所占百分比（%） | 期刊名称 | 载文数量/篇 | 所占百分比（%） |
|---|---|---|---|---|---|
| LANDSCAPE AND URBAN PLANNING | 156 | 5.687 | JOURNAL OF ENVIRONM-ENTAL MANAGEMENT | 46 | 1.677 |
| ECOLOGICAL ECONOMICS | 121 | 4.411 | APPLIED GEOGRAPHY | 44 | 1.604 |
| MARINE POLICY | 79 | 2.880 | ECOSYSTEM SERVICES | 43 | 1.568 |
| ECOLOGY AND SOCIETY | 70 | 2.552 | LAND USE POLICY | 37 | 1.349 |
| ENVIRONMENTAL MANAGEMENT | 49 | 1.786 | REGIONAL ENVIRONM-ENTAL CHANGE | 32 | 1.167 |

### 3.1.3　信息生态研究的主要内容

依据上述检索条件进行检索，为对研究内容进行分析，将检索类型限定为"文章"（Article），共检索到 1040 篇文献；为排除其他不相关文献，再次将检索条件中"研究方向"（Research Direction）设定为"信息科学和图书馆科学"（Information Science and Library Science），检索结果有 302 篇文献，并对这些文献的研究内容进行分析（见图 5），发现在信息和图书馆领域，主要研究内容集中在信息生态系统、社会信息生态环境、网络信息生态、信息生态技术、电子政务信息生态、教育领域信息生态这六大领域。同时从技术角度针对信息生态系统进行研究，成为欧美等发达学者研究中关注的热点。

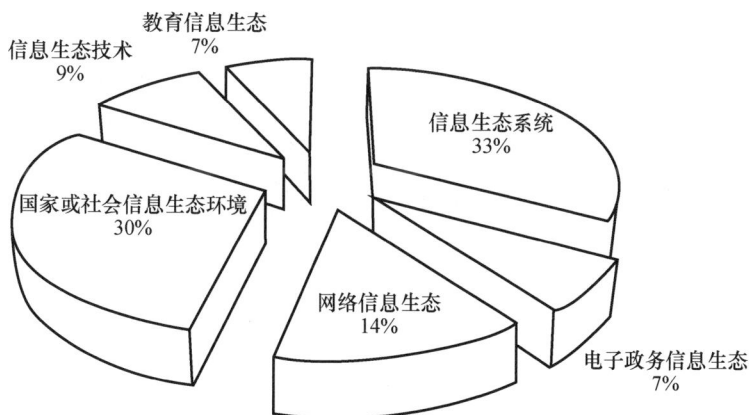

图 5　SSCI 中主要研究内容的统计分析

## 3.2 国内信息生态研究的统计分析

中文文献样本的定量统计上，以中国学术期刊全文数据库（CNKI）为数据源。设定的检索条件为：主题＝（"信息生态"或者"信息＋生态"），时间跨度限定为 1992—2015 年，检索截止时间为 2015 年 12 月 19 日，共检索到 802 篇期刊文献，以这些期刊为中文的研究样本。

### 3.2.1 时间序列上文献特点

（1）文献的年代分布。文献各年代的分布情况如图 6 所示。可以看出，近 23 年的时间，我国信息生态领域的学术论文数量呈现上升趋势。这反映信息生态在国内的研究处于一个逐步的增长阶段，其关注度在最近几年仍然不断上升。

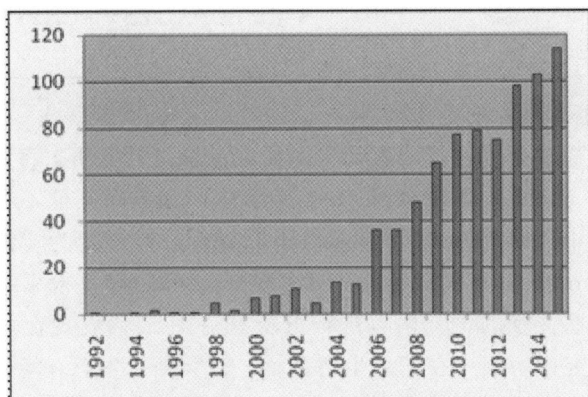

图 6　国内信息生态学术论文的年代分布情况

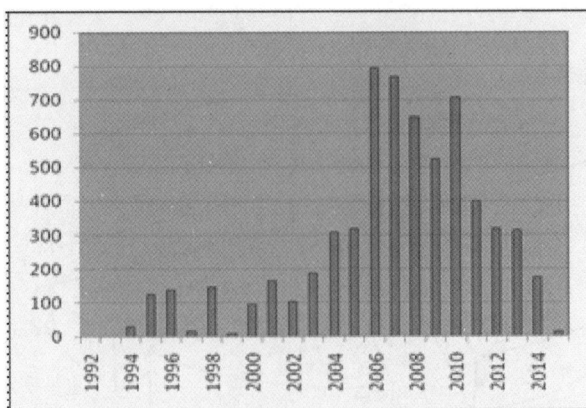

图 7　国内信息生态学术论文文献的被引情况

（2）文献的被引情况。从 CNKI 中信息生态论文的被引情况来看（见图 7），文章篇均被引 7.848 次，较国外文献的被引率来看相对较低。从 2000 年到 2006 年被引量逐渐呈现增长趋势，到 2006 年则到达最高峰（794 次）。这反映出国内在信息生态领域的早期研究成果，其论文质量在后期的学术影响力逐渐减弱。

（3）学术关注度和重要被引文章。利用 CNKI 中的学术趋势工具搜索信息生态的学术关注度，发现近五年信息生态的学术关注度逐步增加。其重要被引文章为陈曙的《信息生态研究》，引用频次为 138 次，排名第一，成为该领域中被引最高的学者。

### 3.2.2　文献分布特点

（1）文献的期刊分布。通过对中国知网数据库中相关论文的期刊所载情况进行统计，发现《情报科学》《图书情报工作》和《情报理论与实践》是此领域发文量相对较为集中的国内期刊，发文量占总文献量的 25％。同时，从期刊发文的整体情况来看，基本上都属于图书情报与档案管理领域的期刊范畴。可以看出，目前我国对信息生态的研究已基本形成较为稳定的学术期刊，以图书情报为特色的信息生态新兴学科正在逐步形成。

（2）文献的资金资助机构分布。国内对信息生态研究提供资金资助的机构较为集中。其中国家社会科学基金和国家自然科学基金在此领域资助后形成的研究成果相对较多，占总数的 24％。地方性的资助基金也占有 6％，虽然比例不大，但也看出我国地方政府对信息生态领域给予较高的关注。

### 3.2.3　主要研究内容分析

依据检索式，将来源类别选择为"CSSCI"，为对国内研究内容进行分析，排除其他不相关学科的文献，将"学科"检索条件选为"图书情报与数字图书馆、信息经济、互联网技术、计算机软件及计算机应用、企业经济"这几个学科属性上，共检索到 174 篇文献，并对这些文献的研究内容进行分析，发现国内信息生态的研究主要集中在图书馆信息生态、信息生态技术、网络信息生态、企业信息生态和电子商务信息生态。从整体来看，国内近几年信息生态的研究主要从社会角度研究的成果相对较多。

## 3.3　国内外信息生态研究的比较分析

### 3.3.1　时间序列上文献特点的比较分析

从时间脉络上来看，国外和国内发表学术论文数量和被引量都呈现逐年增长的的趋势，特别是在近几年正逐渐成为学术界的热点，这在一定程度上反映出该领域所进行的研究正成长为一个新兴的学科。但比较而言，国际期刊中论文的篇均被引与国内几乎相差 2 倍，说明国内信息生态领域的学术论文研究质量有待进一步提高，同时我国信息生态领域的国际化成果产出还有待提升。

### 3.3.2　文献分布特点比较分析

从国外研究所发论文的期刊分布来看，还相对较为分散，还没有形成稳定的核心期刊群，研究成果分布在地理学、经济学、信息图书馆学、人类学、计算机科学等不同的学科领域；比较而言，国内期刊所发表的论文相对较为集中，研究成果在学科领域上分布在经济学、教育学、管理学、计算机科学等不同领域。国内外研究成果在学科分布的特点上都呈现出很大的学科交叉融合的特征。从所获得资金资助情况来看，发达国家和我的信息生态领域研究成果与资金资助的分布成正比，中国的国家自然科学基金对此领域的资助也排在国际前列，说明我国对此领域的资助也较重视，这在一定程度上推动了此领域国际化成果及高水平论文的产出。

### 3.3.3　主要研究内容的比较分析

从中外信息生态学术论文的主要研究内容来看，国外对信息生态的研究更加集中在如何利用信息生态相关理念更好地指导信息生态系统中人、信息环境和信息技术协调发展；而从社会角度的研究主要聚焦在电子商务信息生态和网络信息生态等相关问题的研究。比较而言，国内更加侧重从社会角度利用信息生态链、信息生态位、信息生态系统和信息生态失衡的相关理论进行电子商务、图书馆、企业和产业领域的信息生态问题；而从技术角度进行研究的学术成果相对国外来说较少，但随着云计算、大数据、物联网等新兴IT 技术的发展，目前信息生态技术的研究正呈现逐步上升的趋势。

## 4　信息生态研究的热点问题及发展趋势

### 4.1　国外信息生态研究的热点问题

在对 Web of Science（WoS）数据库中的国外文献进行归类整理的基础上，运用基于关键词的文献聚类研究方法，对近三年的研究热点进行分析后发现，目前国外信息生态领域的研究在信息生态系统、电子商务中的信息生态和网络信息生态三个方向的研究成果相对较多。

### 4.1.1　信息生态系统

Martha[81]通过案例研究法分析了得克萨斯州奥斯汀网络媒体项目，建立了相关的信息生态系统模型以加强了解公众的信息需求，促进先进技术的发展。Sapta 等[82]研究了 1975—2012 年气候变化对龙目岛生态系统的影响，开发了地理信息生态系统，以分析该生态区的变化。Klein[83]通过分布式在线调查法确定用户的需求，以可视化方式设计了信息生态服务系统，以期为领导信息的需求和供应提供决策支持。

### 4.1.2　电子商务中的信息生态

Geng[84]根据电子商务网站的特点，结合信息生态学的理论分析了电子商务网站信息生态链的运作机制，对企业网站信息生态链的要素功能和相互作用进行了探讨，指出电子商务网络健康发展的经营机制。Zhu[85]分析了中国情境下 B2B 电子商务的应用，利用制度经济学理论、信息生态学理论从制度环境、政府支持、法律情况和民族文化等方面分析了其对企业电子商务发展的影响。Herzallah 和 Mukhtar[86]分析了组织和技术等因素对中小型企业电子商务应用效果和绩效的影响，用实证分析的方法提出了 12 个假设，并进行了验证性分析。

### 4.1.3　网络信息生态

西班牙萨拉戈萨大学信息与图书馆学教授弗朗西斯科等[87]提出运用网络信息生态的概念解决数字图书馆和信息服务的冲击和演变问题。Nam[88]试图通过使用互联网在信息生态学中的人类活动，以检查网站之间的相互关系。Zhu 等[89]提出教育信息生态系统的概念，分析了网络教育的信息生态系统的结构和基本要素。Naghshineh[90]将社会网络作为一个信息生态系统的结构，其研究定义了如何利用网络信息生态系统帮助个人增强相应的学习能力。

## 4.2　国内信息生态研究的热点问题

在对 CNKI 中的国内文献进行文献归类分析的基础上，运用基于关键词的文献聚类研究方法，发现近三年的国内信息生态领域的研究主要集中在信息生态链及信息生态位，信息生态系统平衡及企业信息生态，网络及网站信息生态这几个研究方向上。

### 4.2.1　信息生态链及信息生态位

陈燕红[91]借鉴信息生态位变动的类型与原因，对信息生态位变动所产生的影响进行了分析。段尧清[92]构建了网络信息生态链的基本结构和衍生结构模型，论述了各种结构模型的基本功能。李北伟等[93]从演化博弈视角下，分析了网络信息生态链的形成与演进的博弈过程；王晰巍等[94]以新浪微博低碳技术话题为例，分析了微博信息生态链的形成机理，并进行了仿真分析。

### 4.2.2　信息生态系统平衡及企业信息生态

叶乃溪[95]利用信息生态链的相关理论，从系统角度分析了信息生态链对促进企业实现内外绿色信息协同的作用。龚花萍[96]解释了信息生态环境下的企业生态系统的结构特征与管理规律。曲靖野[97]分别从个体生态学、种群生态学和群落生态学理论角度出发，阐述了虚拟企业联盟的信息生态系统技术构成及其自组织形成机制。

### 4.2.3　网络及网站信息生态

张海涛等[98]运用生态论、系统论及复杂系统自适应理论对商务网站信息生态系统的优化配置进行了研究，并采用模糊综合评判方法对该系统的配置水平进行了分析。黄微[99]从信息生态环境的角度讨论了企业如何适应网络信息生态系统，如何调节商务网站企业内部的信息生态环境。王晰巍[100]从信息生态系统构成角度入手，运用信息生态因子、信息生态链和信息生态理论分析了网络团购中的信息生态因子、团购信息的传递机理和网络团购发展中信息生态系统的演进，并结合 Groupon 团购网站进行了案例分析。

### 4.3　信息生态研究的发展趋势

从中外信息生态学术论文近三年的研究热点来看，国外对信息生态的研究近三年更加侧重在如何利用信息生态的理论更好地指导信息生态系统中人、信息环境和信息技术协调发展；而从社会角度的研究主要聚焦在电子商务和网络信息生态中人、信息环境和信息技术的和谐发展对促进电子商务及网络发展的影响。比较而言，国内近三年的研究热点更加侧重从社会角度利用信息生态链、信息生态位、信息生态系统和信息生态失衡的相关理论进行数字图书馆、网络和电子商务发展中的信息生态问题；而从技术角度展开研究的学术成果相对国外成果来说较少，但随着 Web 2.0、云计算和大数据等新兴 IT 技术的发展，目前信息生态技术的研究正呈现逐步上升的趋势。

在研究方法上，我国在推动信息生态理论研究的过程中，应加强技术和社会学专家的跨学科融合，促进学科之间在研究方法和研究思路上的交叉和协同创新。同时，突出"跨学科"的特点以解决不同视角下的信息生态发展中的研究问题，并积极推动案例研究和实证研究方法，以促进信息生态研究成果在国际高水平期刊中的交流和有中国特色信息生态理论的推广。

在未来研究方向上，首先建议应加强对信息生态研究的广度和深度，并探讨在更多产业领域中所呈现的信息生态和信息生态特性，丰富有关研究方法和相关理论。研究表明应进一步利用信息生态理论和方法解决当前社会发展中的经济和社会问题，促进信息生态在实践领域观念和方法的创新。其次，从技术层面来看，推荐研究人员应探究应用计算机模型和系统的方法去研究环境监测系统、碳足迹追踪系统和基于用户感知的多媒体意识系统等方面的研究。随着 ICT、Web 2.0、云计算、物联网、大数据等技术快速发展，未来从技术的角度对信息生态进行研究将呈现逐渐上升的趋势。再次，从社会的角度看，研究人员应注重运用信息生态理论，结合案例研究或实证分析方法，解决社会发展中的问题，如人口老龄化、企业社会责任、低碳经济、自然灾害和其他社会中的热点问题。

展望未来，我国信息生态学科的发展急需相关学者在进一步洞察国外研究主题和研究方法的基础上，不断深化和拓展信息生态理论在实践层面上的应用，加强跨层次和跨地域的合作，诸如跨越不同企业、地区、组织的不同文化背景下协同研究。鼓励研究人员和实践者组成跨学科的研究团队，进行真正的国际合作研究，如在信息生态环境下的全球合作机制、全球信息生态系统研究，以及在信息生态环境下应用 ICT 进行多元文化协同方面的可持续发展方面的研究。同时，从研究视角、研究方法和研究理论等多个维度，科学地运用信息生态学科中的新思想、新观点、新工具来解决我国当前社会经济发展中的热点和关键问题，进一步加快具有中国特色的信息生态领域高水平学术成果的产出和国际化成果的发表。

## 参考文献

[1] 张向先，郑絮，靖继鹏. 我国信息生态学研究现状综述 [J]. 情报科学，2008 (10)：1589-1593，1600.

[2] 杜欣明. 信息生态的学科建设与发展问题初探 [J]. 现代情报，2006 (7)：161-162.

[3] 林文刚. 媒介生态学在北美之学术起源简史 [EB/OL]. [2006-06-25]. http：// www. 66wen. com/05wx/xinwen/xinwen/20060625/18029. html.

[4] WEUBERG G M. The Psychology of Computer Programming [M]. Van Nostrand Reinhold Company，1971.

[5] 周庆山，李瀚瀛，朱建荣，李腾东. 信息生态学研究的概况与术语界定初探 [J]. 图书与情报，2006 (6)：24-29.

[6] 拉斐尔·卡普罗. 信息生态学进展 [EB/OL]. [2006-06-25]. http：//www. capur-ro. de/nordinf. htmJHJNotes.

[7] DAVENPORT T H，PRUSAK L. Information ecology：mastering the information and knowledge environment [M]. New York：Oxford University Press，1997.

[8] NARDI B A，O'DAY V L. Information ecologies：using technology with heart [M]. Cambridge，MA，MIT Press，1999.

[9] DETLOR B. The influence of information ecology on e-commerce initiatives [J]. E-lectronic Networking Applications and Policy，2001 (4)：286-295.

[10] MARSDEN C T. Free，open or closed-approaches to the information ecology [J]. Emerald Group Publishing Limited，2005，7 (5)：6-19.

[11] SNIJKERS. The information ecology of e-government：e-government as institutional and technological innovation in public administration [J]. Information Society，2006，22 (3)：187-188.

[12] GRAFTON. The information ecology of e-government [J]. Social Science Computer Review，2006，24 (1)：132-134.

[13] FININ，JOSHI，KOLARI，JAVA，KATE，KARANDIKAR. The information e-cology of social media and online communities [J]. AI Magazine，2008，29 (3)：77-92.

[14] ZHU Ling，THATCHER S M. National information ecology：a new institutional economics perspective on global e-commerce adoption [J]. Journal of Electronic

Commerce Research，2010，11（1）：53-72.

[15] VASILIOU，LOANNOU，ZAPHIRIS. Understanding collaborative learning activities in an information ecology：a distributed cognition account [J]. Computers in Human Behavior，2014，41：544-553.

[16] EDDY，HEARN，LUTHER，DE JONG，BOWERS，PARSONS，PIERCEY，STRICKLA. An information ecology approach to science-policy integration in adaptive management of social-ecological systems [J]. Ecology And Society，2014，19（3）：342-350.

[17] 陈曙. 信息生态的失调与平衡 [J]. 情报资料工作，1995（4）：11-13.

[18] 陈曙. 信息生态研究 [J]. 图书与情报，1996（2）：12-19.

[19] 李美娣. 信息生态系统的剖析 [J]. 情报杂志，1998（4）：3-5.

[20] 谢立虹. 网络空间中的信息生态问题 [J]. 图书馆，2000（2）：11-13，24.

[21] 蒋录全. 信息生态与社会可持续发展 [M]. 北京：北京图书馆出版社，2003.

[22] 支庭荣. 大众传播生态学 [M]. 杭州：浙江大学出版社，2004.

[23] 娄策群，赵桂芹. 信息生态平衡及其在构建和谐社会中的作用 [J]. 情报科学，2006（11）：1606-1610.

[24] 庞海燕. 信息社会中信息生态与数字化城市建设 [J]. 图书馆学刊，2006（6）：12-13.

[25] 娄策群，杨小溪，王薇波. 信息生态系统进化初探 [J]. 图书情报工作，2009（18）：26-29.

[26] 谢会昌. 信息生态系统中的信息流转过程 [J]. 兰台世界，2011（2）：14-15.

[27] 李杨，姚娜，杜子平. 网络信息生态系统恢复力研究 [J]. 图书馆学研究，2011（15）：11-16.

[28] 赵云合，娄策群. 政务信息生态位演化机制研究 [J]. 图书情报工作网刊，2012（5）：58-63.

[29] 张海涛，孙学帅，张丽，张连峰，钱丹丹. 商务网站信息生态系统构建与运行机制 [J]. 情报理论与实践，2012（8）：1-6.

[30] 董微微，李北伟，肖静，刘馨然. 商务网站信息生态系统的系统分析 [J]. 情报理论与实践，2012（8）：7-11.

[31] 娄策群. 信息生态位理论探讨 [J]. 图书情报知识，2006（5）：23-27.

[32] 刘志峰，李玉杰. 信息生态位概念、模型及基本原理研究 [J]. 情报杂志，2008（5）：28-30.

[33] 张建坤. 面向信息服务平台的信息生态位共生模型研究 [J]. 商场现代化，2010（13）：14-15.

[34] 冯秀珍，张建坤. 信息服务平台的信息生态位演化机理研究 [J]. 情报科学，2010（8）：1132-1135.

[35] 周承聪，娄策群，杨小溪. 信息服务机构信息生态位优化原则与方法 [J]. 情报科学，2011（4）：596-599.

[36] 张向先，霍明奎，孟楠. 商务网站信息生态位测度方法研究 [J]. 图书情报工作，2012 (16)：6-9.

[37] 程鹏. 构建信息循环圈的生态学原理研究 [J]. 情报科学，2006 (10)：1456-1460.

[38] 韩刚，覃正. 信息生态链：一个理论框架 [J]. 情报理论与实践，2007 (1)：18-20，32.

[39] 娄策群，周承聪. 信息生态链：概念、本质和类型 [J]. 图书情报工作，2007 (9)：29-32.

[40] 娄策群，周承聪. 信息生态链中的信息流转 [J]. 情报理论与实践，2007 (6)：725-727.

[41] 慕静，万志成. 降低牛鞭效应的信息生态链管理模式及对策研究 [J]. 情报科学，2008 (9)：1314-1316.

[42] 李北伟，靖继鹏，王俊敏，刘智喜. 信息生态群落演化过程研究 [J]. 情报理论与实践，2010 (4)：1-5.

[43] 李北伟，靖继鹏，王俊敏，龚健. 信息生态群落演化机理研究 [J]. 图书情报工作，2010 (10)：6-10.

[44] 张旭. 网络信息生态链形成机理及管理策略研究 [D]. 长春：吉林大学，2011.

[45] 张向先，耿荣娜，李昆. 商务网站信息生态链的运行机制研究 [J]. 情报理论与实践，2012 (8)：17-20，38.

[46] 马捷，孙梦瑶，尹爽，韩朝. 微博信息生态链构成要素与形成机理 [J]. 图书情报工作，2012 (18)：73-77，81.

[47] 杨小溪. 网络信息生态链价值管理研究 [D]. 武汉：华中师范大学，2012.

[48] 张向先，江俞蓉，史卉. 信息生态学计量研究与内容分析 [J]. 情报科学，2013 (10)：10-16.

[49] 瓮毓琦. 微博信息生态化原理及实现过程研究 [D]. 长春：吉林大学，2014.

[50] 李京蔚，娄策群. 微信信息生态链信息流转研究 [J]. 图书馆学研究，2015 (18)：34-38，54.

[51] 宋拓. 微博信息生态链解构及运行机制研究 [D]. 长春：吉林大学，2015.

[52] 张文晓. 微博信息生态链的传播模式及仿真研究 [D]. 长春：吉林大学，2015.

[53] 孙悦，张向先，韩晓宏. MIM 信息生态链及其影响因素灰色关联度研究——以微信信息生态链为例 [J]. 图书情报工作，2015 (16)：1-6.

[54] 冷晓彦，张婷，宋拓，刘原池. 商务网站信息生态系统运行机制研究 [J]. 情报科学，2014 (2)：11-15.

[55] 许孝君. 商务网络信息生态链的形成机理与运行机制研究 [D]. 长春：吉林大学，2014.

[56] 陈茫. 基于大数据的信息生态系统演变与建设研究 [J]. 情报理论与实践，2015 (3)：26-29.

[57] 张海涛，王丹，张连峰，魏毓璟. 商务网站信息生态系统演进机理——价值链视

角的研究 [J]. 图书情报工作，2015 (15)：80-86.

[58] 刘原池. 商务网站信息生态化水平的评价研究 [D]. 长春：吉林大学，2015.

[59] 赵云合. 政务信息生态链功能研究 [J]. 情报探索，2013 (4)：1-3.

[60] 赵云合，娄策群. 政务信息生态位的维度与宽度 [J]. 情报科学，2014 (3)：12-17.

[61] 吴婷婷. 电子政务信息生态链结构及其优化研究 [D]. 武汉：华中师范大学，2014.

[62] 陈凤娇，杨雪，马捷. 政务网络平台信息生态化程度测度、缺陷分析与优化 [J]. 图书情报工作，2014 (15)：35-41.

[63] 赵龙文，黄跃萍，周婷婷. 网络问政信息生态及演化特征研究 [J]. 情报杂志，2015 (3)：156-161.

[64] 王涛，张苏，曲荣华，洪先锋. 政务网络信息生态链中的可信云服务维度构建 [J]. 情报杂志，2015 (4)：133-138，207.

[65] 齐燕. 专利信息生态相关问题初探 [J]. 情报理论与实践，2014 (12)：47-52.

[66] 肖钠. 降低图书馆牛鞭效应的信息生态链管理模式研究 [J]. 图书馆论坛，2013 (2)：50-54，58.

[67] 杨大干，杨勤静，胡长爱，邢美园，张珉. 临床实验室数字化信息生态圈 [J]. 中国医疗设备，2015 (6)：78-81.

[68] 娄策群，等. 信息生态系统理论及其应用研究 [M]. 北京：中国社会科学出版社，2014.

[69] 张新时. 信息生态学研究 [M]. 北京：科学出版社，1997：8-9.

[70] 卢剑波. 信息生态学 [M]. 北京：化学工业出版社，2005：3.

[71] 薛纪珊. 信息生态与信息开发 [J]. 学会月刊，2001 (12)：53-54.

[72] 田春虎. 信息生态问题初探 [J]. 情报杂志，2005 (2)：90-92.

[73] 蒋录全，邹志仁. 信息生态学——企业信息管理的新范式 [J]. 图书情报知识，2001 (3)：2-6.

[74] MALHORTA Y. Information ecology and knowledge management：toward knowledge ecology for hyperturbulent organizational environments [EB/OL]. [2006-04-19]. http://lanxicy.com/read/b199ea520e651ebe431ab353.html.

[75] 孙华丽. 基于信息生态学视角的信息服务趋势解读 [J]. 大连干部学刊，2014 (4)：54-57.

[76] 陈远，陈子夏，望俊成. 企业信息化的终极目标：构建健康的信息生态系统 [J]. 情报杂志，2007 (6)：108-110.

[77] 张福学. 信息生态学的初步研究 [J]. 情报科学，2001 (1)：31-34.

[78] 徐骞. 试论信息环境与生态文明 [J]. 中小学电教（下半月），2009 (12)：9.

[79] 张新明，王振，张红岩. 以人为本的信息生态系统构建研究 [J]. 情报理论与实践，2007 (4)：531-533.

[80] 张向先，张旭，郑絮. 电子商务信息生态系统的构建研究 [J]. 图书情报工作，

2010 (10)：20-24.

[81] FUENTES-BAUTISTA M. Rethinking localism in the broadband era：a participatory community development approach [J]. Government Information Quarterly, 2014, 31 (1)：65-77.

[82] SAPTA S, SULISTYANTARA B, FATIMAH I S, et al. Geospatial approach for ecosystem change study of lombok island under the influence of climate change [J]. Procedia Environmental Sciences, 2015, 24：165-173.

[83] KLEIN T M, CELIO E, GRêT-REGAMEY A. Ecosystem services visualization and communication：a demand analysis approach for designing information and conceptualizing decision support systems [J]. Ecosystem Services, 2015 (13)：173-183.

[84] GENG R N. Research on the operating mechanism of information ecology chain on electronic business website [C]. Information Technoledge Applications in Industry, 2013：263-266, 2698-2702.

[85] ZHU L, THATCHER S M B, THATCHER M E. Institutional environment for business-to-business (B2B) e-commerce usage：toward an understanding in the Chinese context [J]. Journal of Information Technology Case and Application Research, 2014, 16 (3/4)：127-154.

[86] HERZALLAH F, MUKHTAR M. Organization information ecology and e-commerce adoption：effect on organizational SMEs performance [J]. Journal of Computer Science, 2015, 11 (3)：540-551.

[87] MIT media lab/information ecology [EB/OL]. [2012-10-22]. http://www. media. mit. edu/admissions/research/groups/information-ecology.

[88] NAM Y, LEE Y O, HAN W P. Measuring web ecology by facebook, twitter, blogs and online news：2012 general election in South Korea [J]. Quality & Quantity, 2014, 49 (2)：675-689.

[89] ZHU Y H, ZHANG S Y, MA J G, et al. On education information ecosystem structure [J]. Procedia Engineering, 2012, 29：3537-3541.

[90] NAGHSHINEH N, ZARDARY S. Information ecology as a mind tool for repurposing of educational social networks [J]. Journal of Information Technology Case and Application Research, 2013, 16 (4-5)：127-154.

[91] 陈燕红. 信息生态位变动及其影响机制研究 [J]. 情报探索, 2012 (8)：23-24.

[92] 段尧清，余琪，余秋文. 网络信息生态链的表现形式、结构模型及其功能 [J]. 情报科学, 2013 (5)：8-12.

[93] 李北伟，董微微. 基于演化博弈理论的网络信息生态链演化机理研究 [J]. 情报理论与实践, 2013 (3)：19-23.

[94] 王晰巍，张文晓，郭宇. 微博信息生态链的形成机理及仿真研究——以新浪微博低碳技术话题为例 [J]。情报理论与实践, 2015, 38 (6)：23-28.

[95] 叶乃溪，王晰巍，崔凤玲，刘凤娟．基于信息生态链的企业绿色信息协同模式研究 [J]．情报科学，2013 (7)：23-28.

[96] 龚化萍，龚怡．基于信息生态理论的企业生态系统复杂网络研究 [J]．情报科学，2014 (12)：16-21.

[97] 曲靖野，张向先，孙笑宇．虚拟企业联盟信息生态系统构建研究 [J]．情报科学，2015 (5)：28-33.

[98] 张海涛，张丽，张连峰，等．商务网站信息生态系统的配置与评价 [J]．情报理论与实践，2012，35 (8)：12-15.

[99] 黄微，王文韬，张钊明，赵奇．信息生态环境下商务网站经营要素及相关性分析 [J]．情报科学，2013 (5)：12-20.

[100] 王晰巍，王韦维，叶乃溪，崔凤玲．网络团购中信息生态系统的演进及案例研究 [J]．情报科学，2013 (8)：125-131.

作者简介：

靖继鹏，男，1942 年生，教授，博士生导师。吉林大学信息资源研究中心主任，《情报科学》杂志社社长兼主编，中国科技情报学会常务理事，吉林省情报学会名誉理事长，吉林省名人研究会会长，吉林省有突出贡献专家，国务院政府特殊津贴获得者，国家社科基金项目通讯评审专家，《情报学报》编委。

张向先，男，1960 年生，教授，博士生导师，管理学博士，加拿大蒙特利尔大学高级访问学者。全国图书情报专业学位教育指导委员会委员，中国科技情报学会理事，中国信息经济学会理事，吉林省情报学会常务理事，吉林省管理学会常务理事，国家社会科学基金项目通讯评审专家，《图书情报工作》匿名评审专家，《情报科学》编委。

王晰巍，女，1975 年生，教授，博士生导师，管理学博士，工商管理博士后，加拿大英属格伦比亚大学（UBC）尚德商学院访问学者。国家自然科学基金和国家社会科学基金通讯评审专家，吉林省工业和信息化厅信息化领域专家，吉林市人民政府重大行政决策咨询委员会委员，吉林大学优秀青年教师，吉林大学"三育人"先进个人，吉林大学"师德先进个人"，《图书情报工作》匿名评审专家。

# 文献计量分析视角下的
# 情报学理论研究进展

刘志辉，赵筱媛，许晓阳，梁子豪

（中国科学技术信息研究所，北京　100038）

**摘　要：**文章从科学社会学的理论视角构建了一个基于不同数据集构建策略的比较分析框架，从不同层次对 2012 年以来国内外情报学的领域结构及其背景下的情报学理论研究进行分析与总结。分析结果表明，从跨学科研究的角度来看，信息学（Informatics）等相关学科的发展给传统情报学研究带来了新的机遇。国内外情报学领域结构具有不同的特点，国际情报学研究呈现出显著的认知科学驱动的定量化研究范式，而国内情报学研究具有图书与情报双中心的特点。从主要理论应用来看，国际情报学研究的定量研究特点比较明显，而且深入到了学科内部，国内情报学研究则更多地集中在相关学科层次。从理论结构来看，国际情报学研究具有更广阔的理论视野，而国内情报学研究与之存在一定差距，特别是在创新理论方面。目前国内外情报学界对情报学理论的研究主要集中在学科发展趋势、信息检索与信息计量融合、核心概念与理论体系以及理论应用研究。其中国内研究主要集中在理论应用。对于国内情报学界来说，迫切需要加强情报学理论，特别是理论研究方法论及工具的研究。

**关键词：**情报学；理论研究；进展；综述

自 V. Bush 于 1945 年发表《诚若所思》（As We May Think）至今，情报学已经经过了 70 年的发展。尽管《诚若所思》的发表被视为情报学作为一门独立学科发展的标志[1]，在这 70 年的发展过程中，各种理论、假说不断涌现，但目前情报学界对情报学的本质及范围仍然缺乏内在一致的解释[2]。这个问题的本质显然是情报学理论研究存在不足。与国外相对丰富的情报学理论研究相比，近几年国内情报学理论研究的成果相对较少，以王知津教授团队的研究成果较具代表性。王知津教授团队通过文献计量对 1990—2011 年间的国内情报学理论[3]以及北美地区的理论研究[4]进行了分析，而且还对情报学理论研究中的各种哲学思想进行了系统梳理与分析，如社会认识论、历史主义、简化论、信息哲学等。

上述研究表明，1990—2011 年间的国内情报学理论研究趋势呈现出知识化、人文化、定量化、研究方法多元化的趋势，而国际，特别是北美地区的情报学理论则更多地表现出各种思潮对情报学理论研究的影响。而本文的目的则是系统综述 2012 年以来的国际与国内情报学理论研究的最新进展，以期为上述研究提供补充，进而为国内情报学理论研究提供参考。

# 1 研究框架

## 1.1 理论基础与分析框架

科学社会学认为学科的形成与发展更多的是受到社会的影响，而学科在社会中更多地表现为以"研究专业"构成的学术共同体[5]。因此本文将研究专业作为分析对象，通过对研究专业的分析挖掘情报学研究的主题。

从国外的情报学研究来看，情报学经过 70 年的发展，已经形成了一个跨学科的研究领域，甚至"Information Science"被用于表征不同的领域，如"Library and Information Science"（图书情报学）、"Computer Science"（计算机科学）等[2]，而且甚至形成一系列相关术语与学科，如"Informetrics""Informatics"。为了更好地揭示情报学跨学科的特点并在此背景之下对国内外的情报学理论研究进行比较，本文设计了一个基于不同数据集构建策略比较分析框架。见图 1。

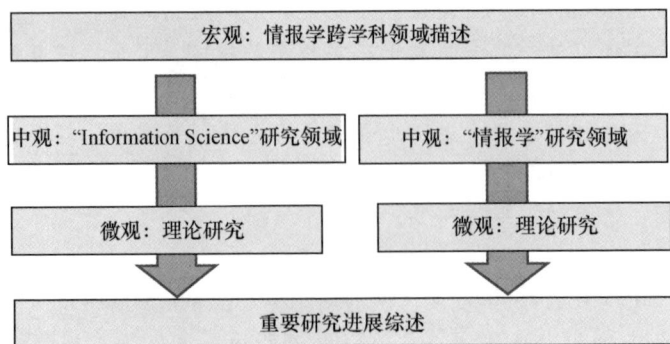

图 1　研究思路与框架

其中，情报学跨学科领域将采用主题检索策略构建数据集，通过与"Information Science"相关的术语来构建一个可以反映情报学跨学科研究的数据集。为了增强国际与国内情报学研究，特别是传统情报学研究的可比性，在国际"Information Science"以及国内"情报学"领域的界定时，将采用期刊检索策略，即用该领域的重点期刊论文来表征相应的领域。

## 1.2 数据来源

（1）情报学跨学科领域数据集。如前文所述，本文通过主题检索方法构建情报学跨学科领域的代表性数据集，即以 ISI Web of Science 数据库作为数据来源，以情报学相关术语（包括 "Information Science" "Competitive Intelligence" "Business Intelligence" "Market Intelligence" "Informatics" "Informetrics" "Bibliometrics" "Scientometrics" "Webometrics" 以及 "Cybermetrics"）作为检索词进行主题检索（发表时间限定为 2012—2015 年），最终获得题录数据 6146 条。

（2）"Information Science" 与 "情报学" 研究领域。国内外情报学研究领域的代表性期刊如表 1 所列。根据期刊列表最后检索得到国内情报学研究题录数据 5212 条，国际情报学研究题录数据 1755 条。

表 1 重点期刊列表

| | 序号 | 期刊名称 |
|---|---|---|
| 国际情报学研究领域 | 1 | Scientometrics |
| | 2 | Library & Information Science Research |
| | 3 | Information Technology and Libraries |
| | 4 | Journal of American Society for Information Science and Technology |
| | 5 | Journal of Information Science |
| | 6 | International Journal of Libraries and Information Sciences |
| | 7 | Library and Information Science |
| | 8 | Canadian Journal of Information and Library Science |
| | 9 | International Journal of Information Technology & Decision Making |
| | 10 | Scientific and Technical Information Processing |
| | 11 | Marketing Intelligence & Planning |
| 国内情报学研究领域 | 12 | 情报科学 |
| | 13 | 情报理论与实践 |
| | 14 | 情报学报 |
| | 15 | 情报资料工作 |
| | 16 | 图书情报工作 |
| | 17 | 现代图书情报技术 |

鉴于国际情报学研究的特点以及研究需求，本文在上述数据集的基础上，补充了通过限定 "Library and Information Science" 领域并进行 "Theory"主题检索所得到的 577 条数据，经去重最终形成包括 2285 条题录数据的国际情报学研究数据集。

## 1.3 分析方法

（1）作者关键词耦合分析。作者关键词耦合分析（Author Keywords Coupling Analysis）是以作者和关键词为分析单元，以两者共同出现频次为关系测度指标，用以提示某一研究领域主要研究专业或研究主题的一种分析方法。本文将采用文献［6］中所介绍的方法分析情报学跨学科研究领域以及传统情报学研究中的研究专业。

（2）共词分析。共词分析（Co-word Analysis）主要是利用文献标引词生成文档列表以记录特定技术术语出现的情况，以此为基础对标引词进行聚类，从而进一步描述学科结构。它的前提假设之一就是如果不同作者对标引词间的同一种关系都认可，那么这种关系可以认为对他们所关注的科学领域具有一定的意义[7]。本文将利用共词分析方法用于描述情报学理论研究的主要结构。

（3）TFIDF。White 将 Wilson 所提出的相关性测度方法表示为公式 Relevance＝Contextual Effect/Processing Effort，把信息检索领域中传统的相关性计算公式 TF * IDF 视为上述公式的实例化[8]。在文献计量分析中，如果将其他术语与某特定术语（种子术语）的共现情况进行统计，并按它们的共现频次进行排序后，就会得到一种文献计量分布。把这种文献计量数据转换为 TF/IDF 值，其结果是可能通过相关性理论进行解释的。本文将利用这种方法解读分析研究专业的主题。

（4）内容分析法。内容分析法是一种定性分析与定量分析相结合的研究方法，是以各类文献为研究对象，借鉴自然科学方法对文献内容进行客观、系统量化分析的方法。为了更加细粒度地分析情报学理论研究内容，本文将在论文关键词的基础上，结合文献内容对关键词进行二次编码，分别将其映射到本文所设定的理论框架之下，即主题、理论、方法、数据来源以及应用领域。

## 2 情报学跨学科研究领域分析

本文利用情报学跨学科研究数据集，即利用与"Information Science"相关术语进行主题检索所得到的数据集，对跨学科研究视角下的情报学研究进行分析。本文选取数据集中发文量 3 篇以上的第一作者作为情报学跨学科研究的代表性作者，利用作者关键词耦合分析最终形成 20 个类团。在可视化过程中，本文采用每一类团中 TFIDF 值最高的关键词作为类团标签，最终形成的复合关系可视化图谱如图 2 所示。

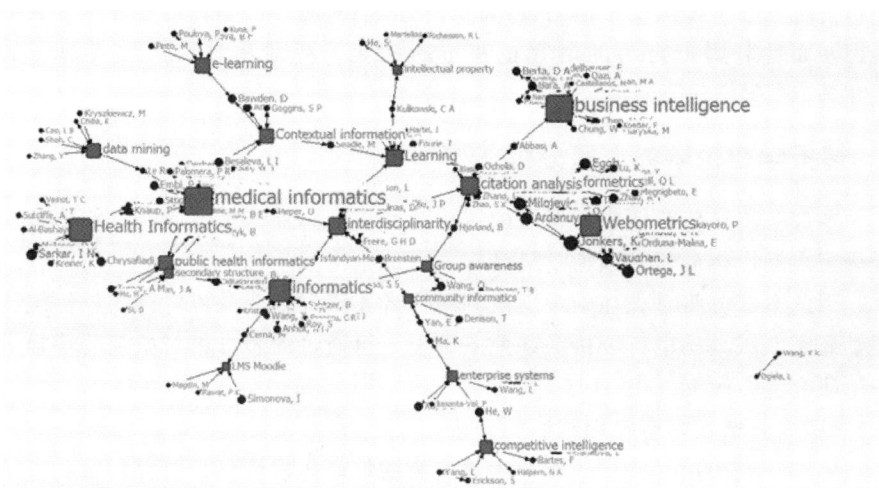

图 2　跨学科视角下的情报学领域

作者关键词耦合分析结果表明，从跨学科研究的视角来看，目前情报学的主要研究主题包括 4 个大的方向，分别是竞争情报、医学信息学、传统情报学以及信息学。

（1）竞争情报方向的主题包括商业竞争情报（Business Intelligence）、竞争情报（Competitive Intelligence）以及相应的系统开发（Enterprise System）。

（2）医学信息学方向的主题包括医学信息学（Medical Informatics）、健康信息学（Health Informatics）、公共健康信息学（Public Health Informatics）以及其中的数据挖掘技术（Data Mining）与应用，如蛋白质二级结构（Secondary Structure）分析。

（3）情报学方向主要包括传统三计学，即网络计量学（Webometrics）、信息计量学（Informetrics）、引文分析（Citation Analysis）所代表的科学计量学，特别是对跨学科属性的研究（Interdisciplinarity），其他主题还包括用户行为分析与研究，涉及学习（Learning）、电子学习（E-learning）、学习管理系统（LMS　Moodle）、情景信息（Contextual Information）、群体意识（Group Awareness），知识产权（Intellectual Property）也是该方向上的一个重要主题。

（4）信息学方向的主要主题包括信息学（Informatics）和社区信息学（Community Informatics）。

从上述分析可以发现，情报学的跨学科研究已经得到了长足发展，特别是信息学（Informatics）的不断发展以及在各学科的渗透。而伴随此过程中，传统情报学领域的方法与技术也得到了不断提升，如对定量分析方法的研究，而且对用户行为的研究也在不断深化，特别是对用户学习行为的研究。

## 3  情报学理论研究主题分析

本部分将从传统情报学领域的视角对目前国内外情报学研究，特别是理论研究主题进行分析。因为学科结构本身就是情报学理论研究的主要内容之一，因此本部分将首先在中观层次利用作者关键词耦合分析对国内外传统情报学研究领域结构进行分析。在此基础上，再通过内容分析对微观的情报学理论研究进行解读。

### 3.1  国内外情报学研究领域结构分析

本部分利用通过代表性期刊构建的数据集对传统情报学研究领域进行基于研究专业的领域结构分析。选择数据集中发文量为 2 篇以上的 509 位作者作为国际研究样本，选择发文量为 4 篇以上的 654 位作者作为国内研究样本。在作者关键耦合分析过程中，国际研究与国内研究分别形成了 20 个与 15 个类团。在可视化过程中，本文采用每一类团中 TFIDF 值最高的关键词作为类团标签，最终形成的复合关系可视化图谱分别如图 3、图 4 所示。

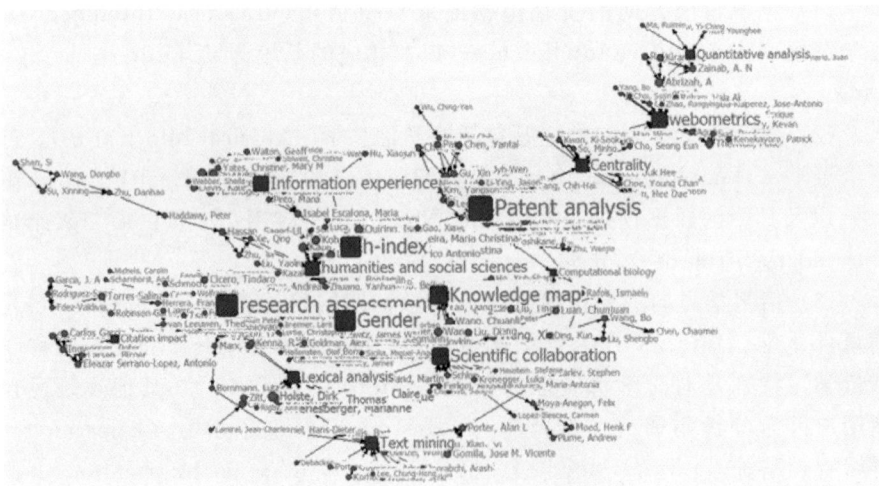

图 3  国际情报学研究领域主题分布

基于作者关键词耦合关系的因子分析结果表明，国际情报学研究以科学计量学为中心呈现出定量研究与技术研究为主的特点，主要研究方向集中在专利计量（Patents）、科学计量及其应用研究、知识图谱（Knowledge Map）、文本挖掘、网络计量学（Webometrics）、社会网络分析以及用户研

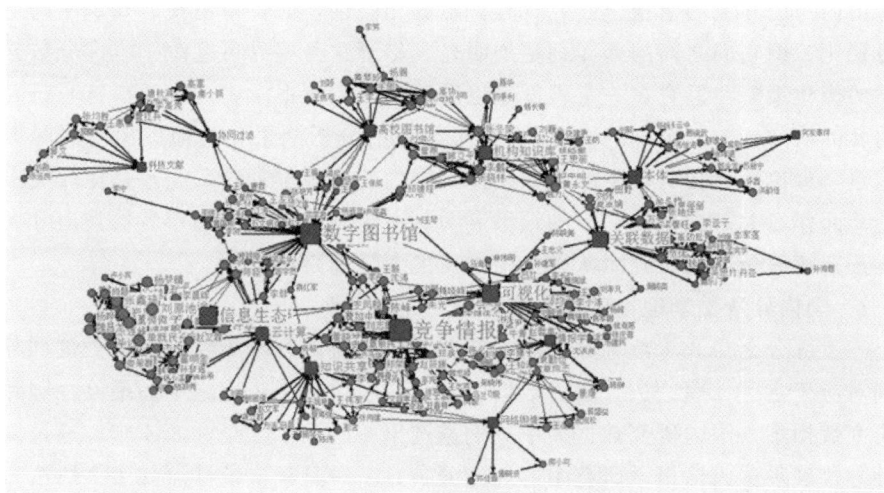

图 4　国内情报学研究主题分布

究领域的信息体验（Information Experience）。

其中，科学计量及其应用研究的主要内容是定量分析（Quantitative Analysis）与评价研究，如 h 指数（h-index）、基于引文的影响力评价（Citation Impact）、科研评估（Research Assessment），特别是人文社科（Humanities and Social Sciences）评价，其主要应用研究主要是在科学学研究中应用，包括性别影响研究（Gender）、科研合作（Scientific Collaboration）研究以及学科领域应用与分析，如计算生物学（Computational Biology）。文本挖掘（Text Mining）领域的主要研究内容涉及词法分析（Lexical Analysis），社会网络分析研究主要集中在中心性（Centrality）测度与分析。

与国际情报学研究呈现出以信息计量为核心的结构特点不同，国内的情报学领域的研究主题的中心性并不明显，而是出现了图书与情报两大部分的特点（尽管本研究中选择的是情报学领域的核心期刊）。其中图书馆学部分的研究主要包括数字图书馆、高校图书馆、机构知识库，情报学部分的研究主要包括竞争情报、可视化、情报学理论（包括信息生态学理论）以及网络舆情与文本分类，其他研究内容还涉及信息组织中关联数据与本体、知识管理中的知识共享、情报分析技术中的科技文献挖掘、信息检索中的协同过滤以及面向突发事件的情报应用。

通过国内与国际情报学研究领域结构的比较可以发现：国际情报学研究不仅研究内容更加丰富（类团较多），而且其研究内容也更具整体性，即围绕着情报学定量研究扩展，国内情报学研究领域可以说是具有双中心结构的特点，即分别从图书馆学与情报学两个中心展开相关研究。尽管在研究主题上国内与国际上的情报学研究具有一定的相同性，如竞争情报、知识图谱与可视化，但它们之间的差异则更加明显。尽管这种差异可能源于本部分数据集的构建策略，但它在一定程度上也反映出国内情报学界对本学科核心研究内容的认知，与文献［9］中图书情报领域的分析结果相类似。但与国际上情报学理论研究相对较少的现状相比，国内的情报学理论研究还是比较突出的。而作者关键词耦合分析的结果表明，在这一类团的主要作者恰是南开大学王知津教授所在研究团队以及中国人民大学周晓英教授。

### 3.2 国内外情报学理论研究内容分析

本部分是在 3.1 部分数据集的基础上，通过内容分析将论文中关键词分别对应于主题、理论、方法、数据以及应用领域 5 个维度之中。最终在国际研究数据集与国内研究数据集中分别遴选出关键词 464 个和 884 个。通过两种方式展示国内情报学研究中的理论分布，一种是频次统计（如表 2 所示），另一种则是通过共词分析揭示其结构性特点。

（1）国内外情报学研究中的主要理论。国内外情报学研究中的主要理论如表 2 所示。通过表 2 可以看出国际情报学研究与第 2 部分的分析具有一致性：从出现频次上来看也表现出较突出的定量研究范式，如表征各种计量学的术语（Bibliometrics，Scientometrics，Webometrics，Altmetrics，Informetrics，BioInformatics），应用主要理论包括三螺旋结构（Triple Helix）、网络（Small Word，Network Centrality）和社会网络理论（Social Network Analysis，Social Network）、信息论（Exergy，Entropy，Energy）以及经济学理论，而学科核心理论的研究集中在幂律分布（Power Laws）、主题模型（Topic Model）、知识管理（Knowledge Management）以及本体（Ontology）。

表 2　国内外情报学研究中的理论（前 20 位）

| 序号 | 国际研究数据集 | | 国内研究数据集 | |
| --- | --- | --- | --- | --- |
| | 频次 | 关键词 | 频次 | 关键词 |
| 1 | 128 | Bibliometrics | 90 | 情报学 |
| 2 | 47 | Scientometrics | 78 | 社会网络分析 |
| 3 | 24 | Triple helix | 54 | 社会网络 |
| 4 | 22 | webometrics | 35 | 知识组织 |
| 5 | 20 | Social network analysis | 33 | 复杂网络 |
| 6 | 9 | Altmetrics | 33 | 信息生态 |
| 7 | 8 | Power laws | 31 | 图书馆学 |

表2                                                    （续表）

| 序号 | 国际研究数据集 | | 国内研究数据集 | |
|---|---|---|---|---|
| | 频次 | 关键词 | 频次 | 关键词 |
| 8 | 8 | social networks | 31 | 图书情报学 |
| 9 | 8 | Topic model | 21 | 信息资源管理 |
| 10 | 7 | Informetrics | 21 | 信息生态链 |
| 11 | 7 | knowledge management | 21 | 信息生态系统 |
| 12 | 7 | Ontology | 14 | 信息计量 |
| 13 | 7 | Small world | 14 | 系统动力学 |
| 14 | 6 | Exergy | 14 | 信息 |
| 15 | 5 | Bioinformatics | 14 | 网络信息生态链 |
| 16 | 5 | Entropy | 13 | 信息组织 |
| 17 | 4 | Economics | 12 | 主题模型 |
| 18 | 4 | Energy | 12 | 图书馆学情报学 |
| 19 | 4 | Network centrality | 12 | 博弈论 |
| 20 | — | — | 12 | 向量空间模型 |

在国内情报学研究中，网络（特别是"复杂网络"）与社会网络理论（"社会网络分析""社会网络"）的应用也比较突出，此外，系统动力学、博弈论也是在国内情报学研究中应用比较多的理论。与国际情报学研究不同，国内情报学研究中的主要理论不是其突出定量特点的下位类（分支学科），而主要是相关学科，如"情报学""图书馆学""图书情报学""信息资源管理""图书馆学情报学"，分支学科主要是信息计量，涉及的主要学科核心概念（信息）与理论包括知识组织、信息组织、主题模型以及信息检索中的向量空间模型。国内情报学研究中信息生态学理论比较突出（"信息生态""信息生态链""信息生态系统""网络信息生态链"）。

从国内外情报学研究的主要理论来看，国际情报学研究的定量研究范式的特点还是比较明显，而且深入到了学科内部，国内情报学研究则更多地集中在相关学科层次，但对知识组织与信息组织这一主题的研究比较关注。此外，国内情报学研究中信息生态学相关理论的研究与应用也是比较突出的。

（2）基于共词的情报学理论结构分析。鉴于国内外研究数据集规模上的差异，本文还通过共词分析从结构的视角对情报学研究中的理论分布进行比较。国内外情报学理论研究的内容结构如图5～图7所示，其中蓝色（计算机显示颜色，下同）方块表示理论术语。需要特别说明的是为了消除共词网络中的规模效应，以突出情报学研究中主要理论要素之外的更加系统的理论体系（即结构），本文采用 Jaccard 指标对共词矩阵进行了规化操作。

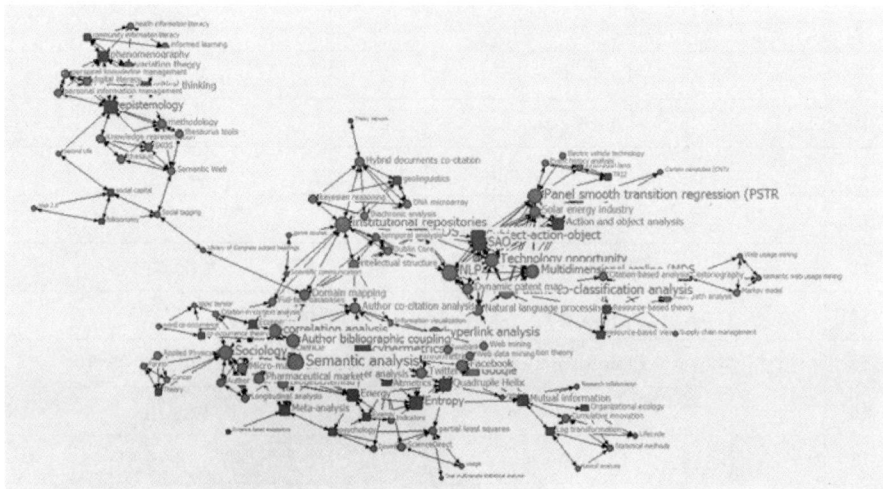

图 5　基于共词的国际情报学理论研究内容分析

从结构视角来看，国际情报学研究内容主要是不同学科理论在情报学研究中的应用、情报学学科理论与方法论以及创新理论的应用。其他学科在情报学的应用主要包括现象描述分析学（Phenomenography）、认识论（Epistemology）、地理语言学（Geolinguistics）、心理学（Psychology）、历史学（Historiography）、组织生态学（Organization Ecology）、社会资本理论（Social Capital）等。而情报学学科理论则包括传统的对数转换理论、新兴的网络计量学（Cybermetris）、替代计量学（Altmetrics）、大众分类（Folksonomy）等，方法论的相关理论包括元分析理论（Meta-analysis，evidence-based）、共现理论（Co-occurrence theory）、信息论的相关理论，如熵、互信息（Mutual Information）以及用于技术分析的 SAO 模型（Subject-Action-Object）。其中与创新相关的理论除了三螺旋之外，出现了四螺旋（Quadruple Heliex）、TRIZ、基于资源的理论（Resource-Based Theory）。

同样从内容分析所设定的理论研究框架来看，除了主要理论外，在结构化信息中出现了更多的理论术语。主要内容也是其他学科理论在情报学领域的应用，如协同论、嵌入理论、人际行为理论、行为科学、生态位理论、阐释学、认知科学、社会学、知识社会学、图论、社会构建主义等。而另一维度则是情报学领域本身的一些核心理论概念及相关学科、方法论以及经典定

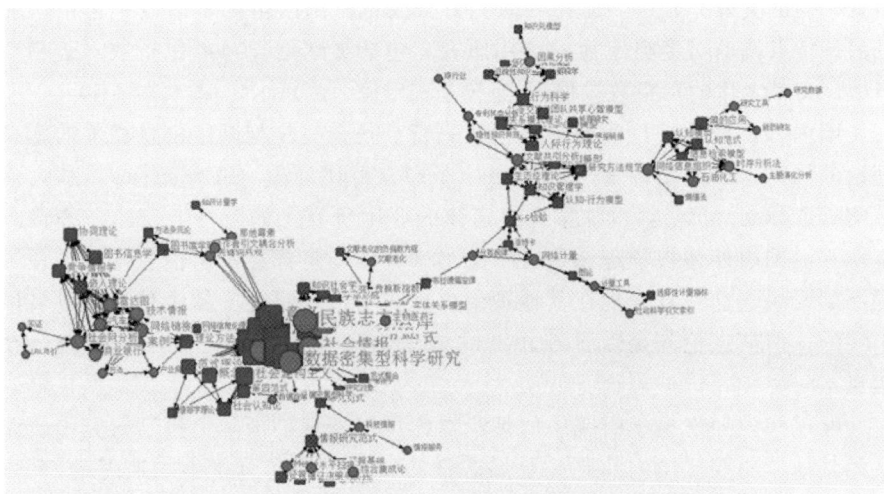

图 6　基于共词的国内情报学理论研究内容分析（全局）

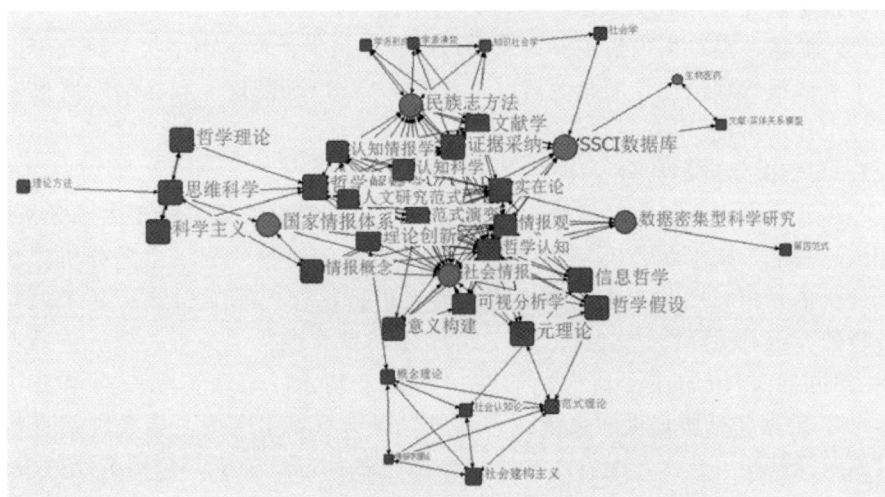

图 7　基于共词的国内情报学理论研究内容分析（部分）

律与模型的应用。

其中学科相关领域涉及"网络信息伦理""图书信息学""竞争情报学""知识管理学""信息检索"（信息检索模型）"替代计量学"（选择性计量指标）"知识计量学""认知情报学""可视分析学""文献学"等，核心理论概念（主要如图 7 所示）涉及情报学观、情报概念、研究对象、情报转换、情报学范式理论（人文研究范式、范式演变）以及更抽象的信息哲学（元理论、信息哲学、哲学认知、实在论、哲学理论），方法论则包括涉及研究范式、情报研究范式、循证决策、方法多元论和研究方法规范。国内情报学研究中理论研究的另一特点就是对经典定律的应用研究，包括文献增长与老化指数（普赖斯指数、文献老化的负指数方程）、布拉德福定律、洛特卡定律（洛特卡）。

国内外情报学理论研究的一个显著特点是在关注与网络信息相关的新兴理论的同时，如网络计量（Cybermetrics）、替代计量（Altmetrics）和大众分类（Folksonomy），也注重经典定律的应用研究，如洛特卡定律、齐普夫定律等。国内外情报学理论研究中的另一特点就是都显示出信息论对本领域的深刻影响。这一点表现在其他理论出现在情报学研究文献中是以学科名称出现的，但信息论却是以更细粒度的概念出现在该领域之中的，如熵、互信息。

通过国内外情报学研究中的理论对比可以发现，国际情报学研究中所涉及的其他学科要比国内的研究更加多样，如现象描述分析学、地理语言学、历史学、组织生态学、社会资本理论等。这表明国际情报学研究具有更广阔的理论视角。此外，国内外情报学研究中的理论还存在一个主题差异，即国际情报学研究中突出了以创新为核心的不同理论与模型，如四螺旋、TRIZ理论，而这一点在国内情报学研究中却没凸显出来；但国内情报学研究中出现了对情报学理论体系的相关研究（如图 7 所示），而这一点在国际情报学研究中却未出现。

### 3.3　与相关研究的比较

尽管在本文所研究时间段有不同学者对图书情报领域进行了主题分析，如国际图情领域主题分析[10]以及基于内容分析的情报学领域主题分析。基于分析单元相似性的考虑，本文将与后者进行比较。N. Aharony 基于内容分析的方法对国际图情期刊 2007—2008 年的发文进行了分析，分析结果表明当时主要领域的主要研究内容集中在信息技术、方法论和社会信息科学[11]。根据文献所提供的关键词，可以发现信息技术主要是指各种信息检索系统及其相关技术，而方法论则主要是指各种定量分析，包括统计分析、文献计量分析、科学计量分析和网络计量分析。社会信息科学则主要是各种社会信息服务。本文 3.2 部分的分析结果与之有一定的相似性，但却是以定量分析方法，即其论文分类中的方法论为主。这说明国际情报学研究定量化的趋势更加显著。

王知津等对国内情报学理论研究的分析结果表明，国内 2005—2011 年的主要研究内容是情报学、竞争情报、情报、图书馆、知识管理、定量分析、情报教育、情报分析[3]。从 3.1 部分的分析结果来看，情报学、竞争情报、数字图书馆、知识管理仍是情报学领域的关注内容，但最近几年可视化以及舆情分析成为重要研究课题。

## 4 情报学主要理论研究进展

情报学研究具有两个"传统",即技术传统与人文传统。前者以信息论作为理论基础,而后者以《诚若所思》作为其源头。通过前两部分的分析可以看出目前技术传统的特点比较突出:情报学领域无论是从研究内容还是从研究范式上来看都呈现出明显的定量化、技术化特点。而这一点也突出反映出 M. Buckland 所描述的目前基于认知科学的情报学研究范式,即一种基于逻辑与算法的研究范式[2]。从跨学科研究的视角来看,传统情报学(Information Science)之外信息学(Informatics)的发展为情报学发展带来的新的机遇。情报学与信息学的交叉融合必然需要更多的理论支撑,而单纯依赖目前情报学研究范式是不够的,我们需要从新的视角审视情报学的发展(因为国内外对情报学这一领域的描述存不同术语,因此在后文介绍中,将采用作者原文的术语。"Information Science"将对应为信息科学,并将其视为情报学研究范畴),学科内在一致性也需要加强。为此情报学也从学科发展、学科体系、理论体系等不同层次与视角展开了研究。

### 4.1 情报学学科发展走向

目前信息科学(Information Science)研究是一种基于认知科学的研究范式,一种利用逻辑与算法研究人类、动物与机器间信息处理的研究方式。这种方法依赖于控制论、信息论、逻辑、集合论以及计算,但它也存在不足:无法与学习和交流的文化现实相适应,无法与认知和理解的现象学复杂性相应用,无法与社会和人际交互相适应。Buuckland 认为目前的情报学教育以及情报服务实践都无法给情报学本质与范围给出一个相对完整的解释,情报学距其作为一门独立科学存在的目标仍存在一定距离。未来信息科学需要引入文化或社会的视角,以弥补这种不足。因此,如果说未来信息科学是一门学科的话,它也是人工科学(Science of the Artificial)而不是自然科学或形式科学[2]。而 Hjorland 同样也认为信息科学应涉及更广泛研究领域,如学术交流、记忆机制和社会认知,以及更广泛的社会、文化和哲学方法,而为了与研究领域保持一致性,信息科学应该更名为图书情报文献学(Library, Information and Document Science)[12]。

然而从情报服务角度来看,情报学的发展与情报实践是密切相关的。情报服务的对象及其行为发生变化时,情报学的发展也必然受其影响。第四范式作一种新的科学研究范式,它对情报学学科发展的影响是不容忽视的。从这一角度出发,周晓英教授认为情报学作为一个科学学科,也会采用数据密集型科学计算的方式开展学科基本问题研究,同时鉴于情报学与科学研究的特殊关联关系,也必然会引出新的研究问题以及研究领域[13],如情报工程学[14]、学科信息学[15]等。

综合上述观点可以发现，国内学者更加倾向于既定情报学研究范式的深化，因此未来学科的发展仍将沿着认知科学驱动的方向发展，其专业性也将更强，而国外学者则倾向于认为情报学未来的增长点应该在于引入人文社会科学理论视角，朝着人工科学方向发展。但从本文分析方法所依赖的基础假设，即广义情报学视角来看，这两个方向的发展都是必要的，但应该是一种协同发展的模式。否则情报学仍然无法摆脱"情报学"是什么，是否是一门学科的疑问。

### 4.2 信息检索与信息计量融合研究

情报学缺乏内在理论基础的现实，体现在学科内部结构之中就是知识结构的松散性。学科内部结构一致性或协调性较差的直接体现就是信息检索与信息计量（或称为三计学）的分离。信息检索与三计学（文献计量\科学计量\信息计量）被视为情报学领域最为科学的部分，基本完全建立在算法基础之上[2]，但却往往被认为是两个截然不同的领域。这种分离一方面源于科学产出的增加以及与之相伴的研究专业的细分与多样化。但最重要的原因仍是因为所属学科——情报学（信息科学）本身的不确定性。不同术语的替代使用，如英文中的"bibliomentrics\sicentometrics\informetrics"，中文中的"情报学\情报科学\图书情报学"等，恰好说明了这一点。这种分离的现象得到情报学领域、特别是科学计量与信息检索领域专家的关注[16]，开始对两者关系及其融合进行研究。这种研究不仅可以促进研究专业间的知识交流，同时为情报学学科结构的一致性解释提供新的论据与支撑。

信息检索与信息计量应用的相关研究已经表明，信息检索中的语言模型与排序算法可以为信息计量提供参考，而数据收集与分析方法则可用于信息检索系统开发与评价[17]。为了进一步从实证角度说明这种协同的效果与作用，Glanzel 和 M. Zitt 分别在研究领域分析中开展了信息检索与科学计量理论方法的组合研究。Glanzel 设计了一种文献计辅助的信息检索方法，在主题描述与聚类层次实现了信息检索与科学计量理论的协同应用[18]，而 M. Zitt 则提供一种复合引用—术语方法用于研究领域分析[19]。Bar-Ilan 等设计了借鉴 h 指数思想的一种可以用于网络信息排序的指标 hw-rank[20]。Karlsson 从信息融合领域中不确定性概念出发，通过姓名消歧说明了这一概念在信息检索与文献计量中的应用[21]。White 通过 AuthorWeb 检索工具说明了文献计量中的共引、信息检索领域的 TFIDF 公式以及相关性理论融合应用[22]。Abbasi 将基于多元表示的认识检索框架与文献聚类结合到一起，提出一种更具交互性的用户检索方法[23]。Mutschke 等则从信息交流视角，分析了科学模型与信息检索的关系，并通过基于科学模型（布拉德福定律和作者中心性）的检索结果排序对这种关系进行了展示[24]。

### 4.3 情报学的核心概念与理论体系研究

（1）信息的概念。尽管图书情报领域学者一直都在呼吁增强图书情报学的概念与理论基础，但对核心概念的模型研究仍是非常少的，甚至于本学科的基本概念，信息、相关性和文献都无法形成共识[25]。

信息作为信息科学的核心概念之一，目前仍没有统一定义，或者是一个所有学科可以接受的理论，其原因之一就是主观视角和客观视角无法形成统一。而要在主观视角与客观视角间建立联系的途径之一就是正解理解智能（Intelligence），因为它可以触发主观体验并赋予事物含义。因此在智能记忆预测框架下，因果可以作为一信息的一般性定义（Information as Causality）[26]。同时也有学者从意义创建过程出发，认为在现象符号学框架下，信息概念是非常复杂的，与情感（Emotion）和认知（Cognition）相关，应该从交流过程中符号系统角度进行研究[27]。

但也有学者认为信息科学应将所讨论的信息限定在与人类认知与学习相关的部分，然而情报学研究中的内容却不一定要以信息（Information）的形式出现，它可以是知识（Information-as-knowledge）、过程（Information-as-process）以及实体（Information-as-thing）。而文献（Document）则可以视为作为实体存在的信息，而此时，信息利用实际上就是一种对文化活动。而传统的分析哲学（Analytical Philosophy）无法给信息科学提供理论支撑[2]。

（2）统一信息理论与信息哲学。与上述理论观点相类似，C. Gnoli 等认为目前情报科学领域所提出的统一信息理论（Unified Theory of Information）、超文本文献空间理论（Hypertextual Docuverse Theory）和实现层次理论（Theory of Levels of Reality）之间具有某种内在一致性，例如可以将统一信息理论视为基于超文本的特定层次理论[28]。因此就可以构建一种更具一般性的信息理论框架。与这种研究思路不同，国内学者在分析情报学哲学各流派观点的基础上，直接提出了一个可以概括主要哲学观点的情报学哲学理论框架[29]。

（3）理论体系与模型。用户研究一直是图书情报学中理论研究与应用相对比较活跃的领域，而从目前所综述的内容来看，已经出现了人文社会化的特点。传统用户行为模型一般只会考虑用户端而缺乏全面性，Robson 等将图书情报学领域的用户行为模型与通信领域的模型相结合，提出了将信息用户与信息提供者结合到一起的信息查找与交流模型（Information-Seeking and Communication Model，ISCM）[30]。而与这种整合模型相对应的是人文社会传统的引入，如"信息平衡：信息行为理论与实践中的慢原则"[31]、图书情报学与数字人文学（Digital Humanities）的融合[32]。而我国也有学者从信息用户研究框架出发，提出以信息人概念替代信息用户，认为信息人研究规范将成为图书情报学研究的新规范[33]。

情报学领域的理论体系研究还涉及了一些子领域，如比较图书情报学，认知情报学（Cognitive Informatics）以及公安情报学和信息生态学。从比较图书情报学的角度来看，图书情报学领域的比较研究大部分是缺乏理论的实证研究，因此彼此间并未能形成关联，因而也无法形成理论体系，而且对来自社会科学领域的理论应用也存在不足[34]。对公安情报学的研究主要是对学科基本问题的研究，如研究对象与范围等[35-36]。对信息生态学的研究也主要集中在理论体系与学科体系研究[37-38]。对认知情报学的研究主要是国内学者的引入性介绍[39]。

### 4.4 理论应用研究

2012 年以来，我国情报学理论研究大都集中在不同理论对情报学的影响以及在情报学研究中的应用，如简化论对情报学研究的影响[40]、历史主义视角下的情报学及其主要研究领域[41]、情报学与信息哲学的交互机理[42]、社会认识对情报学知识和信息观点的影响[43-44]、实在论与反实在论对情报学哲学的启示[45]、钱学森情报学思想研究[46]。但国外的理论应用研究主要集中在方法论层次。

范式、元理论和理论决定着研究过程，它们之间是紧密相关的。从分析视角看，理论都是有基础性范式假设，而从实证角度看范式又决定了理论构建过程。目前图书情报领域研究中理论应用及其规范性都存在明显的不足[47]，A. I. Musa 对这些范式、元理论以及理论及其层次关系进行了分析并以信息缺乏（Information Poverty）理论为例介绍了应用方式[48]。除了对理论研究方法论的研究外，国外学者还分别针对概念分析[26]与定性分析在理论研究应用的不足进行了剖析，并提出了规范化的方法流程。信息科学跨学科研究中定性研究方法的分析结果表明，信息科学领域中研究人员对基础研究术语的使用是不严谨的，而且信息科学领域对更广泛意义科学领域的理论贡献也是比较小的[49]。

除了上述方法论研究外，国外学者对理论应用的研究还有扎根理论在信息研究中的应用[50]、系统综述在图书情报学理论与实践中的应用[51]以及循证与元分析理论在图书情报领域的应用[52-53]。

## 5 结束语

情报学的跨学科研究已经得到了长足发展，特别是信息学的不断发展以及在各学科的渗透。而伴随此过程中，传统情报学领域的方法与技术也得到了不断提升。从学科结构来看，国内外情报学领域具有不同的结构特点，国际情报学研究呈现出显著的认知科学驱动的定量化研究范式，而国内情报学研究具有图书与情报双中心的特点。从主要理论应用来看，国际情报学研究的定量研究特点比较明显，而且深入到了学科内部，国内情报学研究则更多地集中在相关学科层次。从理论结构来看，国际情报学研究具有更广阔的理论视野，而国内情报学研究与之存在一定差距，特别是在创新理论方面。目前国内外情报学界对情报学理论的研究主要集中在学科发展趋势、信息检索与信息计量融合、核心概念与理论体系以及理论应用研究。其中国内研究主要集中在理论应用。

情报学基础理论缺乏、核心概念定义不统一、情报学理论研究不足等问题已经得到了国内外情报学界的关注。而且从本文定量分析结果来看，这种现象在近几年的研究中仍然存在。尽管信息学等新兴学科的发展为传统情报学发展带来了新的机遇，但这种趋势也正在冲击着传统情报学脆弱的理论基础和学科体系。而这种情况对于国内情报学研究来说，尤为突出。一方面国内情报学研究呈现出了非中心化的特点，这就需要我们更加注重情报学基础理论的研究，特别是一种适于国内情报学实践的理论体系，而另一方面国内情报学理论研究却存在明显不足。这种不足体现在两点：其一，理论研究在国内情报学研究中的比例较少；其二，国内情报学理论研究大都集中在理论应用研究，而非理论构建方法论。对于国内情报学界来说，我们迫切需要加强情报学理论、特别是理论研究方法论及工具的研究。

## 参考文献

［1］ 王春梅，陈文勇．走出情报学独立学科地位困境［J］．图书馆杂志，2008（10）．

［2］ BUCKLAND M. What kind of science can information science be? ［J］．Journal of American Society of Information and Technology，2012，63（1）：1-7．

［3］ 王知津，王璇，韩正彪．90年代以来我国情报学理论研究期刊论文统计分析［J］．图书馆理论与实践，2012（1）：21-26．

［4］ 韩正彪，谢丽娜，周鹏．北美情报学理论近20年研究进展［J］．图书情报工作，2014，58（5）：131-140．

［5］ MORRIS S A，VAN DERr VEER MARTENS B. Mapping research specialties ［J］．Annual Review of Information Science and Technology，2008，42：213-295．

［6］ 刘志辉，郑彦宁．研究专业演化图谱及其应用研究［J］．情报学报，2011，30（11）：1178-1186．

［7］ HE Q. Knowledge discovery through co-word analysis ［J］．Library Trends，1999，48（1）：133-159．

［8］ WHITE H D. Some new tests of relevance theory in information science ［J］．Scientometrics，2010，83（3）：653-667．

[9] HU Changping，HU Jiming，DENG Shengli，et al. A co-word analysis of library and information science in China [J]. Scientometrics，2013，93（2）：369-382.

[10] TSENG Yuen-Hsien，TSAY Ming-Yueh. Journal of clustering of library and information science for subfield delineation using the bibliometrics analysis toolkit：CATAR [J]. Scientometrics，2013，95：503-528.

[11] AHARONY N. Library and information science research areas：a content analysis of article from the top 10 journals [J]. Journal of Librarianship and Information Science，2012，44（1）：27-35.

[12] HOORLAND B. The phrase "Information Storage and Retrieval"（IS&R）：an historical note [J]. Journal of the Association for Information Science and Technology，2015，66（6）：1299-1302.

[13] 周晓英．数据密集型科学研究范式的兴起与情报学的应对 [J]．情报资料工作，2012（2）：5-11.

[14] 贺德方．工程化思维下的科技情报研究范式——情报工程学探析 [J]．情报学报，2014，33（12）：1236-1241.

[15] 张志强，范少萍．论学科信息学的兴起与发展 [J]．情报学报，2015，34（10）：1011-1023.

[16] MAYR P，SCHARUHORST A. Scientometris and information retrieval：weaklinks revitalized [J]. Scientometrics，2015，102（3）：2193-2199.

[17] WOLFRAM D. The symbiotic relationship between information retrieval and informetrics [J]. Scientometrics，2015，102（3）.

[18] Glänzel W. Bibliometrics-aided retrieval-where information retrieval meets scientometrics [J]. Scientometrics，2015，102（3）.

[19] ZITT M. Meso-level retrieval：IR-bibliometrics interplay and hybrid citation-words methods in scientific fields delineation [J]. Scientometrics，2015，102（3）.

[20] BAR-ILAN J，LEVENE M. The hw-rank：an h-index variant for ranking web pages [J]. Scientometrics，2015，102（3）.

[21] KARLSSON A，HAMMARFELT B，STEINHAUER H J，FFLKMAN G，OLSON N，NELHANS G，NOHN J. Modeling uncertainty in bibliometrics and information retrieval：an information fusion approach [J]. Scientometrics，2015（2），102（3）.

[22] WHITE H D. Co-cited author retrieval and relevance theory：examples from the humanities [J]. Scientometrics，2015，102（3）.

[23] ABBASI M K，FROMMHOLZ I. Cluster-based polyrepresentation as science modelling approach for information retrieval [J]. Scientometrics，2015，102（3）.

[24] MUTSCHKE P，MAYR P. Science models for search：a study on combining scholarly information retrieval and scientometrics [J]. Scientometrics，2015，102（3）.

[25] RACHEL A，FLEMING M. Concept analysis and information science：exploring usage [J]. Library and Information Research，2014，36：203-210.

［26］ LUO Tao，PAN Yonghwan. Information as causality：an approach to a general theory of information ［J］. Journal of Information Science，2015（2）：1-12.

［27］ THELLEFSEN T，THELLEFSEN M，SORENSEN B. Emotion，information，and cognition，and some possible consequences for library and information science ［J］. Journal of the American Society for Information Science and Technology，2013，64（8）：1735-1750.

［28］ GNOLI C，RIDI R. Unified theory of information，hypertextuality and levels of reality ［J］. Journal of Documentation，2014，70（3）：443-460.

［29］ 王知津，周鹏，韩正彪. 当代情报学哲学的主要观点及其理论体系构建 ［J］. 情报学报，2014，33（2）：116-129.

［30］ ROBSON A，ROBINSON L. Building on models of information behaviour：linking information seeking and communication ［J］. Journal of Documentation，2013，69（2）：169-193.

［31］ POIRIER L，ROBINSON L. Informational balance：slow principles in the theory and practice of information behaviour ［J］. Journal of Documentation，2014，70（4）：687-707.

［32］ ROBINSON L，PRIEGO E，BAWDEN D. Library and information science and digital humanities：two disciplines，joint Future？［C］. ISI，2015：44-54.

［33］ 肖勇，张远哲. 论当代图书情报学研究的新规范——信息人规范 ［J］. 图书情报工作，2013，57（23）：36-40.

［34］ LOR P J. Revitalizing comparative library and information science：theory and metatheory ［J］. Journal of Documentation，2014，70（1）：25-51.

［35］ 谢晓专. 公安情报学的研究对象与内容论纲 ［J］. 情报科学，2013，31（9）：128-132.

［36］ 马德辉，苏英杰. "Intelligence Studies"视域下的中国公安情报学若干基本问题研究 ［J］. 情报理论与实践，2013，36（5）：50-59，47.

［37］ 娄策群，桂晓苗，杨小溪. 我国信息生态学学科建设构想 ［J］. 情报科学，2013，31（2）：13-18.

［38］ 过仕明，梁欣. 信息生态学的理论体系研究 ［J］. 情报科学，2013，31（6）：15-19.

［39］ 严贝妮，陈秀娟. 情报学与认知科学的碰撞和交融——认知情报学的产生与发展趋势探微 ［J］. 情报理论与实践，2013，36（12）：1-5.

［40］ 王丽娜，周鹏，马婧. 当代情报学理论思潮：简化论 ［J］. 图书情报知识，2012（1）：36-42.

［41］ 李赟梅，周鹏，王璇. 当代情报学理论思潮：历史主义 ［J］. 图书情报知识，2012（1）：30-35，42.

［42］ 王知津，王璇，韩正彪. 当代情报学理论思潮：信息哲学 ［J］. 情报理论与实践，2012，35（4）：1-6.

［43］ 周鹏，齐亚双，王璇. 当代情报学理论研究中的社会认识论思潮（一）［J］. 图书

情报工作，2012，56（12）：6-12.

[44] 王知津，王璇，韩正彪. 当代情报学理论研究中的社会认识论思潮（二）[J]. 图书情报工作，2012，56（12）：13-18，44.

[45] 王知津，韩正彪，周鹏. 当代情报学理论思潮：实在论与反实在论 [J]. 情报科学，2013，31（1）：3-8，20.

[46] 殷玥珊，徐跃权. 钱学森教授的情报学思想研究 [J]. 图书情报工作，2013，57（7）：34-39.

[47] KUMASI K D, CHARBONNEAU D H, WALSTER D. Theory talk in the library science scholarly literature：an exploratory analysis [J]. Library and Information Science Research，2013，35：175-180.

[48] MUSA A I. Understanding the intersections of paradigm, meta-theory and theory in library and information science research：a social constructionist perspective [J]. Samaru Journal of Information Studies，2013，13（1-2）：41-48.

[49] CLIBANGU S K. A memo of qualitative research for information science：towards theory construction [J]. Journal of Documentation，2013，69（2）：194-212.

[50] VASCONCELOS A, SEN B, ROSA A, ELLIS D. Elaborations of grounded theory in information research：arenas/social worlds theory, discourse and situational anaysis [J]. Library and Information Research，2012，36（112）：120-146.

[51] PHELPS S F, CAMPBELL N. Systematic reviews of theory and practice for library and information studies [J]. Library and Information Research，2012，36（112）：6-15.

[52] ELDREDGE J D. The evolution of evidence based library and information practice, Part I：defining EBLIP [J]. Evidence Based Library and Information Practice，2012，7（4）：139-145.

[53] ELDREDGE J D. The evolution of evidence based library and information practice, Part II：the broder professional purpose of EBLIP [J]. Evidence Based Library and Information Practice，2013，8（1）：102-110.

作者简介：

刘志辉，男，1979 年生，博士，副研究员。研究方向：竞争情报，学科情报与战略情报研究。

赵筱媛，女，1978 年生，博士，研究员。研究方向：竞争战略与竞争情报，公共管理与科技政策。

许晓阳，男，1989 年生，硕士，实习研究员。研究方向：竞争情报。

梁子豪，男，1991 年生，硕士生。研究方向：技术竞争情报。

# 我国情报学教育发展透析

赵蓉英[1,2]，郭凤娇[1,2]，魏绪秋[1,2]

（1. 武汉大学 信息管理学院，湖北 武汉 430072；
2. 武汉大学 中国科学评价研究中心，湖北 武汉 430072）

**摘 要：** 从 1958 年创办科技情报大学开始，我国的情报学教育已有近 60 年的发展历程。文章从历史事件回顾、研究现状和招生分布三个维度对我国情报学教育发展进行了深度透析，总结了我国情报学教育发展的三个阶段和取得的成就，对我国情报学教育的研究现状进行了计量分析，并对情报学专业招生现状进行了全面的网站调研。最后，在对全文进行总结的基础上，对我国情报学教育的未来发展提出了相关建议。

**关键词：** 情报学；教育；研究进展；文献计量；网络调研

第二次世界大战以后，随着情报活动和情报工作的开展，情报学逐步发展成为一门新兴的学科。1957 年 12 月，中国科学情报研究所（中国科学技术信息研究所前身）创办《科学情报工作》（《中国信息导报》前身），标志着我国情报学研究的开端。1958 年，中国科学院编译出版委员会组织院图书馆和科学出版社、中国科学院情报研究所联合创办了科学情报大学，并在次年 8 月并入中国科技大学，成立科学情报系[1]。历经半个世纪多的发展，我国情报学教育目前已形成了具有一定规模、层次齐全、结构比较合理的完整教育体系，为我国情报信息事业培养了大量高层次人才，起到了应有的推动作用[2]。

为了客观地反映我国情报学教育的发展现状，我们以情报学教育发展中代表性历史事件、研究文献以及招生分布三个维度作为切入点进行了深度研究。

## 1 情报学教育代表性历史事件回顾

我国的情报学教育虽然起步较早，但由于受文化大革命等政治因素的影响，在经过短暂的发展后即陷入了停滞状态。直到 1978 年，随着改革开放的发展，我国的情报学教育才真正进入了快速发展时期。笔者按照时间发展顺序，对我国情报学教育发展中的代表性历史事件（见表 1）进行回顾总结，以期比较详细地呈现我国情报学教育发展的脉络。

表 1 我国情报学教育发展代表性历史事件

| 序号 | 时间 | 代表性历史事件 |
|------|------|----------------|
| 1 | 1958 年 | 中国科学院编译出版委员会组织院图书馆和科学出版社、中国科学院情报研究所联合创办了科学情报大学，并在次年 8 月并入中国科技大学，成立科学情报系[1] |
| 2 | 1975 年 | 武汉大学原图书馆学系通过调查研究，提出了创建科技情报专业的设想与方案[3] |
| 3 | 1978 年 | 6 月，教育部召开了全国高等学校文科教学工作座谈会，制定了关于加强高等学校图书资料工作的意见和图书馆学专业教育方案，这次会议为图书馆学、情报学教育的发展奠定了基础[4] |
| 4 | 1978 年 | 武汉大学图书馆学系开设了科技情报本科专业，随后，北京大学、吉林工业大学、南京大学等高校也陆续开设情报学专业[5] |
| 5 | 1978 年 | 中国科学技术情报研究所创办情报研究生班，开始招收情报学专业研究生[6] |
| 6 | 1979 年 | 武汉大学和北京大学相继招收科技情报专业硕士生[7] |
| 7 | 1980 年 | 5 月，中共中央书记处第 23 次会议通过了《图书馆工作汇报提纲》，为大力发展图书馆学、情报学教育提供了政策保障[8] |
| 8 | 1983 年 | 3 月，中国第一所独立的中等图书情报学校——湖南图书情报学校在长沙建立。中等专业教育成为图书情报教育的一部分[4] |
| 9 | 1983 年 | 4 月，教育部在武汉召开了全国图书馆学情报学教育工作座谈会，总结建国以来图书馆学情报学教育工作的经验教训，研究讨论我国图书馆学情报学教育的发展与改革问题[9] |
| 10 | 1983 年 | 国家科学技术委员会在武汉大学设立全国科技情报培训中心，承担全国范围内情报在职人员的培训任务，并于 9 月开始举办科技情报短训班[3] |
| 11 | 1983 年 | 国务院学位委员会颁布《高等学校和科研机构授予博士和硕士学位的学科、专业目录》，科技情报属于"理学"门下"管理科学"类的第二小类[10] |
| 12 | 1983 年 | 武汉大学科技情报专业成为理学硕士学位授权点[11] |

表 1 (续表)

| 序号 | 时间 | 代表性历史事件 |
|---|---|---|
| 13 | 1983 年 | 9 月，教育部印发了《关于发展和改革图书馆学、情报学教育的几点意见》，成为图书情报学教育发展的指导性文件[8] |
| 14 | 1984 年 | 武汉大学开始招收科技情报专修班（二年制）学员[3] |
| 15 | 1984 年 | 2 月，教育部颁发 04 号文件，要求高等院校普及"文献检索与利用"课程 |
| 16 | 1984 年 | 武汉大学在原图书馆学系的基础上建立了中国第一所图书情报学院[12]，科技情报专业发展为现在的情报科学系[3] |
| 17 | 1984 年 | 武汉大学和中国科技情报研究所分别获得了情报学硕士学位授予权[4] |
| 18 | 1985 年 | 7 月，中国图书馆学会在四川新都召开了"首届全国图书馆学情报学教育学术讨论会和经验交流会"，重点讨论了图书情报学专业的课程设置、教学内容的改革、教学大纲的制定[8] |
| 19 | 1985 年 | 11 月，中国科学院图书馆更名为中国科学院文献情报中心[11] |
| 20 | 1986 年 | 9 月，国际图联与中国图书馆学会在北京召开了"图书馆学、情报学教育与研究"国际学术讨论会[4] |
| 21 | 1990 年 | 6 月，国务院学位委员会学科评议组第四次会议增设了"图书馆学与情报学"学科评议组，审议图书馆学情报学博士、硕士点的设立等问题[8] |
| 22 | 1990 年 | 10 月，国务院学位委员会第九次会议正式批准的《授予博士、硕士学位和培养研究生学科、专业目录》中，设立了"图书馆与情报学"一级学科，划归理学门类，二级学科为图书馆学、科技情报[8] |
| 23 | 1990 年 | 武汉大学建立了我国第一个情报学博士学位授权点，次年开始招收第一届情报专业博士研究生[8]；随后，南京大学（1996）[8]、北京大学（1998）[8]、吉林大学（2000）、中国人民大学（2005）、南开大学（2005）、华中师范大学（2005）[12]相继获准设立了情报学专业博士学位授权点 |
| 24 | 1992 年 | 9 月，国家科委（科技部前身）全国科技情报工作会议决定，将"科技情报"改称"科技信息"，"中国科技情报研究所"更名为"中国科技信息研究所"。10 月，北京大学图书馆学情报学系率先改为信息管理系[8] |

表1 (续表)

| 序号 | 时间 | 代表性历史事件 |
|---|---|---|
| 25 | 1993 年 | 国家教委颁布的《普通高等学校本科专业目录》将"科技情报"专业调整为"科技信息"专业，将"社科情报"专业调整为"信息学"专业[8] |
| 26 | 1993 年 | 12 月，首届海峡两岸图书资讯学术研讨会在华东师范大学举行[13]，至今该研讨会已成功举办 12 届，第 13 届研讨会将于 2016 年由华中师范大学信息管理学院承办 |
| 27 | 1994 年 | 国家社会科学基金资助项目的课题指南首次增列了"图书馆、情报与文献学"学科类别，本专业的研究进入了国家级课题[4] |
| 28 | 1997 年 | 国务院学位委员会、国家教育委员会联合发布的《授予博士、硕士学位和培养研究生学科、专业目录》在"管理学"门类下设立"图书馆、情报与档案管理"一级学科，下设图书馆学、情报学、档案学三个二级学科 |
| 29 | 1998 年 | 5 月，中国科学院文献情报中心主办了"98 全国图书情报学研究生学术研讨会"，会议的主题是"我们的未来"，与会代表围绕共同的未来，就图书情报学学科建设、图书情报学教育与职业、图书情报事业管理与服务、信息技术与电子图书馆等具体议题展开了认真的探讨[14]，第二届于 2000 年 10 月在北京召开，主题为"我们的使命"[15] |
| 30 | 1998 年 | 7 月，教育部颁布了新修订的《普通高等学校本科专业目录》，把图书馆学专业和档案学专业作为一级学科"图书档案学类"下属的二级学科，归入新增设的管理学学科门类，而信息学专业和科技信息专业与原有的经济信息管理、管理信息系统、林业信息管理等五个专业合并组成一个新专业——"信息管理与信息系统"，作为一级学科"管理科学与工程类"下属的二级学科归入管理学学科门类[8] |
| 31 | 1999 年 | 4 月，武汉大学的图书情报学院与新闻学院合并组成大众传播与知识信息管理学院，图书情报学系的名称在中国大陆几近消失[8] |
| 32 | 2000 年 | 武汉大学、北京大学"图书馆、情报与档案管理"学科被国务院学位委员会批准为一级学科博士学位授权点[8]，随后南京大学（2005）、中国人民大学（2005）和吉林大学（2010）获得"图书馆、情报与档案管理"一级学科博士学位授予权[16-18] |

表 1 　　　　　　　　　　　　　　　　　　　　　（续表）

| 序号 | 时间 | 代表性历史事件 |
|---|---|---|
| 33 | 2000 年 | 在武汉大学召开了第一届中美图书馆与情报学教育国际研讨会，讨论了图书馆与情报学教育在数字时代所肩负的历史使命。至今，该会议已举办 4 届 |
| 34 | 2002 年 | 武汉大学的情报学专业在国家重点学科评选中，被评为国家重点学科，取得了历史性突破[8] |
| 35 | 2002 年 | 中国科学技术信息研究所设立了图书馆、情报与档案管理一级学科博士后科研工作站，博士后流动站的设立在促进学科发展和培养高水平学科带头人方面发挥了重要作用[4] |
| 36 | 2004 年 | 北京大学、武汉大学、南开大学、南京大学等将情报学硕士研究生的培养学制从三年改革为二年学制[4]，但在 2012 年前后武汉大学等校又恢复为三年学制 |
| 37 | 2004 年 | 10 月，"2004 年全国博士生学术论坛（武汉）"人文学科分论坛在武汉大学召开，下设 6 个分论坛，其中之一为"图书馆、情报与档案管理分论坛"[19] |
| 38 | 2005 年 | 武汉大学"信息管理学基础"被评为国家精品课程，随后，"信息服务与用户""信息检索与利用""信息计量学"等课程被陆续评为国家精品课程，情报学教育实现了优质教学资源的网络共享[8] |
| 39 | 2006 年 | 10 月，中国科学技术情报学会、中国科学技术信息研究所、国家科技图书文献中心和万方数据股份有限公司共同举办"庆祝中国科技信息事业创建 50 周年学术研讨会"，对情报学学科建设与情报教育进行了讨论[20] |
| 40 | 2007 年 | 南京大学和武汉大学的情报学专业在新一轮国家重点学科评估验收中，被评为国家重点学科。武汉大学的"图书馆、情报与档案管理"学科被评为一级学科国家重点学科 |
| 41 | 2007 年 | 武汉大学的"图书情报学核心课程教学团队"入选国家级教学团队[4] |
| 42 | 2008 年 | 11 月，中国科学技术信息研究所和中国科技情报学会共同举办"中国情报学研究生教育创建 30 周年纪念大会暨学术研讨会"，会议主题为："情报学研究生教育和情报学学科建设的创新与发展"[21] |
| 43 | 2009 年 | 在美国举行的国际拔尖图书情报学院联盟 iSchool 成员大会上，经投票表决，武汉大学信息管理学院被正式接纳为 iSchool 联盟成员。这是该联盟首次接受发展中国家的大学作为其成员[22] |

表 1 （续表）

| 序号 | 时间 | 代表性历史事件 |
|------|------|----------------|
| 44 | 2010 年 | 1 月，国务院学位委员会第 27 次会议审议通过了图书情报等 19 种硕士专业学位设置方案[23]，图书情报专业学位研究生的培养学制一般为 2 年或 2.5 年 |
| 45 | 2011 年 | 10 月，北京大学发起并承办首届全国情报学博士生学术论坛，论坛的主题为："后危机时代的情报学和信息管理"[24]；随后，华中师范大学、南京大学、吉林大学、中国人民大学和南开大学相继承办第二至六届全国情报学博士生学术论坛，论坛的主题分别为："新环境下情报学的创新与发展"[25]、"大数据环境下信息管理发展发展趋势研究"[26]、"大数据背景下信息资源管理与服务"[27]、"情报学的创新与发展"[28]及"新常态下的情报学：互联、共享与发展"[29] |
| 46 | 2014 年 | 9 月，武汉大学的"信息管理学基础"[30]与"信息检索"[31]课程开始 MOOC 教学，情报学教育开始网络开放授课 |

以上 46 件代表性事件明显勾画出我国情报学教育的三个发展阶段：

（1）"科技情报"专业阶段（1958—1992 年 8 月）。我国情报学教育始于 1958 年科学情报大学的创办，但直到改革开放后才获得全面发展，到 20 世纪 90 年代初期就已形成了包括短期培训班、函授、专科、本科、硕士和博士在内的情报学教育体系。该阶段初步形成了情报学教育体系，使得情报学作为独立学科的地位逐步稳固，为情报学教育的后期发展奠定了牢固基础，是我国情报学教育的萌芽和初步形成时期。

（2）"科技信息"专业阶段（1992 年 9 月—1997 年）。20 世纪 90 年代信息技术的进步发展使得情报学教育遇到了新的挑战，传统的以"文献信息"为重心的情报学教育已无法满足社会需求。1992 年 9 月，国家科委全国科技情报会议决定将"科技情报"改称"科技信息"，次年国家教委颁布的《普通高等学校本科专业目录》将"科技情报"专业调整为"科技信息"专业。在这一背景下，我国情报学教育扩大了研究对象，拓展研究领域，面向以"信息"为轴心的方向延伸和发展，进而拓展了情报学专业与其他信息类学科的界限，使得专业口径明显宽泛。这一时期我国情报学教育搭上了信息化飞速发展的时代快车，进入快速发展时期。

（3）"情报学"专业阶段（1997 年至今）。1997 年，国务院学位委员会、国家教育委员会联合发布的《授予博士、硕士学位和培养研究生学科、专业目录》在"管理学"门类下设立"图书馆、情报与档案管理"一级学科，下设图书馆学、情报学、档案学三个二级学科，确立了情报学作为二级学科的学科地位，并在 2000 年被国务院学位委员会批准为一级学科博士学位授权点。1998 年 7 月教育部新修订的《普通高等学校本科专业目录》将信息学、科技信息等五个专业合并组成信息管理与信息系统专业，情报学专业不再出现在本科专业目录上，提升为更高层次的研究生教育。该阶段明确了我国情报学的学科地位和情报学教育层次，紧随社会发展步伐，顺应时代需求，进一步调整了专业研究方向，积极开展国家级精品课程建设和 MOOC 教学，实现优质教学资源共享，不断推进教育模式创新；同时，重视国际交流与合作，加盟了国际拔尖图书情报学院联盟 iSchool，与国际接轨，旨在培养富有创新精神和实践能力的厚基础、宽口径、复合型，适应新技术环境的高级专门人才，标志着我国情报学教育发展已渐趋成熟并不断完善的跨越发展时期。

## 2  情报学教育研究现状

为了客观地了解我国情报学教育的研究现状，本节采用文献计量的方式进行量化研究。数据来源选择"CNKI 中国学术期刊网络出版总库"和"维普期刊资源整合服务平台"，时间不限，期刊来源类别不限，从主题（维普数据库是"题名或关键词"）路径检索"情报学教育"或"情报教育"或"情报专业教育"或"情报学课程"或"情报学教学"或"情报学研究生教育"或"情报学硕士研究生教育"或"情报学研究生培养"，删除结果中书评、征文、投稿须知、简讯等类型文献信息，去除重复项，最终共得到1985 篇专门关于"情报学教育"的期刊论文，建立数据集。

统计数据集中论文发文量的年代分布情况，并绘制折线图，如图 1所示。

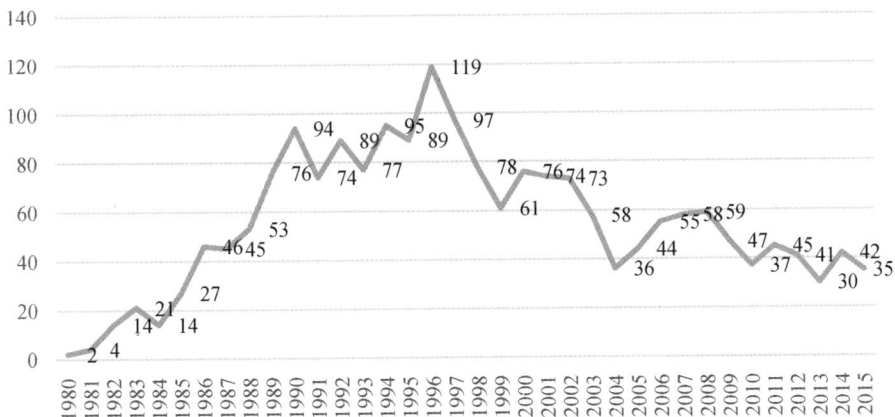

图 1　发文量年代分布折线图

从图 1 可以看出，专门论述"情报学教育"的研究论文最早出现在 1980 年，其中之一是纪昭民从日本《学术月报》上摘译的一篇文章，对日本图书馆学、情报学教育情况进行了简单的介绍[32]；另一篇是姜炳炘对美国图书馆学情报学专家刘钦智教授回国访问时所做报告的整理翻译[33]。随后发文量缓慢增长，且整个 20 世纪 90 年代保持在较高数量，从前文标志性事件的回顾也可以看出 20 世纪八九十年代是情报学教育的变革发展时期，这一阶段的研究主要从两方面展开：对国外情报学教育的研究；对我国情报学教育改革的思考。2000 年以后，关于情报学教育主题的发文量一直呈上下波动趋势，变化不大，该阶段的研究视角比较分散，情报学在自身的发展过程中，诞生了一批新的分支学科，并显示出旺盛的生命力[34]，不再局限于情报学的宏观研究。

## 2.1 研究主题分布

论文的关键词是其内容的浓缩和提炼，关键词频次能显示出研究领域的重点与热点，笔者对数据库中的关键词字段进行同义词、近义词合并处理后，统计发现 1985 篇情报学教育研究论文共包含 3848 个关键词，总频次为 11637。剔除关键词中的情报学教育、情报教育、教育、中国等无实际意义的词汇后，频次不小于 20 的关键词见表 2。

表 2　频次不小于 20 的高频关键词

| 关键词 | 频次 | 关键词 | 频次 | 关键词 | 频次 | 关键词 | 频次 |
|---|---|---|---|---|---|---|---|
| 情报学 | 351 | 美国 | 61 | 情报事业 | 36 | 情报需求 | 25 |
| 图书情报学 | 277 | 图书馆 | 55 | 文献检索 | 35 | 医学情报 | 24 |
| 图书馆学 | 230 | 大学生 | 54 | 教学方法 | 33 | 教育事业 | 24 |
| 图书情报学教育 | 202 | 竞争情报教育 | 53 | 情报职能 | 33 | 研究生 | 24 |
| 高校图书馆 | 120 | 发展趋势 | 52 | 教育职能 | 32 | 图书馆工作 | 24 |
| 继续教育 | 114 | 人才培养 | 51 | 日本 | 32 | 课程体系 | 24 |
| 情报意识 | 113 | 图书馆员 | 49 | 知识结构 | 29 | 培养目标 | 23 |
| 课程设置 | 108 | 图书情报人员 | 49 | 图书情报工作 | 29 | 21 世纪 | 22 |
| 情报检索 | 98 | 情报工作 | 47 | 教学内容 | 29 | 图书情报事业 | 22 |
| 文献检索课 | 93 | 文献检索与利用 | 47 | 教育内容 | 28 | 科技情报 | 22 |
| 竞争情报 | 85 | 情报系统 | 42 | 情报服务 | 27 | 情报信息 | 21 |
| 教育改革 | 83 | 情报人员 | 42 | 教学 | 27 | 现状 | 21 |
| 图书馆学教育 | 82 | 高等教育 | 39 | 情报能力 | 27 | 信息管理 | 21 |
| 研究生教育 | 72 | 专业教育 | 39 | 教学改革 | 27 | iSchool | 21 |
| 情报科学 | 72 | 情报研究 | 38 | 信息时代 | 26 | 情报用户教育 | 21 |
| 情报用户 | 63 | 用户教育 | 37 | 检索工具 | 25 | | |

通过分析表 2 中的高频关键词可以发现，当前关于我国情报学教育的研究主要集中在以下几方面：

（1）对图书情报学的联合研究。长期以来，图书馆学和情报学都被认为是同宗学科，其学科关系在我国历次学科专业目录中有明显体现[35]。此外，像美国、日本等国家的情报学教育都是在图书馆学教育的基础上发展起来的，图书情报学是作为整体存在的。因此，对情报学教育的研究，尤其是早期的研究，学者通常同时对图书馆学情报学教育进行探讨。

（2）文献检索、竞争情报等具体情报学教育课程研究。对文献检索的研究主要集中在文献检索课的教学方式研究、文献检索课的教学内容研究、文献检索课的教学改革研究以及开展文献检索课的目的与意义研究；对竞争情报的研究主要侧重竞争情报教育的现状与发展方向、竞争情报教育存在的问题及对策、职业院校等开展竞争情报教育的思考等方面；除高频词中出现的这两个专业课程外，检索到的论文数据库中还包含对知识管理[36]、专利情报[37]等其他课程教育的调查与研究。

（3）对美国、日本等其他国家或地区情报学教育现状的分析研究。主要包括对 20 世纪末期，美国图书情报教育危机现象的探究；美国 iSchool 课程设置与能力培养的调查分析；美国图情专业课程设置与教学方式分析；美国与日本图书馆学情报学教育的比较研究；日本的情报教育与研究；中日情报教育比较；对日本图书情报学教育改革的思考与启示等。除此之外，还有对德国、法国、英国、俄罗斯、韩国以及台湾地区图书情报教育的研究。

（4）对情报学教育教学的研究。主要包括情报学的课程设置、教学内容、教学方法、教学计划、教学改革措施、课程体系、培养目标、教学效果、教学层次等，其中教学层次又包括研究生教育、本科生教育、高职高专教育、情报工作人员的继续教育、网络远程教育等。

（5）与情报学教育相关的其他主题研究，包括如何培养情报意识；怎样建立情报系统；我国情报研究的现状；情报人员的素质与继续教育问题等。

## 2.2 主要研究作者

笔者选用平均计数法对作者进行处理，即不论名次如何，均按每人一次的"平均分配"的计算方法。提取数据中的作者字段进行统计处理发现，共有 2069 位作者参与撰写情报学教育主题的期刊论文，其中 1691 位作者只参与撰写论文 1 篇；撰写论文 5 篇以上的作者及篇数见表 3。

表3 撰写5篇论文以上的作者及篇数

| 作者 | 篇数 | 作者 | 篇数 | 作者 | 篇数 | 作者 | 篇数 | 作者 | 篇数 |
|------|------|------|------|------|------|------|------|------|------|
| 王知津 | 22 | 严怡民 | 10 | 李国秋 | 8 | 马费成 | 7 | 潘永超 | 6 |
| 陈志宏 | 15 | 吴慰慈 | 10 | 柳晓春 | 8 | 杨桂荣 | 7 | 王伟 | 6 |
| 谢阳群 | 14 | 肖希明 | 9 | 赖茂生 | 8 | 胡昌平 | 7 | 彭靖里 | 6 |
| 靖继鹏 | 14 | 柯平 | 9 | 严贝妮 | 8 | 葛敬民 | 6 | 秦惠基 | 6 |
| 詹德优 | 13 | 樊松林 | 9 | 李彤 | 7 | 徐芳 | 6 | 刘学和 | 6 |
| 邱均平 | 11 | 陈传夫 | 9 | 夏旭 | 7 | 邹永利 | 6 | | |

　　由表3可知，在情报学教育领域发文最多的国内学者有王知津、陈志宏、谢阳群和靖继鹏等。王知津主要从研究方向、课程设置、教育培养模式等角度研究情报学教育；陈志宏主要致力于知识产权情报和专利情报研究；谢阳群主要研究美国、英国、印度等国外的图书情报学教育；靖继鹏主要对美国、日本等国外的情报学教育进行研究。围绕高产作者通常会形成研究团队，合作两次以上的研究团队如图2所示。

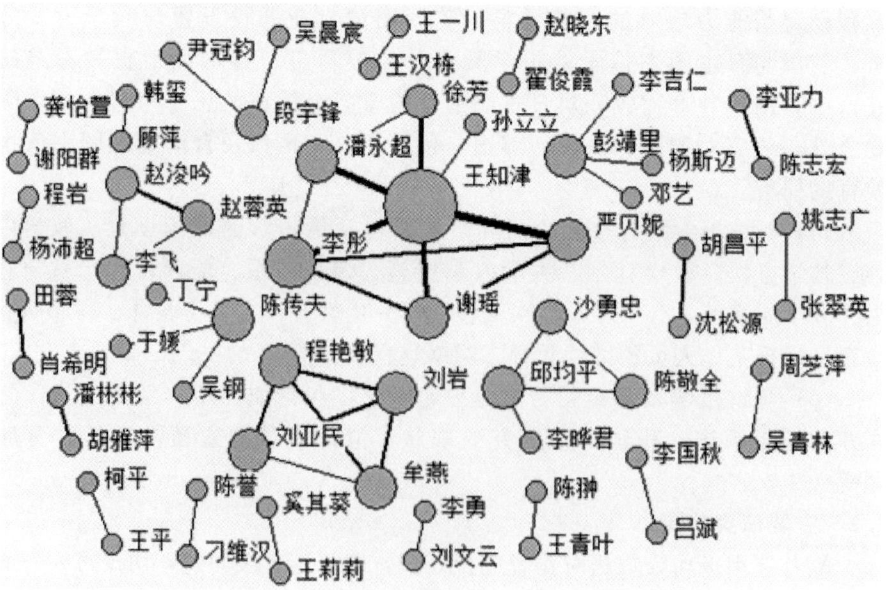

图2　合作两次及以上的作者合作网络图

　　由图2可见，情报学教育研究领域主要有以下研究团队：①王知津团队。王知津是南开大学商学院教授、博士研究生导师，国内知名情报学专家，曾主持完成天津市"十五"社会科学研究规划项目"基于网络环境的情报教育模式与体系创新研究"以及国家社会科学基金重点项目"当代国际情报学理论进展与中国情报学的理论创新"[38]。王知津领导的研究团队成员都是他指导的博士或硕士研究生。②刘岩团队。刘岩是山东省医学科学院医药卫生科技信息研究所研究员、教授、硕士生导师。刘岩团队的成员主要是同事,该团队致力于医学情报学教育的研究。③邱均平团队。邱均平是武汉大学信息管理学院教授、博士生导师,国内知名情报学专家。邱均平团队的成员主要是他指导的研究生。④彭靖里团队。彭靖里是云南省科技情报研究所研究员、硕士生导师。他领导的团队成员来自国内外高校或研究所,该团队主要对竞争情报教育的发展状况进行研究。⑤陈传夫团队。陈传夫是武汉大学信息管理学院教授、博士生导师,其领导团队的成员主要是他指导的研究生,该团队致力于对我国图书馆学情报学教育的回顾与展望、对美国图书情报教育的研究。

通过对表3、图2的分析还发现,情报学教育的主要研究力量集中在高校学院、图书馆以及地方情报或信息研究所。

## 3 情报学教育招生分布

学科建设指标不仅能体现学科的发展水平,也是国内外大学及学科专业评价的重要依据。笔者通过网络调研的方法对我国情报学专业招生高校的学科建设情况进行分析,以了解情报学教育的现实发展状况。根据《中国研究生教育及学科专业评价报告 2014—2015》[39],我国共有 58 所高校设置了情报学专业,并进行研究生招生。具体情报学招生高校及其地域分布情况见表4。

表 4　我国情报学招生高校及其地域分布情况

| 区域 | 省份 | 高校 |
|------|------|------|
| 华东 (24) | 江苏 (8) | 南京大学 (985/211)、南京理工大学 (211)、南京农业大学 (211)、江苏大学、河海大学 (211)、南京航空航天大学 (211)、东南大学 (985/211)、苏州大学 (211) |
| | 山东 (5) | 山东大学 (985/211)、山东科技大学、青岛科技大学、山东理工大学、济南大学 |
| | 上海 (5) | 华东师范大学 (985/211)、上海大学 (211)、同济大学 (985/211)、华东理工大学 (211)、上海交通大学 (985/211) |
| | 福建 (2) | 福州大学 (211)、福建师范大学 |
| | 安徽 (2) | 安徽大学 (211)、安徽财经大学 |
| | 浙江 (1) | 浙江大学 (985/211) |
| | 江西 (1) | 南昌大学 (211) |

表4 （续表）

| 区域 | 省份 | 高校 |
|---|---|---|
| 华北（12） | 北京（6） | 北京大学（985/211）、中国人民大学（985/211）、北京师范大学（985/211）、中国农业大学（985/211）、北京理工大学（985/211）、北京航空航天大学（985/211） |
| | 天津（3） | 南开大学（985/211）、天津大学（985/211）、天津师范大学 |
| | 山西（2） | 山西大学、山西财经大学 |
| | 河北（1） | 河北大学 |
| 华中（8） | 湖北（3） | 武汉大学（985/211）、华中师范大学（211）、华中科技大学（985/211） |
| | 河南（3） | 郑州大学（211）、郑州航空工业管理学院、新乡医学院 |
| | 湖南（2） | 中南大学（985/211）、湘潭大学 |
| 西南（5） | 四川（2） | 四川大学（985/211）、西南科技大学 |
| | 重庆（2） | 西南大学（211）、重庆大学（985/211） |
| | 云南（1） | 云南大学（211） |
| 东北（4） | 吉林（2） | 吉林大学（985/211）、东北师范大学（211） |
| | 黑龙江（1） | 黑龙江大学 |
| | 辽宁（1） | 中国医科大学 |
| 华南（3） | 广东（2） | 中山大学（985/211）、华南师范大学（211） |
| | 广西（1） | 广西民族大学 |
| 西北（2） | 陕西（1） | 西安电子科技大学（211） |
| | 甘肃（1） | 兰州大学（985/211） |

注：本节数据多来源于《中国研究生教育及学科专业评价报告2014—2015》，因此不含军事院校及大学以外的科研机构

由表4可知，我国情报学教育已具备一定的招生规模，其中位于华东地区的情报学专业招生高校最多，约占高校总量的41.38％，仅江苏省就有南京大学、南京理工大学、江苏大学、河海大学等8所高校进行情报学专业招生；而西北地区仅有西安电子科技大学和兰州大学两所高校进行情报学专业招生。由此可见，我国情报学专业招生高校地域分布不均衡，主要集中在东部沿海及中部城市，而西部地区相对较少，这与我国高校区域分布不均衡现象相一致。此外，58所情报学专业招生高校中有40所学校是"211工程"

大学（含 23 所"985 工程"大学）。"211 工程"和"985 工程"是我国为了迎接世界新技术革命的挑战，重点推出建设的一批高等学校和一批重点学科、专业，以使其达到世界一流大学水平。因此，这些高校在获取国家政策、资源、教育拨款（资金）等方面具有独特优势。

为了更全面了解我国情报学专业招生高校发展状况，笔者对表 4 中 58 所高校情报学专业的师资规模、研究生招生情况、基本办学资源、科学研究力及招生方向等能反映情报学教育发展的相关指标进行调研并统计分析，以总结概括出我国情报学专业招生高校的整体发展现状。

## 3.1 情报学专业的师资规模

对 58 所招生高校情报学专业的师资规模情况进行统计，并绘制柱状图，如图 3 所示。

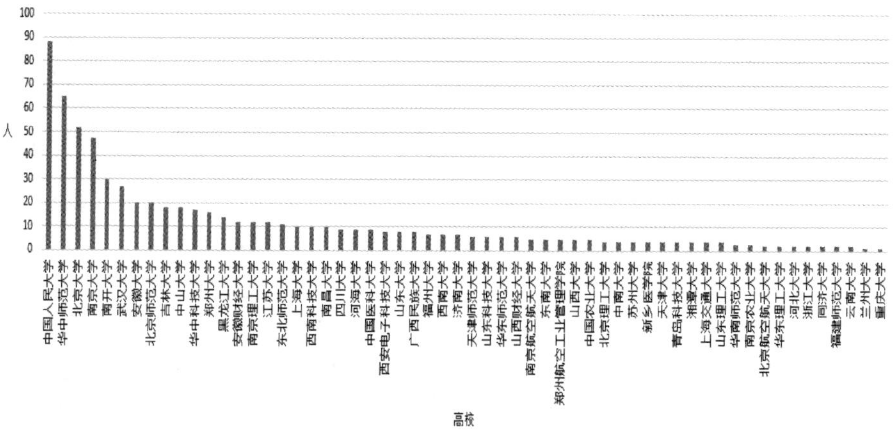

图 3　58 所高校情报学专业的师资规模柱状图

经统计，58 所招生高校情报学专业的专职教师数合计 688 人，校均约 12 人。由图 3 的柱状图高低可知，各情报学专业招生高校的师资规模配置不一，差异较大。其中师资规模在 20 人及以上的高校有中国人民大学（88）、华中师范大学（65）、北京大学（52）、南京大学（47）、南开大学（30）、武汉大学（27）、北京师范大学（20）及安徽大学（20）8 所高校；师资规模在平均水平以上，20 人以下的有吉林大学（18）、中山大学（18）、华中科技大学（17）、郑州大学（16）、黑龙江大学（14）、南京理工大学（12）、江苏大学（12）以及安徽财经大学（12）8 所高校；师资规模在平均水平以下的有东北师范大学（11）、上海大学（10）、南昌大学（10）、西南科技大学（10）、中国医科大学（9）等 42 所高校。

**3.2 情报学专业的研究生招生规模**

对 2014 年 58 所招生高校情报学专业博士招生人数和硕士招生人数进行统计，并绘制博士招生人数—硕士招生人数的簇状柱形图—折线图，如图 4 所示。

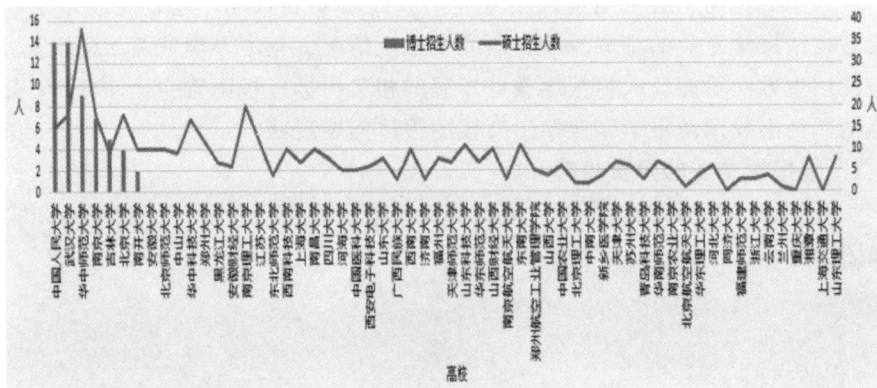

图 4　2014 年 58 所高校情报学专业博士招生人数—硕士
招生人数的簇状柱形图—折线图

图 4 清晰展示了 2014 年我国 58 所高校的研究生招生情况：

（1）硕士研究生招生情况。2014 年，我国 58 所情报学专业招生高校中有 56 所学校对情报学专业进行了招生，共招收硕士研究生 675 人，其中华中师范大学招生 38 人，为招生人数最多的高校；北京航空航天大学和兰州大学仅招生 1 人次，为招生人数最少的两所学校；同济大学和上海交通大学两所学校的 2014 年硕士研究生招生专业目录中不含情报学学科的招生计划，招生人数为 0。

（2）博士研究生招生情况。2014 年，我国情报学学科共招收博士研究生 55 人。具有情报学专业博士研究生招生资格的 7 所高校，即武汉大学、南京大学、北京大学、中国人民大学、华中师范大学、南开大学和吉林大学均为"985 工程"和"211 工程"院校，拥有较强的师资力量、办学资源以及科研能力，在国内外具有一定的影响力。7 所高校中招生人数最多的是武汉大学和中国人民大学，均招收 14 人；招生人数最少的高校为南开大学，仅招收 2 名博士研究生。

此外，在 58 所高校中，具有情报学专业博士研究生招生资格的有 7 所高校，虽数量仅占高校总数的 12.07%，却承担着硕士研究生培养总量（2014 年）的 48.44%。由此可见，这 7 所高校为我国情报学专业人才培养工作作出了巨大的贡献。

### 3.3 情报学专业的基本办学资源

笔者利用《中国研究生教育及学科专业评价报告 2014－2015》中收集到的我国情报学专业招生高校在情报学学科的基本办学资源评价指标（包括学位点数、重点学科数、教师队伍、科研项目、科研经费、科研基地），绘制了 58 所招生高校情报学专业的基本办学资源柱形图，如图 5 所示，并以此来分析我国情报学专业招生高校的基本办学资源情况。

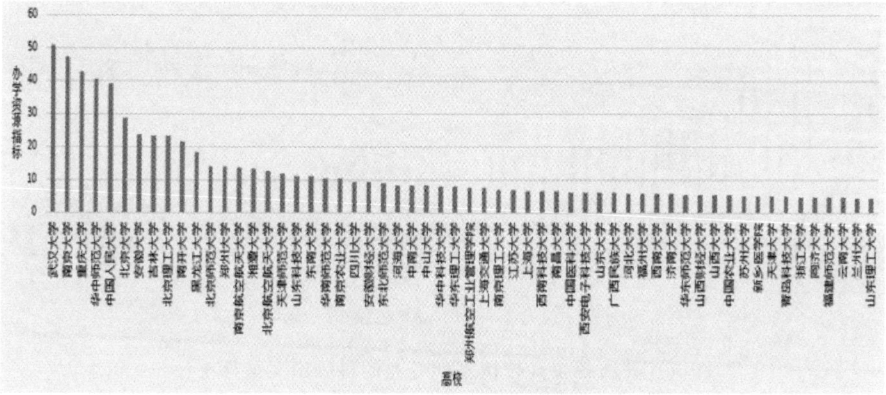

图 5　58 所高校情报学专业基本办学资源指标统计

由图 5 可知，武汉大学、南京大学、重庆大学、华中师范大学和中国人民大学 5 所高校的情报学专业基本办学资源指标均在 30 以上，是我国情报学专业办学资源最好的高校；北京大学、安徽大学、吉林大学、北京理工大学和南开大学 5 所高校的情报学专业基本办学资源指标值在 20～30 之间，是我国情报学专业办学资源较好的高校；占我国情报学专业招生高校数 60％以上的学校的情报学专业的基本办学资源指标值处在 10 以下，办学资源较弱。由上述统计可知，我国大部分情报学专业招生高校的办学资源处于中等或一般水平。因此，我国情报学专业招生高校有必要加大基本办学资源的投资与建设，以增强学校的竞争力和情报学专业学生培养水平，为我国培育出更多、更优质的情报信息分析人员。

### 3.4 情报学专业的科学研究力

学术论文是某一学术课题在实验性、理论性或预测性上具有的新的科学研究成果或创新见解和指示的科学记录，或是某种已知原理应用于实际上取得新进展的学科总结[40]，其体现了研究人员劳动和智慧的结晶，同时也可以用来衡量研究人员的科学研究能力。各高校在学科领域发表的 "Science" "Nature" "Cell" 论文数、ESI 顶尖论文数、ESI 高被引论文数、SCI/SSCI/A＆HCI 收录论文数、EI 收录论文数以及 CSTPC/CSSCI 收录论文数等参数指标能在一定程度上反映各高校该学科的科学研究能力。笔者继续利用《中国研究生教育及学科专业评价报告 2014— 2015》中收集到的 58 所招生高校情报学专业的科学研究能力分析指标数据，绘制 58 所招生高校情报学专业的科学研究力柱形图，如图 6 所示，并以此来分析我国情报学专业招生高校在该学科的科学研究能力。

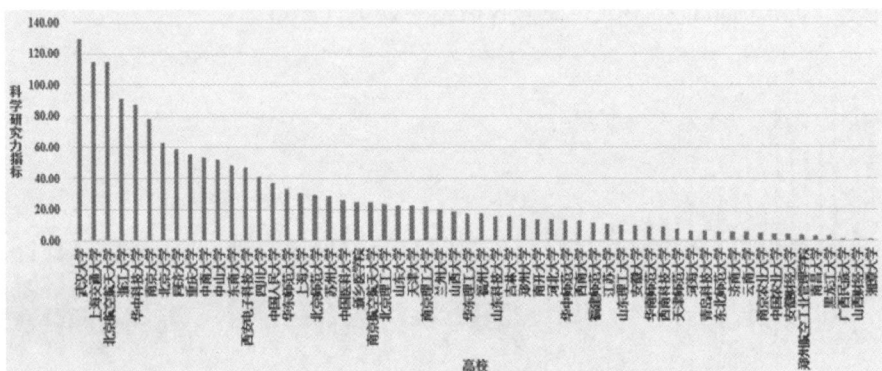

图 6　58 所招生高校情报学专业的科研论文指标统计

由图 6 可知，我国不同情报学专业招生高校间的科学研究力差异较大。其中，武汉大学、上海交通大学、北京航空航天大学、浙江大学、华中科技大学、南京大学和北京大学 7 所学校的情报学专业的科学研究力指标值在 60 以上，这些学校的情报学专业师生在国内外重要期刊、会议上发表了大量高质量论文；同济大学、重庆大学、中南大学、中山大学、东南大学、西安电子科技大学和四川大学 7 所学校情报学专业的科学研究力指标值在 40 以上，情报学专业的科研能力较为突出；中国人民大学、华东师范大学、上海大学、北京师范大学、苏州大学等 12 所学校情报学专业的科学研究力指标值在 20 以上；剩余 32 所学校情报学专业的科学研究力指标值在 20 以下。由上述统计分析可知，我国大部分情报学专业招生高校的科学研究力指标值较低，我国情报学专业招生高校的科学研究能力有待进一步提高。

## 3.5 情报学专业的研究方向设置

通过查询我国情报学专业招生高校的研究生招生专业目录，可以有效了解各招生高校情报学专业的研究方向设置情况，可以体现出不同学校的培养特色以及指导教师的优势所在[41]。由于情报学博士研究生招生高校数量较少，不具代表性，笔者对情报学硕士研究生的招生专业目录进行调研。通过检索 58 所高校在 2015 年的硕士研究生招生简章与招生专业目录，笔者共查找到 45 所高校情报学专业招生方向，占高校总量的 77.59%。45 所高校及其设置的情报学专业研究方向详见表5。

表5  我国情报学专业招生高校设置研究方向情况

| 高校 | 所设研究方向 | 高校 | 所设研究方向 | 高校 | 所设研究方向 |
|---|---|---|---|---|---|
| 武汉大学[42]（7） | 情报学理论与方法；信息管理与知识管理；信息经济与网络经济；信息组织与检索；信息系统工程；竞争情报与管理咨询；信息服务与信息保障 | 北京大学[43]（5） | 信息资源管理；知识组织与信息检索；数据分析与情报研究；信息管理技术应用；信息传播与信息服务 | 南京大学[44]（14） | 情报学理论与方法研究；竞争情报研究；信息处理与信息检索；信息系统工程；经贸信息管理；电子商务；电子政务；计算机图像处理与模式识别；信息服务与信息保障；多媒体信息检索；信息保密与安全；信息资源管理；数据科学技术；信息分析 |
| 南开大学[45]（3） | 信息处理与管理；信息系统与竞争情报；信息行为与信息检索 | 吉林大学[46]（5） | 信息经济理论与应用；情报学理论与应用；信息系统与信息网络；知识管理与数据挖掘；电子商务信息开发与管理 | 郑州大学[47]（5） | 信息检索与电子出版物；知识管理；网络信息资源管理；信息经济；信息计量与评价 |
| 黑龙江大学[48]（3） | 信息政策与法律；信息经济与知识管理；信息技术与信息系统 | 华东师范大学[49]（4） | 信息资源管理；竞争情报；信息系统；电子商务 | 南京理工大学[50]（7） | 网络信息资源开发与管理；信息分析方法与应用；竞争情报与知识管理；企业信息化；电子商务与电子政务；数据挖掘与商务智能；知识工程 |

表5 （续表）

| 高校 | 所设研究方向 | 高校 | 所设研究方向 | 高校 | 所设研究方向 |
|---|---|---|---|---|---|
| 上海大学[51]（5） | 情报理论与方法；工商（竞争）情报；行业与战略情报分析与研究；情报服务技术；知识产权信息管理 | 浙江大学[52]（2） | 定量情报学；科技情报学 | 四川大学[53]（4） | 信息管理技术与方法；知识管理与竞争情报；信息系统研究；情报检索与情报服务 |
| 南京农业大学[54]（5） | 信息检索技术；农村与农业信息资源管理；网络信息管理；竞争情报；信息计量与评价 | 东北师范大学[55]（5） | 情报学理论与方法研究；信息咨询与信息产业；信息技术应用研究；信息组织与检索；竞争情报策略研究 | 兰州大学[56]（4） | 信息资源管理；信息分析与知识发现；知识组织与管理；信息治理与信息使能技术集成 |
| 天津师范大学[57]（4） | 现代情报理论与方法；企业知识管理与竞争情报；信息资源管理；档案学研究 | 华中科技大学[58]（3） | 卫生管理信息系统；医学信息管理与知识管理；数字图书馆技术与管理 | 西南大学[59]（3） | 信息用户与服务；信息资源管理与开发利用；信息组织与检索 |
| 山东理工大学[60]（6） | 信息检索与利用；数据挖掘与信息处理技术；信息资源管理；知识管理与科学评价；知识产权管理及运用；竞争情报 | 重庆大学[61]（3） | 企业竞争性情报；数字信息资源管理与利用；知识管理与知识产权 | 华东理工大学[62]（3） | 现代情报技术；竞争情报；专业信息学 |
| 西安电子科技大学[63]（7） | 信息系统与信息安全、电子商务；信息系统与智能信息处理；中文文本挖掘与知识发现；知识工程与管理、企业信息系统；信息网络与资源管理；网络信息资源开发与利用、知识工程；知识管理与知识发现 | 南京航空航天大学[64]（4） | 信息资源管理与信息经济；信息技术应用与信息系统；信息用户研究与知识服务；信息分析与预测 | 福州大学[65]（4） | 信息资源管理；知识产权管理；网络信息智能优化管理；产业与技术竞争情报 |

表 5　　　　　　　　　　　　　　　　　　　（续表）

| 高校 | 所设研究方向 | 高校 | 所设研究方向 | 高校 | 所设研究方向 |
|---|---|---|---|---|---|
| 中国农业大学[66]（3） | 情报研究与信息咨询；信息计量与科学评价；信息技术应用 | 北京航空航天大学[67]（1） | 情报教育与知识管理 | 北京理工大学[68]（6） | 数字图书馆；信息管理、数据挖掘、科技文献管理；网络信息安全技术及其应用；档案信息管理；信息管理与科技预测；情报学理论与方法 |
| 华南师范大学[69]（5） | 电子商务与信息经济；信息政策与法规；智能信息系统与搜索引擎；企业竞争情报管理；信息用户研究 | 苏州大学[70]（1） | 信息资源管理 | 中国医科大学[71]（2） | 医学生物信息学；信息管理 |
| 江苏大学[72]（3） | 专利情报与知识产权战略；情报理论与技术；信息资源组织与管理 | 河北大学[73]（4） | 信息管理与信息政策法规理论与方法研究；信息分析与信息服务；信息管理技术与知识管理；战略情报、学科情报与企业情报分析 | 青岛科技大学[74]（4） | 商务信息管理；竞争情报与管理咨询；信息检索自动化；信息及情报分析；图书及科技情报分析 |
| 山东科技大学[75]（4） | 信息系统工程；信息资源管理；电子商务与网络经济；竞争情报 | 云南大学[76]（2） | 信息资源管理理论与方法；信息检索与服务 | 福建师范大学[77]（2） | 信息资源开发与组织管理；信息资源管理与知识产权 |
| 河海大学[78]（4） | 企业竞争情报；企业经营数据分析与挖掘；信息资源建设规划与管理；信息安全管理 | 西南科技大学[79]（3） | 信息管理技术与系统；信息用户与服务；竞争情报与知识管理 | 安徽财经大学[80]（3） | 企业信息资源管理；经济信息分析与预测；信息组织与数据挖掘 |

表5 （续表）

| 高校 | 所设研究方向 | 高校 | 所设研究方向 | 高校 | 所设研究方向 |
|---|---|---|---|---|---|
| 新乡医学院[81]（4） | 信息资源开发与利用；医学信息管理；文献计量学与科学评价；卫生信息化建设 | 南昌大学[82]（7） | 数字图书馆；图书馆与图书馆事业管理；信息资源规划与管理；信息经济与竞争情报；政务信息管理与利用；物流信息管理与利用；基于物联网的现代信息服务与应用 | 山西财经大学[83]（5） | 经济信息管理；网络信息资源管理与开发；信息系统服务与利用；电子政务与电子商务；企业竞争情报与知识管理 |
| 济南大学[84]（4） | 医学情报与卫生决策；卫生科技评价与管理；信息分析与医院管理；信息资源与知识管理 | 郑州航空工业管理学院[85]（2） | 信息管理理论与方法；信息系统与信息处理 | 广西民族大学[86]（3） | 竞争情报与知识管理；信息资源管理；情报学理论与方法 |
| 注：中国人民大学[87]、华中师范大学[88]、北京师范大学[89]、中山大学[90]、天津大学[91]、东南大学[92]、安徽大学[93]、湘潭大学[94]、山西大学[95]和中南大学[96]的2015年硕士研究生招生目录中情报学专业招生不区分方向；山东大学[97]只招收图书情报专业硕士研究生；同济大学[98]、上海交通大学[99]招生目录中不含情报学专业 | | | | | |

各招生高校所设置的情报学研究方向不一。南京大学设置了情报学理论与方法研究、竞争情报研究、信息处理与信息检索、信息系统工程、经贸信息管理、电子商务、电子政务、计算机图像处理与模式识别、信息服务与信息保障、多媒体信息检索、信息保密与安全、信息资源管理、数据科学技术及信息分析14个研究方向，为设置情报学专业招生方向最多的高校；而多数高校在该专业的招生研究方向在3~5个之间；部分高校只设置了一个情报学专业研究方向，如北京航空航天大学的情报教育与知识管理，苏州大学的信息资源管理。

纵观各个高校所设置的情报学专业招生方向，主要包括信息资源管理、竞争情报、知识管理、信息检索、情报学理论与方法、信息管理方法与技术、电子商务、信息系统、信息服务、信息经济、信息分析、数据挖掘、信息组织、科学评价、网络信息资源开发与管理、电子政务、知识发现、信息处理、知识产权、信息计量、信息系统工程、知识工程、情报研究、信息用户、信息安全与保障等。与祝培培等[100]对我国图书情报学硕士点研究方向分布研究相比，当前情报学专业的研究方向更加广泛与明确，在坚守情报学基础理论与方法研究的同时，向信息技术方面拓展。由此可见，随着科学技术的发展，经济社会的进步，我国情报学教育也紧随时代步伐，及时设置相关的研究方向，培养符合社会发展要求的优秀情报专业人才。

总之，基于高校网站调查我国的 58 所情报学专业招生高校在该专业的师资规模、研究生招生规模、基本办学资源、科学研究能力以及招生方向 5 方面的数据，并对这些数据进行了相关分析，分析发现我国情报学专业招生高校之间的发展状况存在一定的差距。高校的师资力量、研究生招生规模、基本办学资源以及科学研究能力几项指标均表现较好的高校不足招生高校总量的 15％。因此，各高校尤其是各项指标值较低的高校可从"硬件"及"软件"两方面提升办学质量和研究生的培养质量。在"硬件"方面，增加基础设施投入，为情报学专业的老师以及研究生创造一个良好的学习、科研及工作环境；在"软件"方面，引入海内外优秀人才，进一步充实师资队伍的质量，鼓励师生科研产出，提高科研创新能力，从而提高高校在情报学专业领域的竞争力。通过提高情报学专业招生高校的"硬件"实力和"软件"实力，吸引更多的优秀生源报考，从而研究生的生源质量以及招生规模也会随之提高。但从情报学专业研究方向设置情况来看，我国大部分情报学专业招生高校都能紧随时代发展潮流，与社会发展相适应。

## 4 结论与建议

### 4.1 结论

经过近 60 年的发展，我国的情报学教育从无到有，取得了长足的进步。本文从历史事件回顾、研究现状和招生分布三个维度对我国情报学教育发展进行了深度透析，总结了我国情报学教育发展的三个阶段和取得的成就，透析了我国情报学教育的研究现状，并对情报学专业招生现状进行了全面的网站调研。主要研究结论如下。

（1）回顾总结我国情报学教育发展进程中的代表性历史事件，清晰地勾勒出我国情报学教育从初步形成、快速发展到跨越发展三个阶段的发展脉络。经过近 60 年的发展，历经"科技情报"专业阶段、"科技信息"专业阶段和"情报学"专业阶段，我国情报学教育从萌芽发展时期过渡到快速发展时期，渐趋成熟并不断完善的跨越发展时期，情报学教育已形成了具有一定规模、层次齐全、结构比较合理的教育体系，学科地位不断稳固，人才培养的数量与质量显著提升；研究领域向信息科学技术领域拓展，顺应了社会对宽口径、厚基础、高水平的复合型信息人才的需求[2]；教育发展与社会经济发展相适应，逐步与国际接轨，重视国际交流与合作，不断推进教育模式创新。

（2）20世纪90年代是我国学者对"情报学教育"进行专门研究的高峰期，研究涉及与情报学教育相关的众多研究主题，且形成了相应研究团队。通过对期刊论文发表时间的计量分析发现，关于我国情报学教育的研究最早出现在1980年，整个20世纪90年代保持着较高的研究热度。通过对论文关键词的计量分析发现，研究主题主要有对图书情报教育的联合研究；对文献检索、竞争情报等具体情报学教育课程研究；对美国、日本等其他国家或地区情报学教育的分析研究；对情报学教育教学情况的研究以及与情报学教育相关的其他主题研究。通过对论文作者的计量分析发现，在情报学教育领域发文最多的国内学者有王知津、陈志宏、谢阳群和靖继鹏等；情报学教育领域形成的合作研究团队由王知津、刘岩、邱均平、彭靖里及陈传夫等领军。

（3）我国情报学教育已具备一定的招生规模，但各专业招生高校的分布与发展差异较大，具有情报学博士学位授予权的高校整体发展水平较为突出。通过网络调研了我国情报学专业招生高校的分布与发展状况，对我国情报学专业的58所招生高校在该专业的师资规模、研究生招生情况、基本办学资源、科学研究力及招生方向进行了全面分析，发现各招生高校情报学专业的师资规配置不一，差异较大，占总量70％以上的高校师资低于校均师资水平；2014年，我国58所情报学专业招生高校中有56所学校进行了情报学硕士研究生招生，但情报学硕士研究生的主要培养力量还是具有情报学博士研究生招生资格的7所高校；我国大部分情报学专业招生高校在该专业的办学资源处于中等或一般水平；不同招生高校间情报学专业的科学研究力差异较大，大部分招生高校情报学专业的科学研究力指标值较低；各招生高校所设置的情报学研究方向也互不相同。综合全部分析指标来看，具有情报学博士学位授予权的高校整体发展水平较为突出。

### 4.2 建议

从整体发展态势来看，情报学还是一个较年轻的学科，发展充满活力。但通过对情报学专业招生高校的调研结果来看，各招生高校发展建设状态不平衡，将会制约情报学教育在未来学科竞争中的发展。笔者从学科建设层面对我国情报学教育的未来发展提出以下几点建议。

（1）把握社会需求，调整学科定位。正确合理的定位是学科获得长足发展的前提和基础[101]，作为"信息科学"学科群中的一个学科，情报学需在保证自身学科地位不动摇的基础上，根据人才需求的变化，及时对教学方案进行调整，以满足信息化发展下的社会需求。通过对情报学硕士研究生招生专业目录的调研发现，当前大多数招生高校的研究方向设置较少，囿于基础理论研究，缺乏特色且应用性不强。为了应对知识经济和数字时代带来的挑战，情报学教育需加强有关信息技术、经济信息、企业信息方面的课程和教学内容，向信息科学技术领域拓展，不断调整学科定位，与时俱进，走在时代发展的前列。

（2）重视办学资源建设。当前我国的情报学研究生教育已形成一定规模，但是各招生点的办学资源条件还有较大的差距，各高校应加强办学资源的建设，提高情报学教育整体质量，形成学科特色和课程特色，强化专业优势。在师资方面，建设一支学术水平较高，年龄、职称结构较合理的教师队伍，提高教学水平与研究力量；在科研项目与经费方面，学校尽可能多地设置本专业相关的校级课题，提供科研经费，让校级立项成为高端课题立项的孵化平台；在硬件资源方面，不仅要为师生提供基础设施配置齐全的科研学习场地，还要尽可能全地购置本专业的图书期刊、电子资源数据库等科研资源，保证最基本的科学研究基础。

（3）继续推进教育模式创新。情报学教育发展到今天，已经形成了本专业的教育模式。为了适应新常态下社会对人才的各种需求，我国的情报学教育理念应具有超前性，不仅为当前社会发展需要服务，还要为未来发展服务。鼓励建设更多精品课程、MOOC课程，实现优质教学资源的共享；提供更加广泛且实用性强的课程，以保证培养对象的择业面更宽；根据社会需求，鼓励跨专业选修，加强信息技术方面课程的比例，强调创新能力和操作能力的培养；打破僵化的培养方案设定模式，根据培养对象的教育背景、学习兴趣与职业发展倾向，提供多样化的培养方案，实施个性化培养；制定一套适用于本专业的教育评估体系，对师资、办学条件、科学研究、人才培养、招生、就业等进行规范评估，鞭策所有培养单位，有助于情报学教育的良性发展。

（4）加强国际交流，促进教育国际化。经济全球化的迅猛发展，使得世界各国间的教育交流日益频繁，竞争更加激烈，形成了教育国际化的大趋势[95]。情报学教育也应顺势而为，继续加强国际交流，促进情报学教育的国际化，学习和吸收国际前沿知识与理论，用国际视野来把握和发展教育；继续扩大与国外知名高校的联合培养规模，促进师生的交流访学；选拔优秀教师出国进行培训学习；加大外籍教师引进力度；加强与 iSchool 联盟等国际一流图书情报院校合作，提高学科竞争力。

## 参考文献

[1] 中国科学情报大学 [EB/OL]. [2015-08-06]. http://baike. baidu. com/link? url=q_ VJgiEUU-YtoZXpBBjfImI3DlA_zP7q0X0l5WM5N9w0gRn9JcJLQnWyBg0vSof_TaZi01- nYac2yrleR5JvqpK.

[2] 邱均平，沙勇忠，陈敬全. 改革开放以来我国情报学教育的发展历程、现状和趋势 [J]. 情报学报，2002 (1)：112-120.

[3] 胡昌平，焦玉英，邱均平，等. 武汉大学图书情报学院情报学专业教育的回顾与展望 [J]. 图书情报知识，1990 (3)：7-10.

[4] 王知津，徐芳，潘永超，等. 我国图书情报学教育三十年（1978—2008）回顾与展望 [J]. 图书与情报，2010 (2)：23-30.

[5] 赖茂生. 情报学教育的现状和发展 [J]. 情报理论与实践，2003 (1)：80-84.

[6] 教育培训历史沿革 [EB/OL]. [2015-08-06]. http：//www. istic. ac. cn/tabid/339/Default. aspx.

[7] 马费成，卢涛. 我的情报学研究生教育——纪念中国科技情报事业创建50周年 [J]. 情报学报，2006，25 (10)：315-317.

[8] 陈传夫，吴钢，唐琼，等. 改革开放三十年我国图书情报学教育的发展 [J]. 图书情报知识，2008 (5)：5-14.

[9] 张玉川. 全国图书馆学情报学教育工作座谈会在武汉召开 [J]. 中国图书馆学报，1983，4 (2)：3.

[10] 范凡. 1980—2000年中国图书馆学、情报学、档案学教育年表 [J]. 图书情报知识，2002 (5)：34-36.

[11] 武汉大学图书情报学院[EB/OL]. [2015-08-06]. http://baike. baidu. com/link? url＝SzQ9Cy8YtnqIlnS1TmORN4Ul-hmkCJ1IJRyoMGsi9NmoZguJfEUpe_B7kjuRDw6FyDf-Df9MVP0-eH_b7Aj8wg_.

[12] 王知津，严贝妮，徐芳，等. 我国情报学博士研究生教育现状分析 [J]. 图书情报知识，2009 (5)：72-78.

[13] 王世伟. 交流新声学术盛会——首届海峡两岸图书资讯学术研讨会侧记 [J]. 上海高校图书情报学刊，1994 (1)：18-19.

[14] 霍国庆. '98全国图书情报学研究生学术研讨会撷英 [J]. 情报资料工作，1998 (4)：16-17.

[15] 教培. 我们的使命——2000年全国图书馆学情报学研究生学术研讨会在京召开 [J]. 图书情报工作，2000 (12)：57.

[16] 南京大学信息管理学院发展历程 [EB/OL]. [2015-08-06]. http：//im. nju. edu. cn/content. do? mid＝2＆mmid＝9bb6deb5-5659-11e5-991b-005056aa592d.

[17] 信息资源管理学院历史沿革[EB/OL]. [2015-08-06]. http：//www. irm. cn/about/history/index. html.

[18] 吉林大学管理学院学院历程[EB/OL]. [2015-08-06]. http://gl. jlu. edu. cn/manage/menu. php? id＝13＆＆parent_id＝1.

[19] 关于参加2004年全国博士生学术论坛的通知 [EB/OL]. [2015-08-06]. http：//wenku. baidu. com/link? url＝-YO_LrkZP_TOb89QgDtnXdq7q5sqbh2re_8aIsY7maUcLGx-VReJOMfTFYPPF1wLrl9qwmQNr69m2KwHQkyBV5d5aqUgSw7QJ8HWFrLV0UG.

[20] 庆祝中国科技信息事业创建 50 周年学术研讨会征文启事 [J]. 情报学报，2006，25 (2)：F2.

[21] 中国情报学研究生教育创建 30 周年纪念大会暨学术研讨会顺利召开 [J]. 图书情报工作，2008，52 (12)：110.

[22] 武汉大学信息管理学院被吸纳为全球 I-Schools 联盟成员 [EB/OL]. [2016-04-25]. http：//www. sinoss. net/2009/0928/16446. html.

[23] 学位 [2010] 15 号. 关于印发金融硕士等 19 种硕士专业学位设置方案的通知 [EB/OL]. [2016-04-25]. http：//www. cdgdc. edu. cn/xwyyjsjyxx/gjjl/zcwj/268310. shtml.

[24] 2011 年全国情报学博士生学术论坛征文通知 [EB/OL]. [2015-08-06]. http：//simyjs. whu. edu. cn/detail. asp? newsid=3976.

[25] 2012 年第二届全国情报学博士生学术论坛征文通知 [J]. 评价与管理，2012 (2)：79-80.

[26] 第三届全国情报学博士生学术论坛在南京大学召开 [J]. 情报学报，2013，32 (10)：1074.

[27] 2014 年第四届全国情报学博士生学术论坛征文通知 [J]. 图书情报工作，2014，58 (6)：24.

[28] 情报学的创新与发展——第五届全国情报学博士生论坛征文通知 [J]. 情报科学，2015 (2)：161.

[29] 南开大学商学院. 第六届 (2016 年) 全国情报学博士生学术论坛征文通知 [EB/OL]. [2016-04-25]. http：//ibs. nankai. edu. cn/n/2429. html.

[30] 中国大学 MOOC. 武汉大学信息管理学基础 [EB/OL]. [2016-04-25]. http：//www. icourse163. org/course/whu-21013JHJ/info.

[31] 中国大学 MOOC. 武汉大学信息检索 [EB/OL]. [2016-04-25]. http：//www. icourse163. org/course/whu-29001JHJ/info.

[32] 严怡民. 日本图书馆学、情报学教育情况 [J]. 图书情报工作，1980 (2)：45.

[33] 刘钦智，姜炳炘. 八十年代是情报专业人员大有作为的时代 [J]. 中国图书馆学报，1980 (2)：39-45.

[34] 赵蓉英，侯经川. 近十年来情报学的发展及其哲学思考 [J]. 图书情报知识，2003 (6)：9-12，96.

[35] 金胜勇，李雪叶，王剑宏. 图书馆学情报学档案学：研究对象与学科关系 [J]. 中国图书馆学报，2011 (6)：11-16.

[36] 赵蓉英，王嵩，赵浚吟，等. 国内外知识管理教育现状调查与分析 [J]. 图书情报知识，2014 (2)：45-53.

[37] 陈志宏，李亚力. 试论高校图书馆开展专利情报教育的目的、内容和方法 [J]. 大学图书馆学报，1997，15 (3)：63-64.

[38] 南开大学商学院 [EB/OL]. [2015-09-11]. http：//ibs. nankai. edu. cn/wang-zhijin.

[39] 邱均平，赵蓉英，吕红，等. 中国研究生教育及学科专业评价报告 2014—2015 [M]. 北京：科学出版社，2014：144.

[40] 学术论文 [EB/OL]. [2015-09-26]. http：//baike. baidu. com/view/222616. htm.

[41] 张德，赵俊杰，雷同玲，等. 图书情报学研究生课程设置的调研与实践（Ⅰ）[J]. 情报科学，2010，28（12）：1896-1900，1907.

[42] 武汉大学 2015 年招收攻读硕士学位研究生简章 [EB/OL]. [2015-09-12]. http：//202. 114. 77. 1/ziye/recruit/shshizhsh. htm.

[43] 北京大学研究生招生网 [EB/OL]. [2015-09-12]. https：//admission. pku. edu. cn/waiwang/zsml/zyxq. jsp? theme＝none.

[44] 南京大学研究生招生网 [EB/OL]. [2015-09-12]. http：//219. 219. 114. 101/gts2016/zsml*gl*/zsml _ ss. aspx.

[45] 南开大学研究生院 [EB/OL]. [2015-09-12]. http：//graduate. nku. cn/admissions/master/140. htm.

[46] 吉林大学 2015 年硕士研究生招生简章及专业目录 [EB/OL]. [2015-09-12]. http：//zsb. jlu. edu. cn/PageShow. php? ArticlesOne＝000136＆ArticlesTwo＝000138＆ArticlesId＝000138＆id＝998.

[47] 郑州大学年硕士研究生招生专业目录 [EB/OL]. [2015-09-12]. http：//gs. zzu. edu. cn/staticPage/ShowNews47658s5842. html.

[48] 黑龙江大学研究生院关于发布各研究生培养单位 2015 年简介的通知 [EB/OL]. [2015-09-12]. http：//210. 46. 97. 212/content _ view. asp? id＝11024.

[49] 华东师范大学商学院硕士研究生招生专业目录 [EB/OL]. [2015-09-12]. http：//www. yjszs. ecnu. edu. cn/system/sszyml _ list. asp? zydm＝120502＆zsnd＝2016-＆yxdm＝122.

[50] 2015 年硕士研究生招生专业目录 [EB/OL]. [2015-09-12]. http：//wzq. njust. edu. cn/zsw/5f/bc/c4688a90044/page. psp.

[51] 上海大学图书情报档案系 [EB/OL]. [2015-09-12]. http：//www. tqd. shu. edu. cn/Default. aspx? tabid＝14295.

[52] 浙江大学研究生院招生网 2015 年硕士生招生目录 [EB/OL]. [2015-09-12]. http：//grs. zju. edu. cn/redir. php? cata*log* _ id＝17236＆object _ id＝16895.

[53] 四川大学硕士专业目录查询 [EB/OL]. [2015-09-12]. http：//yz. scu. edu. cn/sszyml/Index.

[54] 南京农业大学硕士研究生招生专业目录 [EB/OL]. [2015-09-12]. http：//202. 195. 244. 190/gts2015/zsml*gl*/zsml _ ss. aspx.

[55] 东北师范大学 2015 年硕士研究生招生专业目录 [EB/OL]. [2015-09-12]. http：//61. 138. 177. 102/yjs/ssml/2015.

[56] 兰州大学 2015 年全日制学术学位硕士研究生招生专业目录 [EB/OL]. [2015-09-12]. http：//ge. lzu. edu. cn/enroll/master/zsjz/201409/5808. htm.

[57] 天津师范大学硕士研究生招生专业目录 [EB/OL]. [2015-09-12]. http：//59.

67. 75. 245/office/yjsy/skin/one/show. asp? id=707.

[58] 华中科技大学 2015 年硕士学位研究生招生简章［EB/OL］.［2015-09-12］. http：//gszs. hust. edu. cn/GradAdmission/Show. asp? id=817.

[59] 西南大学 2015 年硕士研究生招生简章及专业目录［EB/OL］.［2015-09-12］. http：//yanzhao. swu. edu. cn/cqarticle5. php? articleid=259.

[60] 山东理工大学 2015 年硕士研究生招生专业目录［EB/OL］.［2015-09-12］. http：//www. sdut. edu. cn/info/2015 年硕士招生专业目录. htm.

[61] 重庆大学经济与工商管理学院招生专业目录及参考书目［EB/OL］.［2015-09-12］. http：//yz. cqu. edu. cn/zyml. php? yxsm=2.

[62] 华东理工大学 2015 年学术型硕士研究生招生目录［EB/OL］.［2015-09-12］. http：//gschool. ecust. edu. cn/recruitss/news _ detailss. php? id=2086.

[63] 西安电子科技大学硕士研究生招生简章和专业目录［EB/OL］.［2015-09-12］. http：//see. xidian. edu. cn/html/news/6814. html.

[64] 南京航空航天大学 2015 年招收攻读硕士学位研究生招生专业目录［EB/OL］.［2015-09-12］. http：//www. graduate. nuaa. edu. cn/html/62/1550. html.

[65] 福州大学 2015 年硕士研究生招生简章［EB/OL］.［2015-09-12］. http：//yjsy. fzu. edu. cn/html/zsgz/ssyjszs/zsjz/2014/10/23/0825cdda-b88e-4a43-99c1-1521-d6b1f985. html.

[66] 中国农业大学硕士研究生招生简章及专业目录［EB/OL］.［2015-09-12］. http：//gradinfo. cau. edu. cn/admission/infoSingleArticle. do? articleId=1000479.

[67] 北航招收学历硕士研究生专业目录［EB/OL］.［2015-09-12］. http：//yzb. buaa. edu. cn/home/newdetail/post/221/.

[68] 北京理工大学 2015 年硕士学位研究生招生专业目录［EB/OL］.［2015-09-12］. http：//grd. bit. edu. cn/zsgz/ssyjs/42197. htm.

[69] 华南师范大学 2015 年攻读硕士学位研究生招生简章［EB/OL］.［2015-09-12］. http：//yjsy. scnu. edu. cn/hnyjs/incoming/zhaosheng_manager/11507163644. htm.

[70] 苏州大学 2015 年硕士研究生招生专业目录［EB/OL］.［2015-09-12］. http：//yjs. suda. edu. cn/html/27/13707. html.

[71] 中国医科大学关于发布 2015 年硕士研究生招生专业目录及初试参考书目的通知［EB/OL］.［2015-09-12］. http：//graduate. cmu. edu. cn/main _ news. asp? id=9532.

[72] 江苏大学 2015 年硕士研究生招生简章及专业目录［EB/OL］.［2015-09-12］. http：//yz. ujs. edu. cn/view/17/130. html.

[73] 河北大学 2015 年攻读硕士学位研究生招生简章［EB/OL］.［2015-09-12］. http：//graduate. hbu. cn/sszsjz/209. jhtml.

[74] 青岛科技大学 2015 年硕士研究生招生专业目录［EB/OL］.［2015-09-12］. http：//grad. qust. edu. cn/content/? 418. html.

［75］ 山东科技大学 2015 年硕士研究生招生专业目录［EB/OL］.［2015-09-12］. ht-
tp：//yz. sdust. edu. cn：8088/files/2015ks*km*. htm.

［76］ 云南大学 2015 年招收攻读硕士学位研究生招生简章［EB/OL］.［2015-09-12］.
http：//www. grs. ynu. edu. cn/zsgz/qrzssyjs/31414. htm.

［77］ 福建师范大学 2015 年硕士研究生招生专业目录［EB/OL］.［2015-09-12］. ht-
tp：//yjsc. fjnu. edu. cn/queryport1/2015-4. htm.

［78］ 河海大学 2015 年硕士研究生招生简章含招生专业目录［EB/OL］.［2015-09-12］.
http：//gs. hhu. edu. cn/s/11/t/359/bc/c0/info113856. htm.

［79］ 西南科技大学 2015 年全日制硕士研究生招生简章［EB/OL］.［2015-09-12］. ht-
tp：//gs. swust. edu. cn/Page/Yzw/display. aspx? newsid＝21794.

［80］ 安徽财经大学 2015 年硕士研究生招生专业目录［EB/OL］.［2015-09-12］. ht-
tp：//web. aufe-edu. cn/yz/ShowArticle. asp? ArticleID＝15651.

［81］ 新乡医学院研究生招生院系部简介［EB/OL］.［2015-09-12］. http：//202. 196.
208. 3/s/36/t/1049/64/e5/info25829. htm.

［82］ 南昌大学 2015 年硕士研究生招生简章［EB/OL］.［2015-09-12］. http：//yjsy.
ncu. edu. cn/yjs _ showmsg. asp? id＝2570.

［83］ 山西财经大学 2015 年硕士研究生招生简章［EB/OL］.［2015-09-12］. http：//
210. 31. 120. 29/article-29-11422. aspx.

［84］ 济南大学 2015 年硕士研究生招生专业目录［EB/OL］.［2015-09-12］. http：//
yz. ujn. edu. cn/2015/detail. php? id＝3027.

［85］ 郑州航空工业管理学院攻读硕士学位研究生招生简章与专业目录［EB/OL］.
［2015-09-12］. http：//yjsc. zzia. edu. cn/s/78/t/636/d2/1d/info53789. htm.

［86］ 广西民族大学 2015 年硕士研究生考试招生专业目录［EB/OL］.［2015-09-12］.
http：//yjs. gxun. edu. cn/info/1028/2607. htm.

［87］ 中国人民大学 2015 年攻读硕士学位研究生招生专业目录［EB/OL］.［2015-09-
12］. http：//zyxw. ruc. edu. cn/pages/zsml/2015/ss/index. asp.

［88］ 华中师范大学 2015 年硕士研究生招生专业目录［EB/OL］.［2015-09-12］. ht-
tp：//gs. ccnu. edu. cn/info/1020/1240. htm.

［89］ 北京师范大学 2015 年学术学位硕士生招生专业目录及参考书目［EB/OL］.
［2015-09-12］. http：//graduate. bnu. edu. cn：12015/zszyml/master. aspx.

［90］ 中山大学硕士研究生招生章程简章及招生学科专业目录［EB/OL］.［2015-09-12］.
http：//graduate. sysu. edu. cn/gra02/g02a/g02a04/17497. htm.

［91］ 天津大学发布 2015 年硕士学位研究生招生简章及专业目录［EB/OL］.［2015-09-
12］. http：//yzb. tju. edu. cn/xwzx/zxxx/201409/t20140915 _ 245777. htm.

［92］ 东南大学 2015 年硕士研究生招生目录查询［EB/OL］.［2015-09-12］. http：//
202. 119. 4. 150/zsgl2015/zsml*lgl*/zsml _ ss. aspx.

［93］ 安徽大学 2015 年学术学位硕士研究生招生专业目录［EB/OL］.［2015-09-12］.
http：//graschool. ahu. edu. cn/typenews. asp? id＝1662.

[94] 湘潭大学 2015 年硕士研究生招生简章 ［EB/OL］．［2015-09-12］．http：//yjsc. xtu. edu. cn/html/21/1260. html.

[95] 山西大学 2015 年硕士研究生招生简章目录 ［EB/OL］．［2015-09-12］．http：// yjszsw. sxu. edu. cn/docs/20141013084056129500. htm.

[96] 中南大学 2015 年硕士生招生学科专业及考试科目一览表 ［EB/OL］．［2015-09-12］．http：//gra. its. csu. edu. cn/yjsy/PYGL/wjtzxq42863 _ 1 _ 2. html.

[97] 山东大学 2015 年招收硕士博士研究生专业目录及考试大纲 ［EB/OL］．［2015-09-12］．http：//www. yz. sdu. cn/getNewsDetail. site? newsId＝359f9734-790b-4df3-aac3-122531699722.

[98] 同济大学硕士研究生专业目录及初复试科目含初试科目大纲 ［EB/OL］．［2015-09-12］．http：//yz. tongji. edu. cn/html/zsxw/sszs/2014/09/15/4b2eceee-d50e-45e9-a4ee-83f48e163035. html.

[99] 上海交通大学 2015 年硕士研究生招生专业目录及考试科目 ［EB/OL］．［2015-09-12］．http：//school. freekaoyan. com/shanghai/sjtu/zhuanye/20141120/1416488037340867. shtml

[100] 祝培培，葛敬民. 我国图书馆学、情报学研究生教育机构现状 ［J］. 图书馆理论与实践，2008 (4)：23-26.

[101] 栗莉. 21 世纪情报学的学科定位 ［J］. 情报理论与实践，2001，24 (3)：169-171.

作者简介：

赵蓉英，女，博士，教授，博士生导师，武汉大学中国科学评价研究中心主任，发表论文 100 余篇，出版著作和教材多部。主持国家级和省部级科研项目多项。

郭凤娇，女，博士生。参与科研项目多项，发表论文 20 余篇，参与编写著作 4 部。

魏绪秋，男，博士生。参与科研项目多项，发表论文 10 余篇，参与编写著作 1 部。

# 补充计量学的发展及应用

汤珊红，由庆斌，李天阳

（中国国防科技信息中心，北京　100142）

**摘　要：** 文章梳理了近年来有关补充计量学（Altmetrics）的研究情况，详细介绍了 Altmetrics 的产生背景、概念、研究对象、特点以及与传统计量学的关系，对比了现有的 Altmetrics 指标体系和 Altmetrics 工具。最后，介绍了 Altmetrics 的具体应用前景，分析了 Altmetrics 面临的挑战以及未来的发展方向。

**关键词：** 补充计量学；Altmetrics；Altmetrics 指标；Altmetrics 工具；文献计量学；网络计量学

## 1　补充计量学的概念

补充计量学英文为"Altmetrics"，是"Alternative metrics"的简写，自北卡罗来纳大学博士生 J. Priem 创新地提出"Altmetrics"概念以来，Altmetrics 的概念、内涵、研究对象、特征以及与传统计量学的关系便成为学者主要关注和研究的对象。

社交网络、学术交流平台的出现打破了学术传播过程中时间和空间的限制，科学知识和学术信息得以快捷、高效传播[1]，科研人员能够在第一时间获取最新的科研动态。以微博、博客、开放获取期刊等为代表的个性化出版模式缩短了学术出版周期，加速了学术知识的传播。

Altmetrics 是在科研交流网络化和学术出版多样化的共同作用下诞生的，从本质来看，Altmetrics 是文献计量学和网络计量学在 Web 2.0 环境下的升级版，是文献计量学和网络计量学的扩展和补充，是适应当前网络环境、反映论文学术影响力和社会影响力更加全面的新型计量方法。目前，Altmetrics 并无准确定义，不同学者对 Altmetrics 理解和出发角度也不尽相同。

J. Howad 指出 Altmetrics 旨在衡量由网络驱使的学术交互，如衡量学术成果如何被推荐、被博客讨论、被加入书签等学术行为[2]。

F. Galligan 对 Altmetrics 的内涵进行了阐释，他认为 Altmetrics 是评价

学术内容影响力的新方法，并以学术内容在社交网络（如 Twitter）、学术交流平台（如 Mendeley）中传播的广度作为评价的依据[3]。传统计量将影响因子作为衡量指标，该评价体系无法对数字环境下的学术交流进行跟踪评价，而 Altmetrics 能够提供一系列网络指标衡量学术内容的影响力。

在 J. Priem 发表的宣言中同样对 Altmetrics 做出解释，宣言中指出：Altmetrics 是基于社交网络对学术研究进行分析和传播的新型计量学的创造和研究。

国内学者同样对 Altmetrics 进行了翻译和解释。2012 年，刘春丽最早将 Altmetrics 引入国内，并将其译为"选择性计量学"，认为它是基于社会网络文献的使用与科技交流活动的测度的新兴计量学的创造与研究，以开放获取平台与学术社交网络中的使用活动为研究对象。

邱均平等将 Altmetrics 译为"替代计量学"，认为"替代计量学"是适应在线科研交流而诞生的研究，与传统文献计量学既有区别又保持联系，并预见在相当长时间内，替代计量学会作为传统科研评价的有力补充，但随着时间的推移，"替代计量学"将成为科研评价的主流。

汤珊红、由庆斌等将 Altmetrics 译为"补充计量学"，认为"补充计量学"并不是去替代传统科学计量学，而是结合原有评价体系再添加一些补充性指标去评价论文的影响力，是对传统科学计量学的继承和补充。

陈铭总结了以上学者观点，同时结合 Web 2.0 的背景和词根含义，将其译为"网络补充计量学"。

2015 年，刘春丽梳理了国内外学者有关 Altmetrics 的早期理论假说和相关术语，系统地将国内外有关 Altmetrics 概念和内涵的理解进行详细综述和总结，指出 Altmetrics 并非"替代"计量学，而是 Alternative（另外一种或多种）指标，是对传统引文方法的补充。

通过以上观点可以看出，由于对"Altmetrics"的词义以及本质内涵理解的不同，对"Altmetrics"的解释也存在些许偏差。事实上，有关"Altmetrics 指什么"的问题一直是学者探讨的重点。2012 年，SpotOn 会议在英国伦敦召开，会上专门设立分主题"除了数字，Altmetrics 还能提供什么"，对 Altmetrics 的概念展开大讨论。最后，J. Liu 对专家的观点进行总结，指出：从广义角度来讲，Altmetrics 是利用定量和定性方法测量各种类型影响力的新方法的总体概括。为了更好地理解 Altmetrics 的内涵，分别对"Alternative"和"metrics"两个词进行解析。专家认为，仅从词义上理解并不能完全说明 Altmetrics 的本质，"Alternative"从词义上讲是代替的意思，但是多数专家认为 Altmetrics 是对传统计量方法的补充，而不是将传统计量方法完全淘汰。而"metrics"指的是指标或者指标数据，是定量评价的重要组成部分，但数据并不是评价的最终结果。

由于对 Altmetrics 的理解存在分歧，甚至可能直接影响 Altmetrics 后续的发展和应用，因此有学者提出将 Altmetrics 重新命名。2014 年，在题为 "Is metrics we trust?" 的研讨会上，S. Curry 提议将 Altmetrics 改为 "Alternative indicators"，他认为 "indicators" 比 "metrics" 更加准确地反映了 "metrics" 一词的本质。Altmetric. com 公司的 E. Adie 也同意 S. Curry 的观点，认为 "indicators" 一词能够将影响力从定性和定量两个角度更好地进行表达。

对比国内外学者对 Altmetrics 理解的不同观点，不难发现国外学者更关注如何利用 Altmetrics 解决问题，试图利用 Altmetrics 弥补传统计量方法的不足，因此在他们的观点中更强调利用社交网络工具产生的各项指标去跟踪学者的学术交互行为。而国内学者对 Altmetrics 单词翻译产生的分歧远大于对 Altmetrics 内涵和本质的理解。实际上，无论对 Altmetrics 的命名及翻译如何不同，并不影响 Altmetrics 利用定量和定性方法测量各种类型影响力的本质，重要的是分析和判断 Altmetrics 数据所反映的事实。随着不断地研究和探讨，Altmetrics 内涵的神秘面纱也将逐渐被揭开，未来的实际应用也将在长期的尝试和实践中得到检验。

## 2　Altmetrics 的产生背景

随着互联网技术的出现，人类的科研成果形式、科研交流模式、信息获取方式等也呈现多样化发展趋势。微博、博客、论文预印本、程序代码、数据集等逐渐成为科研成果的主要表示形式，成为传播学术信息的重要载体；以网络互动为主要形式的科研交流模式已经打破传统学术交流的时空限制，成为加速学术信息传播的重要方式；以开放存取为代表的开放式信息获取方式正在取代传统付费出版模式，成为促进科研信息交流、沟通学界与大众的有效途径。

相应地，用于科研评价的传统文献计量学在科研环境发生变化的情况下，也发生显著变化。传统评价方法的局限性和缺陷日益显著，数字出版形式的出现使当前学术出版模式不再局限于传统学术出版物或网络学术出版物，如何评价计量开放获取资源、数据集、源代码等自我出版物成为当前计量学领域亟待解决的问题。为了弥补传统计量学的不足，解决现阶段评价多元化学术成果时存在的问题，J. Priem 提出 "Altmetrics" 概念。可以说，Altmetrics 是文献计量学和网络计量学在 Web 2.0 环境下的升级版，是适应当前网络环境、全面衡量科研成果影响力的新型计量方法。

Altmetrics 的产生具有深刻的学术和社会背景，主要体现在以下方面。

### 2.1　传统计量的不足

随着学者对计量学的深入研究，传统基于引用评价方法的局限性和缺陷也逐渐被学者所发现。其缺陷主要体现在两个方面：

1）引用评价方法自身的缺陷。①引用评价主要是基于被引次数、影响因子等指标对期刊或论文进行评价，并基于这些指标衍生出大量"类引用"指标，尽管经过修正和改进，部分指标提高了评价性能，但是在评价时这些"类引用"指标表现出较强的正相关性，使这些指标基本从一个维度反映期刊或论文的影响力，导致在评价影响力时反映维度过于单一。②引用评价方法在评价影响力时时滞过长。一般来讲，科技期刊的发表周期一般在3个月至3年，从论文发表到被引用则又需要1～3年时间，而要获得能够代表论文学术价值的被引量则要更多时间，时滞过长使引用评价方法不能及时反映出期刊论文的影响力。③当前学术出版模式已不再局限于传统学术出版物或网络学术出版物，还包括很多开放获取平台上的开放获取资源、微博和博客的自我出版、数据集和源代码的分享等多种出版形式，传统文献计量和网络计量已不能满足用户对信息资源的计量需求。

2）科研工作者的不良引用动机造成的缺陷。引用评价方法需要建立在公正、平等的环境下才能发挥作用，科研工作者的引用动机对评价的效果有着重要影响。2008年，L. Bornmann等对前人的研究工作进行总结，发现引用动机多达15种，其中负面引用动机不下8种。此外，引用评价常常会造成引用的马太效应，即更倾向于引用一些引用次数较多的文章，而对于那些被引用较少的文章则时常被忽略，造成评价的不公平。

## 2.2　Altmetrics 的提出与兴起

综合以上两个方面的问题，计量学领域展开了针对这些问题的研究，学者纷纷对传统评价方法进行改造和创新，呼吁采用新的计量方法评价学术出版物的影响力，Altmetrics 的概念也逐渐浮出水面，并引起计量学领域的大讨论。

事实上，早在 Altmetrics 正式提出之前，已经有学者针对传统计量的不足提出类似假说。2008年，D. Taraborellil 提出 Soft peer Review（软同行评议）；2009年，C. Neylon 等提出 Article-level-metrics（论文级别计量学）；2010年，J. Priem 等提出"Scientometrics 2.0"（科学计量学2.0）。可以说，这些假说是"Altmetrics"的雏形，尽管各假说倡导者的出发点存在差异，但基本上都认为 Web 2.0 环境下出现的在线交流工具和社会媒体所形成的新兴指标可以作为衡量科研成果学术影响力的有力依据。

同年，J. Priem 总结了 Web 2.0 环境下网络评价的特征，创新地提出"Altmetrics"，同时在门户网站"Altmetrics. org"中发表宣言，倡导 Altmetrics 学术运动。宣言指出：当前同行评议以及基于引用的评价方法均存在多种缺陷，无法满足当前网络环境下的计量需求。而 Altmetrics 结合了多种的数据源及数据项，能够更广泛、更快速地获取，并即时反映出科技论文的学术影响力。自此，Altmetrics 正式走入人们的视野，在业界引起广泛关注，并在多个主题会议及专项研究中进行讨论。

## 3 Altmetrics 的基本理论

### 3.1 Altmetrics 的研究对象

目前，虽然对 Altmetrics 内涵的理解和定义仍存在争论，但是从上述提到的观点中可以看出，大家对 Altmetrics 的表述具有很多相似之处，基本上认为 Altmetrics 是利用学者在社交网络、学术交流平台、文献管理平台中产生的科研交流数据和互动轨迹形成的评价指标，评价论文、学者、程序代码、机构等待评价对象影响力的计量方法。

由此可知，Altmetrics 主要以开放获取平台和学术社交网络中信息资源的使用情况与交流活动作为研究对象，着重强调如何利用更全面的信息来诠释影响力。与 Altmetrics 相比，传统计量学主要强调的是基于期刊的评价，而 Altmetrics 则是立足于如何更全面、更详细、更准确地反映评价对象的影响力，已经不再局限于对某个评价对象的评价，并且已经从最初的简单计数发展到行为的深度分析，实现了引用的"扩大化"。

Altmetrics 的研究对象主要可分为两类：信息资源的使用情况以及学者在网络中的交流情况。

3.1.1 测度信息资源的使用情况 信息资源的使用信息主要来自开放获取平台和文献管理平台。

（1）开放获取平台。开放获取运动的发展在一定程度上催化了 Altmetrics 的诞生，正是由于信息资源的免费获取，才使 Altmetrics 能够轻易地获取到这些信息资源的使用情况以及在网络中的评价信息。目前，常用的开放获取平台有 PLoS，DSpace，Arxiv，Digital Commons，Eprints 等。

PLoS 是国际上致力于开放获取出版最具代表性且已经在学术界取得广泛影响的出版机构，其宗旨是克服一切障碍，让任何人可以即时获取并使用最新的科研讯息，打开世界科学知识图书馆之门。目前出版了 7 种生物科学与医学领域的期刊，包括 PLoS Biology，PLoS Medicine，PLoS Computational Biology，PLoS Genetics，PLoS Pathogens，PLoS One，PLoS Neglected Tropical Diseases，均可以免费获取全文，之后再发布或使用也没有任何限制，只要按要求注明作者和来源即可。除了可以免费获取全文，PLoS 还提供了每篇论文的使用数据和计量数据，并将指标分为访问、保存、讨论、推荐和引用 5 类，以便查询论文的使用情况以及在网络中受到的关注度。

（2）文献管理平台。文献管理平台集成了社会书签、文献管理、在线交流等多项功能，用户不但可以保存、阅读、管理、标记文献和网络资源，还可以贴标签、发表评论以及与其他用户共享资源，其主要用户包括科学、技术、工程和数学等领域的研究人员。目前，以 Mendeley 和 CiteULike 的知名度最高，提供的社会书签、读者数、读者的职称分布情况等信息，能够有效反映用户对科技论文的使用情况和关注程度。目前，Mendeley 和 CiteU-Like 已经具有较高的论文覆盖率及用户群体。2012 年，Li Xuemei 统计了《自然》和《科学》在 Mendeley 和 CiteULike 中的论文覆盖率，结果显示 Mendeley 的论文覆盖率为 90%，CiteULike 为 60%。J. Priem 等统计 Mendeley 和 CiteULike 对 PLoS 的论文覆盖率达到 80% 和 31%。同年，F. Ganegan 统计的 Mendeley 用户数量为 180 万，而到 2013 年时则达到 270 万。由此可见，Mendeley 和 CiteULike 已经成为研究学者惯用的文献管理工具，具有较高使用率和论文覆盖率，是测度信息资源使用情况和网络关注程度的重要数据源。

3.1.2　测度学者在网络中的交流情况　学者在网络中的交流信息主要来自社交网络平台、评论交流平台和推荐平台。

（1）社交网络平台。社交网络平台是 Web 2.0 环境下诞生的产物，是网络交互的主要载体。社交网络平台中包含大量科研人员的交流信息、评论信息以及访问痕迹，这些无疑是衡量信息资源影响力的有力依据。常用的社交网络平台包括 Twitter、Facebook、Google＋、Pinterest 等。

Twitter 是一个社交网络及微博客服务网站，是全球互联网访问量最大的十个网站之一，拥有大量用户。目前，许多科研人员热衷于在 Twitter 上分享自己的研究成果，推荐优秀论文，发表科研评论。根据 2012 年 Priem 的统计结果，每 40 名科学家中就有 1 名在 Twitter 上十分活跃[4]。而且，Twitter 中的内容更新速度快，时效性强，能够快速引起网络关注。经统计，40% 的 Twitter 分享是一周内刚出版的论文，而且 Twitter 分享可以比论文的标题和摘要获得更多关注。

Facebook 是全球第一大社交网络服务网站，拥有约 9 亿用户，用户可以建立个人主页，添加其他用户作为朋友并交换信息，也可以加入其他群组，如学院、公司等。Facebook 分享与 Twitter 分享类似，通过分享论文标题、链接以及个人评论来传播论文的学术价值。

Google＋同样是社交网站，与 Twitter 和 Facebook 不同的是增加了"圈子"（Circles）和"灵感话题"（Sparks）两大功能[5]。Google＋用户可以按不同的"圈子"组织联系人，如同事、同学等，并在小"圈子"里分享视频、学术论文等信息，对传统分享方式进行了优化。而"灵感话题"功能让用户按照兴趣话题或爱好，找出自己喜欢的论文、部分章节、书籍等内容，并可以方便地将内容分享给"圈子"里的好友。

Pinners 是图片社交平台 Pinterest 的用户称呼，Pinterest 采用瀑布流的形式展示图片内容，无需用户翻页，新图片会自动在页面底端加载，截至 2013 年 9 月，Pinterest 平台已进入全球最热门社交网站前十名[6]。Pinners 可以根据自己的喜好将论文的标题、摘要以及重要片段等以图片形式发布在图片墙 Pinboard 上，便于好友发现和传播。

（2）评论交流平台。评论交流平台相对比社交网络平台更加正式，主要包括博客平台和新闻评论平台，其用户多为领域专业学者、专家或者是官方新闻媒体。

博客是一种由个人管理、不定期张贴新的文章、图片、网页、影片、链接的在线日记，内容丰富多样并且不限定文字字数，是一种新形式的自我出版。科技博客博主一般具有较高学历，在博客中讨论的不仅包括学术论文中最新的研究成果，还包括一些与科研有关的创新想法、感悟等。如今，科技博客已经成为科研交流的有效渠道。Research Blogging，Science Seeker 等博客平台已广为使用，《国家地理》《科学美国人》、PLoS 开放获取平台等都建立自己的科学博客网络，许多大学和研究机构也提供类似平台供学生和科研人员分享自己的科研成果和研究经验。

新闻评论平台主要是领域内专业的新闻媒体或者是在线的新闻网站，通过收集用户的评论信息来反映学者的在线交流情况。以 Reddit 为例，Reddit 用户可以浏览并且提交网络上的内容或者发布自己的原创帖子，其他用户可对发布的链接进行高分或低分的投票，并使得分突出的链接放到首页。同时用户可对发布的链接进行评论，使 Reddit 成为当前炙手可热的新闻讨论社区。

（3）推荐平台。推荐平台是领域专家和学者向大众推荐重要信息资源的有效渠道，目前为人熟知的有医学生物学领域的 F1000 平台。F1000 是全球最大的由医学和生物学专家组成的，为科研人员提供快速发现和评价的综合服务系统，是医学生物学领域的二次文献库。F1000 采用后出版审议系统来代替选取固定知识背景、少数几个专家进行评审的传统同行评议方式，邀请全球近 6000 名生物学和医学领域的顶尖科学家以及另外 5000 名优秀科研人员对世界上最重要的科研论文进行评价，并利用 FFa 因子反映专家评价的结果。每篇获得 F1000 推荐的论文都会获得相应的星级分数以及阐述该论文重要性的评论，目前 F1000 推荐已经成为医学和生物学领域衡量论文质量的量度标准。

### 3.2　Altmetrics 与传统计量学的关系

Altmetrics 作为 Web 2.0 环境下新兴的计量方法，与传统计量学既有联系又有区别。Altmetrics 是建立在传统计量学的理论基础上而提出和发展的，其出发点是解决传统计量方法的不足，完善影响力评价体系。尽管

Altmetrics 提出新的评价指标，但是 Altmetrics 并没有完全否定传统计量学，也没有否定引用指标的作用，仍将引用指标作为评价论文学术影响力的重要依据，只不过 Altmetrics 将分享、推荐、评论等行为也纳入"引用"的行列中，扩展了引用的范畴。

与传统计量学相比，Altmetrics 主要在研究对象、信息来源、评价指标、时效性等方面与传统计量存在差异，具体如表 1 所列。从表中可以看出，计量学的发展情况与网络环境的变化脉络基本吻合，正是由于 Web 2.0 网络环境的出现，才使得在线交流和网络互动得以实现，从而促使各类新型 Altmetrics 指标的形成，提高了评价过程的时效性。

表 1　Altmetrics 与传统计量学的关系

| | 研究对象 | 信息来源 | 评价指标 | 时效性 |
|---|---|---|---|---|
| 文献计量学 | 论文、期刊等科学出版物的数量统计，主要研究文献的分布、数量关系及变化规律 | Web of Science、SCI、CNKI 等引文数据库 | 期刊影响因子、被引量、H 指数等 | 滞后 |
| 网络计量学 | 将文献计量学方法引入网络计量学中，主要研究网络信息的组织、传播、计量和分布规律 | 网上日志文件、搜索引擎、在线数据库、专题统计网站等 | 网络影响因子、Web 链接量、点击率等 | 即时 |
| Altmetrics | 研究学者在社交网络、学术交流平台、文献管理工具中所有科研互动轨迹以及对信息资源的使用情况 | 开放获取平台、社交网络、文献管理工具等 | 推荐量、分享量、讨论量等 | 即时 |

### 3.3　Altmetrics 的特点和优势

Altmetrics 是一个新兴的交叉学科，主要利用各种计量工具、数据源、指标等提供有关论文的使用数据、用户在社交网络、学术交流平台中的交流数据等相关信息反映科技成果的影响力，有效弥补了传统计量方法无法对数字环境下的学术交流进行跟踪评价的缺点，具有指标多样化、数据开放化、更新快速化、测度全面化、评价多元化、参与主体全员化等特点。

（1）指标多样化。Altmetrics 打破了引用指标的垄断地位，补充了社交媒体和交流平台中形成的推荐量、书签量、标签等新型评价指标。这些指标的诞生扩大了"引用"的范畴，能够从其他维度反映出论文的受关注程度，实现了更大范围的社会影响力和学术影响力的覆盖。

（2）数据开放化。Altmetrics 的快速发展得益于开放获取运动的兴起以及学术交流模式的改变，开放的环境增加了数据的可获取性和透明度。目前，主流的 Altmetrics 计量工具、学术交流平台以及开放获取平台都提供免费的 API 或者使用用户在网络中免费获取和使用数据，推动了 Altmetrics 的快速发展和应用。

（3）更新快速化。Altmetrics 几乎可以实时提供评价数据，讨论和分享等数据甚至可以在很短时间内（几小时或几天）获取，而引用数据却具有很大滞后性，引用周期一般在 1～3 年。数据的快速更新，大大提高了 Altmetrics 的应用价值，便于用户及时发现和获取具有高影响力、高价值的研究成果和信息。

（4）测度全面化。Altmetrics 测度的不仅包括成果的引用情况，而是进一步扩展为测度信息资源的使用情况以及用户对这些资源在网络中的评价信息，反映的是影响力在其整个全寿命周期内的变化情况，补充了传统计量方法忽略的引用前产生的影响力信息。

（5）评价多元化。随着出版模式的多样化，科研成果已不再局限于传统的期刊出版物，还包括论文预印本、数据集、程序源代码、博客、软件等多种形式，这些传统计量方法无法计量评价的科技成果都在 Altmetrics 的评价范围中，扩大了 Altmetrics 的应用范围。

（6）参与主体全员化。传统引用评价和同行评议基本是领域内的研究人员参与评价过程，评价人员局限于少数专家，而 Altmetrics 使各学科领域的研究人员和读者，通过对研究成果的保存、分享、推荐、评论等行为参与评价过程，揭示了传统评价指标无法显示出来的或隐藏的影响力。

## 4 Altmetrics 指标及搜集工具

虽然数字不是最终结果，也不能代表全部，但是 Altmetrics 指标数据却是 Altmetrics 不可分割的重要组成部分，而收集 Altmetrics 指标数据的工具也因此成为当前研究的重点。本节将主要介绍 Altmetrics 指标及其分类体系，并对比现有 Altmetrics 工具的功能特点，分析各自的优势和不足。

### 4.1 影响力评价新指标

传统引用评价方法主要以被引量作为主要评价指标，过于单一，不能代表文章的全部影响力。有学者统计表明，引用评价只能表现出原文影响力的 30%，因此学者们提出新的评价指标来完善传统评价体系。

虽然 Altmetrics 的概念提出时间较晚，但长期以来，学者们一直围绕评价指标进行研究，不断提出新的评价指标，这些指标逐渐构成了现在的 Altmetrics 指标体系。可以说，Altmetrics 指标的研究与 Altmetrics 概念的提出和发展是相互交融和促进的。

最初，仅是个别学者提出利用社交平台中的指标来进行科技评价，如

M. Jensen 提出利用标签量、博客量等作为评价科技成果的参考指标；D. Taraborelli，C. Neylon，S. Wu 等提出利用社会书签系统、Mendeley 和 CiteULike 等文献管理平台以及 F1000 推荐平台中形成的指标是补充同行评议以及过滤文献的重要指标；K. Anderson 提出利用 Twitter、博客、维基百科或者其他百科中的讨论和引用去补充 JIF 评价体系；在线服务商 PLoS 提出论文级别计量（Article-level Metrics），将论文级别计量指标分为使用情况、引用、社会网络、博客媒体报道和即时互动五类；J. Priem 总结了"科学计量学 2.0"的评价指标来源，包括书签、学术交流平台、推荐系统、评论、微博、博客、维基百科、社交网络和开放数据平台。

随着 Altmetrics 的不断发展，许多机构组织也开始密切关注 Altmetrics 的发展并开展相关研究。2013 年 6 月，美国国家信息标准组织（NISO）获得 Alfred P. Sloan 基金会资助，开展一项两阶段项目，研究并开发基于社区的 Altmetrics 标准及推荐做法，研究内容包括计量对象、衡量指标的标准、覆盖的时间跨度、社交媒体的角色以及基础设施的建设等。国际科学计量学与信息计量学学会（ISSI）、PLoS、Elsevier、"Nature"、"Science"、Wiley 等知名组织和出版商也陆续开始关注 Altmetrics 的发展甚至投入研究，并开始与 Altmetric.com 建立合作关系，利用 Altmetric.com 提供的 Mendeley 读者数、CiteULike 读者数、Twitter 分享量、博文量等指标对各自出版的学术论文进行学术跟踪。

可以说，目前提出的新指标主要从用户的行为活动角度出发，多数指标已经跳出了引用指标的范畴。指标主要来源于开放获取平台、社交网络以及学术交流平台中的用户行为，并且可以按照用户所表现出对论文的兴趣和投入程度对指标进行层次划分。这些指标的提出既丰富了传统评价指标体系，同时也为 Altmetrics 的发展奠定了基础。

## 4.2 指标的相关性分析

发现 Altmetrics 计量指标与引用指标之间的关联与差异是建立新评价体系的基础。为了探究不同计量指标之间的相关关系，许多学者陆续收集相关数据，对 Altmetrics 计量指标与传统计量指标进行比较研究，利用相关分析法分析两者之间的相关程度，结果表明许多 Altmetrics 计量指标与引用指标存在正相关关系。

调研发现，多数学者主要探究了 Mendeley 读者数与 CiteULike 读者数、Twitter 分享量和博文量等指标与引用指标之间的相关关系：

（1）读者数与被引量。读者数是学术交流平台提供的一项重要指标，反映用户对论文感兴趣的程度。目前检测读者数与被引量相关关系的实证研究较多，得到的结果也比较接近。

2012 年，Li Xuemei 等利用 2007 年发表在《自然》和《科学》上的 1613 篇文章，验证了引用指标（WoS 和谷歌引用）与学术交流平台（Mendeley 和 CiteULike）读者数之间的相关性，得到较高相关系数，其中 WoS 引用与 Mendeley 读者数、谷歌引用与 Mendeley 读者数的相关系数分别是 0.55 和 0.6，WoS 引用与 CiteULike 读者数、谷歌引用与 CiteULike 读者数的相关系数分别是 0.34 和 0.39[7]。

同年，J. Bar-llan 利用文献计量学领域的 1136 篇文章验证了 Mendeley 读者数和 CiteULike 读者数与 Scopus 引用之间的相关性，得到 Scopus 引用与 CiteULike 读者数、谷歌引用与 CiteULike 读者数的相关系数分别是 0.45 和 0.23[8]。

随后，J. Priem 等，Weller 等，Zahedi 等，D. Torres 等，刘春丽等多名学者的研究也表明学术引用与 Mendeley 读者数和 CiteULike 读者数之间具有较大相关性，其中 Mendeley 读者数与被引量的相关系数多在 0.4~0.6 之间，CiteULike 读者数与被引量的相关系数多在 0.2~0.5 之间[9-13]。由此可见，读者数与被引量所反映的论文影响力在一定程度上具有一致性。

（2）Twitter 分享量与被引量。Twitter 作为最具代表性的社交网站，同样得到许多科研人员的青睐，许多科研人员热衷于在 Twitter 上分享自己的研究成果，推荐优秀论文，发表科研评论，使 Twitter 分享量成为衡量论文影响力的重要指标。

近几年，多名学者验证了 Twitter 分享量与被引量的相关关系，但是由于使用不同数据源、不同学科的数据，得到的结论也不尽相同。例如，医学生物学领域的论文的 Twitter 分享量较高，而数学和物理学领域较低[14]。

2010 年，Á. Cabezas-Clavijo 等利用 8945 篇 PLoS 期刊中的论文验证 Scopus 引用与 Twitter 分享量的相关性，得到的相关系数为 0.21[15]。

2011 年，Eysenbanch 选取 JMIR 上 55 篇高被引文章，分别验证谷歌引用、Scopus 被引量与 Twitter 分享量的相关性，发现有 41 篇论文被用户在 Twitter 上分享，得到的相关系数分别是 0.36 和 0.22[16]。

2012 年，Xin Shuai 等利用 ARXIV 知识库的 70 篇文章验证谷歌被引量与 Twitter 分享量的相关性，得到的相关系数为 0.45[17]。

综合来看，Twitter 分享量是一个与学科十分相关的指标，因此在使用 Twitter 分享量评价论文影响力时需对研究领域进行限定，以确保该指标评价过程中的可行性。

（3）科技博文量（Blogs）与被引量。随着博客平台的不断完善和增加，科技博文量也成为衡量论文影响力的重要指标之一。2012 年，C. Puschmann 和 M. Mahrt 将科技博客定义为：由学术专家撰写、大部分内容是科学内容的博文为科技博文。科技博文中常常包含领域学者对论文的理解、看法和评论，一定程度上可以反映论文的学术影响力[18]。

2012 年，J. Priem 等利用 PLoS One、PLoS Pathogens 和 PLoS Biology 三本期刊中各论文的博文量数据与 Scopus 被引量数据进行相关性分析，得到二者的相关系数分别是 0.1、0.1 和 0.2[9]。

2013 年，Liu Chunli 利用 PLoS 平台中的 33128 篇文章的指标数据验证了各项 Altmetrics 指标与被引量的相关性，分别计算了 Nature Blogs，Bloglines，ResearchBlogging.org 的博文量与 CrossRef，PubMed Central，Scopus 引用的相关系数，得到它们的相关系数约在 0.02~0.1 之间[19]。

2014 年，R. Costas 等利用 WoS 提供的博文量数据和被引量数据进行相关性分析，得到二者的相关系数为 0.126[20]。

此外，M. Thelwall 等，K. K. Yan 等也得到类似结论，博文量与被引量的相关系数约在 0.1~0.2 之间[21-22]，说明博文量与被引量存在弱相关关系，同时也间接说明尽管博文量能在一定程度上体现论文的学术影响力，但是与被引量所表征的影响力维度明显不同。博客作为一种网络新媒体形式，在交流传播过程中必然体现出其网络影响力。

从以上研究中可以看出，Mendeley 读者数、CiteULike 读者数、Twitter 分享量、博客量等指标与引用指标存在正相关关系，表明这些指标在反映论文的影响力时与引用指标具有一定的一致性，但是各指标与引用指标的相关系数又相对较低，说明这些指标与引用指标所反映影响力的维度并不完全相同。由于只是对个别指标展开相关性分析，得到的分析结果仍较为零散，在解释指标之间的内在关联性时仍缺乏有力依据，因此在使用这些指标在衡量科研成果学术质量时仍应谨慎参考。

### 4.3　评价指标的分类

为了提高 Altmetrics 指标的评价效果，加深用户及其他利益相关者对 Altmetrics 的理解，多家机构开始对 Altmetrics 指标的分类情况展开探索和研究，使离散的 Altmetrics 指标更加系统化、体系化。目前，主要以 Plum Analytics 公司、在线出版商 PLoS 和服务商 ImpactStory 提出的 Altmetrics 指标体系最具代表性。

4.3.1　Plum Analytics 公司提出的指标体系　Plum Analytics 公司声称要为学术研究构造下一代评价指标，其收集的指标可用于评价学术论文、博客、书籍、案例、数据集、海报、网页等多种评价对象。Plum Analytics 公司将指标体系主要分为 5 类，即使用情况（Usage）、获取（Captures）、提及（Mentions）、社交媒体（Social Media）和引用，是目前计量对象最全面、指标覆盖最广的机构，表 2 列举了各类别中的 Altmetric 指标。

表 2　部分 Altmetric 指标分类

| 类别 | 指标 | 来源示例 |
|---|---|---|
| 使用情况（Usage） | 下载量 | Figshare、Github、Slideshare 等 |
| | 摘要访问 | dSpace、EBSCO、PLoS 等 |
| | 点击量 | EBSCO、Facebook 等 |
| | 图片访问 | Figshare、PLoS 等 |
| | 全文访问 | EBSCO、PLoS 等 |
| | HTML 访问 | EBSCO、PLoS 等 |
| | PDF 下载量 | dSpace、EBSCO、ePrints、PLoS 等 |
| 获取（Captures） | 跟随 | Github |
| | 喜爱 | Slideshare、YouTube 等 |
| | 复制 | Github |
| | 订阅 | Vimeo、YouTube |
| | 读者数量 | Goodreads、Mendeley |
| | 观看量 | Github |
| 提及（Mentions） | 博客日志 | Research Blogging、Science Seeker |
| | 维基百科词条 | Wikipedia |
| | 评论量 | Facebook、Reddit、YouTube 等 |
| | 论坛主题量 | Vimeo |
| | 评论 | Amazon、Goodreads |
| 社交媒体（Social Media） | Tweets（微博数量） | Twitter |
| | ＋1s（类似"赞"） | Google plus |
| | 喜欢 | Facebook、Vimeo、YouTube 等 |
| | 分享 | Facebook |
| | 排序 | SourceForge |
| | 推荐 | Figshare、SourceForge |
| 引用（Citations） | 引用计数 | CrossRef、微软学术搜索、USPTO 等 |

4.3.2　PLoS 提出的指标体系　美国科学公共图书馆（PLoS）于 2009 年开始提供 Altmetrics 指标数据，经过几年的发展以及第三方服务的引进，已经形成比较成熟的指标体系。PLoS 提出的指标体系主要针对 PLoS 出版的文献，因此也称为论文层面计量指标（Article-level metrics）。PLoS 按照用户表现出对论文的兴趣和投入程度分为访问、保存、讨论、推荐和引用 5 类，如表 3 所示。尽管 PLoS 收集的计量指标相对较少，但是各指标数据的来源

相对权威，且类内指标具有较大的相关性，类间指标具有较强连续性。

表 3　PLoS 论文层面计量指标分类

| 类别 | 指标 |
|------|------|
| 访问 | PLoS 网页访问量、PDF 下载量、XML 访问量、PMC 网页访问量和 PMC PDF 下载量 |
| 保存 | Mendeley 读者数和 CiteULike 读者数 |
| 讨论 | NatureBlogs、ScienceSeeker、ResearchBlogging、PLoS Comments、维基百科、Twitter 和 Facebook 讨论量 |
| 推荐 | F1000 推荐量 |
| 引用 | CrossRef 引用量、PMC 引用量、Web of Science 引用量和 Scopus 引用量 |

4.3.3　ImpactStory 提出的指标体系　服务商 ImpactStory 提出的分类体系与 PLoS 基本一致，按照用户的行为方式将指标分为访问、保存、讨论、推荐和引用 5 类，不同之处在于 ImpactStory 又根据数据源的性质将指标分为学术型指标和公共型指标，见表 4。

表 4　ImpactStory 论文层面计量指标分类

| 指标 | 学术型（Scholar） | 公共型（Public） |
|------|------------------|------------------|
| 访问 | PDF 下载量 | HTML（网页）下载量 |
| 保存 | Mendeley 读者数和 CiteULike 读者数 | Delicious 保存量 |
| 讨论 | 科技博文量和期刊评论量 | Twitter 分享量、Facebook 分享量等 |
| 推荐 | 被社评推荐量，F1000 推荐量 | 新闻报道量 |
| 引用 | 引用量，全文提及量 | 维基百科引用量 |

4.3.4　对比分析　从整体来看，三套指标体系均反映资源的使用情况及用户对资源的评价情况，并将引用指标作为衡量影响力的重要指标。相比之下，PLoS 评价的对象仅面向论文层面，ImpactStory 评价的对象包括论文、软件、PPT 和数据集，而 Plum Analytics 指标体系面向更多评价对象，除了以上提到的还包括博客、书籍、网页、海报等，因此收集的评价指标也更为丰富，指标间存在较大的交叉和重复。PLoS 指标体系和 ImpactStory 指标体系均按照用户行为将指标分为访问、保存、讨论、推荐和引用 5 类，不同的是 ImpactStory 指标体系将指标分为学术型指标和公共型指标。事实上，学术型指标和公共型指标的区分是十分模糊的，例如 PDF 下载量和 HTML 下载量，两项指标均反映对文献资源的利用情况，将二者分为学术型指标和公共型指标对衡量论文的影响力帮助甚微。

## 4.4 Altmetrics 指标数据搜集工具

随着众多计量指标的提出，收集和存储指标数据成为后续研究的基础。为了全面地获取这些指标数据，国外研究人员相继研发了多种工具。目前已有的工具包括 PlumX，CitedIn，ReaderMeter，ScienceCard，ImpactStory，Altmetric.com，PLoS ALMs，PaperCritic，PeerEvaluate 等。其中 Reader-Meter 和 ScienceCard 已停止服务，而 CitedIn，PaperCritic，PeerEvaluate 等工具功能相对较弱，目前比较常用的工具主要有 Altmetric.com，PlumX，PLoS ALMs 和 ImpactStory，四种工具均向用户提供免费的 API。

4.4.1 Altmetric.com Altmetric.com 于 2011 年上线，总部位于伦敦，致力于开发 Altmetrics 计量工具及服务。Altmetric.com 致力于评估单篇论文的网络关注度，包括浏览器（Altmetric explorer）、书签工具（Altmetric bookmarkle）、应用程序接口（Altmetric API）和分数显示器（Altmetric badges）4 个模块。目前该网站提供 Twitter 分享量、Facebook 分享量、Redditors 讨论量、News 讨论量、博文量、Pinners 讨论量、Mendeley 读者数、CiteULike 读者数、F1000 推荐量、Google＋分享量、Video 讨论量等多个指标，如图 1 所示。

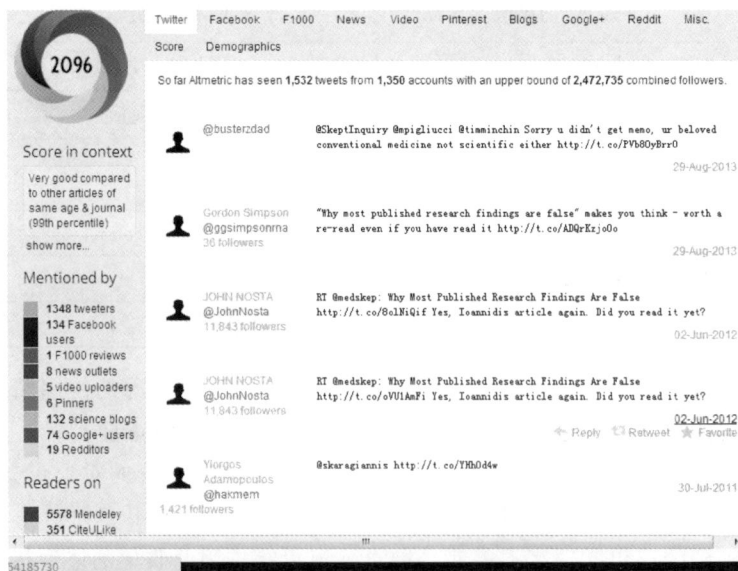

图 1　Altmetric.com 评价界面

除了提供评价指标，Altmetric 公司还制定自己的评价策略：通过自动计算在线资源（跟踪的各项指标）对一篇文章的相关引用来计算它的网络关注总数，然后通过这个总数以及每个资源的影响力权值构造一个综合分数，即 Altmetric score。通过对比 Altmetric score 的大小，便可获知不同论文获得网络关注程度的高低。

4.4.2 PlumX 2013 年，Plum Analytics 公司开发 PlumX 控件生成器，用于跟踪论文、图书、数据集、演示内容、论文/图书章节等科研成果被使用、网络互动、讨论的情况，并收集这些使用数据和网络互动数据，以作为反映科研成果、研究人员和团体、机构影响力的有效依据。目前，PlumX 能够跟踪 30 余种数据源中的评价数据，包括 Mendeley，EBSCO，Delicious，Facebook，Wikipedia，Reddit，Twitter，Google plus，SSRN，Vimeo，YouTube 等社交媒体及网络交流平台，此外还跟踪 CrossRef、微软学术搜索、USPTO 等引文数据库，是当前数据提供最全面的 Altmetrics 计量工具。PlumX 仅给出各数据源的评价数据，并未给出具体评价方法，图 2 为 PlumX 提供的指标评价界面。

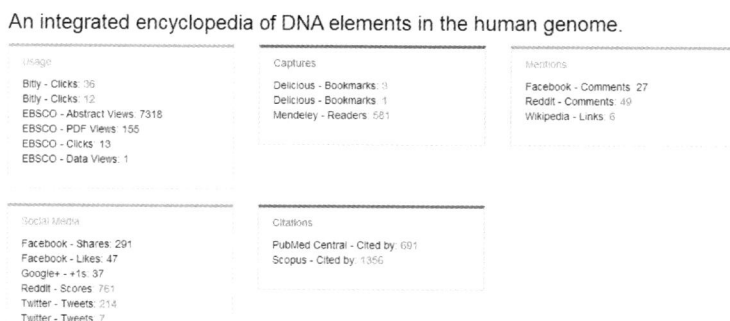

图 2　PlumX 指标评价界面

4.4.3 PLoS ALMs PLoS ALMs 是专门用于计量 PLoS 出版的各期刊 Altmetrics 指标数据的工具，主要跟踪 PLoS 指标体系中涉及的各项指标数据，如图 3 所示。PLoS ALMs 最大的优点在于对所有用户提供免费的 API，同时公开所用计量数据，任何人都可以下载和使用所有文献的 Altmetrics 数据。此外，PLoS ALMs 覆盖了 Scopus，Web of Science，PubMed，Cross-Ref 等多个引文数据库，评价结果兼顾学术影响力和社会影响力。

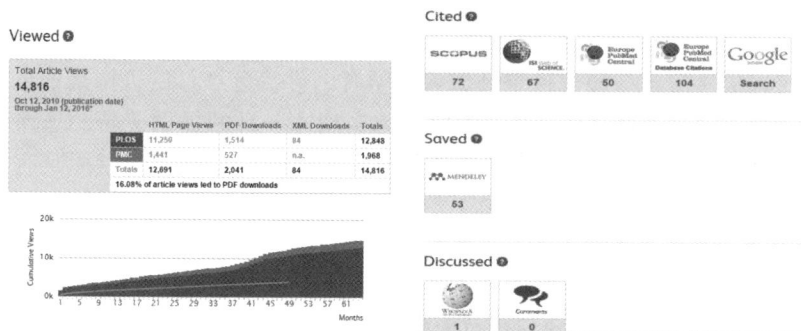

图 3　PLoS ALMs 指标评价界面

4.4.4 ImpactStory ImpactStory 是一个免费的开源 Web 应用，主要面向个人用户，支持基于 URL 方式聚合在线的 Altmetrics 信息，收集的数据可用于评价数据集、论文等学术成果，数据主要来源于 Twitter，Mendeley，Delicious，CiteULike，F1000，SlideShare，GitHub 等在线数据源。ImpactStory 用户可以利用 DOI 号、PubMed 号等方式上传自己的科研成果，创建自己的学术成果集，并且通过作者影响力档案服务可让研究人员了解哪些人对自己的研究成果感兴趣。由于 ImpactStory 目前在国内无法访问，此处不作界面展示。

4.4.5 对比分析 通过以上分析，不同工具具有不同的优点和缺点。从数据全面性角度来看，PlumX 覆盖的数据源最全，包含近 30 种数据源的数据信息，其他工具仅覆盖 10 余种数据源。在计量对象方面，PlumX 可跟踪多种对象，包括论文、图书、数据集、演示内容、海报等，ImpactStory 可跟踪论文、软件、PPT 和数据集，而 Altmetric.com 和 PLoS ALMs 仅限于跟踪科技论文。在评价策略方面，仅 Altmetric.com 给出具体的评分策略，通过赋予不同指标权值构造综合影响力的计量结果，而其他三种工具只是对收集的数据按类别进行展示，并未给出具体的评价策略。在提供应用接口方面，PLoS 和 ImpactStory 不但提供免费 API，还将其收集的所有数据也面向用户开放，但是 ImpactStory 提供的作者影响力档案服务按月进行收费；Altmetric.com 和 Plum X 同样提供免费的 API，但是需要付费才能使用其提供的服务。不过，Altmetric.com 提供的 API 服务在非商业用途的情况下是免费的，并且其面向机构开展的 Altmetrics 计量对图书馆员也是免费的。

# 5 Altmetrics 的应用前景

Altmetrics 的出现不仅仅是 Web 2.0 环境的促进，更主要是因为计量学领域自身发展的需求，因此 Altmetrics 代表了计量学的新的发展方向，具有良好的应用前景。

## 5.1 在信息资源建设方面的应用

挖掘优质信息资源、探求领域关键学者、寻找重点科研机构是信息资源建设和服务的重点，Altmetrics 的提出为实现这一目的提供了新的思路和方法。Altmetrics 提供多种计量指标评价论文影响力，这些评价指标具有异质性，可以从不同角度反映科研成果的影响力，丰富的评价指标为信息资源的挖掘提供了方向。此外，Altmetrics 数据具有开放性和即时性的特点，使得研究数据可以快捷、即时被获取，为研究的进行打开便利之门。

### 5.1.1 有效筛选资源，补充优化馆藏

传统信息资源建设主要通过向国内外知名信息机构购买信息资源，随着

开放获取事业的不断发展，网络中许多开放的信息资源同样具有重大利用价值，Altmetrics 为筛选、过滤这些信息资源提供了参考。Altmetrics 提供的访问量、下载量、保存量、推荐量、评论等计量指标能够从更广的角度揭示论文所产生的社会影响力和网络影响力。此外，社会网络工具的出现进一步拓展了学术交流的渠道，一篇文章的影响力可以迅速通过社会书签和学术对话体现出来，评价的快速性为即时推荐和文献过滤提供了新的发展机会，为信息资源的选择提供更多依据。在网络社区和开放获取平台不断发展的今天，Altmetrics 将发展成为筛选优质资源的开放、即时、个性化的文献过滤器，对馆藏建设和资源分配起到充分的补充和优化作用。

### 5.1.2 挖掘关联信息，开展科研分析服务

随着 Altmetrics 的发展，其关注的对象将不只局限于单一的期刊论文，而将是全部学术成果及其相应的作者和机构。对信息资源建设而言，发掘人物源和机构源同样是工作的重点，Altmetrics 为实现这一目标提供了方向。Altmetrics 能够通过社交网络和开放获取平台捕捉读者的保存、分享、推荐、评论等行为，利用收集到的指标数据便可以搭建读者与作者之间的关系网络，可以分析是谁以何种方式影响了谁，谁对何种思想进行传承、认可、质疑或反对，可以详尽地发现其中的合作关系、继承关系和对立关系，描述其思想传承网络，甚至可以总结领域内的研究重点并对未来的研究方向做出预测。Altmetrics 良好地将读者、作者、资源、研究重点和发展方向串联起来，为开展科研分析服务搭建了桥梁。

### 5.1.3 捕捉用户行为，提供个性化服务

如何挖掘用户偏好建立用户模型是提高信息服务质量的重要因素。Altmetrics 提供的指标大多根据用户的行为进行分类，因此许多评价工具也成为了收集用户行为特征的聚合器。利用合适的挖掘算法来整理这些特征，便可以得到用户的特征模型，同时可以发现具有相同或相近特征的用户群体。例如，利用读者的评论、保存等指标可以发现他们所从事的领域、所感兴趣的知识技术、所关注的学者和机构等信息；将读者自建的标签进行聚类和排名，能够发掘领域内的热点和发展趋势；根据下载量、推荐量和媒体报道，可以找出重点信息资源。而信息服务人员便可以利用这些信息适时为读者提供推送、定制等个性化服务，满足读者的信息需求，提高服务质量。

## 5.2 完善学术成果影响力评价体系

可以说，Altmetrics 的提出是计量学领域的一大突破性进展，对传统评价体系产生了巨大冲击。尽管经过多年的实践与应用，传统评价体系存在的弊端始终无法改变，Altmetrics 的横空出世为弥补这些缺陷带来了希望。一方面，Altmetrics 指标具有多样性和异质性，有效打破了引用指标的"统治

地位"，新元素的添加使评价体系更加全面；另一方面，Altmetrics 指标数据大多来自网络平台，产生和获取速度得到有效提升，进一步缩短评价周期，有效提高了评价的时效性。这两方面优势使 Altmetrics 在评价科研成果的学术影响力时取得突破性进展，国内研究人员王睿等验证了高 Altmetrics 指标在衡量高学术影响力论文的有效性，由庆斌等利用 Altmetrics 指标体系构建评价模型，发现利用 Altmetrics 评价模型获得的高学术影响力论文与引用评价模型获得的高学术影响力论文基本一致。未来，由于 Altmetrics 表现出的开放性、客观性等特点使之更适合在多元化的学术生态系统中对学术成果进行评价，Altmetrics 与传统评价体系的融合也将是计量学领域未来发展的必然趋势。

### 5.3 构建个人学术档案

除了可以评价学术成果的影响力，Altmetrics 在评价个人学术水平、构建个人学术档案方面同样具有显著效果。目前，许多 Altmetrics 工具提供跟踪服务，如 Altmetric.com 不仅记录了基本的使用统计数据，还捕捉了读者的相关数据，以及读者是如何使用内容的相关数据；ImpactStory 用户可以上传自己的科研成果，创建自己的学术成果集，系统便可随时通知哪些人分享、收藏、评论了自己的学术成果，为学者挖掘潜在的合作机会。此外，学者还可以将获得的"Altmetrics 引用"信息加入到自己的个人主页当中，突出自己的重要研究成果，达到树立个人声誉和增强个人主页知名度的目的。

### 5.4 在科研项目申请和评估中的应用

Altmetrics 指标的多样性为绩效评估提供了多视角、多维度的重要参考，项目申请、评定职称、招募人才都可以用 Altmetrics 指标进行评判。2013 年 1 月，NSF（National Science Foundation）修订了其项目申请条件中的部分条款，首次明确申请者可以用学术"产品"（Products）代替学术出版物证明自己的学术水平，用来作为立项或结项的依据。随着学术研究的激烈竞争，研究预算不断收紧，资金来源无法满足学术界不断增加的需求。在申请基金时，基金会会做出严格的评判，将基金分配给最能实现预期目标的申请人。以往，基金会主要是利用传统引用评价方法来评价申请人学术能力以及其学术成果的影响力的高低来作为评判标准。而 Altmetrics 的出现，赋予了基金会更多渠道的参考信息，可以通过这些更广泛的评价信息作出综合评判，提高了评判结果的可靠性。

### 5.5 基于 Altmetrics 的研究热点预测

如何快速识别科学技术的研究热点并对其发展趋势进行预测，一直是计量学研究的主要内容。最初，以德尔菲法为代表的定性预测是预测研究的主要方法，但由于专家预测结果主观性强，在准确性和可信度方面广受诟病。随着文献计量学的提出，基于文献计量学的预测分析得到大力推广，引文分析、社会网络分析等已成为预测研究热点和前沿最主要的预测分析方法，但是这些方法多用于预测几年前的研究热点，不具有时效性。

Altmetrics 的提出为研究热点的快速预测带来新机遇。一般认为，学术影响力较高的科研成果中经常含有创新技术和突破性方法，而这些创新技术和突破性方法极有可能成为未来的研究热点。Altmetrics 实现了对各项指标数据和学者互动轨迹的全数据收集，能够快速、即时、有效地捕捉网络中关注度高、评价好的科研成果，加速了对高学术影响力研究成果的定位，定位后再提取论文中的创新技术和突破性方法，最后结合现有的时序分析、突发词检测等预测方法预测这些关键技术和方法是否会成为未来的研究热点。图4 展示了基于 Altmetrics 的热点预测的具体流程。

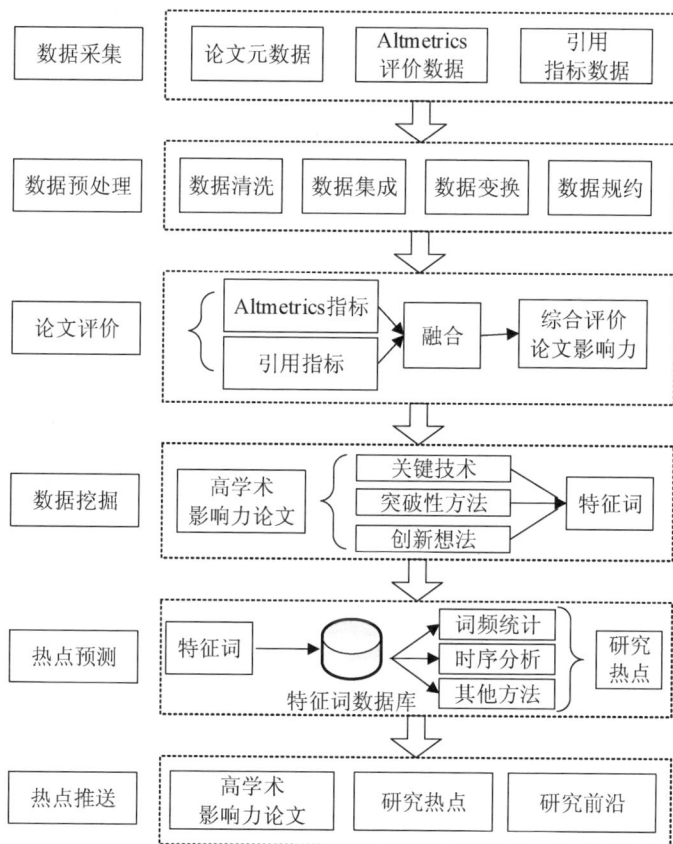

图 4　基于 Altmetrics 的热点预测流程

## 6 Altmetrics 的发展前景

Altmetrics 作为当前计量学领域的前沿研究，具有重要研究价值，许多方面都可以进行拓展研究，为计量学研究提供了新的研究视角。但是，作为新兴的研究内容，Altmetrics 在理论研究和实践研究中仍面临巨大挑战，指标缺乏统一标准、数据的可靠性保障等仍是当下难以解决的问题。而且从目前来看，对 Altmetrics 展开研究的个人多于机构组织，研究得到的结论过于分散和片面。未来对 Altmetrics 的研究应采取多机构联合研究的方式，对得出的结果进行多次讨论和验证，并给出权威可靠的结论，共同促进 Altmetrics 的健康发展。

### 6.1 Altmetrics 的研究重点

目前，Altmetrics 仍处于发展阶段，在理论层面和技术方法上仍有欠缺。因此，现阶段 Altmetrics 应稳步发展，其研究重点仍应夯实自身基础，包括明确内涵、完善计量工具、推出标准和应用实践等。

#### 6.1.1 明确 Altmetrics 的内涵

由于文化的差异、理解角度的不同，对 Altmetrics 内涵的认识也千差万别。邱均平在《论推动替代计量学发展的若干基本问题》一文中，列出了国外学者对 Altmetrics 理解的 15 种观点。对国内而言，同样存在"选择性计量学""替代计量学""补充计量学""网媒影响计量学""网络补充计量学"等多种译法，说明目前对 Altmetrics 内涵的理解仍处于百家争鸣的状态。由于对 Altmetrics 内涵理解的不同，对 Altmetrics 后续的发展和应用也会产生很大分歧，例如 Altmetrics 计量的结果是引用评价的替代还是补充？Altmetrics 的评价结果能否直接使用？很多这样的问题皆可能因为理解的不同而产生争议，因此必须强化对 Altmetrics 本质和内涵的梳理和研究，给出大众普遍认可的解释，为 Altmetrics 后续研究的开展和应用奠定理论基础。

#### 6.1.2 Altmetrics 计量工具的完善

现有的 Altmetrics 计量工具基本上仅是展示了科研成果的评价数据，却没有对这些数据进行深度分析。因此，仍需不断增加和强化 Altmetrics 计量工具的功能，打造多功能于一体的计量工具。除了展示评价数据，在 Altmetrics 计量工具中还可以增加构建个人学术档案、前沿探测、重点内容推送等功能，使之能多方位满足用户的服务需求。此外，在计量工具中增加数据分析功能，分析评价数据背后的社交网络、思想传承网络、学术交流网络等，提高计量工具的评价性能。在工具中加入情感分析功能，确定评价数据的情感态度（正面、负面、中立），帮助用户判断评价信息的对立信息分布情况。最后，从技术角度出发克服语言障碍，除了英文平台，还可以开发其他语言平台，使更多用户参与到 Altmetrics 的活动中，提高 Altmetrics 的知名度和覆盖面。

### 6.1.3 推出具体的标准和应用实践

由于没有相关的行业标准和统一准则，不同企业、机构和研究人员只能依靠自己对 Altmetrics 的理解筛选评价指标、开发计量工具、制定评价策略等，形成各自为政的局面。因此，急需权威机构出面，厘清当前 Altmetrics 研究中存在的争议，制定统一的标准框架和推荐实践，使 Altmetrics 的研究和发展能够在正确的轨道中进行。目前，NISO 正计划为 Altmetrics 制定相关标准和推荐实践，已经和多位从事 Altmetrics 研究、传统出版、文献计量及教师评估等领域的专家进行访谈，确定 Altmetrics 的一些关键问题，以及急需制定标准和推荐做法的几个方面。

## 6.2 Altmetrics 面临的挑战

作为计量学领域的新兴事物，Altmetrics 在提出和发展的过程中不可能面面俱到，仍存在许多不足和不确定性，同时也会面临诸多挑战。

### 6.2.1 缺乏坚实的理论基础

Altmetrics 在缺乏理论基础方面主要体现在缺乏具体的研究方法论。Altmetrics 理论研究的一个主要问题是：Altmetrics 究竟计量的是什么？测度的是关注度、影响力还是科学研究质量？如果是影响力，那么与引用所测度的影响力有什么关系？为了解释这个问题，许多学者对 Altmetrics 指标与引用指标进行相关性分析，发现多个指标与引用指标存在正相关关系，但是这个相关关系的本质是什么？由于缺乏理论层面的依据，这样一系列问题至今没有得到回答。此外，目前缺乏从行为角度理解 Altmetrics。引用行为存在引用动机，"Altmetrics 引用"同样存在，但是从目前的研究中，少有发现从心理学角度分析和理解 Altmetrics 的研究。比如，传统引用动机与"Altmetrics 引用"动机有何不同？一篇论文在 Twitter 中被提及是出于什么动机？用户对论文的评价是否会贡献论文的引用？这样的问题比比皆是，但是由于缺乏对行为层面的分析和研究，许多解释都是建立在假设上的，并不能代表 Altmetrics 的真实本质。

### 6.2.2 指标数据的可靠性难以保障

首先，从目前来看，Altmetrics 指标的数据覆盖率较低。2014 年，S. Haustein 等对 1400 万篇 WoS 和 PubMed 上的生物医学类论文在 Twitter 的覆盖率进行统计，发现平均覆盖率只有 10%，而其他指标的覆盖率更低，说明多数研究成果没有 Altmetrics 评价数据。其次，Altmetrics 指标数据与引用数据一样，存在容易被操控的问题。以往，有学者出于评定职称、获取奖励等目的，采取非正常手段提高自己论文的引用次数。Altmetrics 使更多人参与到评价过程中，既是优点也存在弊端，尤其是当管理部门将 Altmetrics 数据作为评价活动的参考依据时，更可能成为被认为操纵的对象。再次，面对"一人多号""一文多号"的问题，Altmetrics 不能进行准确统计。例如，有人可能拥有多个 Twitter 或 Mendeley 账号，就可能存在重复计数的问题；对于论文，一篇论文可能具有多个编号，如 DOI 号和 Pubmed 号，相当于一篇文章有多个版本，此时便造成影响力分散问题。最后，Altmetrics 数据会受到社交平台用户群体偏差、学科背景的影响，年龄、学科和文化的差异都会导致评价的不公平。

### 6.2.3 计量缺乏统一标准

目前，学界对 Altmetrics 的许多方面都没有达成共识，使 Altmetrics 在概念、工具、评价等多个方面没能得到统一。第一，不同工具涵盖的数据源、收集的指标数据并不一致，对于相同的数据源也可能收集不同的指标，例如同在 Google＋中收集数据，Altmetric.com 收集 Google＋用户数量，而 ImpactStory 收集 Google＋plugs posts 数量。第二，不同工具采取的评价策略不同。Altmetric.com 通过赋予不同指标权值，计算论文的综合评分 Altmetric Score 来评价论文的影响力，而 ImpactStory 等工具通过分类处理，按类别对 Altmetrics 指标进行测度和展示。第三，缺乏统一机制对比不同评价结果。由于不同工具测度的重点不同，导致不同评价工具会采用不同的数据源和评价指标，可能会造成不同数据库或平台中相同文章有多个评价结果的情况，那么哪一个结果最能反映问题，目前还没有统一的机制对不同评价结果进行比较。

## 6.3 Altmetrics 的发展方向

Altmetrics 的提出为科学发现与科学评估提供新的计量方法，是计量学领域的研究热点，其未来发展方向主要有三个方面。

### 6.3.1 实现与传统计量学的融合

从已有的研究中可以看出，虽然 Altmetrics 的提出是为了弥补传统评价方法的不足，但是并没有否定传统计量学方法，也没有否定引用指标的作用。在未来的评价体系中，无论是引用指标还是 Altmetrics 指标，都只是其中的一部分，二者的融合也是未来科研评价发展的必然趋势。对于现阶段，由于 Altmetrics 在理论基础和实施标准方面仍不完善，因此在进行理论探索和实践的过程中仍应以传统计量学方法作为基础，充分利用自身的数据优势，发挥对传统计量学的补充作用。在理论创新的摸索过程中，要进一步分析网络信息交流和用户行为的机理、动因，掌握其中的规律，推出适用于 Altmetrics 的统一标准，不断促进 Altmetrics 与传统计量学的融合，实现联合有效的评价体系。

### 6.3.2　Altmetrics 应用的深化与推广

Altmetrics 作为计量学领域的前沿研究，必须加大深化和推广力度。Altmetrics 作为科研发现与科研评估研究的发展方向，主要可以从以下几个方面进行深化和推广：第一，Altmetrics 收集了网络中最广泛的资源信息、用户信息、机构信息和评价信息，可以分别构建对应的资源库、人物库、机构库，形成系统化的知识库，通过人—机构、人—资源、人—评价信息、资源—评价信息的映射关系实现对资源的高效检索，对机构、人和资源的系统评价，以及对潜在合作关系的挖掘和推荐，扩大 Altmetrics 的应用效应。第二，Altmetrics 要掌控学术影响力产生的整个全寿命周期，发挥其对学术活动的跟踪功能，将 Altmetrics 融入到科学交流的各个方面，渗透到不同学科领域中，扩大 Altmetrics 的影响范围。第三，除了评价科研成果，应在其他方面进行大胆尝试，比例利用 Altmetrics 评价国民经济和政府绩效等，扩展 Altmetrics 的评价范畴。

### 6.3.3　推出一体化服务平台

随着 Altmetrics 的不断发展与应用，服务商将不断强化 Altmetrics 的功能，开发其他 Altmetrics 产品并将其进行整合，推出一体化服务平台。ImpactStory 公司创始人 H. Piwowar 在谈到公司的未来发展蓝图时指出，公司将对 ImpactStory API 进行改进，并向用户提供整合多个数据源的开放数据平台，平台中将会增加一些新功能，包括提供机构知识库使用工具、具有影响力感知能力的阅读器、文献搜索工具、增强版引文索引、专家识别系统、出版后同行评议平台、推荐引擎等。未来，更多的 Altmetrics 产品将不断涌现，集成的一体化服务平台不但可以通过直接体验加深用户对 Altmetrics 的理解，同时也有助于 Altmetrics 的深化和推广。

Altmetrics 的出现使科研发现和科研评估发生突破进展，为计量学的发展打开了新局面。作为新兴事物，Altmetrics 存在的不足和争议，是事物发展的必然过程。未来，Altmetrics 将在这些争议中不断得到确认和发展，最终形成完备的理论体系和应用实践，成为科技评价的主流方法并应用到更广阔的领域中。

### 参考文献

［1］　王贤文，张春博，毛文莉，等 . 科学论文在社交网络中的传播机制研究［J］. 科学学研究，2013，31（9）：1287-1295.

［2］　Citation analysis：measuring the influence and impact of research：Altmetrics［EB/OL］. ［2014-03-15］. http：//guides. uflib. ufl. edu/content. php？ pid ＝ 320458&sid＝2762525.

［3］　GALLIGAN F，DYAS-CORREIA S. Altmetrics：rethinking the way we measure

[J]. Serials Review, 2013, 39 (1): 56-61.

[4] PRIEM J, COSTELLO K, DZUBA T. First-year graduate students just wasting time? Prevalence and use of Twitter among scholars [C] //Metrics 2011 Symposium on Informetric and Scientometric Research, New Orleans, LA, USA. 2011.

[5] Google+[EB/OL]. [2014-10-10]. http://baike. baidu. com/view/6003707. htm.

[6] Pinterest[EB/OL]. [2014-10-10]. http://baike. baidu. com/view/6620273. htm.

[7] LI Xuemei, THELWALL M, GIUSTINI D. Validating online reference managers for scholarly impact measurement [J]. Scientometrics, 2012, 91 (2): 461-471.

[8] BAR-ILAN J, HAUSTEIN S, PETERS I, et al. Beyond citations: scholars' visibility on the social Web [EB/OL]. [2014-09-08] . http: //xueshu. baidu. com/s? wd＝paperuri％3A％28f80d2923a69a7bc8c746bcb63b2e06f1％29&filter＝sc _ long _ sign&tn ＝ SE _ xueshusource _ 2kduw22v&sc _ vurl ＝ http％3A％2F％2Farxiv. org％2Fabs％2F1205. 5611&ie＝utf-8

[9] PRIEM J, PIWOWAR H A, HEMMINGER B M. Altmetrics in the wild: using social media to explore scholarly impact [EB/OL]. [2014-09-08] . http: //www. oalib. com/paper/4031455JHJ. VwsuHOyEDrE.

[10] WELLER K, PETERS I. Citations in Web 2. 0 [J]. Science and the Internet, 2012 (5): 211-224.

[11] ZAHEDI Z, COSTAS R, WOUTERS P. How well developed are altmetrics? A cross-disciplinary analysis of the presence of "alternative metrics" in scientific publications [J]. Scientometrics, 2014 (4): 1-23.

[12] TORRES D, CABEZASÁ, JIMÉNEZ E. Altmetrics: new indicators for scientific commu-nication in Web 2. 0 [J]. Comunicar, 2013, 21 (41): 53-60.

[13] 刘春丽, 何钦成. 不同类型选择性计量指标评价论文相关性研究——基于 Mendeley, F1000 和 Google Scholar 三种学术社交网络工具 [J]. 情报学报, 2013, 32 (2): 206-212.

[14] BORNMANN L. Alternative metrics in scientometrics: a meta-analysis of research into three altmetrics [J]. Scientometrics, 2015, 103 (3).

[15] CABEZAS-CLAVIJOÁ, TORRES-SAKINAS D. Indicadores de uso y participación en las revistas científicas 2. 0: El caso de PLoS One [J]. El Profesional de la Información, 2010, 19 (4): 431-434.

[16] EYSENBACH G. Can Tweets predict citations? Metrics of social impact based on Twitter and correlation with traditional metrics of scientific impact [EB/OL]. [2014-09-08]. http: //www. ncbi. nlm. nih. gov/pmc/articles/PMC3278109/.

[17] XIN Shuai, PEPE A, BOLLEN J. How the scientific community reacts to newly submitted preprints: article downloads, Twitter mentions, and citations [J]. PLoS One, 2012, 7 (11).

[18] PUSCHMANN C, MAHRT M. Scholarly blogging: a new form of publishing or

science journalism 2. 0 [J]. Science and the Internet，2012：171-182.

[19] LIU Chunli，XU Yuequan，WU Hui，et al. Correlation and interaction visualization of Altmetric indicators extracted from scholarly social network activities：dimensions and structure [J]. Journal of Medical Internet Research，2013，15 (11).

[20] COSTAS R，ZAHEDI Z，WOUTERS P. Do altmetrics correlate with citations? Extensive comparison of altmetric indicators with citations from a multidisciplinary perspective [EB/OL]. [2014-09-08]. http：//www. cwts. nl/pdf/CWTS-WP-2014-001. pdf.

[21] THELWALL M，HAUSTEIN S，LARIVIèRE V，et al. Do Altmetrics work? Twitter and ten other social Web services [J]. PLoS One，2013，8 (5).

[22] YAN K K，GERSTEIN M. The spread of scientific information：insights from the web usage statistics in PLoS article-level metrics [J]. PLoS One，2011，6 (5).

作者简介：

汤珊红，副研究员，系博士，在 IFLA 发表国际论文两篇，在国内情报学核心期刊发表论文 30 多篇。研究方向：国防科技情报理论与方法研究。

由庆斌，实习研究员，发表论文 6 篇。研究方向：国防科技信息资源建设与服务研究。

李天阳，助理研究员，发表论文 3 篇。研究方向：国防科技信息资源建设与服务研究。

# 移动技术应用领域信息
# 服务相关研究进展

李月琳，何鹏飞，梁　娜，姜　悦

（南开大学　商学院信息资源管理系，天津　300071）

**摘　要：**移动技术的蓬勃发展催生了信息用户与服务研究的新领域，包括移动图书馆、移动学习、移动应用（APP）以及移动信息行为研究等。文章综述这些领域的相关研究主题及研究现状，梳理和分析当前研究存在的问题与局限，并展望未来的研究。分析发现，在移动技术应用领域，信息用户及服务相关研究已取得了长足的进步，尤其是在技术与平台的建设和开发及用户技术采纳与接受相关研究领域。然而，也存在一些问题，如移动图书馆服务同质化，用户采纳和接受程度有限，缺乏对移动图书馆用户的认知以及心理行为的深入探究；移动学习方面存在用户采纳和接受程度不高、移动学习系统开发和建设过程中资源建设滞后、课程内容单一等问题；移动应用研究内容泛化、研究深度不够、缺乏实证研究等。未来的研究应更关注用户需求、用户行为模式和特点，无论是移动图书馆还是移动学习系统，都应加强信息内容与资源建设，提供更为丰富的信息资源与多样化的服务方式。同时，开展规范的实证研究，为开发和构建各类移动技术应用系统或平台提供实证支持。

**关键词：**移动图书馆；移动学习；移动应用；移动信息行为

近年来，随着移动通信技术及移动计算技术的融合发展，移动技术迅速普及，成为一种泛在化的技术，渗透到人们生活的方方面面，深刻地影响了人们的生产和生活，塑造了社会生活的新常态，并由此引发一系列的社会变革。由于这些变革触及人们生活和学习的不同层面，已引起了学者们的广泛关注。正如互联网＋所产生的效应，移动互联网与不同领域的连接催生了一系列新兴领域，如移动技术与图书馆服务的连接，产生了移动图书馆；移动技术与教育的连接产生了移动学习和移动教育；移动技术与金融服务的连接产生了移动金融。再者，在用户与移动技术平台承载的不同的信息系统交互的过程中，导致的移动信息行为亦是移动技术应用带来的产物。这些领域与信息用户、社会、信息技术及信息资源息息相关，无疑是情报学领域应该关注的课题。因此，本文将着重综述与情报学领域相关的移动技术应用领域，包括移动图书馆、移动学习与教育、移动 APP 及移动信息行为的相关研究，探讨这些领域当前的研究进展，从情报学的视角，即围绕移动应用领域的技术开发、信息内容构建及用户的信息行为揭示这些领域的研究现状与不足，并展望未来的研究。

# 1 移动图书馆

移动图书馆（Mobile Library）最早由 Porth（1946）提出。Porth 将其定义为"设计、配备和运作一种工具可以尽可能远地提供相当于分馆的可行服务"[1]。移动图书馆也被称为流动图书馆，是早期公共图书馆开展图书借阅服务的一种方式，即通过马车、汽车等交通工具，给偏远山区或者村落的居民提供图书借阅服务。随着移动互联网的发展，移动设备的普及，移动图书馆已经不再指之前的流动图书馆，而是指通过移动设备提供的信息服务[2]。从服务的角度来看，移动图书馆是人们不受时间、地点和空间的限制，通过使用各种移动设备（如手机、掌上电脑、E-book、笔记本电脑等），以无线接入方式查询、浏览与获取图书馆信息资源的一种新兴的图书馆信息服务[3]。移动图书馆依托移动设备，"可移动性"和"随时随地"是移动图书馆的主要特征[4]。

## 1.1 相关概念及项目

与移动图书馆相似的概念有无线图书馆、掌上图书馆和手机图书馆。其中无线图书馆（Wireless Library）是指用户使用各种移动设备（如移动电话、寻呼机、掌上电脑 HPC（Hand Personal Computer）等），以无线接入方式获取馆藏文献信息的数字图书馆，是数字图书馆的进一步扩展，且它最大的优势是能够超越时空的限制，随时随地实现互联互通[5]。掌上图书馆是通过掌上设备可获取的图书馆服务的集合，掌上设备大致可以分为掌上电脑、手机、平板电脑（如 iPad）、电子书（如 Kindle）、mp3/mp4 播放器、电子词典等。手机图书馆特指读者用手机来获取图书馆的相关服务，手机有普通手机也有智能手机。因此，这几个概念中，掌上图书馆的外延最大，移动图书馆次之，手机图书馆最小。掌上图书馆是强调读者利用掌上设备获取图书馆服务，而移动图书馆更强调基于无线网络服务的可获取性。相比之下，手机图书馆终端设备单一[6]。

国外对移动图书馆的研究和应用可以追溯到 20 世纪 90 年代末，芬兰赫尔辛基技术大学图书馆早在 1999 年便应用 LIBLETTM 系统，为用户提供短信服务（SMS）和无线应用协议（WAP）[7]。2000 年 9 月，日本富山大学图书馆推出 I-mode 手机的书目查询系统，为读者提供在线书目查询服务，次年 5 月，东京大学图书馆开通了 I-mode 手机的书目查询系统。2001 年，韩国西江大学推出手机图书馆，用户可以使用手机查阅图书馆馆藏资源[8]。随后，一些数据库生产商，如 EBSCO host Mobile，IEEE Explore 和网络出版商，包括 Google Books，Amazon Kindle for the IPhone 等，开始涉足移动图书馆领域[9]。

当前移动图书馆的研究主要包括移动图书馆实践、技术、服务以及用户等方面。以下着重综述移动图书馆在这几个方面的研究进展。

### 1.2　移动图书馆实践研究

Rhonda 等探讨了手机在学术图书馆应用的前景，以数字媒体的形式实现用户信息的预呈现服务，在图书馆工作者和用户之间建立良好的信息沟通渠道[10]。手机的应用使得图书馆"随时可用"，随时随地为用户提供数字资源服务。随着移动图书馆逐步发展，高校图书馆和公共图书馆都相继开通相关的服务。不同国家的学者调查了本国移动图书馆应用的现状。Singh 的调查表明印度大部分公立和私立大学都存在无线网络接入站点少，网速慢的问题；此外，移动设备的普及率也不高，用户使用手机不仅屏幕小，而且内存容量低，使得用户更倾向于使用台式电脑和笔记本电脑访问图书馆网站[11]；Shahriza 的调查揭示，马来西亚国际伊斯兰大学学生使用移动图书馆的主要目的是为查寻与作业相关的信息，学生对使用移动图书馆的态度非常积极[12]；而 B. Palumbo 指出移动图书馆将会极大地促进非洲的教育教学以及科研，然而却受制于非洲当地的资源和技术[13]。这些研究表明，移动图书馆的推广和普及已成为国际图书馆领域的重要工作之一。

国内的学者调查了我国不同地区、省市、高校的移动图书馆应用现状，如针对全国"211 工程"院校图书馆[14]、"985 工程"院校图书馆开展移动图书馆服务的调查[15]；以及针对部分省市，如武汉[16]、重庆[17]等地区高校的调查。一些学者对比分析了公共图书馆开展移动图书馆服务的情况[18]。研究表明，目前全国开通移动图书馆服务的图书馆已经有 100 多家，其中大部分是高校图书馆，北京、上海等地是较早开通移动图书馆服务的地区[19]。此外，移动图书馆还引起移动终端、系统的开发商以及数据库厂商的重视[20]，这些厂商与图书馆开展合作共同研发移动图书馆系统，如重庆大学图书馆与重庆亚德科技股份有限公司共同研发的"手机图书馆"，华南理工大学图书馆与中国移动共同研发的"掌上图书馆"。从整体上看，国内移动图书馆分布不平衡，各个高校图书馆以及公共图书馆开展移动图书馆服务的层次和水平不同，主要集中在经济较为发达和教育资源比较集中的地区。未来移动图书馆要加强服务理念、系统与平台的研发，内容和栏目的设置，以及图书馆与图书馆、图书馆与其他机构厂商之间的合作。

## 1.3 移动图书馆技术研究

针对移动图书馆的网站以及移动图书馆系统的开发是研究的重点。由于移动设备多种多样，Lang 采用 J2ME，开发了移动图书馆 RichUI，以解决不同移动设备对软件的兼容问题。为了使用户能更便捷地使用移动图书馆，Lampropoulou 开发了一种中间系统（Middleware System），提供半自动化的交互功能，帮助用户检索音乐信息资源。此外，一些新的技术，如云计算、LOD 等也逐渐应用到移动图书馆网站建设以及系统的开发中[21-22]。

移动互联网和智能手机的发展也给移动图书馆带来了新的发展契机，移动图书馆 APP 的研发成为人们关注的重点。智能手机的普及及移动 APP 的广泛使用，促使图书馆员敏锐地意识到信息服务的新趋势，并紧跟移动的浪潮，开展移动图书馆 APP 服务。La Counte 指出，图书馆在开发移动 APP 时，应该先了解用户使用的移动设备种类，要以用户的需求为导向[23]，移动图书馆 APP 不仅仅给用户提供海量的电子资源，还应该考虑系统的质量、用户的意愿以及用户的满意度等因素[24]。

移动图书馆平台或者软件的开发是移动技术领域研究的重点之一。就移动应用的搭载平台而言，不同学者基于 Android 和 iOS 系统研究图书馆手机 APP 的开发。例如，杨艳妮等对基于 Android 的移动图书馆 APP 功能设计与实现进行了研究[25]，提出了详细的构建移动图书馆 APP 的系统架构与框架，并实现了 APP 的功能模块设计及 UI 设计，为移动图书馆 APP 建设提供具体的解决方案。陈俊杰等以 iOS 为例介绍了移动图书馆 APP 包括技术路线选定、需求调研、功能模块确定、UI 设计、APP 开发、软件测试等在内的构建策略[26]，并阐述了 API 开发、XML 解析、多线程的实现和 MVC 软件架构模式应用等关键技术，为开发、设计图书馆 APP 提供了技术参考。

学者们的研究试图把图书馆的电子资源整合起来，帮助用户使用手机等移动终端通过 WAP 或者下载移动 APP 等形式，方便地访问和使用这些资源，如通过 Push Registry 注册机制将动态注册及定时提醒引入移动图书馆的离线及在线服务与通知，并利用 J2ME 开发移动图书馆服务终端应用程序[27-28]，还可以通过云计算的移动图书馆系统的架构[29]，或者开发基于 Android 平台的移动客户端，设计系统框架及功能模块，实现无线技术下客户端与服务器间的通信[30]。随着 3G、4G 等通信技术的成熟，图书馆服务中同样可以利用这些技术，提高图书馆访问的速度，减小用户等待的时间，从而提高用户的使用体验[31-32]。另外，一些学者针对部分移动设备屏幕小、操作不方便等缺点，提出基于 .NET 的移动环境下的图书信息查询的方法[33]。此外，已经有学者开始使用一些更新的技术，如可穿戴设备，将电子产品和传感器及无线通信等技术嵌入衣着中，通过手势和眼动操作进行交互。这些技术对弱势群体使用移动图书馆意义重大，另外，还可以通过可穿戴设备、传感器等核心物件自动搜集人体数据，能够创造出一种全新的用户感知体验[34]。

## 1.4 移动图书馆服务研究

Ward 认为传统的流动图书馆应该转变角色，通过移动信息服务平台向用户提供服务[35]；Y. Q. Liu 调查了世界前 100 名高校的图书馆开展移动服务的现状[36]，其中，约 46% 高校图书馆提供的移动服务种类达 6 种以上，图书馆提供最多的移动服务是电子书（E-book），其次是 OPAC。另外，通过移动图书馆浏览图书馆书目，查看图书馆开放时间是读者使用较多的服务[37]。针对不同国家和地区，学者们调查了高校图书馆开展移动服务的现状。如 Canuel 调查了加拿大高校协会的成员高校开展的移动图书馆服务，发现只有 14% 的高校图书馆拥有移动图书馆网站和移动图书馆 APP 服务[38]。Perng 总结了新加坡国立教育学院图书馆开展移动图书馆服务的经验和启示[39]，指出要注重用户的反馈，并通过用户的反馈改变移动服务的方式和内容，不断将新的技术应用到移动图书馆服务中。

移动图书馆服务日益普及，服务的模式及功能也越来越多元化和个性化，主要包括短信定制、WAP 浏览、移动客户端、移动语音导航[40]等。移动 APP 服务还能提供各种灵活、个性化的定制服务，如讲座在线预订以及移动阅读等[41]。移动图书馆服务减少了用户到访图书馆的时间，因此用户对移动图书馆的满意度较高。然而，图书馆仍然需要改善自身的服务质量以提高用户的使用意愿[42]。Rosario 等研究了用户使用医学图书馆 WAP 网站的情况，并对站点进行了需求评估和易用性测试[43]。已有研究表明移动设备的类型影响用户的体验[44]。此外，图书馆网站是否具有简明的导航和标签，也是影响用户是否使用移动图书馆的重要因素[45]。陈冠桦对比了中美两国 7 所高校图书馆 WAP 网站的使用，发现 WAP 网站的访问率非常低[46]。因此，应更多地从用户需求出发，构建以用户为中心的移动图书馆服务。

此外，图书馆服务质量及其评价也是移动图书馆服务研究中重要的一环，相关研究涉及移动图书馆服务评价的指标体系、评价模型等，如借助 LibQUAL$^{+TM}$量表构建的移动图书馆服务质量评价指标体系[47]；通过多维尺度法构建移动图书馆服务质量评价模型[48]；依据移动信息服务运作机制与服务质量控制构成要素，提出的移动图书馆信息服务质量控制体系框架[49]。一些研究针对移动图书馆服务某一方面进行评价，如参考咨询服务评价[50]。

## 1.5　移动图书馆用户研究

了解用户对移动图书馆的态度、用户的使用习惯以及用户移动设备类型是提供高品质服务的保障。Cummings 等研究了读者在小屏幕的移动设备上的移动阅读情况。结果表明，有 58.4% 的用户访问移动图书馆的 OPAC 时使用的是小屏幕的移动设备[51]。64% 使用小屏幕移动设备的用户希望图书馆提供自定义的资源和服务[52]；除移动设备屏幕大小外，移动设备的类型也影响用户的体验[53]。

移动图书馆用户研究主要涉及移动图书馆的用户需求、用户体验、用户的移动图书馆的接受和使用意愿等方面。一些研究采用问卷调查法，了解用户使用移动图书馆的内容需求、个性化服务需求、资源载体形式的需求[54]，了解用户使用移动图书馆各项服务的频率和时间[55]，用户访问移动图书馆的方式、资源类型、移动图书馆平台特征的偏好[56]，进而从心理学的角度了解用户基于时间的信息需求、基于地点的信息需求、个性化的信息需求、互动性的信息需求[57]，掌握用户需求变化的规律，确定引发用户不满的因素，根据用户的需求和影响用户使用移动图书馆的因素改进移动图书馆的设计，改善用户体验。

技术接受理论以及相关的模型在移动图书馆用户技术接受研究中发挥了基础性作用。学者们主要以技术接受模型（TAM）、计划行为（TPB）等为理论基础，除技术接受模型的两个基准变量感知有用性、感知易用性之外，引入新变量，如外部影响、人际影响、感知娱乐、感知成本、系统帮助、屏幕设计等，构建针对移动图书馆的技术接受模型，并开展实证研究，分析用户接受移动图书馆的影响因素。Goh 和 Tiong-Thye 基于技术接受模型研究了图书馆通过短信提供目录搜索服务时男性读者与女性读者之间的差异。结果显示，短信服务的效率对男性的自我效能感有显著影响[58]。Aharony 研究以色列图书馆员与图书情报学的学生是否了解移动图书馆的最新技术，以及他们是否愿意使用这些技术[59]。还有学者采用技术接受整合理论模型（UTAUT）[60]以及 UTAUT 的扩展模型 UTAUT2[61]研究用户对移动图书馆接受和使用意愿。更多的研究表明，使用移动图书馆的学生越来越多，而且科研是学生使用移动图书馆的主要动机。因此，学校图书馆以"用户为中心"设计移动图书馆 WAP 网页，开发移动图书馆系统，开展移动服务是必然趋势[62]。

除采用 TAM 之外，赵杨等基于信息系统持续使用理论（ECM-ISC）分析了用户持续使用移动图书馆 APP 的意愿和行为机理[63]。研究揭示，系统质量、信息质量和服务质量三个要素均对用户期望具有显著影响，期望确认和感知有用性均对用户满意度具有正向显著影响，而感知成本对用户持续使用移动图书馆 APP 意图的负向影响并不显著，且习惯对用户持续使用意图和持续使用行为具有负向调节作用。

## 2 移动学习

移动通信技术及泛在计算技术的快速发展极大地改变了教育领域的生态，方便、快捷的移动设备，如智能手机、平板电脑等的迅速普及催生了移动教育、移动学习（M-learning）的浪潮。当前学术界对移动学习的定义莫衷一是，学者见仁见智。一些学者将移动学习定义为电子学习（E-learning）的一种形式，主要采用移动设备，整合泛在计算技术以传递学习内容，在任何时间、任何地点提供学习支持[64]。移动学习打造了新的学习环境，突破时空的限制，使教育与学习的泛在化成为可能。来自不同国家的研究表明，移动设备的使用在世界各国呈持续增长的态势，如在中国[65]、俄罗斯[66]等，为移动学习和移动教育的开展奠定了基础。由于学术界普遍采用移动学习，故本文采用"移动学习"涵盖移动学习与移动教育的相关内容。以下从移动学习研究的现状、移动学习平台与技术构建研究、移动学习用户相关研究及协作移动学习研究阐述当前移动学习研究进展。

### 2.1 移动学习研究现状

移动学习受到不同国家和地区研究者的重视。由于国情及需求的不同，不同国家的学者关注的问题存在差异。Alioon 和 Delialioglu 研究了 2004 年以来的移动学习项目[67]，在他们分析的 30 个移动学习的项目中，美国和印度的项目居多，多数项目主要针对中小学（K12）学习环境，就区域而言，亚洲开展的项目最多，其次是欧洲。此外，发展中国家更积极地开展移动学习项目的研究。具体而言，在开展的项目中，一些项目聚焦教育领域的具体模型和方法的效果；另一些则致力于普及生活知识，提供生活问题的答案或解决方案，以及着重改善学习的环境。多数移动学习项目为移动应用，其次是 SMS 和移动游戏。其他途径包括播客、MMS 和录像会议等。智能手机是使用最为广泛的移动学习设备。Fojtik 于 2013 年和 2014 年分别调研了捷克的电子图书和移动设备在教育中的使用[68]。研究表明安卓是最受欢迎的操作系统，高达 78％的受访者选用运行安卓系统的智能手机；用户越来越多地选择平板电脑开展移动学习；电子书也日益受到欢迎。76％的受访者对能帮助他们获取大学信息系统和学习资源的移动应用感兴趣[68]。研究表明，在捷克，除了电子学习，人们已日益接受移动学习的理念。张虹从学生、家长、教师三个角度探讨移动教育的发展与需求[69]。调查表明，对移动学习的各种应用方式，70％的北京地区的小学生都持积极的态度。对移动教育内容的需求包括学习重点、考试知识点、作业提醒等。小学生对移动教育信息的呈现载体的偏好依次是视频、文字、动画、图片和声音。对手机用于学习的态度，52.9%的教师表示支持。教师的担忧在于小学生的自控能力偏弱，导致学生分心。70%的教师对移动学习的应用方式表示支持，如通过短信布置作业，解决疑难问题等。支持孩子使用手机的家长占54.4%，但也有相当多的家长反对，原因包括担心孩子的学习质量受到影响、效率不高等。对于移动教育应用的方式，高达70%的家长表示支持。然而，调查也表明移动教育的实施面临一定的困难，包括经费、良好的期望与现实技术、产品、资源、教育理念等之间的矛盾。在日本，已有相当一部分的小学生不仅通过教科书，也使用手机来学习[70]。同时，移动亲子学习项目不仅提升了学生的学习效果，而且密切了工作繁忙的家长与学生之间的关系[70]。

除小学生外，大学生对移动学习的应用也备受关注。马庆伟的研究表明大学生拥有多种移动学习设备，对移动学习抱有强烈的学习愿望，但没有意识到移动学习的益处，同时，由于移动学习对大学生的自控能力及自主学习能力的要求，移动学习在大学生中的推广面临挑战[71]。尚晓情等从学生的学习阶段和学科领域切入，探讨了大学生的移动学习需求[72]。研究表明，不同年级、不同专业的学生对移动学习资源、移动学习工具及移动学习交互的需求均存在一定程度的差异。此外，成人教育，包括老年人的继续教育[73]，移动学习都可发挥优势，并扮演重要角色。

一些学者综述当前研究现状，如任海峰和赵君指出，已有研究多集中在技术的可行性分析、系统终端软件的研发和理论研究等方面[74]。一般而言，存在三种移动学习的模式：基于短消息的学习、基于浏览的学习以及基于校园无线网的准移动学习。傅健和杨雪将国内的移动学习研究划分为两个阶段[75]，前期主要对移动学习理论的初步探讨，如其定义、本质、理论基础等；后期的研究主要注重移动学习资源的开发及实际应用，同时也开始研究移动学习活动设计、应用绩效等。实践方面，完善了移动学习环境建设，研发了一系列移动学习设备及配套资源，并根据不同实际需求开通了大量移动学习平台，推广了移动学习方式的应用。移动学习的研究主体以学校和企业为主，电子词典、学习机及手机应用广泛，在校学生和白领是移动学习应用的主要群体。近三年来国内移动学习的研究热点包括学习资源、学习模式、教学模式、数字化学习、移动设备、移动学习系统、智能手机、远程教育、移动终端、教学模式、移动学习平台等[76]。由此可见，国内学者的研究重点在移动学习资源、移动学习教学模式及移动学习系统的研发上。

将移动学习的发展上升到理论层次的研究有助于人们更好地理解移动学习的理论基础及技术研发的重点和趋势。余胜泉将移动学习的发展总结为3个阶段[77]：第一代移动学习的重点是知识传递，人们将原来在电脑上运行的课件迁移到手持式设备中。秉持行为主义的理念，构建课程即时信息反馈系统、基于短消息的移动学习服务及播客服务等；基于认知主义设计与优化移动学习的内容。第二代移动学习以认知构建理论为基础，重视在移动技术环境下如何促进学习和知识构建，着重探讨如何支持移动环境下基于问题的学习、移动探究式学习、参与式模拟的学习体验、基于移动技术的社会性学习、移动探究实验室、移动教育游戏及手持式设备在学科教学中的应用。第二代移动学习中移动技术不仅是知识的载体，更是学习者信息加工、认知加工和社会认知建构与共享的工具。第三代移动学习关注情境认知，强调实现"1：1数字学习"，构建无所不在的学习情境空间，更好地支持个体的学习需求。"1：1数字学习"的核心组成部分包括普适计算设备、泛在通信网络、无缝学习空间及学习与分享设计。移动学习的发展过程体现了人们对其认识的逐步深入，未来的移动学习将更多地融入人们学习的情境中，成为人们学习及接受教育的重要手段。

## 2.2 移动学习技术构建

进入21世纪以来，教育相对发达的国家和地区在国际层面相继启动支持移动学习的创始计划[78]，包括美国的"链接美国：国家宽带计划"、日本的"e-Japan战略"、我国台湾地区的"移动台湾"、英国的"数字英国"、欧洲的"欧洲数字进程"等。

考虑到不同国家IT技术平台的差异，直接的移植并非最佳的选择。Andreicheva和Latypov基于俄罗斯的现状，针对高等教育，提出了移动学习的模型应服务于高校的教师、教辅人员和学生[66]。模型的主要模块包括教师的分析统计模块、学生家庭作业基本控制系统及反馈。反馈板块包括两种类型的评估，即对教师的评估及课程的评估。前者可帮助学生了解教师的优缺点及帮助教师了解学生的需求；后者则可实现课程的有效性、明确可完善之处及课程中应该关注的问题。

技术质量问题关系到移动学习平台是否能够推广应用。Sarrab等探讨了移动学习的技术维度[79]，总结了与移动学习相关的技术因素，构建了技术质量模型以指导移动学习应用的开发及利益相关者满意度的评估。这些要素包括可获得性、快速反应、灵活性、包容性、可用性、可维护性、功能性、可靠性、联结性、绩效、用户界面及安全性。界面也是体现平台质量的重要方面。Masood等针对4~5岁儿童研究了移动教育应用设计[80]，着重探讨用户界面可用性的重要程度。作者基于儿童心智模型邀请4个孩子对APP的UI设计进行评估，并通过眼动仪来捕捉孩子们在进行可用性评估时眼睛的移动。研究发现，现有移动教育应用是基于开发者和设计者的成人心智模型来设计的，并不适合孩子的行为习惯。因此，作者针对儿童教育

APP 的 UI 设计提出了建议。

增强现实（Augmented Reality，AR）技术与移动学习技术的结合是使移动学习更为有趣的一种重要方式。增强现实技术融合了现实世界的虚拟特征，将现实世界信息与虚拟信息实现无缝连接，通过虚拟信息增强现实世界。Santana-Mancilla 等提出了一个移动增强现实系统，以帮助墨西哥的初中生获取与他们教科书相关的额外的教育资源[81]。该系统包括"教室层"及"服务导向构建"层。前者表示授课环境，包括手机及教材；后者包括内容管理系统及内容库。基于这一架构，他们开发了 3D 模型，构建了移动学习系统。可用性检测表明，学生对该系统满意度较高。同样基于移动 AR 技术，Jammali 等开发了人体解剖移动学习环境[82]，称为"人体解剖移动增强现实"系统。该系统的开发包括内容的创建与平台设施的整合。系统评估表明，大多数学生认同该系统，认为其激发了学习兴趣并帮助他们改善对知识的记忆，使记忆更持久。可见，在移动学习系统的开发及课程建设方面，AR 发挥了很强的效用。

## 2.3　移动学习的采纳和用户技术接受

移动学习的采纳和接受可从宏观和微观两个角度考察。从国家层面来看，在教育相对发达的国家，如美国、日本等，移动学习已上升为国家政策[77]，这些国家整合移动学习、电子学习及传统的学习系统，以提升教育的整体水平。然而，对于教育相对落后的国家和地区，移动学习的研究与实践才刚刚起步，仍然停留在相对小的移动学习项目上。为何发达国家在移动学习的采纳上会更进一步？通过对发达国家移动学习项目的考察和分析，Khan 等发现[78]，一些因素发挥了重要作用，包括国家层面的创始计划的制定和推行、公共和私有部门的密切合作、学习者的特征与国家、地区文化特点、移动学习基础设施及人们对移动学习的先进性的认识。

微观层面，用户对移动学习技术的采纳与接受模型、相关要素是学者们研究的主要问题。借助技术接受模型，Cheng 发现导航和方便性等技术特征及兼容性显著影响用户对移动学习的感知有用性、感知易用性及感知愉悦性[83]。同时，这三个要素直接影响用户对移动学习的使用意愿。该研究表明，移动学习用户能判断移动学习系统是否满足其感知的兼容性，如果他们能在任何时间、任何地点通过在一定学习环境中获得移动学习的内容及浏览移动学习的界面，他们便认为该移动学习平台是有用的、易用的及有趣的工具。这些都将提升他们对移动学习平台的使用意愿。Lee 等的研究发现，不同国家用户对移动电话作为学习平台的采纳受不同因素的影响[84]。在韩国、日本等国，同伴的影响是重要的因素，而在美国、澳大利亚等国家，个人的感知起到了重要作用。教师和学生的动机也是重要的影响因素，教师对移动学习的负面态度会影响学生对其的采纳[85-86]。移动学习的采纳一定程度上取决于家长、学生与教师是否具备采纳动机；同时，移动设备的局限性、安全和隐私问题同样是影响移动学习采纳的关键因素[78]。此外，绩效期望是影响学生采纳移动学习的重要因素[86-88]，且是可预测学生在获取移动学习资源的预期行为的重要因素[87]；努力期望也是重要的影响因素之一[89-90]，Milosevice等发现[86]，努力期望与移动学习的预期使用行为呈负相关关系，因为学生觉得移动学习系统本身使用不易，灵活性不足，仍需要付出努力以学习如何使用该系统，因而使用动力不足。由此可见，影响用户对移动学习接受意愿的因素是多方面的，包括使用者自身、教师、同伴及系统本身的可用性等。

移动学习系统的服务质量关系到学生的教育过程、教育效果，因而也影响了学生对移动学习的接受程度[86]。个体的创新性亦显著影响学生移动学习的预期行为[86,91]。研究表明，相比较而言，有强烈创新意识的个体比创新意识偏弱的个体更具有勇气、能力和较好的社会经济地位，从而更可能采用新的信息技术。Milosevice等的研究支持了这一结论[86]，他们发现，具有创新意识的学生其采纳移动学习的动机也会更强烈。他们的研究同时表明，就学生而言，绩效期望和个体创新性是最为重要的影响因素。

除聚焦学生对移动学习的采纳，教师对移动学习系统的满意度也受到关注。Yengin等将移动学习系统视为信息系统[92]，试图构建"基于教师满意度的移动学习成功模型"。该模型基于教师满意度，从三个维度，即系统设计、系统传递及系统结果解读移动学习成功的要素。从系统设计看，系统质量、信息（或课程）质量和服务质量最为关键；系统传递主要指的是对系统的使用，如设计学习过程、管理学习过程、促进沟通及跟踪用户特征及表现等；系统结果包括正面、负面的影响及用户满意度。该模型不仅有助于移动学习平台的设计者思考如何设计更好的移动学习系统，增强其可用性，而且可帮助教师和政策制定者更好地了解用户与移动学习系统的交互问题。

当前多数研究聚焦教育领域的移动学习研究，然而，一些研究另辟蹊径，关注移动学习在教育领域之外，如公司层面的作用。JungHwan等的研究表明[93]，公司的雇员和人力部门经理一致认为，移动学习可作为一种非正式的学习方式，改善工作场所学习效果；在此类学习中，设备类型是移动学习最重要的属性。研究表明，智能手机是最受欢迎的移动学习平台。由于这两类用户的角色不同，他们在某些方面观点存在差异，如对于雇员，采用移动学习可提升他们专业的能力和实现自我完善；对于人力部门经理而言，移动学习则提供了跨越时空的技术平台，提高了雇员培训的效率。可见，不同用户其使用动机及目的亦存在差异。

### 2.4　移动学习课程建设

针对特定的学习对象，打造专门的课程是各国移动学习领域的重要实践活动。Oberer 和 Erkollar 介绍了奥地利高校的一门移动营销课程的设计[94]。对于非英语国家来说，英语课程是常见的移动学习课程。如日本开展的英语移动学习项目"Narikiri English"，便是一个面向企业的移动学习计划[70]。该项目开发了手机使用的移动型教材，着重于听力教材的建设，同时考虑企业环境下英语学习的需要。研究表明，由于日本人从心理上害怕学习英语，移动学习课程的私密性使他们的学习获得了安全感，从而帮助企业员工利用零碎的时间更好地提高英语听力。不仅在日本，一些其他的非英语国家，如罗马尼亚的学者也探讨了移动学习对商务英语教育的影响[95]，学生对使用移动设备学习商务英语表现了极大的兴趣，认为其优势体现在交互支持、多样化的资源、可听到地道的英语等。然而，移动商务英文课程的缺陷表现在移动设备的电池的续航能力有限、屏幕和键盘偏小、有限的存储空间、缺乏与人的互动等。这些缺陷亦是移动学习课程普遍存在的问题。

### 2.5　移动协同学习

小组学习（Learning in a Group）是教育过程中通常使用的方法，以帮助学生更好地学会团队沟通与合作。随着移动学习的不断渗透，移动学习如何帮助和促进小组学习成为研究者关注的课题，并催生了一个新的研究方向，即移动协同学习（Mobile Collaborative Learning，MCL）。Reychav 和 Wu 探讨了 MCL 情境下学习过程（包括受同伴影响的学习、个人认知吸收）与学习影响力（包括满意度、感知的了解程度及学习成效）之间的关系[96]，同时纳入个体学习和小组学习方式、移动学习的内容（即平板电脑上的录像或文本）等变量。研究表明，不同变量之间关系显著。个体认知吸收移动学习传递的内容值得关注：对于移动小组来说，对文本的学习成效和满意度更高，然而，录像对个体学习影响更大。研究表明我们能够改善 MCL 环境下个体的学习质量，而个体小组成员持续改善他们的学习质量可以为小组实现目标作出更有价值的贡献。Miguel 等从改善移动网络协同学习的信息安全出发，探讨 MCL 情境下信任度的评价与预测问题[97]，提出了"信任度和安全方法论"（TSM），并在真实的网络课程中加以应用，以验证 TSM 中具体的信任度评估方法和技巧。

## 3　移动应用（APP）的界面、可用性及用户服务

如前所述，移动技术应用在不同领域的推广与普及潜移默化地改变了人们的生活习惯和行为方式。除前文论及的移动图书馆 APP 及移动学习系统之外，仍存在着大量不同类型的移动 APP，涉及人们生活的方方面面，主

要包括移动社交应用、移动视频应用、移动音乐应用、移动新闻应用、旅游类应用、移动手游应用等。本部分将从移动应用的界面设计、可用性评估以及用户服务等方面综述与这些移动 APP 相关的研究。

## 3.1 移动应用的界面设计

移动设备界面设计的优劣决定着用户的体验，良好的界面设计对提高用户活跃度，增强用户黏性[98]至关重要。

移动设备的 UI 不同于平面 UI，它的范围基本被锁定在移动设备的 APP/客户端上，由于移动设备独特的尺寸要求、空间和组件类型，使得它对 UI 设计要求比平面 UI 更高[99]。移动设备的界面的设计应坚守两个原则：一是快捷便利的实用原则，二是极简主义的审美原则。用户的年龄、性别、文化程度的差异会对用户的需求产生不同的影响；同时技术水平的高低、质量的好坏都会对用户的使用体验产生直接影响。因而，进行界面设计时，应考虑用户的需求，从用户情感和使用习惯出发，考虑图标、图像、文本、导航工具等界面构成元素[100]。同时，界面的交互性至关重要，需掌握交互设计的原则，包括易用性、记忆性、错误恢复、交互响应、突出主要功能、一致性等[101]。遵循用户视觉注意和视觉查询的一般规律，使之易于接受[102]。此外，内容不同的 APP，其设计也应不同。

另外，界面布局也是界面设计的另一个重要的方面。在进行移动应用界面设计时，根据界面功能和内容，应当选择恰当的布局方式[103]。每个界面上均应包括明显交互控件，如按钮、菜单和文本框等。类型展示界面也应设计导航与返回等基本功能，避免进入界面后无法返回和退出。在布局设计上，移动客户端程序不同于电脑应用程序，主要区别在于手机显示区域较小，不能将所有功能都放在同一界面上。主界面设计应当以简洁为主，屏幕上方可作为标题和导航区域，中间区域显示最主要功能，并按照图标与菜单方式排列，方便使用者选取。

## 3.2 移动应用的可用性评估

系统评估的主要目的是测评系统的设计能否满足用户的需求。信息系统的评估是信息系统研究的传统领域，作为新兴的信息系统，移动应用的测试与评估也引起了研究者们的关注。就移动应用的评估问题而言，沿袭系统评估的传统思路，关注评估的对象、内容、指标及评估的结果。

移动应用的可用性是移动应用评估的核心，可用性评估结果能够反映移动应用是否能够满足用户的期待，揭示用户对移动应用的整体感受。可学习性、有效性、错误与反馈、布局与设置和用户主观满意度[104]是可用性评价的重要指标。Scott 等基于可信度和技术绩效，评估了与孕妇和儿童健康相关的 APP[105]。结果发现评估的 10 款应用中只有 4 款在开发中涉及健康专业人员，4 款从循证医学中提供信息。而且，只有 2 款功能齐全、2 款完全可用、3 款充分实施了安全机制来保障用户数据的隐私。这样的研究结果启示开发者、所有者和提供者，应努力提高此类 APP 的性能，同时赞助商和监管机构还应尽快为此类 APP 建立相应的标准。

移动应用的评估中，不可忽视应用设计的诸多细节，例如移动应用图标的颜色、形状等，这些细节也会影响用户对移动应用可用性的评价。研究表明，图标形状的不同对个体的注意力影响无明显差异，但颜色对比度、内部特征则对个体的注意力产生显著影响[106]。具体而言，高颜色对比度图标相对于中、低对比度图标更容易吸引人的注意；文字图标相对于图文和图案的图标更容易被关注。因此，作者建议在进行手机 APP 图标设计时，应注重图标色彩的选择与文字的搭配，从而吸引用户的注意力。

此外，评估方法也是学者们考虑的问题。Chen 等通过层次分析法研究了移动应用用户体验和定量评估的问题[107]，并提出了针对移动应用用户体验的四维评估系统。四个维度分别是用户特征、APP 属性、APP 系统支持和环境参数。Queiroz 等采用标准检验、用户绩效测量和满意度测量相结合的方法对移动应用的用户界面进行评估[108]，研究表明移动应用需要强大的交互功能，现场评估显著影响用户体验。此外，无论是在现场还是实验室，领域知识和电脑知识均显著影响错误发生率。

### 3.3 移动应用服务与用户采纳研究

移动应用多用于用户个人的手持移动设备，因而，个性化服务是移动应用用户服务的主要发展方向。利用情境信息是提高个性化服务的精确性和用户满意度的手段之一[109]。Yang 等利用移动应用的特点描述用户的个人兴趣，并提出一种新的个性化推荐方法[110]：主要是通过引入一个小人群的模型来区分用户在移动应用使用的个人兴趣方面的差异，同时结合全球下载信息和移动应用使用记录，设计了一种加权的方法，对用户安装的 APP 进行排名。大量实验证明了该方法的有效性。与之相似的还有 AppJoy 系统[111]，AppJoy 采用了基于项目的协同过滤算法，分析用户如何实际使用他们下载的移动应用，然后基于所有参与者的应用程序使用记录，对不同的用户进行个性化的应用推荐。

用户是移动应用服务的主体，移动应用的好坏最终要接受用户的检验，因此，许多学者通过了解用户的持续使用意愿及其影响因素，帮助开发者改进移动应用产品质量。技术接受模型及其扩展模型是研究者常用的理论框架，研究人员可根据具体的使用情境，对模型进行调整和拓展。如李彩云构建手机视频 APP 用户使用意愿影响因素模型[112]，将绩效期望、努力期望、社会影响、信息化需求、娱乐性需求和个性化需求作为核心变量。结果表明，除努力期望之外，其他因素对手机视频 APP 使用意愿有正向影响。陈梅等根据社交类手机 APP 的功能[113]，结合 TAM 模型中的变量，将网络外部性、软件设计特征、感知娱乐性和感知风险性加入到用户使用行为模型中，对 TAM 模型进行修正。研究表明网络外部性、软件设计特征、感知易用性、感知有用性对用户使用行为均有显著正向影响。

学者们也尝试融入多种理论深入探讨用户的使用意愿和使用行为。如采用自我效能理论、感知娱乐性研究用户的移动下载行为[114]。相关的研究表明，在加入自我效能感这一新变量后，感知易用性对移动下载态度不具有显著的直接影响，而是通过感知有用性来间接影响用户的态度。同时，用户的感知有用性对移动下载行为意愿也不存在显著的直接影响关系，而是通过态度来间接影响行为意愿。在所有影响移动下载态度的变量中，用户的自我效能感对态度的影响和贡献作用最大，其次是感知娱乐性，而感知有用性对态度的影响最小。研究还发现，移动下载自我效能感对移动互联网用户的移动下载意愿也具有显著的直接影响作用。在自愿且免费下载的环境中，自我效能感、感知娱乐性和感知有用性被认为是影响用户移动下载的态度和意愿的主要因素，其中影响和贡献最大的是自我效能感，其次是用户的感知娱乐性。除此之外，在移动用户使用意愿和使用行为的相关研究中，学者们经常借鉴的理论和影响因素还有感知风险[115]、信息系统持续使用理论[116]等。

## 4 移动信息行为研究

移动信息行为研究体现在移动技术应用的不同领域，用户的移动信息行为发生在不同的移动信息平台上，包括前述的移动图书馆、移动学习系统及各类移动应用。由于前文已不同程度地涉及了用户的信息行为问题，如用户技术接受相关研究，因此本部分更关注"信息行为"本身，突出移动技术应用领域用户作为行为主体的信息行为相关研究。

金鑫指出，移动通信首先是个人终端，与个人身份和识别密切相连，同时移动的特性无处不在，深刻地改变了人类的信息获取行为，主要体现在[117]：①移动通信产生的文档，可以通过地理位置等方式建立新的、以地点为核心的、临时或长期的社交网络，并且借此形成新的信息获取的途径；②无处不在的移动通信将使信息在消费的过程中，也可同时进行信息的获取、查询评价、比较价格等；③移动通信不只是一个终端通路，它与个体身份有着高度的相关性，包括信息获取的历史、位置信息等，这些都可以使消费者在搜索时获取更加个性化的信息；④移动通信还使社交网络保持随时随地的高效通信，如移动电话、即时通信、电子邮件，消费者可以区分轻重缓急来使用；⑤移动通信可以随时随地创造信息；⑥移动通信技术并不是独自发展，而是与其他相关的技术相互交互，并且激发出新的应用，为信息的获取提供无限可能。

随着移动技术的不断发展，更多的学者投入到移动环境下用户信息行为研究中。研究发现，移动环境下用户的信息活动表现出不同的模式：信息搜索更加迅速、简捷；信息需求与环境，如位置等因素高度相关；移动社交网络，被当作是有价值的信息源；当使用手机进行信息搜索时，用户优先选择其信赖的信息源，以此保证信息的质量；相对于大脑，移动设备充当了我们记忆的外部信息处理器；移动网络被视作设备之间信息传递的桥梁；移动设备具有移动性，即用户发现移动设备总是处于联网的状态，关闭网络变成一件困难的事；在移动环境下，信息不停地被推送[118]。由此可见，移动技术已深刻影响和塑造了用户的信息行为特征及模式。以下从移动信息搜索、移动信息分享、移动环境与情境及移动应用信息行为综述当前研究的进展。

## 4.1 移动信息搜索

移动环境下，手机网民通过手机获取信息的途径包括移动搜索和手机网络新闻。其中手机搜索的使用率高达 76.5%，仅次于即时通信（91.0%），已经成为手机网民的第二大手机应用[65]。

移动对于信息搜索的影响正在不断扩大，它使得人们能够快捷地获取信息，通过网络而不必求助他人实现信息的查询[119]，其对于人们的网络采用偏好的影响也很显著。根据调查，截至 2015 年 6 月，我国网民规模达 6.68亿，其中，手机网民规模达 5.94 亿；网民中，通过台式电脑和笔记本电脑接入互联网的比例分别为 68.4% 和 42.5%，平板电脑上网的比例为 33.7%，网络电视使用率为 16.0%，手机上网使用率则为 88.9%；随着手机终端屏幕的不断优化和手机应用体验的不断提升，手机作为网民主要上网终端的趋势还将进一步凸显[65]。

移动环境下信息搜索与传统计算机环境下信息搜索的差异受到普遍关注。王继民等对于网络日志的分析发现，与传统 PC 搜索相比，移动用户的搜索时间分布更均匀，会话更短，使用搜索推荐比例更少，移动智能终端设备用户搜索更频繁[120]。Andrew 则根据文献调研与访谈调查，将固定搜索（Fixed Searching）与移动搜索的差异归纳为 4 个方面，即在哪搜索，搜索什么，怎样搜索，花了多少时间搜索[118]。CNNIC 2014 年发布的《中国网民搜索行为研究报告》，指出手机终端特有的搜索工具二维码扫描搜索方式受到手机搜索用户的广泛使用，渗透率高达 47.8%；与传统网络环境下的搜索相比，手机用户存在更多移动性、即时性的搜索需求，利用手机查询新闻热点事件（66.2%）、外出旅行信息（59.2%）、本地交通出行信息（63.7%）、本地休闲娱乐信息（49.8%）比率高于 PC 端（Personal Computer）；手机网民所使用的搜索工具多种多样，类型较为分散，这与 PC 端用户普遍倾向综合性搜索引擎形成鲜明对比[121]。

移动环境下信息搜索与传统计算机环境下信息搜索的差异研究中，信息需求的研究尤其重要。Poto 指出：移动搜索通常满足紧急情况下有信息需求或者是消磨时间的用户[122]，即急需信息或享乐型用户。这与 CNNIC 的调查数据相符，CNNIC 的调查显示，查找或下载娱乐资源（74.9%）、查找工作或学习相关信息（64.6%）分别位列手机网民搜索情景的第一和第四[121]。相应地，国内学者也指出，移动搜索具有碎片化的特征，并以学生群体作为调研对象，总结了移动搜索的碎片化时间段分布频次，依次为休息和工作之余、开会或上课等急需、出差与旅行、自主学习或其他[123]。

Sohn 等划分了 16 种移动信息需求，主要包括琐事搜索（18.5%）、地理方向搜索（13.3%）、兴趣地点搜索（12.4%）等，其余类的信息需求均低于 10%。他们发现，人们处理信息需求时通常考虑 4 类因素，即重要性（价值或利益）、急迫程度、成本和情境。缺乏网络是人们不能及时处理信息的最大影响因素；而信息不重要是人们忽视信息需求的首要原因；即使是手机网络用户也仅仅即时解决 58% 的信息需求，这意味着其他 42% 的信息需求被搁置或搁浅[119]。

地理信息是重要的移动搜索内容，移动设备的移动特征与地图相结合，产生了传统网络环境下地图搜索所不具备的功能与服务。根据 CNNIC 的调查，手机用户中有 56.6% 的用户使用网络地图搜索过信息，其中 85.9% 的手机用户搜索交通路线，71.6% 的用户使用导航、69.3% 的用户使用定位功能[121]。

搜索策略是信息搜索研究必不可少的部分。Kamvar 和 Baluja 分析了 100 万条 Google 移动搜索查询语句，发现每个查询平均包含 2.56 个单词，16.8 个字母，查询构建预计花费 40 秒，每一个会话，平均包含两个查询[124]。王继民则基于学术网站分析了查询串、搜索时间的分布、搜索会话、移动搜索设备终端等我国移动搜索用户行为的基本特征指标[120]。

移动环境下信息搜索不同于传统计算机环境下的信息搜索，仅将搜索、浏览等从台式机向移动设备转移是不够的，如何从系统改良的角度，满足特定移动环境用户的需求值得探讨。为此，一种基于社交网络服务构建个性化移动信息搜索系统的新路径被提出，根据这一路径，用户在使用手机进行搜索时，系统将能够根据用户以往的经历以及其他相关个人信息，为其提供符合其品味与偏好的信息[125]。另一种移动搜索系统持续模型被提出，该模型概括了移动搜索用户持续使用行为的微观机理，即发现了移动搜索信息系统的系统质量、信息质量、服务质量等外在因素对用户的感知有用性以及期望确认的影响；同时，研究发现用户的自我功效等个体特性对用户持续使用意图的影响，促成因素等对其持续使用行为的影响，以及用户的持续使用意图和行为与满意度、用户使用后的感知有用性、期望确认等内在因素之间的关系，从理论方面拓展了用户信息行为研究范围[126]。

在目前的移动信息搜索研究中，多数研究不区分用户群体，只有少数研究专门针对特定用户群体的移动信息搜索进行考察，如针对大学生手机信息搜索的调查[127]。此外，维基百科是国外用户主要的"事实发现平台"[127]；性别、教育程度不同的用户，搜索行为也具有显著差异[137]。

### 4.2 移动信息分享：移动社交平台研究

除了基本的沟通功能，移交社交平台的信息源价值也得到了肯定。结合"信息场"理论和移动环境，Counts 和 Fisher 认为基于移动设备的社交网络是一种信息场，有利于信息分享[128]。

国外的移动社交网络采纳率较高的是 Facebook，被当作是非常有价值的信息源；国内移动网络社交平台使用率最高的依次是 QQ、微信、新浪微博、人人网、陌陌[129]。其中，只有微信属于原生的移动社交网络平台，其他的 Facebook，QQ 等则是基于电脑版开发的移动设备版。

当前关于微信的研究主要集中在三个方向：①大学生微信使用研究。微信在大学生群体中使用广泛，且构建了移动互联网环境下新型的学习支持环境，其语音文本交互、微信群、自动回复响应、订阅推送和内容分享等功能能够支持移动学习[130]。②微信公众平台的研究，例如图书馆微信服务平台研究、政府微信公众平台研究等，主要基于技术采纳理论对于微信服务平台的使用意愿与倾向进行分析，以为微信公众平台的设计提供参考[131-132]。③微商，即微信营销[133]。总而言之，关于一般用户微信使用，尤其是信息功能使用的研究较为缺乏。

### 4.3 移动信息环境与情境研究

移动信息行为的研究，始终依托于特定的环境和情境。首先，移动信息需求与环境密切相关[118]。Sohn 等研究揭示了四种影响移动信息需求的环境因素，依照其影响力大小，依次为位置（34.6%）、时间（27%）、对话（27.2%）、任务（23.9%）。该研究还强调移动设备应当考虑用户当前的任务并帮助用户延时解决信息需求。此外，还应当考虑环境的因素，72%的日记记录显示信息需求总是与环境相关。这与 Hinze 等关于位置和活动与移动信息搜索动机的关系调查结果相一致，该调查发现，位置和任务对于搜索具有 78%的影响力，与当前所处的位置相关的问题占 28%。"位置"被认为是对信息需求影响最大的环境因素，不仅直接引发信息需求，还会对设备的选择、信息搜索方式与策略造成影响[119]。Nylander 的研究结果并未支持这一研究结论，在他的研究中，"寻找与你所处位置相关的信息"仅占 15%[134]。

如前所述，Counts 和 Fisher 结合"信息场"理论与移动环境，将社交网络界定为一种信息场，并以社交系统 Slam 为例，对该系统中同一组的 19 位成员进行了在线调查。研究表明，这样的系统是一种发生在非物理空间的信息场，在用户的信息分享"生态系统"中扮演着积极的作用，能够克服物理环境中影响信息场形成的时间和地理因素[128]。

### 4.4 移动应用用户行为研究

移动应用的迅速普及及广泛使用，造就了一种全新的信息环境，人们可在任何时间、任何地点通过移动应用满足自身的信息需求。由于移动应用是较新的技术，年轻一代更可能接受并使用这些新技术，因而大学生成为移动应用信息行为研究的主要对象。当前的研究集中在以下方面：

（1）从不同角度研究大学生用户的移动应用信息行为特征。孙洋等的研究表明大多数大学生每天使用手机社交 APP 的时间不超过 3 小时[135]，每个大学生一般会有 1～10 个频繁交往的朋友，使用时长与交往的朋友数量有关，即朋友数量越多，每天使用这些应用的时间会相对越长。大学生对手机社交 APP 没有明显的依赖倾向，对手机社交 APP 的依赖者和非依赖者约各占一半，值得注意的是，近半数的大学生已将手机社交 APP 作为主要的信息获取渠道。李辉等研究了大学生利用手机 APP 进行的个人知识管理[136]，着重对大学生利用手机 APP 获取、保存、分享知识和知识安全管理等方面进行分析。结果显示，过半同学手机中移动应用数量不少于 10 个；手机通信及社交类 APP 是手机应用的主力军，其中腾讯公司开发的通信工具在学生中被接受程度较高；超过 90% 的同学安装了新闻资料类 APP。在安装手机 APP 进行专业知识获取方面，文科生比理科生表现更为突出；就知识保存而言，大学生仍习惯本地存储，对云存储利用率低。知识保护（如版权）方面，女生明显优于男生，但整体而言，大学生对于手机上的知识保护意识薄弱，急需加强。

（2）大学生选择 APP 应用的动机研究。研究揭示，APP 应用的方便快捷和个人在工作、生活及学习上的需要是主要的动机。就不同 APP 种类而言，"社交"依旧是人们选择 APP 应用考虑的首项功能，具有不可替代的优势。大学生在选择 APP 时最重要的标准是功能设置，其次是界面风格和价格[137]。

（3）大学生用户的隐私保护行为也引起了关注。申琦以上海市大学生使用手机微信社交应用为例[138]，对用户使用移动应用进行自我表露与社交网络隐私保护行为进行了研究。分析了使用微信时大学生隐私关注、自我表露与隐私保护行为三者之间的关系。结果显示，大学生会依据关系亲疏有选择地表露个人信息；他们更倾向于对亲密的人表露个人信息；即便是面对亲密的朋友，他们也不会更多地表露敏感信息。他们的社交网络隐私关注度较高，但隐私保护行为一般；隐私关注对自我表露产生负向显著影响；自我表露敏感信息对网络隐私保护行为产生负向显著影响。

针对普通消费者的使用行为，董进才等明确了影响消费者移动 APP 使用行为的因素[139]，如感知易用性、经济性、智能手机涉入、社会影响、感知风险、感知有用性、替代品吸引力以及 APP 外观设计等。研究结果为 APP 开发者和经营者的营销提供了借鉴。健康类手机 APP 消费者成为日益庞大的用户群体。王磊的研究明确了影响健康类手机 APP 消费者订购行为的因素[140]，分别是预防、特色、服务、治疗和信源。其中，预防保健型消费者更关注预防和特色因子；医疗治愈型消费者更关注治疗、服务以及信源。可见，不同消费者的关注点存在明显差异。

## 5 移动技术应用领域研究的局限及未来研究展望

本文基于情报学对信息、技术及用户的关注，综述了与情报学关系密切的移动技术应用领域，即移动图书馆、移动学习、移动 APP 及移动信息行为的相关研究。如前所述，作为新兴的研究领域，这些领域的研究方兴未艾，研究者已从不同的角度探讨技术平台的开发和构建、信息内容及资源的建设、用户接受和使用意愿及行为模式。然而，也正由于是新兴领域，依然存在不少问题，值得我们深入探讨。

移动图书馆在移动通信、WAP 网站建设、移动 APP 的开发方面已经取得了长足的进步，移动图书馆的开发也紧随技术发展的步伐，融入最新的科技，例如可穿戴设备等。但在实际的使用中，这些新的技术并没有真正在移动图书馆中普及，一方面是一些新的技术并不成熟，应用有难度；另一方面，受图书馆自身发展的制约，要真正使用这些技术尚需时日。移动客户端服务模式正处在发展的初期阶段，主要采用第三方软件如超星移动图书馆系统、书生移动图书馆等，虽然第三方提供的移动 APP 服务具有一站式搜索引擎、云服务共享架构等优势，但云计算作为一门新兴技术，很多方面还不成熟，这些移动应用在整合网络信息资源功能方面比较欠缺，而且服务同质化，缺乏个性化、新颖的服务内容。另外，移动图书馆在移动阅读服务方面有极大的优势，但是受版权、格式标准等制约，移动图书馆在支持用户科研以及移动阅读方面难以发挥积极作用。这是今后的研究应着重解决的问题。

移动图书馆用户研究方面，首先缺乏对移动图书馆用户的认知以及心理行为的深入探究[62]，以及移动图书馆教育培训方面的研究。目前，已经有学者采用技术接受理论下的不同模型研究用户对移动图书馆的态度和使用意愿，然而相关研究比较分散，一些影响因素在不同的研究中重复出现，甚至结果相左，缺乏一致性的结论。其次，当前的研究并没有深入揭示模型中的变量影响用户的态度和意愿背后的原因，值得深入挖掘。尽管当前移动图书馆应用和移动图书馆的实践比较广泛，但对移动图书馆的理论研究却相对较少。相关研究主要是探讨移动图书馆概念、建设理论以及未来的发展，但鲜有触及移动图书馆面临的实质性问题，如版权、服务的同质化、移植化（移植数字图书馆服务的内容与功能）等。另外，随着新生代用户的成长，当前仍缺乏对如何满足新一代用户移动信息需求的研究。

如前所述，尽管移动学习在一些发达国家已成为国家层面极力推动的教育新模式，然而，在一些相对落后的发展中国家仍然缺乏必要的基础设施而无法满足移动学习的需求[67]。研究表明，国内总体来说，对移动学习的认可度也并不高，宏观层面，需要更多政府层面的介入和推动，以使这一新兴的技术手段可以惠及更广泛的用户，借助技术实现学习与教育的泛在化；微观层面，我国移动学习研究与应用上仍存在相当的不足，包括可持续发展的高效产业链尚未形成、标准化建设欠缺、学习资源缺乏、学习效果难以跟踪、资费高等[75]。再者，长期以来的习惯思维导致的移动学习开发和建设过程中的重硬件、轻软件，损害了该领域持续、健康的发展。课程建设方面，内容单一，主要以英语课程为主，移动学习资源缺乏。个性化定制的观念欠缺，无法满足学习者的需求。当前，移动学习领域实证研究欠缺，对用户的移动学习行为知之甚少，不利于移动学习的推广。因此，移动学习研究要重视移动学习基础理论的研究及实证研究，重视相关移动技术、移动学习系统和平台的研究与实践应用、重视移动学习资源的建设及监理移动学习的标准规范[76]。

移动信息行为研究方面，如何划分"移动信息需求"和"移动信息活动"尚存争议。学者们较少借鉴传统的信息需求划分方法，而是以情境划分信息需求与信息活动，划分方法的不统一，不利于研究结果的比照。当前的研究，往往忽略情境因素。移动设备的输入限制性、小屏幕、复杂的界面、人们移动中的特定限制等问题对信息的获取、利用造成的阻碍等问题也尚未深入探究。此外，只有极个别的学者提及移动信息行为是包含知识创造的，但也仅是当作一种理念提出，并没有开展专门的研究。就移动设备的类型而言，手机仍是多数研究关注的焦点，然而，在现实中，多样化的移动设备是有目共睹的。

当前移动应用研究仍存在不少问题，如研究内容过于泛化，研究深度不够，侧重于对现状与对策的描述，依靠个人主观经验进行对策分析，缺乏实证研究的支持，理论提炼不够，因而缺乏高屋建瓴的理论构建。同时，研究过程和方法不够科学与规范。这些都是未来的研究中应该克服的问题。

就移动应用发展的趋势而言，未来的研究应更关注用户、信息内容与资源及技术的构建，同时关注用户与系统的交互。规范的研究方法的应用及理论的借鉴与提升将成为未来研究中需重点解决的问题。我们有必要继续深入研究移动图书馆、移动学习系统及移动 APP 的开发、设计与应用，为各类移动应用的发展提供更为科学、合理的研究结果，促进这些移动应用健康、可持续的发展，从而更好地服务用户的各类需求，体现移动技术的价值。

## 参考文献

[1] PORTH C，MAY K E. The mobile library cart：practical aid to learning [J]. Nurs Outlook，1971，19（9）：602-603.

[2] M-libraries：libraries on the move to provide virtual access [M]．[S. l. ]：Facet Pub，2008：499-500.

[3] 胡振华，蔡新. 移动图书信息服务系统 [J]. 现代图书情报技术，2004（4）：18-20.

[4] 何鹏飞. 基于 UTAUT 的高校学生移动图书馆使用影响因素分析 [D]. 重庆：西南大学，2014.

[5] 朱海峰. 数字化图书馆的发展——无线图书馆 [J]. 图书馆理论与实践，2002（6）：14-17.

[6] 江波，覃燕梅. 掌上图书馆、手机图书馆与移动图书馆比较分析 [J]. 图书馆论坛，2012，32（1）：69-71.

[7] 齐亚双，李永先，薛伟莲. 我国移动图书馆信息服务研究综述 [J]. 图书馆学研究，2010（22）：7-9.

[8] 蔡冰. 论图书馆服务模式的重构 [J]. 图书馆，2009（2）：78-81.

[9] 宋恩梅，袁琳. 移动的书海：国内移动图书馆现状及发展趋势 [J]. 中国图书馆学报，2010（5）：35-47.

[10] 马骏涛，董秋生，黄文，王国庆，夏天，宋欣. 移动图书馆理论与应用研究综述 [J]. 中华医学图书情报杂志，2012（9）：19-23.

[11] SINGH D K，SINGH P K. Mobile information services for Indian university libraries：an overview [C] //Emerging Trends and Technologies in Libraries and Information Services（ETTLIS），2015 4th International Symposium on. IEEE，2015：301-305.

[12] SHAHRIZA A K N，HAWA D S，HUSSIN R. Mobile phone applications in academic library services：a students' feedback survey [J]. Campus-Wide Information Systems，2006，23（1）：35-51.

[13] BOLTON P L. Mobile phones in Africa：opportunities and challenges for academic librarians [J]. New Library World，2014，115（3/4）：179-192.

[14] 邢维慧. 高校手机图书馆发展趋势分析——以"985 工程"院校为例 [J]. 现代情报，2013（7）：161-164，171.

[15] 张爱科. 高校移动图书馆服务状况调查与分析——以"211 工程"院校为例 [J].

情报探索，2012（12）：55-58.

[16] 潘志鹏．基于手机平台的图书馆延伸服务——以武汉图书馆手机服务为例 [J]. 情报理论与实践，2011（1）：78-81.

[17] 袁辉，杨新涯，王宁．移动图书馆的实践与展望——以重庆大学图书馆为例 [J]. 图书馆建设，2011（11）：66-70.

[18] 李巧玲．我国省级公共图书馆移动图书馆发展现状调查分析 [J]. 现代情报，2013（8）：93-97.

[19] 魏群义，袁芳，贾欢，霍然，侯桂楠，杨新涯．我国移动图书馆服务现状调查——以国家图书馆和省级公共图书馆为对象 [J]. 中国图书馆学报，2014（3）：50-63.

[20] 张爱科．现阶段我国高校移动图书馆服务调查探析——以"211 工程"院校图书馆为例 [J]. 高校图书馆工作，2013（5）：65-68.

[21] ZHANG J, SUN Y, ZHU L, et al. A synergetic mechanism for digital library service in mobile and cloud computing environment [J]. Personal and Ubiquitous Computing, 2014, 18（8）：1845-1854.

[22] PIAO J C, CHO C W, KIM C G, et al. An adaptive LOD setting methodology with OpenGL ES library on mobile devices [C] //IT Convergence and Security (ICITCS), 2014 International Conference on. IEEE, 2014：1-4.

[23] LA COUNTE S. Going mobile：developing apps for your library using basic HTML programming [M]. Chicago：American Library Association, 2012.

[24] CHIU P S, PU Y H, CHEN T S, et al. Design and development of a mobile library APP system [C] //Educational Innovation through Technology（EITT）. 2014 International Conference of. IEEE, 2014：43-48.

[25] 杨艳妮，明均仁，张杰．基于 Android 的移动图书馆 APP 功能设计与实现 [J]. 图书馆学研究，2015（7）：24-30，23.

[26] 陈俊杰，黄国凡．移动图书馆 APP 的构建策略和关键技术——以 iOS 为例 [J]. 现代图书情报技术，2012（9）：75-80.

[27] 帅小应，黄海生，陆克中．基于 PushRegistry 移动图书通知的设计与实现 [J]. 计算机技术与发展，2008（2）：57-59.

[28] 王丽霞．基于 J2ME 的移动信息化技术的研究与开发 [D]. 西安：西安电子科技大学，2008.

[29] 朱朝晖，王翔，周冠宇．基于云计算的移动图书馆系统的研究与设计 [J]. 移动通信，2011（9）：55-59.

[30] 王艺璇．基于 Android 平台的移动图书馆客户端设计与实现 [J]. 智能计算机与应用，2011（6）：34-37.

[31] 师晓青，谢军红．基于 3G 的智能手机移动图书馆创新研究 [J]. 图书馆建设，2009（5）：35-39.

[32] 宋丹阳．4G 技术在图书馆中的应用 [D]. 大连：辽宁师范大学，2011.

[33] 罗亚玲. 基于. NET 的移动校园图书馆的设计与实现 [J]. 甘肃科技, 2007 (4): 23-26.

[34] 刘喜球, 王灿荣. 可穿戴技术: 构建智慧图书馆的助推器 [J]. 图书馆论坛, 2015 (6): 105-108.

[35] WARD D M. The changing role of mobile libraries in Africa [J]. The International Information & Library Review, 1996, 28 (2): 121-133.

[36] LIU Y Q, BRIGGS S. A library in the palm of your hand: mobile services in top 100 university libraries [J]. Information Technology and Libraries, 2015, 34 (2): 133-146.

[37] ALDRICH A W. Universities and libraries move to the mobile web [J]. Educause Quarterly, 2010, 33 (2): 5.

[38] CANUEL R, CRICHTON C. Canadian academic libraries and the mobile web [J]. New Library World, 2011, 112 (3/4): 107-120.

[39] PERNG W K. Library services for mobile devices: the National Institute of Education Library experience [J]. Library Hi Tech News, 2013, 30 (9): 7-11.

[40] 殷长庆. 移动图书馆服务功能的现状及应对策略 [J]. 图书馆理论与实践, 2012 (9): 58-61.

[41] 王菁璐. 移动图书馆服务模式探究 [J]. 图书馆建设, 2012 (8): 44-46.

[42] HUANG Y M, PU Y H, CHEN T S, et al. Development and evaluation of the mobile library service system success model: a case study of Taiwan [J]. The Electronic Library, 2015, 33 (6): 1174-1192.

[43] ROSARIO J A, ASCHER M T, CUNNINGHAM D J. A study in usability: redesigning a health sciences library's mobile site [J]. Medical Reference Services Quarterly, 2012, 31 (1): 1-13.

[44] PENDELL K D, BOWMAN M S. Usability study of a library's mobile website: an example from Portland State University [J]. Information Technology and Libraries, 2012, 31 (2): 45-62.

[45] RPGERS R, PRESTON H. Usability analysis for redesign of a Caribbean academic library web site: a case study [J]. OCLC Systems & Services: International Digital Library Perspectives, 2009, 25 (3): 200-211.

[46] 陈冠桦. 中美 WAP 手机图书馆检索系统实证研究 [J]. 情报资料工作, 2012, 33 (3): 104-107.

[47] 郭瑞芳. 基于 LibQual+TM 的高校图书馆移动信息服务质量探讨 [J]. 新世纪图书馆, 2013 (6): 25-27, 58.

[48] 赵杨. 基于多维度多层次法的数字图书馆移动服务质量评价模型构建 [J]. 情报理论与实践, 2014 (4): 86-91.

[49] 赵杨. 移动图书馆信息服务质量控制体系研究 [J]. 图书情报工作, 2013 (18): 61-66.

[50] 陆春华，孙冰．基于移动图书馆的信息咨询服务体系构建 [J]．高校图书馆工作，2011 (6)：60-62.

[51] CUMMINGS J, MERRILL A, BORRCLLI S. The use of handheld mobile devices: their impact and implications for library services [J]. Library Hi Tech, 2010, 28 (1): 22-40.

[52] PAŽUR I. Attitude of the Rudjer Bo skovic Institute's scientists to the small screen mobile devices library services: a user survey [J]. Library Hi Tech, 2014, 32 (4): 628-644.

[53] BATTLESON B, BOOTH A, WEINTROP J. Usability testing of an academic library web site: a case study [J]. The Journal of Academic Librarianship, 2001, 27 (3): 188-198.

[54] 肖玥，蒋楠．泛在图书馆读者需求调查分析——以南京地区高校图书馆为例 [J]．图书馆学研究，2013 (16)：66-72.

[55] 高春玲，张春景，郑永宝．用户使用移动图书馆服务行为调研与分析——以京沪两地为例 [J]．新世纪图书馆，2013 (2)：42-46，96.

[56] 郑德俊，沈军威，张正慧．移动图书馆服务的用户需求调查及发展建议 [J]．图书情报工作，2014 (7)：46-52.

[57] 叶莎莎，杜杏叶．移动图书馆用户需求理论研究 [J]．图书情报工作，2014 (16)：50-56.

[58] GOH T T. Exploring gender differences in SMS-Based mobile library search system adoption [J]. Educational Technology & Society, 2011, 14 (4): 192-206.

[59] AHARONY N. Mobile libraries: librarians' and students' perspectives [J]. College & Research Libraries, 2014, 75 (2): 202-217.

[60] CHANG C C. Library mobile applications in university libraries [J]. Library Hi Tech, 2013, 31 (3): 478-492.

[61] VONGJATURAPAT S, CHAVEESUK S. Mobile technology acceptance for library information service: a theoretical model [C] //Information Society (i-Society), 2013 International Conference on. IEEE, 2013: 290-292.

[62] ANDRE B D, BONADIE-JOSEPH I, CAIN J. Developing and completing a library mobile technology survey to create a user-centered mobile presence [J]. Library Hi Tech, 2013, 31 (4): 688-699.

[63] 赵杨，高婷．移动图书馆 APP 用户持续使用影响因素实证研究 [J]．情报科学，2015 (6)：95-100，125.

[64] HWANG G J, CHANG H F. A formative assessment-based mobile learning approachto improving the learning attitudes and achievements of students [J]. Computers and Education, 2011, 56 (4): 1023-1031.

[65] 中国互联网络信息中心（CNNIC）．中国互联网络发展状况统计报告 [EB/OL]．（2015-07-23）[2015-12-20]．http://www.cnnic.cn/gywm/xwzx/rdxw/2015/

201502/t20150203_51631. htm.

[66] ANDREICHEVA L，LATYPOV R. Design of e-learning system：M-learning component [J]. Procedia-Social and Behavioral Sciences，2015，191：628-633.

[67] ALIOON Y，DELIALIOGLU O. A frame for the literature on M-learning [J]. Procedia-Social and Behavioral Sciences，2015，182：127-135.

[68] FOJTIK R. Ebooks and mobile devices in education [J]. Procedia-Social and Behavioral Sciences，2015，182：742-745.

[69] 张虹. 北京地区小学阶段基于手机的移动教育发展与需求研究 [J]. 中小学电教，2011 (7)：99-106.

[70] 张海，李馨. 日本移动学习实践研究前沿——对话东京大学教育技术首席专家山内祐平副教授 [J]. 中国电化教育，2009 (9)：1-6.

[71] 马庆伟. 大学生移动学习现状研究 [J]. 中国电力教育，2014 (2)：246-247.

[72] 尚晓倩，宋庆功，朱轶婷，马明华. 学习阶段和学科领域对大学生移动学习需求的交互作用分析 [J]. 图书馆学刊，2015 (8)：73-77，81.

[73] SLAVKOVIC N，SAVIC A. The usage of m learning for adult education in Serbia [J]. Procedia-Social and Behavioral Sciences，2015，174：2806-2812.

[74] 任海峰，赵君. 移动学习国内外研究现状分析 [J]. 成人教育，2010 (1)：95-96.

[75] 傅健，杨雪. 国内移动学习理论研究与实践十年瞰览 [J]. 中国电化教育，2009 (7)：36-41.

[76] 王文杰. 近三年我国移动学习研究综述 [J]. 软件导刊，2015 (9)：22-24.

[77] 余胜泉. 从知识传递到认知建构、再到情境认知 [J]. 中国电化教育，2007 (6)：7-18.

[78] KHAN A I, AL-SHIHI H.，AL-KHANJARI Z A，SARRAB M. Mobile learning (m-learning) adoption in the Middle East：lessons learned from the educationally advanced countries [J]. Telematics and Informatics，2013，32：909-920.

[79] SARRAB M，ELBASIR M，ALNAELI S. Towards a quality model of technical aspcets for mobile learning services：an empirical investigation [J]. Computers in Human Behavior，2016，55：100-112.

[80] MASOOD M，THIGAMBARAM M. The usability of mobile applications for preschoolers [J]. Procedia-Social and Behavioral Sciences，2015，197：1818-1826.

[81] SANTANA-MANCILLA P C，CARCIA-RUIZ M A，ACOSTA-DIAZ R，JUAREZ C U. Service oriented architecture to support Mexican secondary education through mobile augmented reality [J]. Procedia-Social and Behavioral Sciences，2012 (10)：721-727.

[82] JAMALI S S，SHIRATUDDIN M F，WONG K W，OSKAM C L. Utilising mobile-augmented reality for learning human anatomy [J]. Procedia-Social and Behavioral Sciences，2015，197：659-668.

[83] CHENG Y M. Towards an understanding of the factors affecting m-learning accept-

ance: roles of technological characteristics and compatibility [J]. Asia Pacific Management Review, 2015, 24 (3): 109-119.

[84] LEE S G, RRIMI S, KIM C. The impact of cultural differences on technology a-doption [J]. World Business, 2013, 48 (1): 20-29.

[85] SIM J J, KONG F M, LEE V H, TAN G W H, TEO A C. Determining factors affecting broadband services adoption. An Empirical analysis of Malaysian consum-ers [J]. International Journal of Services, Economics and Management, 2012, 4 (3): 236-251.

[86] MILOŠEVIĆ I, ŽIVKOVIĆ D, MANASIJEVIĆ D, NIKOLIC D. The effects of the intended behavior of students in the use of M-learning [J]. Computers in Hu-man Behavior, 2015, 51: 207-215.

[87] CHONG J, CHONG A Y, OOI K, LIN B. An empirical analysis of the adoption of m-learning in Malaysia [J]. International Journal of Mobile Communication, 2011, 9 (1): 1-18.

[88] AHMAD A, LOVE A. Factors influencing students' acceptance of m-learning: an investigation in higher education [J]. The International Review of Research in Open and Distance Learning, 2013, 14 (5): 83-107.

[89] MARCEWKA J, LIU C, KOSTIWA K. An application of the UTAUT model for understanding student perceptions using course management software [J]. Com-munications of the JIMA, 2007, 7 (2): 93-104.

[90] MURALI R, MANIMEKALAI J. Adoption of mobile technology in a learning envi-ronment [C] //Proceedings of the International Conference on Emerging Treads of Computer and Information Technology (ICETCIT 2012), India, 2012: 29-33.

[91] YANG K C C. Exploring factors affecting the adoption of mobile commerce in Singa-pore [J]. Telematics and Informatics, 2005, 22 (3): 257-277.

[92] YENGIN I, KARAHOCA A, KARAHOCA D. E-learning success model for in-structors' satisfactions I perspective of interaction and usability outcomes [J]. Procedia Computer Sciece, 2011 (3): 1396-1403.

[93] JUNGHWAN L, WOOK K D, HANGJUNG Z. Conjoint analysis on preference of HRD managers and employees for effective implementation of m-learning: the case of South Korea [J] . Telematics and Informatics, 2015, 32: 940-948.

[94] OBERER B, ERKOLLAR A. Mobile learning in higher education: a marketing course design project in Austria [J]. Procedia-Social and Behavioral Sciences, 2013, 93: 2125-2129.

[95] TEODORESCU A. Mobile learning and its impact on business English learning [J]. Procedia-Social and Behavioral Sciences, 2015, 180: 1535-1540.

[96] REYCHAV I, WU D. Mobile collaborative learning: the role of individual learning in groups through text and video content delivery in tablets [J]. Computers in Hu-

man Behavior，2015，50：520-534.

[97]　MIGUEL J，CABALLE S，XHAFA F，PRIETO J，BAROLLI. A methodological approach for trustworthiness assessment and prediction in mobile online collaborative learning [J]. Computer Standards & Interfaces，2016，44：122-136.

[98]　赵欣玢，赵蓉. 社交与学习：手机 APP 在大学生群体中的使用现状及需求分析——以武汉市大学生为例 [J]. 新闻研究导刊，2015（10）：233-235.

[99]　田龙过，闫河. 智能手机 APP 界面设计探讨 [J]. 西部广播电视，2014（21）：153-154.

[100]　任洋. 浅谈手机应用设计的开发流程 [J]. 中国新通信，2015（21）：82-83.

[100]　曹学瑞，黄海燕. 基于用户体验的触屏手机应用程序界面设计探讨 [J]. 艺术科技，2013（12）：314-314.

[101]　周启毅. 移动应用中的界面编辑 [J]. 出版发行研究，2012（6）：55-57.

[102]　吴祐昕，王慧，张楠. 移动应用界面的视觉传播原理及效果 [J]. 当代传播，2014（2）：108-109，112.

[103]　朱雯晶，张磊，王晔斌. 图书馆手机客户端的探索实践 [J]. 现代图书情报技术，2011（5）：13-19.

[104]　陈深贵. 手机图书馆的可用性研究——以上海手机图书馆为例 [J]. 图书馆，2013（4）：125-127.

[105]　SCOTT K M，GOME G A，RICHARDS D，et al. How trustworthy are apps for maternal and child health? [J]. Health and Technology，2015，4（4）：329-336.

[106]　蒋文明，杨志新，蒋敏，等. 智能手机应用程序图标设计的可用性研究 [J]. 人类工效学，2015，21（3）：21-24.

[107]　CHEN Z，ZHU S. The research of mobile application user experience and assessment model [C] //Computer Science and Network Technology（ICCSNT），2011 International Conference on. IEEE，2011（4）：2832-2835.

[108]　QUEIROZ J E R D，FERREIRA D D S. A multidimensional approach for the evaluation of mobile application user interfaces [C] //Proceedings of the 13th International Conference on Human-Computer Interaction. Part I：New Trends. Springer-Verlag，2009：242-251.

[109]　周玲元，段隆振. 移动情境感知服务系统研究 [J]. 图书馆学研究，2014（8）：36-43，51.

[110]　YANG C，WANG T，YIN G，et al. Personalized mobile application discovery [C] //Proceedings of the 1st International Workshop on Crowd-based Software Development Methods and Technologies. ACM，2014：49-54.

[111]　YAN B，CHEN G. AppJoy：personalized mobile application discovery [C] //Proceedings of the 9th International Conference on Mobile Systems，Applications，and Services. ACM，2011：113-126.

[112]　李彩云. 基于 UTAUT 模型的手机视频 APP 用户使用意愿影响因素研究 [J].

黑龙江科技信息，2014（11）：200-201.

[113] 陈梅，田书格，汪明艳. 社交类手机 APP 用户使用行为分析 [J]. 现代情报，2015，35（9）：171-177.

[114] 范宇峰，张燕，赵占波. 基于自我效能理论的手机下载行为意愿研究——以 iPhone App Store 为例 [J]. 中国信息技术教育，2013（4）：125-127.

[115] 黄雪丽，吴晓丽，吴丹. 手机 APP 自助导游使用意愿影响因素研究 [J]. 中外企业家，2015，34：156-157.

[116] 杨根福. 移动阅读用户满意度与持续使用意愿影响因素研究——以内容聚合类 APP 为例 [J]. 现代情报，2015，35（3）：57-63.

[117] 金鑫. 数字化背景下的消费者信息获取：对社会信息资源的选择和反思 [D]. 上海：复旦大学，2012.

[118] ANDREW W. Mobile information literacy：a preliminary outline of information behavior in a mobile environment [J]. Journal of Information Literacy，2012，6（2）：56-69.

[119] SOHN T，LI K A，GRISWOLD W G，et al. A diary study of mobile information needs [C] //Proceedings of the SIGCHI Conference on Human Factors in Computing Systems. ACM，2008：433-442.

[120] 王继民，李雷明子，孟凡，郑玉凤. 基于用户日志的移动搜索行为分析 [J]. 图书情报工作，2013（19）：102-106，120.

[121] 中国互联网络信息中心（CNNIC）. 2014 年中国网民搜索行为研究报告[EB/OL]. (2014-10-15)[2015-12-30]. http://mt. sohu. com/20151104/n425241803. shtml.

[122] 张小敏. 移动互联网环境下用户信息行为研究综述 [J]. 图书馆学刊，2014（10）：131-134.

[123] 邵慧丽，张帆，梁玉琪，侯菲菲. 大学生移动搜索行为研究 [J]. 图书馆学研究，2014（21）：86-90.

[124] KAMVAR M，BALUJA S. A large scale study of wireless search behavior：Google mobile search [C]. In the SIGCHI Conference. Proceeding CHI'06 Proceedings of the SIGCHI Conference on Human Factors in Computing Systems. ACM，New York，NY，USA，2006：701-709.

[125] CHOI O，KIM K，WANG D，et al. Personalized mobile information retrieval system [J]. Int J Adv Robotic Sy，2012（9）：1-7.

[126] 刘鲁川，孙凯，王菲，张新芳. 移动搜索用户持续使用行为实证研究 [J]. 中国图书馆学报，2011（6）：50-57.

[127] CUI Y，ROTO V. How people use the web on mobile devices [C] //Proceedings of the 17th International Conference on World Wide Web. ACM，2008：905-914.

[128] COUNTS S，FISHER K E. Mobile social networking：an information grounds perspective [C] //Hawaii International Conference on System Sciences，Proceedings of the 41st Annual. IEEE，2008：153.

[129] KEMP S. Understanding social media in China in 2014 [EB/OL]. (2014-04-14) [2015-12-30]. http://www.socialmediatoday.com/content/understanding-social-media-china-2014.

[130] 王萍. 微信移动学习的支持功能与设计原则分析 [J]. 远程教育杂志，2013 (6)：34-41.

[131] 孔云，廖寅，资芸，薛秀珍，张仲华. 图书馆微信服务平台的设计与实现 [J]. 图书馆论坛，2014 (2)：90-95.

[132] 蔡雯，翁之颢. 微信公众平台：新闻传播变革的又一个机遇——以"央视新闻"微信公众账号为例 [J]. 新闻记者，2013 (7)：40-44.

[133] 马舒宁. 企业微信营销传播研究 [D]. 大连：大连海事大学，2014.

[134] NYLANDER S，LUNDQUIST T，BRÄNNSTRÖM A，et al. It's just easier with the phone—a diary study of internet access from cell phones [C] //Proceedings of the 7th International Conference on Pervasive Computing. Springer-Verlag, 2009：354-371.

[135] 孙洋，张敏. 对上海大学生手机社交 APP 使用行为的实证分析 [J]. 新闻传播，2014 (1)：267-268.

[136] 李辉，刘海晓，冯秀丽. 大学生利用手机 APP 进行个人知识管理的行为研究 [J]. 科技创新导报，2015 (2)：199-200.

[137] 朱鹏媛. 大学生手机 App 应用行为及心理分析——以西北五所高校为例 [J]. 东南传播，2015 (5)：65-68.

[138] 申琦. 自我表露与社交网络隐私保护行为研究——以上海市大学生的微信移动社交应用（APP）为例 [J]. 新闻与传播研究，2015 (4)：5-17.

[139] 董进才，宣蕾蕾. APP 消费者使用行为影响因素研究 [J]. 商业时代，2015 (24)：80-83.

[140] 王磊. 影响手机健康类 APP 消费者订购行为的产品因素研究——以上海市 Q 区为例 [D]. 上海：东华大学，2015.

作者简介：

李月琳，女，教授，博士生导师，研究方向：信息行为，交互信息检索，信息系统评估。

何鹏飞，男，博士生。研究方向：交互信息检索。

梁娜，女，博士生。研究方向：信息行为。

姜悦，女，硕士生。研究方向：信息系统评估。

# 社会舆情分析研究与进展综述<sup>*</sup>

王曰芬，吴　鹏，丁晟春，陈　芬

（南京理工大学　经济管理学院信息管理系，江苏　南京　210094）

**摘　要：** 本文在广泛地收集国内外有关社会舆情分析的研究成果、研究相关项目基础上，综合论述了社会舆情的概念、特征、传播与深化、管理与引导的基本观点，重点综述了社会舆情的采集与组织、分析与挖掘、辅助决策分析与支持系统构建等技术方法，总结了基于社会网络的社会舆情传播分析的理论与方法，综合了社会舆情分析中网民群体行为特征分析的理论与主要建模方法，归纳了有关社会舆情分析的研究机构与研究项目。最后，提出了社会舆情分析研究的发展趋势。

**关键词：** 社会舆情；舆情分析；研究现状；发展趋势；综合分析

## 1　有关社会舆情基础理论的研究

社会舆情是具有我国特色的研究概念，其基本含义来自于舆情的概念，但更强调社会的群体性和公共性，是目前研究的热点。国外社会舆情相对应的表述为"Public Opinion"，多表示公众意见、舆论、大众舆论、公共舆论、民意、民情、社会舆论等[1]，两者由于不同的社会背景所造成研究内容及侧重点各有所不同，但总体来说包括以下几个方面。

### 1.1　社会舆情概念与特征的研究

关于舆情的概念，学者一般从舆情的构成要素，即舆情的主体、客体、

　　\* 本文为国家社会科学基金重点项目"大数据环境下社会舆情与决策支持方法体系研究"（项目编号：14AZD084)，国家自然科学基金面上项目"突发事件网络舆情演变过程中的人群仿真研究"（项目编号：71273132)，国家社会科学基金面上项目"基于社会网络分析的网络舆情主题发现研究"（项目编号：15BTQ063)，国家自然科学基金青年项目"基于情感倾向性分析的网络舆情意见领袖识别与对策研究"（项目编号：71303111）和江苏高校哲学社会科学重点研究基地"社会计算与舆情分析"（培育点）的研究成果之一。

激体与本体这四个方面进行界定。如王来华将其界定为一定的社会空间内，围绕中介性社会事项的发生、发展和变化，作为主体的民众对作为客体的执政者及其所持有的政治取向产生和持有的社会政治态度[2]；张克生等认为舆情主体是民众、客体是执政者、激体即中介性社会事项、本体就是社会政治态度[3]；刘毅在此基础上进一步拓展了舆情的主体、客体和核心构成要素，认为舆情是由个人以及各种社会群体构成的公众，在一定的历史阶段和社会空间内，对自己关心或与自身利益紧密相关的各种公共事务所持有的多种情绪、意愿、态度和意见交错的总和[4]。

关于舆情与舆论这两个联系比较紧密也容易被混淆的概念，有学者专门对它们进行比较研究。如喻国明认为舆论是指社会或社会群体对近期发生的、为人们普遍关心的某一争议的社会问题的共同意见[5]；虞崇胜等认为舆论与舆情的主要区别在于舆论注重与传播媒介的关系，除了广大民众的声音外，必然还包含执政党、政府部门的各种权威意见和意识导向[6]；姜胜洪则认为舆情是一种社会政治态度，是民众和国家管理者利益诉求的互动表现方式，具有倾向性和价值选择双重特征。而舆论包含着来自社会各界的不同声音，它是一种表层意识，处于社会意识活动的表面部位，它的存在随时都可为人们感受到[7]。

关于如何界定社会舆情的概念，王建龙认为"社会舆情是一定时期、一定范围的群众对社会现实的主观反映，是群体性的思想、心理、情绪、意见和要求的综合表现"[8]。同时，也有学者将其定义为人们在一定的社会空间内，围绕着社会事件的发生、发展及变化，对公共问题和社会管理者持有的社会政治态度、观念和价值判断，它是较多群众关于社会事件以及问题所表达的观点、态度和情绪等表现的总和[9]。

关于社会舆情的特点，是学者们在研究中不断提炼的，如杨永军等认为社会舆情具有政治性、复杂性、群体性、突发性、紧迫性与难控性等特点，同时呈现出情绪化明显、网络谣言与虚假报道严重、西方意识形态入侵及舆论攻击明显等特征[9]。随着基于 Web 2.0 的社交传媒的出现，研究者们认为网络社会舆情更具有"自由性和可控性、互动性和及时性、丰富性和多元性、隐匿性与外显性、情绪化与非理性、个性化与群体极化性"[4]，"传播影响范围和程度比较大"等特点[10]。

## 1.2 舆论形成与发展

关于"形成与发展的研究"最早是从舆论角度开始的，如韩运荣等提出舆论的形成包括事件的发生、意见领袖的发现、意见的产生、事实与意见信息的传播、意见的互动与整合、舆论的形成六个阶段[11]。Rousseau 在将意见分为公意、众意和私意基础上，论述了个人意见如何成为公众意见（即舆论），将公意产生过程推演为两步：从私意到众意是"一度聚合"，为物理变化；从众意到公意是"二度抽象"，为化学变化[12]。Toscani 介绍和讨论的某些动力学模型的舆论形成，涉及个体之间意见交换以及信息的扩散[13]。此后，关于网络舆情形成、舆情热点形成的讨论居多。如程慧总结了网络舆情形成机制的整体框架[14]；柳明将网络热点舆情形成的原因归纳为线下线上反复炒作、网民对于网络事件缺乏理性的思考和判断、政府对于信息权的垄断三个方面[15]；Hu 等从复杂适应系统（CAS）的视角出发，建立了网络舆情形成模型，并进行仿真试验[16]。

### 1.3　社会舆情传播与演化

目前，关于社会舆情传播的研究，学者们的研究主要侧重于舆情传播的模型、模式、效应等方面。在传播模型研究方面，不同学者基于不同的思想，提出各自的舆情传播模型。国外较早开始舆情传播模型的研究，如 Sznajd 模型[17]、Hegselmann-Krause 模型[18]、Deffuant 模型[19]等，这些模型不仅受关注多，也是国内外学者关于舆情传播研究的重要理论基础。而针对网络传播的元胞自动机传播模型、传染病模型、基于小世界网络的舆情传播模型等是近几年国内比较具有代表性的研究成果。其中，元胞自动机传播模型重点分析了中心元胞鉴定度和领域权重影响对传播的作用[20]；传染病模型能准确清晰地观察到随着时间变化网络舆情热点的演变过程，并将网络舆情传播过程中微博信息所呈现出的"裂变式"传播特性以及舆情话题的衍生性考虑进来[21]；基于小世界网络的网络舆情传播模型是基于人际关系网络进行研究的，更具真实性和可靠性，能够更好地反映出网络舆情在实际生活中传播规律与特性[22]。在传播模式研究方面，刘继等将微博舆情信息传播模式分为单关键点型、链式型、多关键点型[23]；陈福集等提出了网络舆情热点话题的六阶段传播模式及热点话题双核心的手抓哑铃宏观传播模式[24]。在传播效应研究方面，主要的舆情传播效应有聚合效应、关联效应、从众效应、传染效应、蝴蝶效应、羊群效应[9]等，从研究的结论看这些效应不仅会影响网络舆情的传播过程，还会影响舆情的最终演化方向。

关于社会舆情演变的研究，由于演变的错综复杂性，不同学者基于自身的学科知识，从不同角度进行了相关研究，以期揭示社会舆情演变的规律。目前，在国外，关于社会舆情演变的研究主要以物理学视角的粒子交互作用为思路，构建粒子交互作用模型，从而解释演变过程和现象，如 Sznajd 模型及其修正模型、有限信任模型（HK 模型）及其变形模型、协商模型（Deffuant 模型）及其变形模型等。此外，有学者提出并分析两个广义 Deffuant-WEISBUCH（DW）模型，证明当只考虑信任域中的意见时，短距离多选择 DW 动态模型中的个体意见最终往往会趋于一致[25]。在国内，张合斌具体分析了网民对网络舆情演变的影响，网民在线回复或点击及线下反思与聚集等会促使网络舆情沿着形成、喷涌方向转变以及渐微乃至湮灭的路径演变[26]；方付建则以突发事件网络舆情为研究对象，将突发事件网络舆情演变分为孕育、扩散、变换和衰减四个阶段[27]。随着对网络舆情演变研究的不断深入，一些学者开始关注网络推手、意见领袖等在网络舆情演变过程中所起的作用，如周而重等提出了一种基于意见领袖引导作用的网络舆论演化分析方法[28]。

## 1.4 社会舆情管理与引导

计算机和互联网的飞速发展，促使互联网成为了信息交流的新的工具和手段。而互联网也深深影响着公众舆论，在实践中没有哪个国家的政府真正放弃了网络舆论的管理，不同的只是在管理方式上，或是更直接的管理，或是更间接的管理。在舆情研究方面，研究者主要集中在建立政府信息公开发布机制、积极引导媒体监督、建立和完善舆情管理机制并提高舆情的引导技巧等方面。其中，舆情的监控与预警也是目前研究的重点，特别的如网络舆情研究集中在监测方面，主要是对一些显著性事件的舆情动态，包括传播范围、影响力等进行监测和研判。

在国外，社会舆情的管理与引导主要从政府立法管理、技术手段控制、行业自律与市场机制调节等方面着力。随着信息技术的发展，互联网带来的信息交流的新工具和手段，对公众舆论的形成起着重要的作用。美国、欧盟、加拿大等国家和地区纷纷颁布法规法令限制互联网上传播色情、有害的信息[29]。

相比国外，国内社会舆情管理与引导方面研究的成果也很多，如崔鑫等为了定量分析网络舆论导向机理与作用效果，设计一种算法，并基于社会网络分析中的网络中心势对网络舆论导向中常见的硬控制与软控制方法进行定量分析[30]；袁利民分析了我国网络舆论现状、阐释了网络舆论危机的内涵，并从法律、技术、管理和远景规划四个方面，提出了网络舆论危机管理及引导体系的基本建构方法[31]；姜胜洪认为，引导网络舆情应着重做好以下四个方面的工作，即建立公开透明、及时有效的政府信息发布制度，坚持正确舆论导向，讲究引导舆情的方法和艺术发挥网络"意见领袖"作用，引导网民自我教育正确处理规范管理与积极鼓励的关系[7]；孟令俊从舆论引导的三个主体：政府、媒体、微博运营商出发，提出了突发事件中舆论引导的对策[32]。以上文献虽从不同角度研究了舆情管理和引导的措施、方法、对策，丰富了舆情管理的相关研究工作，但就网络舆论危机应急管理与引导的决策支持系统研究方面还是比较欠缺的。

在舆情监测方面的研究，如付业勤等将国外网络舆论监测分析的途径主要归纳为4种，即基于调查访问数据的监测分析、基于文本数据的监测分析、基于网络数据的监测分析和基于社会网络分析方法的监测分析[33]。网络舆情监控系统研究是舆情研究的另一大热点，研究人员不断尝试采用各种新技术和新方法以及时全面地进行舆情的收集和监测，如 Li Xiu 等指出一个网络舆情监控与分析系统需要满足以下几点：首先，舆情信息及时、全面的监测及积极的引导是系统的基础，半结构化信息以及结构化信息都应被有效地处理，处理结果应以各种各样的形式展现[34]；赵永升为解决集中式舆情监测系统中的误报率较高、响应不及时等问题，提出了一种基于微格式的分布式舆情监测系统[35]等。

由于舆情预警成为舆情管理与引导研究的重点，引起了许多的关注，学者主要研究如下：基于指标体系的网络舆情预警研究，即按照一定的科学方法确定关键指标、指标维度、指标层次、指标量化方法，建立预警指标体系，然后利用评价模型确定预警级别[36]；基于情感分析的网络舆情预警研究，即通过情感倾向性分析，从海量的网络言论中发现潜在危机的隐患[37]；基于计算机数据挖掘技术的网络舆情预警研究，即通过对网络数据进行网页特征提取、网页聚类、网络间内容关联规则等，得到与 Web 挖掘目的相关的数据，并通过分析数据和结果对网络舆情进行危机预警[38]；借用信号分析理论研究突发事件网络舆情的预警[39]。此外，直觉模糊推理方法、贝叶斯网络建模、模糊综合评价法等方法也出现在舆情预警研究文献之中。

## 2　社会舆情分析与利用的支撑技术

社会舆情研究主要目的是要使其通过分析得到利用，在面对着大量繁杂的舆情数据来源时，必须有相关的技术来支撑。根据社会舆情分析与利用的需求和基本流程，相关的关键性技术主要应包括采集与组织、分析与挖掘、辅助决策分析与支持系统三个方面。

### 2.1　社会舆情信息采集与组织的技术方法

社会信息采集与组织的前提是要了解与把握服务用户的需求、明晰采集数据的来源与主要信息内容特征，然后根据需求与目的制定信息采集的策略并选择相应的技术方法。

#### 2.1.1　基于政府决策需求的社会舆情信息内容特征分析

从主体对象看，社会舆情涉及政府机构、行业机构、企业机构与个人，不同的主体对象面对着社会舆情需要的信息分析与利用目的是有差异的。从信息内容的覆盖面看，与对科技文献、经济文献、军事文献等分析后用于政府决策不同的是，社会舆情信息更多面对的是有关事物报道及其相关评价等的主观信息，来源、数量、形式、变化的复杂程度使其成为有用信息或可支持决策知识的难度更大。因此，本文仅就政府决策需求归纳与提炼社会舆情信息的内容特征。

通过政府决策需求调研分析，结合社会舆情信息的基本特征（包括事件类型、参与主体、主题、时间、地点等），以已有的舆情报告书为依据，包括《中国社会舆情与危机管理报告》[40]《危如朝露：中国网络舆情报告》[41]等，本文认为政府决策需求特征可从数据来源、数据载体形式、事件类型、涉及群体、时间点、地域、敏感话题、热门话题这几个方面进行提炼。

（1）数据来源。社会舆情信息的主要来源包括线上的新闻类网站、BBS论坛、聊天室（QQ、MSN、微信）、博客、微博等和线下的新闻传播媒体、政府各项公文、社会公众等，而政府决策者尤其关注新闻类网站、BBS论坛、微信、博客、微博等线上来源。

（2）数据载体形式。社会舆情信息主要有文本、图像、音频、视频这几种形式的内容，政府决策者更倾向于文本信息，特别是基于文本分析后的报告结果。

（3）事件类型。舆情事件发展迅速且年年各异，从政府决策需求角度看，政府决策者关注的社会舆情事件类型有反腐倡廉类、司法执法类、时事外交类、社会民生类、教育教学类、事故灾害类、企业财经类和文化建设类，其中社会民生类、反腐倡廉类、司法执法类、时事外交类、事故灾难类是政府决策者比较关注的类型，这几类也是目前社会舆情事件发生频次比较高的类型。

（4）涉及群体。每个社会舆情事件都会有形形色色的参与主体，政府决策者相对来说更关注涉及政府官员、医生、城管、学生、老人、弱势群体等敏感群体的社会舆情事件。

（5）时间点。政府决策者也特别关注重要时间点周围的时间段发生的舆情事件，比如两会、国庆等，典型的如柴静雾霾调查事件发布于两会即将开幕前夕，必然引起政府决策者的高度关注。

（6）地域。从舆情事件的地域分布上看，除一些全国范围的事件，如"毒奶粉"再入市、柴静雾霾调查事件等，还有一些舆情事件的频发地域也引起了政府决策者的关注，如北京、广东、湖北、江苏、重庆等，此外还包括一些敏感地域发生的舆情事件，如台湾地区、新疆等地。

（7）敏感话题。这主要从舆情事件的主题角度看，涉及台独、恐怖分子等不利于社会稳定的言论词汇等，这是政府决策者希望能立刻响应的舆情事件，对于敏感话题的信息，及时应对与处理，是保障社会稳定的要求。

（8）热门话题。政府决策者也倾向于关注引起广大社会民众普遍关注，特别是引发大量评论和热议的话题，主要可从跟帖点击次数、微博博客转发次数等指标获取。

### 2.1.2 社会舆情信息采集理论、技术方法与应用

社会舆情信息的采集指按照一定的原则或标准从互联网上获取舆情相关信息的过程。目前社会舆情信息采集的国内外研究主要从舆情信息采集理论、技术方法与系统应用三个方面进行开展的。

（1）社会舆情信息采集的理论研究。国外舆情采集方面的研究主要与社会科学领域结合在一起，更侧重于采集技术方面的理论改进和采集结果的分析预测方面。相较于国外，国内在社会舆情信息采集方面的理论研究多立足于中国基本国情，网络舆情的特性研究成为研究者们关注的重点，如王来华等阐述了突发公共危机事件中舆情信息的汇集机制，论述了从突发事件的不同阶段下舆情信息具有的特点来分别设立相应的采集机制，以及明确了舆情采集的基本渠道、内容和方式[42]；张伟佳等通过分析舆情信息采集策略，提出智能化的关键词追踪模型，从而实现网络舆情监控系统对热点事件发展趋势的灵敏响应[43]；杜阿宁提出了通过网络 URL 和 BOLG 导航页等八类数据采集和挖掘的渠道[44]。由此可见，社会舆情信息采集的理论研究多集中于其采集的机制、模型、策略以及渠道探索等方面，这与社会舆情信息多源异构的特质是分不开的。

（2）社会舆情信息采集的技术研究。网络舆情是社会舆情在互联网平台的体现，网络舆情信息成为社会舆情信息采集的主要对象。目前网络舆情信息的采集由于实时监控的网站数量多、结构复杂，人工或半人工的采集方式已难以应对，依靠先进的技术建立舆情监控采集及分析系统成为必由之路。网络爬虫技术是常用的采集技术，其工作原理可简单地概括为抓取网页、处理网页和提供检索服务。常用的网络爬虫如[45]：增量型爬虫（Incremental Web Crawling），只收集新产生或者已发生变化的页面；聚焦爬虫（Focused Web Crawling），只获取那些与预先定义的主题相关的页面；用户个性化爬虫（Customized Web Crawling），通过用户兴趣制导或与用户交互等手段来采集信息；基于 Agent 的爬虫（Agent Based Web Crawling），该爬虫是随着智能 Agent 技术与信息采集结合而逐渐发展起来的。也有学者提出通过正则表达式匹配和加密构建主题爬虫完成网络舆情信息采集，均取得了较好的效果[46]。

国外对于社会舆情信息采集的研究主要集中于采集的技术改进和评测领域。在舆情采集技术实现上，国际最主流的信息处理技术是由美国研发的话题检测与跟踪技术（Topic Detection and Tracking，TDT），其主要工作原理就是针对网络新闻信息进行新话题的自动识别并对已知的话题进行持续跟踪[47]，这项技术的特点使其与信息搜索、挖掘、处理等语言处理技术有很多共同点，因此也是舆情信息采集领域研究的热点。

目前，国内学者对于社会舆情信息采集的技术研究已经取得了一些进展。如李华波等提出了一种有效的爬行 Ajax 页面的网络爬行算法，通过加入消重策略提高了爬取的效率[48]；高天宏将网络爬虫技术与 Ajax 技术结合，提升了舆情采集工作中对动态页面信息采集的相关性[49]。也有一些研究者采用数据挖掘的方法进行网络舆情信息采集，保证了信息的深度处理，为下一步舆情分析和服务提供了有力的保障。

（3）社会舆情信息采集的应用研究。舆情信息采集应用方面，国外的研究更集中于舆情采集的评测领域与基于采集信息的预测方面，如美国的 TDT 项目，主要从事自动识别、锁定和收集突发性新闻话题、跟踪话题发展[47]；Survey Analytics 公司的 Sentiment Analysis Tool，针对某个机构及其产品进行各种舆情信息或者观点的监测和采集，并提供强大的竞争性分析、市场分析、风险检测等[50]；Cision 公司的 PR 软件、社交软件、政府关系和 PAC 软件，提供 Bacon 媒体数据库、Cision 观点监测与产品[51]；此外，还有大量的基于民意调查所获得舆情信息常用于选举结果预测的软件，大多能获得良好的预测效果。

国内舆情信息采集实践方面的现状主要体现在舆情信息采集系统的构建方面。如陈丽萍对 Web 页面收集技术即网络爬虫进行了研究，并将其原理与 BBS 特性充分结合，提出了一个定向于校园 BBS 的舆情数据收集与提取系统[52]。目前已有拓尔思、谷尼、江苏国瑞信安等一些拥有先进信息技术的企业投入到舆情监控系统的研发中。

总之，一方面，研究舆情信息采集的绝大多数学者更偏向于面向事件的检测与跟踪，然而，随着互联网的普及，网络成为公众观点、评论的集散地，公众不仅仅是被动地接受信息，更是主动地去发布、制造和传播信息，成为事件发展的重要推动力之一，面向用户的采集将成为舆情信息采集的研究趋势之一；另一方面，目前采集舆情的信息抓取和关键字搜索等方法，无法快速有效地关注整个舆情事件爆发中的所有人、事、物的互联网动态，数据挖掘方法开始运用于舆情信息采集中，针对舆情监测广度和深度的要求，全网采集和定向采集等各种采集技术的研究也不断进行优化改进，不断提高采集的覆盖率、实时性、准确性等。

### 2.1.3 基于语义关联的社会舆情信息组织方法

传统的信息组织模式包括数据库方式、文件方式、主题树方式和超媒体方式，但社会舆情信息数据量庞大且多源异构，传统的信息组织方式已无法处理日益复杂的信息单元，不能满足用户对信息关联的需求。目前关于组织和整合信息资源的相关技术不断创新突破，以元数据、本体（Ontology）、知识网格等互联网新技术为主，使网络信息资源组织进入新的阶段，社会舆情信息的组织在一定意义上与网络信息组织的方法类似。

基于语义的社会舆情信息组织方面的技术主要涉及本体、语义关联等。如 Kinsellal 等利用社会语义网描述在线用户及其生成内容间的显性和隐性关系，侧重研究在线社会网络中用户生成内容的语义链接[53]；Finin 等提出基于 FOAF（the Friend of A Friend）的社会语义网络，利用启发式的方法确定和发现网络中的 FOAF 文档，并从中提取参与者相关信息[54]；王兰成等提出一种基于语义相似度的 Web 文本分类方法，从语义概念层次上表示和处理 Web 文本，降低了文本特征空间维度，减少计算量并提高了分类精确度[55]；随后又提出基于情报语义关联集成分析（ISAIA）新方法，在知识技术支持下集成链接分析法、聚类分析法和内容分析法，最后运用在智能网络舆情的热点发现与倾向分析研究中[56]。

### 2.1.4　基于语义关联的社会舆情案例知识库构建研究

社会舆情案例知识库主要提供关于案例的基本信息、各个要素的挖掘结果，提供舆情事件分析的基础性数据。国内各大舆情研究机构也纷纷意识到建立案例知识库的重要性，并自主研发了相应的系统和数据库，如上海交通大学舆情研究室建设了舆情监测分析系统，并自主研发了"中国公共事件数据库"等五大数据库，此外还有中国政府网典型案例库、中国应急分析网重大安全事故案例库、暨南大学应急管理案例库、兰州大学公共危机事件案例库等。但现有的案例库存在一些问题，如案例陈旧，更新频率过低；案例以描述文档为主，描述粒度过大；案例语义表达能力不足，相同含义的内容，表达方式不同就检索不到；案例库组织结构过于复杂不利于检索和浏览；社会舆情事件种类繁多，特征各异，孤立存储难以发掘事件之间的内在联系；未将社会舆情事件信息与公众情感联系起来。

在对前人研究进行系统分析基础上，本研究认为基于关联组织的社会舆情案例知识库需要提供关于事件案例的基本信息、舆情事件分析与预测的基础性数据，并在舆情特征提取的基础上借助于本体将多维语义特征内容整合到案例知识库的系统中，以获取相同时间、相同地点、相同主题、相同参与主体参加的其他案例等，为新增事件提供相关案例的参考。该社会舆情案例知识库主要包括舆情信息库、本体库和舆情案例库，通过本体模型描述舆情信息内容特征及外部特征的各种关联，是案例知识库中各种语义特征的原型表示；通过本体模型将舆情信息库与舆情案例库进行有机的关联。社会舆情案例知识库的总体结构如图 1 所示[57]。

社会舆情信息的采集与组织是一个复杂的过程，目前此方面的研究大多停留在信息的结构化聚合层面，尚未建立社会舆情信息的多维度关联体系。随着大数据时代的来临，研究者们的着眼点已不再局限于揭示信息之间的因

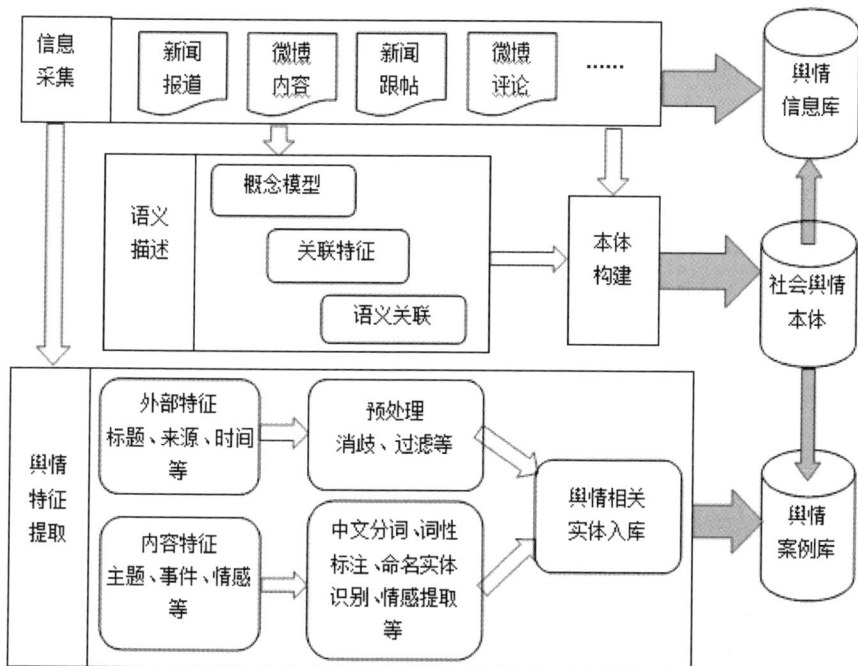

图1　基于语义关联的社会舆情案例知识库总体框架

果关系，而是更关注相关关系，通过应用相关关系，将多种媒介的各类社会舆情信息融合起来，为后期舆情信息的挖掘、分析和决策支持提供重要支撑。

## 2.2　社会舆情信息分析与挖掘的技术与方法

### 2.2.1　突发事件检测技术

突发事件检测可以追溯到国外最初的话题检测与跟踪任务。如话题检测与跟踪任务的主要目标是能在没有人工干预的情况下自动判断和抽取新闻数据流的话题，其研究内容主要是寻找内在话题一致的片断，而且能自动判断新闻文本中新事件的出现以及旧事件的再现，然后实现以话题的方式组织各种事件及相应的新闻报道。突发事件检测技术主要分为两大类：以文档为中心的技术方法[58]和以特征为中心的技术方法[59]。前一种方法的基本思路是先对所有文本进行相似度计算，基于聚类将超过一定相似度阈值的文本合并为一个个类簇，其中一个类簇就代表一个突发事件，并在此基础上对事件特征进行抽取，用以表示从文档中检测出的事件。后一种方法的基本思路则是先依据时间信息提取突发事件的特征，即抽取文档特征词，分析这些特征词随时间变化轨迹检测出其中具有突发状态的特征词，这类词叫做突发主题词，然后将具有相同突发状态的主题词进行聚类，或者使用突发主题词对文本进行表示后再利用聚类算法，达到突发事件检测的目的。这里的突发状态是指一段时间内包含某一特定词汇的文档数量明显高于其他时间段的情况，其中这个特定词汇就是事件的突发主题词[58]。如图 2 所示。

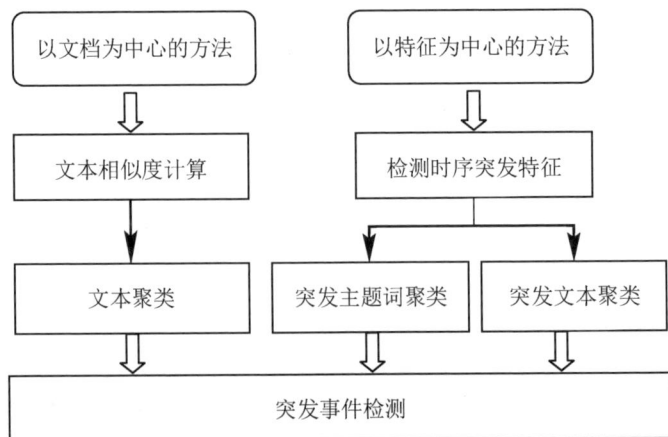

图 2　突发事件检测技术

（1）以文档为中心的突发事件检测技术。以文档为中心的技术依赖于文档本身，主要包括文档文本处理、文档表示、文档聚类三个阶段：①文本处理是针对文档进行分词及词性标注、停用词过滤等处理操作；②文本表示是对每个文档实施特征抽取工作，通常使用 TFIDF 计算词语特征权重，并将文档表示成向量空间模型（VSM 模型）；③文本聚类是利用一些聚类算法，如 K-means、增量聚类等对文档的特征向量进行聚类，实现数据流中的突发事件检测。

早期话题检测与跟踪研究中，很多学者针对新闻文本流上的突发事件检测进行了深入研究，将突发事件检测过程看作典型的无监督聚类过程。如：Allan 等实现了经典的聚类算法 Sing-pass，即通过单遍扫描文档，利用相似度计算得出聚类中心，实现新闻中的事件检测[60]；雷震等提出了增量 K 均值算法（IIKM），利用密度函数进行 K 均值算法的聚类中心初始化，从而客观地选择初始聚类中心，并将其应用于在线事件和回溯事件探测中，能够取得较好效果[61]。

微博上的突发事件检测技术则更多的是关注如何改进无监督的在线文档聚类算法，更好地直接对微博文本聚类来达到突发事件检测的目的。因为微博属于短文本，进行相似度计算需要花费大量时间及存储空间，特征表示上产生数据稀疏问题，而且直接运用聚类的方式也会引入很多噪声信息，难以将微博文本中含有的很多垃圾信息消除，所以在微博上使用文档聚类方法需要进行优化。Wartena 等使用 k-bisecting 聚类算法对文本中的关键词实施聚类来检测事件，基于关键词在上下文本语料中的统计共现规律来衡量词语间的相似度距离，并认为该方法优于余弦相似计算[62]；Petrović 等提出了一种基于 LSH（Locality-Sensitive Hashing）的 Twitter 文本聚类算法，该方法优化了社交媒体上的事件检测时间效率，并能保持算法的时间和空间复杂度恒定，具体实现是将新到达的 Twitter 文本和以前 Twitter 文本关联成 Twitter 链，通过计算每个 Twitter 文本链的增长速率来检测事件是否发生，但该方法检测结果的准确性有待提高[63]；Phuvipadawat 等研究了 Twitter 上突发类新闻事件的数据采集、事件检测、事件排序及跟踪的一系列过程。其中突发事件检测采用的是无监督聚类方式，选择了一般特征和微博特有的特征，包括名词性实体、Hashtag 标签、用户名等，使用 IFIDF 方法得出每种特征词的权重，并针对文本中重要的名词性特征再给予较高的权重，取得了不错的聚类结果[64]。在解决微博文本特征向量构建时出现的数据稀疏问题上，Ha-Thuc 等将 LDA 模型与单点聚类模型相结合来对文本相关性判断，从而避免数据稀疏问题[65]；葛高飞提出改进的 TC-LDA 算法，解决突发事件检测中的噪音问题[66]。但微博中的突发事件个数一般是未知的，而 LDA 模型需要事先设置经验隐主题个数，若隐主题个数取值不合理，则对最终突发事件检测结果会产生很大的负面影响。

（2）以特征为中心的突发事件检测技术。以特征为中心的技术重点在于检测突发事件在实时数据流上随时间变化的突发模式或特征，然后根据突发特征的组合利用机器学习、自然语言处理等技术进一步识别数据流上的突发事件。其具体的检测流程可以描述如下：①利用时间信息将微博数据进行时间段划分；②从文本集中利用一定的方法抽取代表突发事件的典型词语，并结合时间信息，研究这些词语在时序上的分布，分析其突发特征，获得相应的突发主题词语；③对获取的突发主题词直接进行相似度计算得到词群来检测突发事件，或者将突发主题词作为突发特征表示文本，针对这些文本聚类，达到突发事件检测的目的。

Kleinberg 在很早就发现新闻主题类的文档流会出现突然持续一段时间后消失的特征，提出了经典的 Bursty 挖掘方法，通过文档流在不同时间段的特定上升情况，利用二元状态自动机模型将文档的特征划分为正常和突发特征两种，在捕获突发特征的基础上实现了突发事件探测[67]；Fung 等认为突发事件是在某段时间内大量共现的一组突发词语集合，充分利用了时间信息，确定不同时间窗下的突发特点，利用基于突发词语的聚类找到该时间窗的突发事件[68]；He 等通过分析词语在时间序列上的趋势，将其应用于无监督的突发事件识别算法中，词的突发状态则利用词语的文档频率—逆文档频率（DF-IDF）权重在时序上的对比[69]；Vlachos 等通过监控多时间数据流中相应的突发模式，将突发数据存储为基于内存的易检索模式，并利用偏态分布的优点设置动态阈值用于突发事件检测，最后将该方案用于股市突发事件检测中取得不错的效果[70]；姚占雷等利用改进的 TF-PDF 获取当前关注的词元并形成热点词元集，通过词间距来分析热点词元之间的客观分布状态，由此构建新闻报道突发事件识别模型[71]；陈宏提出了多尺度突发分析算法识别新闻数据流中的突发模式，通过计算特征的相似性进行聚类分析检测突发类新闻事件[72]。

上述针对传统新闻长文本的研究取得了较好的成果，但是微博属于短文本且数据量巨大，不仅充斥着各种各样的短信息，而且也含很多广告、网络欺诈等大量无用的噪音数据[73]，更具实时性，所以微博上的突发特征检测具有更高的难度，更易受到垃圾信息的影响[74]。近几年来，研究者们在微博突发事件检测的研究中，注重结合微博自带的属性功能，Hashtag 等挖掘事件发生时期所呈现的突发特征，进一步基于聚类等机器学习方法达到事件检测的目的[75]。突发特征通常是利用从微博文本中提取突发词语来表示，那么突发类词语的选择方法好坏对突发事件检测很重要。

Mathioudakis 等实现了一个 Twitter Monitor 系统，该系统主要利用在特定时间内 Twitter 中出现的频次异常高的突发词，然后按照突发词在同一微博中出现的次数对突发词进行聚类，来实时地检测在 Twitter 流上出现的新兴突发事件[76]；Becker 等对微博中突发事件特征进行了较深入的研究，将事件特征分为词频、社会化特征、主题特征、微博功能特征四类。然后基于这些特征提取重要的突发事件词，利用余弦相似度计算文本之间距离，基于经典的增量聚类算法将相似的博文聚在一起，并结合基于训练的 SVM 分类器将聚类的结果分成事件和非真实事件，该方法取得了不错的结果[77]；Long 等提出了一个完整的微博事件挖掘方法，在事件检测上分析了微博数据本身的特点后，引入了词语的文档频率、哈希标签、信息熵因素来提取微博中代表突发事件的主题词，然后构建词共现图（Word Co-occurrence Graph），在该图上应用聚类算法获得了微博中的事件[78]；薛峰等提出一种动态突发性向量空间模型来表示网络文本和突发性热点，在此模型基础上进行突发热点话题发现与跟踪[79]；Du 等在突发事件检测方法中引入 Page Rank 算法，通过计算用户权重并结合语义信息抽取突发特征，从而进行微博中突发事件检测[80]；Diao 等对突发事件在微博上呈现的特征进行分析，同时考虑时间信息和用户特征，并结合 LDA 模型来提高突发事件检测结果的准确性[80]；但事实上，同一网民在同一时间段内倾向于发布和转发自己感兴趣的话题，而不是关于特定事件的内容。赵文清等使用相对词频和词频增长率抽取突发事件的主题词，基于词语间的共现图进行聚类，将类簇看作微博新闻事件[81]；Yao 等通过监测用户产生的信息标记的 Hashtag 词变化检测微博中发生的事件[82]；Cordeiro 将连续小波信号分析方法应用在微博的突发事件检测中，该方法利用连续小波变换峰值识别微博数据流中突然增加的 Hashtag 标签，以判断事件发生的时间段，然后再利用 LDA 模型抽取微博中的主题词对检测出的事件进行描述[83]；王勇等从词频统计、词频增长率和 TF-PDF 三个方面计算词语的权重用于抽取突发词集，并过滤小于 3 个突发词的微博垃圾信息，使用了"绝对聚类"算法对突发词表示的文本向量进行聚类，能够较准确地检测突发事件[84]；杨文漪结合微博自身的特点提出了 N 元关系统计的特征抽取方法，引入基于词激活力和词亲密度的词聚类算法实现微博事件的检测[85]；郭跚秀等将微博文本特征、微博传播特征和用户影响力融合一起来计算词语的突发度，进而抽取突发词，使用凝聚式层次聚类对突发词聚类来检测微博的突发事件[86]；张晓霞等则引入了突发词 H 指数的概念用于突发特征的抽取，在对微博预处理有效过滤垃圾和噪音信息的基础上，利用词频变化规律构造候选突发词集，通过分析突发词的 H 指数变化选取最受用户关注的突发词，然后利用凝聚式层次聚类算法确定突发事件，并最终返回重要的微博原文对该突发事件进行描述[87]；尉永清等在突发事件网络舆情传播规律研究的基础上，检测分析了突发词和情感词在时间上呈现的突发性，并设计了突发事件检测模型，但该模型也只是针对具有相同轨迹的突发词聚类，情感词只是对聚类后突发事件进行验证[88]。

（3）突发事件检测存在的问题分析。通过上面的现状分析发现，许多学者在突发事件检测技术上进行了许多方法的尝试，基于文档的突发事件检测方法在微博上的应用已经遇到瓶颈和极限，微博中更多的是以基于突发特征的方法为主。总体上，突发事件检测在中文微博应用方面目前仍然存在一些问题，还有很大的研究空间，具体如下：①以文档为中心的方法针对长文本效果较好，而针对短文本的微博，容易产生稀疏数据问题。同时，以长文本为对象的聚类算法无法有效处理突发事件检测中的时间变动问题。②基于突发特征的方法能够避免微博上的数据稀疏问题，比较适合于微博特点，可以利用时序信息和微博的哈希标签等特征辅助事件检测，但该方法会对抽取的突发特征结果非常依赖，增加了文本处理的难度。

### 2.2.2 意见领袖识别与分析

（1）意见领袖的概念界定与特点。"意见领袖"最早由拉扎斯菲尔德（Lazarsfeld）提出，并将其定义为：在将媒介信息传给社会群体的过程中，那些扮演某种有影响力的中介角色[89]。意为活跃于人际交往社区，乐于主动为周围的人提供经过自己思考及总结的意见、观点、建议，周围的人也乐于接受他的意见并受到他的个人影响。

在互联网全球范围内飞速发展及普及的今天，网络已成为现代人生活、工作、社交中必不可少的工具，由此产生的网络舆论也日渐成为社会及各领域学科的重点关注研究内容。2003 年是我国互联网发展进入到一个新阶段的时间点，自此，我国网民数量急剧增加，随之产生的网络舆论也迅速增长；由于网络是个自由的空间，网民们自主发言、交流、讨论，迎来了自媒体时代。然而，在众多网民中，其中一部分网民因具有一些别人没有的特质，而成为网络意见领袖。究其成因可发现有以下几个方面：一是物质载体，即网络本身；二是精神需要，即网民的需求；三是普通网民对权威的依赖。

根据不同分类标准，不同作者也对意见领袖的分类持有不同意见。陈然认为网络意见领袖来自于网络活跃分子这个群体，并将网络活跃分子具体划分为个人兴趣型网络活跃分子（基于自己的兴趣爱好积极在互联网平台上发言即发表观点，通过自己独特的思想及不带目的性的辛勤笔耕获得较高地位）、经济目的型网络活跃分子（受经济利益驱使在互联网上积极发言，可能是受雇于公关公司或满足自身盈利目的的个人）、政治目的型网络活跃分子（具有官方背景，或受雇于宣传部门，致力于表达政府主张、引导舆论与政府意见一致）。根据网络意见领袖的个人影响力及网络舆论持续时间，网络意见领袖可分为事件型网络意见领袖及群体型网络意见领袖[90]。

对比传统意见领袖，在网络时代下产生的网络意见领袖具有以下特点：①在不知对方真实身份的网络世界中，网络意见领袖与其追随者必定拥有共同兴趣爱好，处于同一群体中；②网络意见领袖与其受众的关系不是一成不变的，是缺乏稳定性的，这与传统意见领袖和其受众关系稳定不同，传统意见领袖与受众的交流及信任建立在真实互动上，而网络意见领袖与其受众的关系可能是建立在虚拟网络上，会因一次网络热点事件的降温而解除；③网络意见领袖行为活跃，通过不断发言才能产生更多受众并有更多人接受自己的观点；④网络意见领袖具有优异的表达能力，尤其是个性化的文字将成为意见领袖脱颖而出的必备条件；⑤网络意见领袖必定具备某种专长，对某一领域具有丰富的知识及经验，能够进行深刻而独具匠心的分析。

（2）意见领袖识别方法。传统意见领袖测量方法有很多，主要有社会计量法（Sociometric Techniques）、关键人物访谈法（Interviews with Key Informants）、观察法（Observation）、自我报告法（Self-designating Techniques）。由于自我报告法实施起来简单、经济，可以进行大规模测量，因此成为最常用的方法。

目前网络意见领袖常用的识别方法有社会网络分析方法、聚类分析方法、基于 PageRank 的方法等。社会网络分析法是从舆情网络的拓扑结构研究舆情的传播机制及路径，揭示舆情网络信息传播和转移的本质，深层次地挖掘出舆情传播过程中的意见领袖[91]；罗晓光等提出综合考虑点度中心度、点入度与点出度和结构洞等指标，利用社会网络研究方法对意见领袖进行测量[92]；陈远等按照社会网络中结构洞位置、中心度位置和边缘位置对虚拟社区、博客和QQ群中的意见领袖角色进行识别，证明可以利用中心度位置和结构洞位置来识别意见领袖[93]。聚类分析方法方面，有的学者侧重于舆论形成中的作用机制，有的学者侧重于聚类算法。例如，陈然首先将论坛划分为不同的兴趣空间，然后在特定的兴趣空间内，利用参与者的行为数据，采用Q型系统聚类法，得到三种不同的聚类结果，结合研究目的，最终选择了聚类数为5的分类结果来识别意见领袖[94]；蒋翠清等采用基于贝叶斯信息增益最大化准则的X-means迭代聚类算法，对主题帖数、发帖总数、帖子平均长度、威望数、注册时长、平均被回复数等特征值进行分析，挖掘出网络意见领袖[95]。PageRank算法是通过分析网络节点的拓扑性质来获取用户的重要性排名。许多学者借鉴PageRank的思想，将其运用到识别网络意见领袖中，并提出新的算法。如：Lv等对PageRank算法进行改进，提出一种意见领袖挖掘的新算法——LeaderRank算法。研究结果表明，该算法比PageRank算法的准确性更高，面对噪音和恶意攻击时的稳定性更强[96]；吴凯等通过归纳决定用户影响力的因素，建立用于用户影响力度量的Weibo InfluenceRank算法[97]；吴渝等综合考虑用户自身影响力和用户之间的链接关系，提出一种新的基于用户影响力的PageRank意见领袖识别算法（User-influence-based Leader Rank algorithm，简称UI-LR算法）[98]。

除了上述方法，也有学者通过已有的模型，提出新的意见领袖识别模型。如樊兴华等在影响力扩散模型IDM的基础上，改进原有模型缺陷，提出影响力扩散概率模型IDPM，进而建立了网络意见领袖筛选模型[99]；陈波等基于胜任力模型，提出了社交网络的意见领袖识别模型[100]；魏志惠等提出基于信息熵和未确知测度模型的微博意见领袖识别方法[101]。还有层次分析法、相关性分析法、构造属性矩阵等识别意见领袖的方法。

### 2.2.3 情感倾向性分析

情感倾向性分析是分析文本本身所表达的情感倾向，这些情感可以是正面，也可以是负面或者中性。目前研究者将情感倾向一般分为"正面""负面"两大类或者"正面""负面"及"中性"三大类，其中"正面"情感代表着积极的态度、高兴的心情、兴奋的情绪或者是支持/满意的态度；"负面"情感代表着消极的态度、悲伤的心情、低落的情绪或者是反对/不满意的态度；"中性"则是一种客观的态度。

目前学者对情感倾向分析主要的方法有两类：一类是基于词典的方法；

另一类是基于机器学习的方法。

（1）基于词典的文本情感倾向性分析方法。基于词典的方法一般过程是对文本进行分析后，总结文本的情感特征，并构建与文本情感倾向分析相关的词典，之后设置一定的规则，借助词典与规则的结合方法判定文本的情感倾向性[102]。

Shen Yang 等首先构建了否定词词典、程度副词词典、感叹词词典和情感词词典，之后设置相应的规则来计算文本的情感倾向性，并且构建的情感系统的准确率达到 80.6%[103]；杨超等以网络舆情信息为研究对象，在 HowNet 和 NTUSD 词典的基础上进行情感词典的扩展，并对情感词典进行倾向程度的划分，之后借助于情感词典进行情感倾向性分析[104]；陈晓东在其文章中考虑中文文本表达多元化的特点，在文本的情感特征分析的基础上，将否定句、反问句、感叹句、表情符号等影响因素考虑到文本的情感倾向性分析之中，之后将各特征进行加权计算得到文本的情感倾向，其平均准确率达到 70.5%[105]；韩忠明等研究中文文本短文本的特征，以 HowNet 情感词典为基础，扩展文本情感词典，并提出词典与语法规则结合的情感倾向分析方法[106]。

基于词典的方法可以尽可能考虑到对文本的情感倾向性有影响的因素，并将其加入到设定的规则中，情感倾向性的分析结果可能会随着词典与规则库的完善而更加准确，但是也存在以下几个问题：①基于词典的方法所构建的情感词典中的词语往往是指情感倾向特征比较明显的词语，以至会忽略掉语义上有情感倾向的词语，造成词典或规则覆盖度低，情感倾向分析效果不理想；②基于词典的方法尽管尽可能地考虑到影响情感的因素和影响的强度，但是当一句话中出现否定句、双重否定句，或者出现多个情感倾向不同的词语时，情感倾向的判断就会变得越加复杂，识别会产生很大偏差；③随着社会信息数据量的增加，情感词典要不断完善，规则要不断增加，而且要考虑规则之间复杂的逻辑关系，导致倾向性分析的效率大大降低；④基于词典的方法的基础是非常完善的词典，但是由于社会舆情信息含有很多新词、变形词、未登录词等，这给词典的构建与完善带来了巨大的挑战，也在一定程度上影响了情感倾向性分析结果。

（2）基于机器学习的文本情感倾向性分析方法。基于机器学习的方法一般思路是首先分析文本的内容，选择合适的情感倾向特征，之后标注训练集和测试集，使用朴素贝叶斯（Naïve Bayes）、支持向量机（Support Vector Machine）等机器学习模型进行情感倾向性分析。该方法是目前研究者使用比较多的文本情感倾向性分析思路[107]。

Jiang 等对文本的情感分析采用二步分类法，首先对文本进行主、客观分类，之后对被分为主观的文本进行正、负向情感倾向性分类。在分类的特征选择时他们不仅考虑了主题词，还对主题词进行了扩展，引入主题相关的特征，此外还考虑文本之间的转发关系，采用图模型的方法提升效果[108]；Davidly 等使用文本中的标签、表情符号等作为特征，训练了一个类似 KNN 的分类器来进行情感倾向性的分类[109]；Barbosa 等利用现有网站对于文本中所提供的情感分析的结果作为训练数据，然后选用一些特征，先对文本进行主客观分类，然后再在被分为主观的文本中进行正、负向情感分类[110]；刘志明等考虑中文文本的特征选择方法、特征权重计算方法以及机器学习模型三个因素，并通过实验验证采用 TF-IDF 进行特征选择、IG 进行特征权重计算、SVM 作为分类模型得到的文本情感分类结果是最好的[111]。林江豪等使用句法依存关系和情感词典进行二次情感特征提取，之后使用朴素贝叶斯分类器进行文本情感分类[112]；张珊等借助于文本中表情图片结合情感词语来构建中文文本情感分析的语料库，保证了语料库的规模与准确性，之后使用 UniGram 特征来构建贝叶斯分类器，最终得到的实验的准确率达到 85%，$F$ 值达到 89%[113]；梁军等采用递归神经网络来发现与文本情感分析相关的特征，尝试避免依赖于具体任务的人工特征设计，并根据句子词语间前后的关联性引入情感极性转移模型加强对文本关联性的捕获，该方法虽然效果与传统方法差不多，但是节省了人工标注的时间[114]。

基于机器学习的方法摆脱了情感倾向性分析中复杂的规则设置，而且在数据量大的情况下，也可以有很好的识别效果。通过国内外的研究现状可以看到，研究者们分别从特征选择、分类方法两个方法来提升情感倾向性分析的结果，并取得了不错的结果，但是由于社会舆情信息文本的简短与随意，现有的基于机器学习的情感倾向性分析仍然存在以下几个问题：①分词是情感倾向性分析的基础。对于中文文本来说，其语义多样化，在使用分词软件进行分词过程中，可能会因为语义关系导致分词错误，社会舆情信息含有许多新词、变形词，如果这些词并未被收录入分词词典，就可能会造成分词错误，最终影响情感倾向性分析的结果。②中文情感词典构建比较困难。目前中文情感词典比较多，这些词典中每一个情感词仅有一种情感极性，但是由于中文语义的多样化，有些中文情感词在不同的语境下有不同的含义甚至会改变情感色彩，因此如何构建一个语义性好的情感词典是一个难点。③社会舆情信息，特别是微博多为短句，很多时候人们表达自己的情感并不是以情感词为单位，而是以句子为单位。句子中的上下文信息，如反问句、转折句等，可以影响甚至改变整个句子的情感倾向程度。因此，在情感倾向性分析的特征中考虑上下文信息也是研究的难点所在。

### 2.3 辅助决策分析与支持系统构建研究

#### 2.3.1 社会舆情分析对政府决策的影响

《中国社会舆情与危机管理报告（2013）》[40]和《2014年上半年突发事件政府舆情应对能力分析报告》[115]指出，近几年国内社会舆情事件继续保持高发态势，如2014年上半年国内平均每天发生突发事件3.64件，并且社会舆情在大数据背景下，呈现出如下特点：微博继续位居舆论风暴中心，更多新兴媒体崛起引发舆论格局变动；各种媒体工具助力中国公民表达，网络对政治经济的影响加深；网络问政继续升温，问政议题逐渐敢于聚焦"难点""痛点""敏感点"。面对当前的处境，与社会舆情、决策支持有关的研究渐成为政府、学术界、企业关注的热点。同时，决策支持系统（平台）作为决策支持的信息化手段，受到高度关注。

政府方面，党的十八大三中全会从高处着眼，对政府的"健全坚持正确舆论导向的体制机制"提出了具体的要求："健全网络突发事件处理机制"。各省市党委、宣传部成立专门研究部门，拓展工作范畴，积极开展社会舆情的监控与收集工作，编制舆情信息研究报告，为各级政府部门提供决策参考；学术界也展开了相关研究，马映红认为，政府应建立健全公开透明和及时有效的信息发布制度、适度开放言论自由的空间、完善决策民主参与机制、构建网络舆情预警体系、发挥"网络发言人"的引导作用[116]。方娟认为在网络群体性事件发生的情况下，行政部门的应对举措包括应对主体选择、应对内容、应对方式三个方面[117]。赵婷婷则从提高网络舆论主体的参与能力、探求公共决策主体工作的新思路、加强网络舆论的监控体系建设和尝试新的协调网络舆论与公共决策方法四个方面阐述了公共决策中发挥网络舆论积极作用的对策[118]；同时，拥有先进信息技术的高新技术企业已经投入到社会舆情政府决策支持系统的研发中，以支撑政府跟踪网络热点事件、言论和观点，方便管理机构迅速获取舆情，并提高其舆论引导的水平。

#### 2.3.2 社会舆情管理决策支持系统

随着Web 2.0技术的推广和成熟，Web 2.0与社会网络的结合为政策制定者、政客以及人们日常活动的相互联系创造了有益的环境。各国学者都普遍认识到，Web 2.0工具方便了用户与政府之间的交流。国内外的研究内容多以此为背景，尤其是在民主政治中的使用研究，尤为突出；此外，由宏观使用转向对技术的研讨，与计算机技术结合的趋势日益明显。国内外的相关研究主要可以从理论研究与应用研究两个角度进行归纳。

理论研究方面：Bouras等提出了公众应通过网络投票来参与当地政府决策[119]。Safai-Amini阐述了为政府管理者和高级决策制定者开发决策信息支持系统的必要性[120]。国内学者围绕政府决策的目的和过程，遵照信息流转与传播的一般规律，将社会舆情管理分为"监测与预警—分析与研判—应对与处置"的时序流程已经成为共识。兰月新等构建了舆情反应力、舆情引导力、舆情控制力3个维度的地方政府应对网络舆情危机预警评估指标体系[121]。罗繁明提出了基于知识管理的决策支持系统构想，他认为基于知识管理的决策支持系统具有强大的整合能力和对隐性信息的挖掘显现能力以及对信息的加工利用能力[122]。

实践应用方面：在国外，Pasquale等设计出一个协助政府各级决策者根据公民特征设置服务的决策信息支持系统[123]。韩国学者Kwon等利用网络观点挖掘SVM工具，建立基于交流系统的架构，并进行实验自动分析网络舆情[124]。英国学者Wyner等在其论文中介绍了英国IMPACT PROJECT中的一个构成展示公共政策中公众关注问题反馈详情的组件工具——SCT在线咨询框架，这个工具结合一定算法模型，结合粗粒度、事件的相互关联产生论证方案，并针对很多易于解答的标准化问题统一搭建一个结构化框架，支持自动推理论证[125]。在国内，张虹从基于网络舆情特征定量指标的统计分析、基于知识挖掘的网络舆情资源萃取，以及针对网络突发性群体事件及网络舆情的管理机制和辅助领导决策方案研究三个方面论述网络舆情管理决策平台的建设[126]。陈祥等构建了基于案例推理的网络舆情辅助决策系统，通过构建案例库、案例表示与检索，实现政府决策支持[127]。

综合来看，当前研究者围绕政府决策的流程，将社会舆情管理分为"监测与预警—分析与研判—应对与处置"三个步骤，不同研究者关注不同的步骤。其中，舆情监测与预警主要关注突发事件网络舆情产生和引发阶段的相关问题；舆情分析与研判主要针对网络舆情在传播、整合阶段的特征，利用各种指标进行评估，为后续行为提供依据；舆情应对与处置主要为管理过程提供各类应对措施和对策以支持决策。

目前，国内舆情管理往往在应急决策支持方面表现不佳。即使在成功预警之后，由于缺乏具体可行的应对措施或者措施缺乏制度性保障而无法应用，使得突发事件网络舆情的应对和处理执行不畅。虽然政府舆情应对能力不断增强，但在舆情环境日益复杂，特别是大数据环境下，网络舆情的影响力进一步增强，舆情民意对政治、经济和社会稳定的影响越来越突出，因对舆情应对不力而酿成的重大社会事件与问题层出不穷，基于突发事件的舆情管理越来越复杂，政府部门急需能够实现"事前预警、事中决策、事后评估"的社会舆情管理决策支持系统。

## 3 基于社会网络的社会舆情传播分析

社会网络指的是社会行动者及他们间关系的集合。也可以说，一个社会网络是由多个点（社会行动者）和各点之间的连线（行动者之间的关系）组成的集合[128]。而新媒体时代，舆情作为社会网络关系传播的一种，沿社会网络扩散。因此社会网络中的一些网络属性也适用于舆情研究。

**3.1 舆情传播的社会网络的结构模型与测度参数分析**

舆情传播的社会网络分析的前提是构建舆情传播网络，而构建舆情的社会网络首先要对社会网络进行建模。

3.1.1 舆情传播中社会网络的结构模型

目前国内外学者提出的舆情传播模型主要包括 Sznajd 模型、基于小世界网络的舆情传播模型、基于无标度网路的舆情传播模型。

（1）Sznajd 模型。Sznajd-Weron 提出了 Sznajd 模型[17]，Sznajd 假设个人意见只有 +1 和 -1 表示。然而在现实生活中并不是所有人的意见都是非左即右，往往介于两者之间。因此出现了意见连续模型，最为经典的就是 Hegselmann-krause 模型[18] 和 Deffuant 模型[19]，但模型只给出模拟结果，并未进行理论解释。基于此，Suo Shuguang 等基于社会网络分析法，提出 Sznajd 修正模型——社会网络动力舆情传播模型[129]。此外，我国潘新等考虑个体间的相互作用，提出了一个基于社会网络分析的改进舆情传播模型[130]。

（2）基于小世界网络的舆情传播模型。小世界网络模型是由 Watts 和 Strogatz 提出的一个基于人类社会网络模型，称为 WS 模型[131]。该模型形象地刻画出在实际社会中陌生人通过彼此共同朋友相互认识的小世界现象，能够更好地反映出舆情在实际生活中传播的规律与特性。Newman 和 Watts 在 1999 年提出一种改进的生成小世界网络的 NW 模型[132]。我国学者刘锦德等以改进的 Deffaunt 模型作为观点交互模型，用小世界网络结构模拟出真实世界的人际关系网络[133]。

（3）基于无标度网络的舆情传播模型。Barabasi 和 Albert 提出了具有幂律度分布的无标度网络的模型，称为 BA 模型[134]。该模型考虑到了在现实网络中的重要特性：动态增长特性和从优选择特性，给舆情传播研究带来了极大的契机。我国朱恒民等在有向 BA 网络模型的基础上提出了具有直接免疫效应的舆情传播 SIRS 模型[21]。高玉在 BA 模型的基础上，建立了基于关联度的无标度网络演化模型[135]。

舆情传播中的社会网络主要是运用社会网络分析法的关系矩阵和网络结构图来构建的，具体的测度流程如图 3 所示。其中，关系矩阵表示人际关系社会网络，节点表示行动者，连线表示行动者之间的交流关系，连线的权值表示行动者之间交流的次数；网络结构图表示群体成员之间的关系构成，常用于研究结构对等性和块模型。

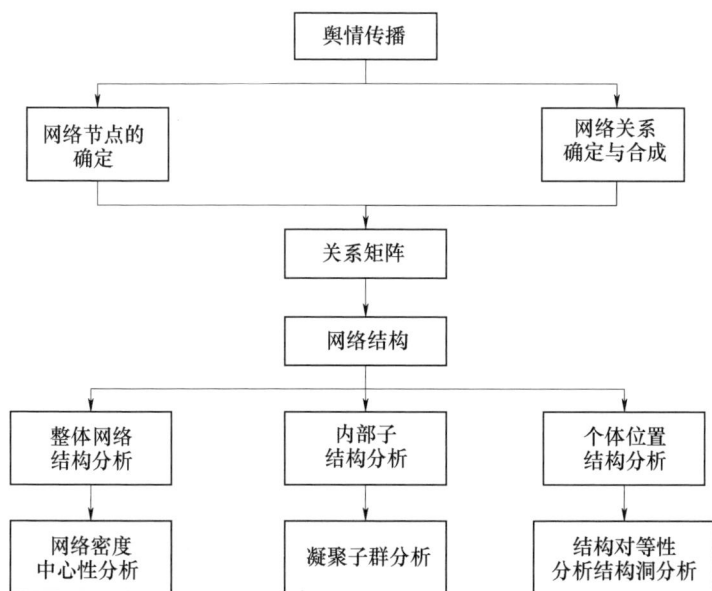

图 3　舆情传播社会网络测度流程图

### 3.1.2　舆情传播网络结构测度参数分析

社会网络分析提供了很多用于结构测度的参数，最常选用关系矩阵和网络结构图两种研究方法。参数的获取过程，首先需要建立关系矩阵，然后将节点的编号和关系矩阵保存为社会网络分析软件的存储格式；再通过相应的计算方法就可获取各种参数。在舆情分析中，用于研究舆情传播网络结构测度主要有如下几种参数[136]：度，测地线、距离和直径，密度，中心性，凝聚子群，结构对等性，结构洞。

上述舆情传播网络结构测度的参数，按用途大致可以分为整体网络结构分析（包括密度、中心性分析）、内部子结构分析（包括凝聚子群分析）、个体位置结构分析（包括结构对等性分析、结构洞分析）三类。

（1）整体网络结构分析。密度和中心性两个指标显示了整体网络结构特征。密度越大，表明网络中节点之间连线越多，行动者之间的联系更为密切，信息交流更为流畅；反之，则表明行动者联系不多，情感支持少。中心性则可以从三方面揭示网络整体特征：①点度中心度越高，表明该行动者与很多其他行为者有直接联系，那么该行动者就处于中心地位，从而拥有较大的权力，因此该行动者在舆情传播中具有较大影响力。点度中心势越大，表明整个网络中的所有节点的向中心趋势则更加明显，说明网络图中的关键节点与其他的节点联系紧密。②中间中心度越高，说明该行动者在很多的行动者之间起着"桥接点"的作用，所以他在控制其他行动者之间信息传递时的"权力"大；节点与其他节点的差距越大，则网络的中间中心势越高，表示该网络中的节点可能分为多个小团体，并且过于依赖某一个节点传递关系。③接近中心度值越小，接近中心度越高，表明该行动者距离其他行动者越近，因此该行动者越处于核心位置，在获取信息时越不容易受其他点的控制。接近中心势的数值越接近于 0，表明整个网络的行动者之间的传递信息的相互依赖程度越高。

（2）网络内部结构分析。凝聚子群揭示了网络内部的子结构。凝聚子群分析的重点有两方面，一方面是分析子群内部的关系；另一方面比较子群内部人员之间的关系强度或频次相对于子群内、外部成员之间的关系强度或频次。同一子群中的成员更倾向于分享信息，他们的认知与行为更可能趋于一致，而不同子群的重叠则可能有利于网络传递信息。

（3）网络个体结构分析。结构对等性和结构洞分析了网络内部个体的结构。处于结构对等的行动者，相互替代后不会改变对整个网络的影响力。在不改变影响力的前提下，结构对等性指数越高，互相替代的可能性也就越大，行动者占有的结构洞越多，在结构上所占的优势就越大，通过这些优势获得回报的可能性就越大。在舆情网络中，占据"结构洞"的舆情行动者限制了洞两端的行为者的信息传播、获取行为，决定了舆情是否折射或流动。跨越较多结构洞的节点较之跨越较少结构洞的节点能够更多地接触到非冗余信息源，易于积累更多的社会资本。

### 3.2 舆情传播中社会网络构建——以微博为例

社会网络的构建首先需要确定节点 Node（社会行动者）及节点间的连线 Link（社会行动者间的关系）。目前国内外基于微博平台舆情事件社会网络构建方式主要包括以下 4 种方式。

（1）以舆情事件中的热点词汇为节点，以共现频次为连线。基于文本主题词共现来构建社会网络，可以获取整个舆论事件的核心主题词、主题词之间的关联，同时可以发现被边缘及解构化的主题词。如在《抢盐事件中的舆情态势和传播规律研究》一文中[137]，首先对特定舆情事件中涉及的所有文本信息内容中识别关键主题。其次，以识别出的关键主题为节点，以关键主题之间两两的共线关系为连线构建基于主题的舆情社会网络。

（2）以舆情平台用户为节点，以关注和被关注为连线。微博的本质就是微博用户与用户之间所建立起来的稳定关系所构成的社会网络。用户的关注和被关注关系相对比较稳定，能够在一定程度上表征用户之间信息流动的方向。目前国内外以舆情平台用户为节点，以关注和被关注为连线的舆情社会网络构建也非常普遍。如金鑫以微博用户为节点，以关注与被关注为连线，构建社会网络[138]。总结来说，关注和被关注情况可以分析表征微博网络的结构，但不具有明确的主题性特征。基于关注与被关注关系的社会网络构建，无法体现不同舆情事件在舆情平台中传播的区别。因此，以舆情平台用户为节点，以关注和被关注为连线的微博社会网络构建方式在舆情社会网络中实践意义不大。

（3）以舆情平台用户为节点，以评论或转发为连线。微博平台中以用户的评论和转发行为为主要交互方式。主要根据特定舆情事件中网民之间转发和评价形成的交流关系，建立关于行为者之间的关系网络数据。如石彭辉以某一热门舆情事件为案例，根据网民之间发言和回复形成的交流关系，建立关于行为者之间的关系数据。且作者在连接关系上赋予权重，即行为者之间的交流次数越多则权值越高，更准确地描述了现有舆情传播的结构[139]。再如《基于虚拟社会网络挖掘的网络舆情分析》一文，作者在考虑行为者之间交流次数的基础上，综合考虑回复及评论的内容本身，构建舆情赞同群体矩阵网络（用0表示中立，1表示赞同，2表示基本赞同，3表示比较赞同，4表示非常赞同）。以舆情平台用户为节点，以评论或转发为连线构建社会网络，重点可以分析舆情传播主体关系网络结构、演化规律、舆论领袖及核心传播主体，并有利于舆情监督和管理[140]。

（4）以舆情平台用户为节点，以转发、评论为连线，且连线路径不同。在研究普通的转发、评论行为的基础上，进一步考虑转发、评价、@关系等不同交互行为的方向，并构建不同交互行为的综合微博社会网络。如许玉利用SNA进行微博用户的负面口碑传播研究，并综合考虑评论、转发、转发并评论的传播路径的差异。网络结构图中的点代表负面口碑的产生者和传播者，节点之间连线的确定相对比较复杂。作者认为评论是一个双向的过程，即传播者首先把信息传递给接收者，接收者也对传播者有了信息反馈。转发是一个单向过程，转发者转发传播者的微博，并没有给传播者以反馈。@同样是一个单向过程，传播者提示接收者查看某条微博，但接收者并不需要给传播者回复信息。以舆情平台用户为节点，以转发、评论、转发并评论为连线，且连线路径不同的微博舆情社会网络构建方式更能准确描述现实环境下的微博传播，但限制于数据采集和网络构建难度，目前还没有大量的推广使用[141]。

## 3.3　舆情传播中社会网络分析方法的应用

### 3.3.1　虚拟社区成员之间的关系结构和群体特征

虚拟社区的定义最早是由瑞格尔德（Rheingold）提出的，他将虚拟社区定义为："一群主要藉由计算机网络彼此沟通的人们，他们彼此有某种程度的认识，分享某种程度的知识和信息，在很大程度上如同对待朋友般彼此关怀，从而形成的团体。"[142]

（1）虚拟社区成员之间的关系结构及其特点。社会网络分析法对虚拟社区中成员间关系的研究以网络的中心度为核心。中心度反映的是社区成员在社区网络结构中所处的地位和重要性。利用 Ucinet 软件对收集到的数据从个体属性和整体属性的指标进行分析，并利用 Netdraw 画出各种可视化社群图[143]。结合社会网络分析中的整体网络分析、凝聚子群分析、核心—边缘结构分析和个体中心性分析，得出虚拟社区成员间的关系结构具有如下特点[144]：①虚拟社区中的不同成员表现出不同的度值分布，并且虚拟社区网络符合小世界网络的基本特征。②虚拟社区中社区成员间的相互联系越密切，网络密度越大。③点度中心度高的成员处于中心地位，往往具有领导或者管理职务，他们承担着更多的任务，支撑起整个社区。④中间中心度高的成员处于网络的核心，拥有很大的权力。从某种程度上来说，该成员既能同其他成员发展交往，又能控制其他人之间的交往。⑤处于网络边缘的成员与其他成员关联性小，一定程度上反映了该成员的社区参与度低。

（2）虚拟社区的群体特征。虚拟社区是人们因某种需要，通过沟通形成的具有共同目标的群体，由于人的需求是多样的，因此虚拟社区呈现出不同的群体特征，研究表明主要有以下方面：①互惠性。互惠性指的是两节点之间的交往是双向的，两点之间的互惠性主要表现在情感方面，例如对其他人友善换来了其他人对自己的友善[145]。②同质性。在社会网络中，同质性指的是人们倾向和那些与自己相似的人建立联系[146]。③弱联系性。网络成员多数情况下并非来自同一个组织或同一个领域，因此成员间的联系多呈现一种弱联系。事件类型对传播中产生的弱信任关系具有很强的影响作用，事件的破坏力越大，这种弱信任关系就越容易产生[128]。④从众性。作为社会影响的一种主要形式，从众源自于群体直接或隐含的引导或压力，且会向与多数人一致的方向变化，主要表现为在一个特定情境下，对"表面占优"的言论或态度的采纳[147]。如同在现实社区中一样，社区成员的想法会无意识地受到其他观点的影响，产生从众行为，因为这样可以减少人际冲突。

3.3.2　意见领袖的社会网络结构及其关联发掘

如前所述，基于社会网络分析发现与挖掘意见领袖是目前研究的一个方法，其研究有许多侧重点。如在通过对社会网络结构识别意见领袖的研究中认为：在社会网络中有三个典型位置，分别为中心度位置、结构洞位置和边缘位置。通过对论坛、博客、QQ群等虚拟社区中意见领袖的识别研究发现处在中心度位置的网民由于其具有较高的活跃度，能够对网络舆情产生一定的影响，故在此位置的网民为意见领袖；而处在结构洞位置的网民由于身份的特殊性会产生一定的影响力，但并没有发挥舆论引导的作用，故此位置中只有一部分网民为意见领袖；边缘位置的网民处于网络图中的边缘，不能连接其他的节点进行信息的传输和产生舆论影响，故不存在意见领袖[93]。Kemighan 等利用 Java 论坛的 Q&A 网络作为研究对象，利用 HITS 和其他算法计算使用者的权重，识别意见领袖[148]。Matsumura 等研究情感倾向意见网络并利用情感分析算法识别出意见领袖[149]。Zhang 等利用 k-clique 聚类方法识别和评估社会网络中的意见领袖[150]。

在海量虚拟社区用户中识别出意见领袖后，将意见领袖作为一个群体构建意见领袖网络图，从整体网络密度角度进行分析。如果数据分析显示意见领袖网络图的网络密度值较低，即意见领袖的社会网络结构较松散，各个意见领袖之间的联系不紧密。表现出由于虚拟社区中意见领袖具有时间性和不稳定性等特性，即不同时间、事件中的意见领袖变动较大，意见领袖之间可能并没有相互关注，从而会导致在网络图中也就是没有"关系"的。

## 4 社会舆情分析中网民行为特征与建模研究

"网络舆情是由各种社会群体构成的网民，在一定的社会空间内，对自己关心或与自身利益紧密相关的各种公共事务所持有的多种情绪、态度和意见交错的总和。"[151] "在网民点击或跟帖下，表达舆情的帖文会沿着普通、热帖、精华帖的方向发展；网民在线回复或点击以及线下反思与聚集等行为会促使网络舆情沿着形成、喷涌、方向转变、渐微乃至湮灭的路径演变。"[152]可以说网民是推动网络舆情演变的主体，"在网络舆情信息交流过程中，集体心理的存在使网民个体的舆情表达受到群体影响而发生变化甚至扭曲。"通过对群体压力、群体极化、集体无意识、群体互动等研究，可以发现网络舆情形成和变动中的群体影响力[153]。网民是突发事件网络舆情演变内在的核心，网络舆情孕育、发生、发展、扩散、变换、衰减的整个过程是网民群体的认知和行为的结果。

### 4.1 社会舆情分析中网民群体行为特征分析

#### 4.1.1 网民群体的界定和分类

"网民"（Netizen）的概念最早由美国哥伦比亚大学教授 M. Hauben 提出，他认为"网民"是指非以地理区域为依据所形成的，具有社区意识的，相互发生行为联系的一群网络使用者[154]。同时，Hauben 认为人们理解的"网民"其实有两种概念层次，一种是泛指任何一位网络使用者，而不管其使用意图和目的；另一种是指称特定的对广大网络社会（或环境）具有强烈关怀意识，而愿意与其他具有相同网络关怀意识的使用者一起共同合作，以集体努力的方式建构一个对大家都有好处的网络社会的一群网络使用者。

中国互联网络信息中心（CNNIC）对"网民"的定义采用了 Hauben 定义中的第一层次，认为网民即互联网网民，指平均每周使用互联网至少 1 小时的中国公民。而维基百科中对网民的定义则更倾向于第二层次，认为"网民鼓励扩展社会族群的活动，比如传播观点，丰富信息，试图将网络培养为一个知识资源和社会资本的场域，并且为自我整合的网络社区做出选择，他们利用并知晓网络的一切，通常具有自我激励的责任推动网络的发展，并鼓励言论自由和开放阅览。"

也有学者从行为效果角度出发界定网民群体，如郑傲认为并不是所有利用互联网的人就可以被称为"网民"，而是必须在个体自我意识上、对使用网络的态度上、网络活动的特征上以及网络活动的行为效果上等表现出一定特点的使用者才称为"网民"[155]。

传统对于网民的分类一般以"所有网络使用者"在网络舆论传播中扮演的角色及承担的作用为依据，如刘晔提出将网民分为：潜水型、转发型、附和型、争论型以及领袖型五类[156]，综合对网民界定的研究论述，本文以微博用户为例，按照不同用户的身份特征将其分为以下三类。

（1）政府机构。微博开设者为政府机构及其工作人员，其开设目的在于加强与社会民众的沟通，为民众与政府的平等对话提供平台，从而更好地实现政府社会管理的职能。截至 2015 年底，新浪微博平台认证的政务微博的总数已达 152390 个，其中政府机构官方微博 114706 个，公务人员微博 37684 个，2015 年政务微博总发博约 2.5 亿条。微博阅读量是报纸印数的近 3 倍[157]。在社会热点事件爆发时，该事件的相关机构，如责任机构、处理机构、救援机构、慈善机构等，因其与事件发展密切相关，故而发布的信息会引起大众的强烈关注。

（2）媒体法人。微博开设者为传统媒体，其开设目的在于拓宽受众、适应网络社会的发展。截至 2013 年 11 月底，仅在新浪、腾讯两个平台，媒体机构的微博账号已达 3.7 万个[158]。由于媒体其身份的特殊性，其言论相对于普通个体网民微博更具有可信度和权威性，加上丰富的专业报道经验，媒体微博通常更能够突破海量信息的围困，凭借其在微博中无可比拟的影响力，从而真正引导网络舆情的演变。

（3）个体网民。微博开设者为代表自身的个体网民，其开设目的多种多样，但其虚拟的背后仍然是真实的人。这类个体网民是社会公共事件发展过程中网络舆论形成的重要推动者，直接或间接地影响着网络生态系统的稳定。由于缺乏固定规范的约束以及网络的匿名性特点，个体网民在微博中表达自身意志时，其观点往往更加自由和尖锐，加上群众集思广益的调侃手法，凸显出来的批判言论往往容易受到广大不明真相的网民的认同和追捧。在社会公共事件中，这些批判性言论通常比较片面和主观，但迎合了民众脆弱的心理，容易在网络中形成"沉默的螺旋"，引发谣言的传播和网络暴力的发生。

### 4.1.2 网民群体行为理论研究的起源与主要学派

群体行为（Collective Behavior），又称集群行为。戴维·波普诺认为群体行为主要指"在相对自发的、不可预料的、无组织的以及不稳定的情况下对某一共同影响或刺激产生反应的行为"[159]。陈浩等认为相对于组织行为、制度行为，群体行为缺乏事前确定的组织程序和制度规范，而且群体行为是动态的，它的产生和发展都依赖于参与者的相互刺激[160]。

关于群体行为的理论研究起源于 1896 年法国社会学家古斯塔夫·勒庞对感染论的研究，该理论主要研究群体行为和态度的被动接受和模仿机制[161]。在随后的 100 余年间，来自社会学、心理学、经济学等领域的学者进行了大量的探索，研究视角涉及群体行为的动员与组织机制、定义与分类框架、特征与发生机制、心理机制与行为测量，研究领域从社会运动延伸到网络社会，研究者并试图用现实社会的研究成果解释网络虚拟环境下新的行为和现象。

在社会学领域，研究者主要关注行为发生时的情境因素以及行为本身特征，主要研究成果有：费斯汀格（Festinge）关于个体自我能力评估的社会比照理论，索罗金（Sorokin）关于群体形成机理的趋同论，蒂尔内（Tierney）关于群体行为规范作用原理的紧急规范理论，斯梅塞尔（NeilSmelser）关于群体行为形成原理的价值累加理论，科尔曼（Coleman）关于群体行为产生机制的控制转让论[162]。在心理学领域，研究者主要关注行为的过程、影响及其内部心理特征，主要研究成果有：莫斯科维奇关于群体的认知和行为规律的社会表征理论，阿希关于群体行为转换规则的群体压力理论，拉采夫·特纳的群体自力救济心理研究，霍曼斯及其后继者关于群体行为影响要素的四要素理论和八要素理论，康罗·洛伦兹的离群行为研究[163]。基于架起心理学和社会学之间桥梁的角度，库尔特·卢因提出了"群体动力理论"，以论证群体中的各种力量对个体的作用和影响，并从内因的角度去考察和研究群体行为的产生和发展规律[164]。

伴随着网络的发展，研究者们尝试着用现实社会中群体行为研究的理论成果来解释网络虚拟环境下新的行为和现象，现如今群体行为的研究领域正逐渐从现实社会延伸到网络社会，由网民组成的群体是推动网络舆情发展变化的行为主体，因此研究网民群体行为对于把握网络舆情演变的本质具有基础性意义。

而关于网络群体行为的界定，田育才认为"网络集群行为是指在某一时间内，一种相当数量的网民聚合起来，以互联网为平台，利用网络新技术，自发产生的不受正常社会规范和伦理道德制约的网络表达和网络狂热行为"[165]；乐国安等认为网络群体行为是指"一定数量的、相对无组织的网民针对某一共同影响或刺激，在网络环境中或受网络传播影响的群体性努力"[161]。

### 4.1.3  网民群体行为的调整和执行机制

1985 年 Minsky 在《心智的社会》一书中指出，复杂的群体行为是由多个具有交互性和自主性的智能体（Agent）在相互协调、相互合作的基础上涌现生成的。Agent 可以看作是那些宿主于复杂动态环境中，能够自主地感知环境中的信息，自主地采取行动，并能够实现一系列预先设定目标或任务的计算实体[166]。研究表明：源于分布式人工智能领域的智能体理论，为构建群体行为模型提供了一条全新途径[167]。在突发事件中，具有不同偏好和行为习惯的网民个体，在与各网络媒介（网站、博客、论坛）交互过程中，通过对网络媒介当时状态的感知，来获得、理解和判断各影响因素的综合作用，并依据感知的信息确定其行为，使其成为适应性的行动者[168]，因此，研究者将网民抽象为具有感知性、协同性、交互性的智能体，并引入人群仿真的理论和方法，将突发事件中的网民映射为 Agent，结合大规模实际案例数据，对网民群体行为进行特征和建模、仿真研究，由此探索网民群体行为的调整和执行机制。

人群仿真研究最早出现在 Reynolds（1987）的文章中，他运用粒子系统方法仿真了各种动物的行为，其研究涉及人工智能、社会心理学、动力学理论等多个学科[169]。人群仿真已被应用于多个领域，例如：突发事件计划和疏散，行人空间的设计，地铁、铁路结构设计，运输研究，教育，社会学、娱乐等领域。并在不同的研究领域呈现出不同的侧重点。

发展至今，已有许多国外学者提出了一些具有代表性的人群仿真理论和方法（见表1），以及基于流体、实体、受力、元胞自动机、规则和智能体（Agent）的人群仿真模型（见表2），虽然每类模型都有各自适用的情境，但是基于 Agent 的仿真模型更加能够模拟真实情境，灵活且具有可扩展性[170]，成为人群仿真的主流模型，极大地推动了人群仿真的发展。同时，研究表明[171]：从宏观角度看，多智能体涌现生成的群体行为仿真能够表现出个体之间的协调交互及复杂的整体行为，大大增强了模型的适应性和灵活性，使整个群体能够根据变化的环境及时达到平衡；从微观角度看，自治的智能体能够更加自然地描述真实群体中个体的运动与行为，生动体现了个体、群体、环境三者之间的关系，极大缩小了仿真与现实间的差距，从而提高了个体行为表现的自由度和智能性。

表1　主要的人群仿真理论分析与总结

| 学者及年份 | 模型特征 |
|---|---|
| Reynolds（1987） | 采用分布式行为模型对鸟取的聚合行为进行了仿真 |
| Tu 和 Terzopoulos（1994） | 提出人工鱼群的动画制作框架。不仅考虑了基于环境感知的复杂个体行为，还展示了鱼作为群体的集体行为 |
| Brogan 和 Hodgins（1994） | 运用粒子系统动力学对物理环境中的人群的移动进行建模，建模过程更多地运用动力学原理 |
| Bouvier（1997） | 以粒子系统为原型建立了人群运动模型。其中，每个人都是一个模拟对象"粒子"，整个人群则看成一个粒子系统 |
| Musse 和 Thalmann（2000） | 虚拟人群时仿真的 ViCrowd 模型。将虚拟人群定义为人群、团队和个人三个层次，根据自治程度的由低至高将人的行为定义为被引导、规划和自治的 |
| Helbing（2000） | 恐慌状态下人群撤离的运动仿真模型，以粒子系统为基础，着重研究和分析个体的受力情况 |
| Ulicny 和 Thalmann（2001） | 提出了多 Agents 系统的模块化框架人群仿真。该模型中，Agent 具有自治能力，支持多样性行为 |
| Niederberger 和 Gross（2003） | 提出层级和异构 Agents 的实时仿真框架模型 |
| Treuille（2006） | 提出了连续动力学。该模型中，集成了具有移动障碍物的全局导航和动态场，很好地解决了大量人群行为问题，该方法更适合复杂环境 |

表2　主要的人群仿真模型总结

| 模型类型 | 原理 | 特点 |
|---|---|---|
| 基于流体的模型 | 把群体模拟成连续的流动体 | 难以体现个体特征，但是某种程度上，在模拟规模的稠密群体时很适用 |
| 基于实体的模型 | 群体中的每一个体被当成一个同等的实体，典型例子就是粒子系统模型 | 实体的运动会被一些约束影响，但适用于一些宏观的紧急状况如堵塞 |
| 基于受力的模型 | 运用物理模型来模拟人的行动，典型例子 Helbing 的物理和社会心理受力模型 | 可生成更加顺畅的移动，但是计算复杂 |

表 2 （续表）

| 模型类型 | 原理 | 特点 |
|---|---|---|
| 基于元胞自动机的模型 | 一种把时间、空间离散化，取有限的离散状态，遵循构建的局部原则，同步更新元胞空间里的元胞状态已达到模拟人群行为的目的 | 元胞个体不可以移动的，不能很好地描述人群的真实行为；每个元胞的更新规则相同，不能体现个体之间的差异性；知识据有限邻居的状态来决定自身状态的改变 |
| 基于规则的模型 | 如鸟、鱼等简单生物以群集的行为反震，基于它们对环境的感知进行交互 | 可建立提供顺畅移动的连续模型。但不适合仿真高密度的人群以及经常发生冲突的恐慌状态 |
| 基于 Agent 的模型 | 每个个体都赋予一定的智能，在虚拟世界中有能力在特定时间根据复杂的环境做出相关的反馈 | 比较符合真实世界中人群运动的特点，并且具有灵活的可控性 |

近年来，国内学者开始对人群仿真开展一些研发工作。但是研究成果比较少，主要是基于国外的研究成果进行应用的扩展。

在具体研究上，如何对群体行为进行建模是人群仿真中十分关键的一个步骤，人群仿真中的个体如何进行决策，仿真过程中考虑哪些影响要素等问题对仿真结果的真实性都有至关重要的影响。总体来看，群体行为建模方法的发展经历了"单纯几何模型→基于动力学和运动学的模型→基于物理规则的模型→基于行为规则的模型→基于认知感知的模型"这样一个发展阶段[163]。其中，借助群体行为建模展示仿真过程中 Agent 的感知、与环境交互、决策、行为选择等一系列过程，将 Agent 技术与心理学等结合研究建模方法是人群仿真群体行为建模的主要发展趋势。如今，基于 Agent 的建模方法、Act-R 模型、SOAR 模型、PMFServ 集成框架、BDI 模型就是这一趋势的代表性成果，受到研究者的广泛关注。

### 4.1.4 网民群体行为的影响要素

情境因素、群体因素和个人因素是影响网民群体行为的主要因素，这些因素使得网民个体在危机事件中容易通过互动进而导致群体行为[172]。其中，在情景因素与群体因素中，从众心理是引起群体性突发事件影响群体行为的关键要素。在西方早期的研究中有将群体行为用羊群行为（Herd Behavior）来表示，从字面意思就可以看出从众心理。尤其是在网络突发事件下，规范缺失、秩序混乱，刺激越模棱两可，任务越困难，人们越容易接受别人的行为，这是由于在这种情况下，人们对自己的判断更没有信心[173]。个体很容易受到他人行为策略以及社会舆论的影响而忽视自己掌握的信息，只是一味地模仿大众的行为选择。此时，个体就将大众行为传递出来的行动信息作为自身行为的决策依据，从而产生各种群体行为[174]；在个人因素中，主要是与网民群体在突发事件中行为反应有关的因素，如年龄、性别、智力、情绪的稳定性、自我概念、个体特征，等等。例如：在情绪稳定性方面，当出现紧急状态或发生重大变化时，个体就会感到外界压力，原有的平衡就会被打破，内心不断积聚紧张情绪，表现无所适从，甚至是思维和行为的紊乱，进入一种失衡的心理危机状态。突发事件的震撼性和不确定性，干扰和破坏了人们习以为常的生活模式和社会秩序，而且使个体产生对环境的失控感，破坏个体心理的稳定。此外，在面对突发事件时，个体的知识和能力因素也影响其行为，网民的相关知识程度越高，能力越强，就越容易保持冷静而采取适当的行动，反之，会加剧紧张心理，极度恐慌、模仿他人、盲目从众。

## 4.2　社会舆情分析中网民群体行为建模方法研究

### 4.2.1　ABM（Agent Based Modeling）模型

Agent 的原意是"代理"，即一个人代表另一个人或（另）一个组织去完成某件（些）事情。在计算机领域，Agent 认为是被授权的"个人软件助理"，是一种在分布式系统或协作系统中能持续发挥作用的计算实体，常简称为智能体[175]。

智能体（Agent）一直是人工智能领域最重要的研究领域之一，它的出现是分布式人工智能和现代计算机、通信技术发展的必然结果。将网络舆情演变过程中参与讨论的网民作为研究对象，并将其映射成为 Agent，作为社会个体的网民，其行为是以本能行为、经验原则和有限理性模式为基础的，具有特定的思维与心理特征；同时，从社会学和心理学的角度分析，映射成为智能体（Agent）的网民个体之间的交互，还将受到其社会角色、思维习惯和权威观点等因素的影响[176]。

Agent 结构主要由传感器感知环境的刺激，由执行器做出行动作用于环境，对于人类 Agent，其传感器为眼睛耳朵和其他感官，其执行器为手、腿、嘴和身体的其他部分；对于软件 Agent，则通过编码位的字符串进行感知和作用。Agent 的概念结构如图 4 所示。

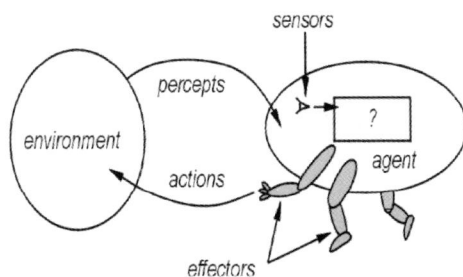

图 4　Agent 的概念结构

Agent 除了有"身体"来与外界环境和其他 Agent 之间交互，还有内部的逻辑过程，就像是人的思考过程。学者 Wooldridge 和 Jennings[41] 等将现行的 Agent 内部架构分为逻辑式（Logic-based）、反应式（Reactive）、阶层式（Layered）和 BDI 式（Belief-Desire-Intention）等四大类。

基于 Agent（ABM，Agent-Based Modeling）的建模方法的基本思想是抽取出复杂系统的个体模型，表示为 Agent，赋予 Agent 个体感知能力、决策能力、行为能力等，使 Agent 在一定的综合环境中演化，从而观察和研究其演变规律。ABM 被认为是对复杂适应系统（CAS）进行建模的最好方法，被认为是最有可能揭示出"缘起于微观的宏观效应"的建模方法，对于由大量具有主动性的主体（Agent）组成的复杂系统来说，具有特别重要的意义[177]。此后，一系列应用于实施 ABM 方法的软件平台应运而生，推动了 ABM 方法的广泛应用，如群体行为研究、电子商务消费者行为研究、贸易网络研究等。

本研究认为在 ABM 方法的基础上，将突发事件中的网民映射为 Agent，将每个网民的特性映射为 Agent 的属性，将网民的个体行为映射为 Agent 的方法，这样，Agent 便与突发事件中的网民群体建立起联系。

### 4.2.2　Act-R（Adaptive Control Theory-Rational）模型

ACT-R 模型是卡耐基梅农大学著名认知心理学家安德森教授开发的一种认知仿真模型，用于创建仿真环境，预测和仿真人的认知活动，例如知觉、注意、记忆、问题解决等[178]。该模型可以通过仿真揭示个体的认知过程和认知步骤，并将一些隐性的认知细节挖掘出来。自 1982 年出现第一个 ACT-R 工具以来，先后出现了系列 ACT-R 仿真工具，并且实现对不同操作系统平台的支持[178]。不同于其他理论，ACT-R 内部架构、参数设定都是根据大量的认知心理学实验得到的，目前已经广泛应用于众多领域，如认知心理学领域的学习与记忆、语言与交流、个体情感、问题决策、认知开发，计算机领域的智能 Agent 训练，人机交互领域的用户行为模型研究。

认知体系结构是认知科学研究的一种整体性的体现方式。ACT-R 所追求的是在整体的角度表达人类的认知过程。系统由多个模块、多层结构所实现，通过不同模块和不同层次之间的相互配合实现各种功能。ACT-R 系统是一个混合型认知体系结构，由 symbolic 系统和 sub-symbolic 系统两部分组成，最重要的过程性模块通过缓冲块将其他所有模块连接成一个整体。symbolic 系统本身可以看作由一个产生式系统驱动的模型，通过过程性模块中的产生式规则来对不同模块的缓冲块进行操作。运行在外部结构后台的 sub-symbolic 系统通过一系列的数学方法对 symbolic 系统中模块内部的操作进行控制，大量的学习过程参与了 sub-symbolic 系统的运行。在 symbolic

系统中模块之间使用缓冲块机制相互沟通。各个模块与核心的过程性模块（Procedural Model）之间使用陈述性知识块（Declarative Knowledge）传输信息，过程性模块中使用过程性知识（Procedural Knowledge）处理信息。陈述性知识存储在陈述性知识模块（Declarative Model）中。外部环境的输入为视觉模块（Vision Model），输出为动作模块（Motor Model）。除此之外，还有映像模块（Imaginal Model）和目标模块（Goal Model）对人类真实认知行为进行模拟。ACT-R 系统中的核心信息是知识，在这个假设中人类所有的认知过程都建立在知识的基础上。

通过运行 ACT-R 系统构造的基于计算机的虚拟人类认知过程，研究者们可以得到大量的人类认知数据，包括认知过程每一步的时间、认知过程的准确度、认知过程产生的反应人类大脑内部运作的 fMRI 图像[179]等。因此有大量的认知科学家使用 ACT-R 系统构建认知实验[180]，并与由人类参与的真实实验数据进行比较。

本研究认为使用 ACT-R 模型可以对网络舆情的认知行为建模，以及在网络舆情演变的不同阶段进行网络舆情传播行为的建模。

### 4.2.3 SOAR（State，Operator and Result）模型

SOAR 模型是由艾伦·纽威尔的研究团队在 1986 年提出的一种构建人工智能系统的理论认知模型，SOAR 模型既从心理学角度对人类认知建模，又从知识工程角度提出一个通用解题结构[181]。SOAR 模型很好地将概念、事实、规则有机地结合在一起，并遵循认知统一理论，将人类的各种认知行为建模形成"行为＝架构＋内容"的框架，SOAR 模型架构借用人工智能领域中"问题空间"的概念，将认知行为看作相应问题空间中状态随时间的连续转换过程，目前已经被广泛应用到人工智能领域和认知科学领域。在人工智能领域，研究者使用 SOAR 模型作为开发综合智能 Agent 的工具；在认知科学领域，研究者使用 SOAR 模型对认知过程建模[181]。

SOAR 模型因其架构接近人类思维过程，常被用来设计智能代理（A-gent），目前在国外已被应用于很多方面：如实现通用智能行为的专家系统、作战仿真、游戏虚拟人物行为仿真、机器人行为控制及更多模拟人类行为的领域，颇有成效。1992 年，SOAR 研究小组就开始开发智能 SOAR Agent 应用于空军战略仿真，这个项目的目的是对复杂空战环境下的飞行员行为进行建模，开发具有智能行为的飞行员代理应对复杂作战环境，大大提高了军事推演的效率[182]。2001 年，Jones 等对拥有交互和决策能力的 Agent 的情感进行建模，将情感模型与 SOAR 认知架构结合，该项目由美国军方资助，在战争仿真中将情感与个体差异融入虚拟飞行员的行为模型，能够运用各种推理能力，包括情况评估、规划、对目标失败的反应，并与团队其他 Agent

交互，等等[183]。在游戏领域，自 1998 年很多 SOAR Agent 被开发用于 first-person shooter（FPS，第一人称视角射击）游戏，如 Quake 系列[184]。其他应用研究如 Zhong 等基于 SOAR 模型研究在不同的信息发布模式下驾驶员对于 VMS 信息的引导遵从率[185]。Puigbo 等将 SOAR 应用于机器人服务员，使机器人能够完成用自然语言表达的语音指令等[186]。

国内对 SOAR 模型研究稍晚，最早是 1990 年北京航空航天大学计算机系李波首先对 SOAR 进行了介绍[187]。从时间分布来看，近年来 SOAR 模型的应用研究已经逐渐引起了国内研究者的注意：在 2009 年之前，国内学者对于 SOAR 模型的研究主要在于对 SOAR 认知模型的理解与推广方面，如王新鹏[188]等。2009 年开始，随着对国外人工智能深入了解，学者尝试对 SOAR 模型加以应用。尹全军等[189]将 SOAR 应用于游戏中的人类行为的建模与仿真，孙向军等[190]所在的海军指挥学院海战实验室将 SOAR 模型应用于舰艇编队作战仿真，以期提高海上编队的信息化作战能力。国防科学技术大学的冯磊等[191]基于 SOAR 认知体系结构进行 CGF（计算机生成兵力）协同行为建模。陈昊闻[192]使用 SOAR 模型对车辆故障诊断过程进行建模，建立了符合真实情况的车辆故障诊断认知模型。目前我国对于 SOAR 模型的研究还属于初级阶段，但是随着人工智能的发展，SOAR 作为目前最流行的认知模型必将得到更多更广泛的应用。

本研究认为基于 SOAR 模型，将网民群体的认知行为看作相应舆情问题空间中状态随时间的连续转换过程，并进行智能体的学习、推理，可以研究得到网民群体行为演变状态图和规则库。

### 4.2.4 BDI（Belief，Desire，Intention）模型

BDI 模型结构被学界普遍认为是一种方便灵活、能够有效地适应动态复杂环境变化系统的 Agent 结构[193]。1987 年，Bratman 在对理性与意图两者之间的关系进行哲学分析时提出了 BDI 模型概念，他从哲学的角度分析人的行为意图，提出在某个开放的世界（环境）中，理性 Agent 的行为不仅由"信念"、"愿望"及两者组成的规划直接驱动，在"愿望"和规划之间还存在一个基于信念的"意图"，只有当"信念"、"愿望"和"意图"达到理性平衡时，问题的求解才能有效地实现[194]，这里的理性平衡是使理性 Agent 行为与环境特性相适应的状态，环境特性不仅包括客观环境条件，而且涉及环境的社会团体因素。Bratman 的哲学思想对以往的心理状态研究产生了深刻影响——过去大部分的哲学理论都将"意图"涵盖在"信念"和"愿望"之中，但 Bratman 认为在实际的推理中"意图"有着不可忽视的重要作用——"意图"制约了理性 Agent 的行为，并将导致 Agent 的行为[195]。

BDI 模型本质上要解决的问题是如何确定 Agent 的目标以及如何实现这个目标，该模型能够直观明了地呈现 Agent "决定做什么，以及决定怎样做的过程"，能够清晰地展现功能分解，表明建立一个 Agent 所需的子系统，因而得到了广泛关注，并逐渐由单纯的形式化理论研究进入到更为复杂的实践研究中来[196]。信念是 Agent 结合当前环境状态对自身能力的估计，描述 Agent 所拥有的知识和能力，属于 Agent 的信息部件；愿望是 Agent 对未来环境状态的一种期盼，表达 Agent 希望达到或保持的一种状态，属于 A-gent 的愿望目标部件；意图是对将要实现目标和行动计划的确定和承诺，它是 Agent 的真实目标组件，直接驱动 Agent 的外部行为。

参考刘芳[197]等研究者的总结，自 Bratman 之后，国外出现了大量与 BDI 模型相关的理论和逻辑研究工作，其中代表性的成果包括：Cohen 和 Levesque 等基于正规模态逻辑对信念、目标、持续目标、意图以及理性的逻辑表达与演算问题进行的系统研究[198]；Wooldridge 等提出的理性 Agent 的 BDI 模型结构及其实用推理过程[199]；以及 Rao 和 Georgeff 等采用非线性的分支时态逻辑，基于三个基本的模态算子：信念、愿望和意图，建立起的 Agent 的 BDI 模型等[200]，以及模型架构 IRMA[201] 和 PRS[202]。在这些经典研究成果的基础上，国内也有研究者根据需要，增加或者修改相应的概念而得到适用的 BDI 模型，如中国科学院的史忠植教授提出在描述 Agent 的心智状态时重点需要考虑 Agent 的信念、能力、意图和规划等概念，并提出了相应的理论模型[203]。

由于 BDI 模型可以刻画 Agent 心智状态变化的过程，描述 Agent 的各种心智成分及其相互约束关系，因此在认知心理学、人工智能、人机交互领域得到了广泛应用。例如运用 BDI 模型来识别学生的感情并对其进行建模[204]，基于 BDI 模型对危机中的人群行为进行建模仿真[205]。本研究认为基于 BDI 模型研究网民群体在突发事件网络舆情演变过程中的"信念—愿望—意图"，可对网民的心智状态的转换过程建模仿真，从而揭示网络舆情演变的内在动因。

### 4.2.5 PMF（Performance Moderator Functions，行为自适应功能）模型

PMFServ 是一个利用各种行为自适应功能模型建立的集成框架，它由美国国防部模型和仿真办公室（DMSO）等单位联合资助研发，旨在建立生理、压力、个性、文化、情感和社会关系对人进行决策的影响模型。PMF-Serv 既能分析人类行为的适应功能，也能通过不同仿真环境中的认知框架分析人类行为表现。

PMFServ 集成框架由一系列模块构成。感知模块是信息摄入模块，并转化为一定的规则信息存储在记忆中。对外，Agent 通过感知模块来感知外

部的环境（其他主体的行为、客观环境）；对内，Agent 通过感知模块能够知晓自身内部的当前的一系列信息（生理/压力状态、情感状态），并会随着时间变化动态更新。感知模块一个最大特点是 Agent 可以感知能力范围内根据不同条件感知到不同结果[206]；生理/压力模块表示个体的行为决策要受到自身生理条件和外界压力条件的限制，如睡眠、营养以及伤害对人行为的影响作用，时间、疲劳、焦虑等因素综合的效果对信息处理过程的影响。Hursh 和 McNally（1993）通过对 1300 项研究的回顾，提出了在冲突事件中人们在压力（Stress）下的决策效力（Effectiveness）模型[207]。Gillis 和 Hursh（1999）扩展了该模型，用事件压力（Event Stress，ES）、时间压力（Time Pressure，TP）、生理疲劳（Effective Fatigue，EF）取代了原来单一的压力（Stress）因素[208]。事件压力来自于某段时间内 Agent 有害和有利的事件的平均效果，时间压力是完成行为所需时间与可以利用时间的相对比值，疲劳因素包含了个体的健康状况、睡眠状况以及体力等多个基本生理指标；情感/个性/文化模块是情感的产生模块。情感由认知产生，而认知评价标准主要和个体的个性和文化背景相关。借鉴 Ortony，Clore 和 Colins（1988）情感产生的 OCC 模型，Silverman 等构建了索马里情景下不同主体情感产生的 GSP 树（Goals，Standards，Preferences Trees），并映射到 OCC 模型中，个体总体情感的强度表示的主观期望效用（SEU）是个体的行为决策的重要依据[209]；社会关系模块分析的是 Agent 之间的亲密关系。确定不同 Agent 之间的关系是为了确定其他 Agent 行为对自身情感产生的影响作用。不同亲密程度个体的行为引起的情感是不相同的，一个群体内部的成员之间的关系通常是友好的，当其中一位成员有什么好的事情时内部其他成员的情感往往是积极的，相对地，所引起敌人的情感则是消极的，同时，亲密的强度也会影响情感强度[210]；决策模块是将其他模块的影响条件组合到一块根据一定的规则形成决策。每个 Agent 需要了解自身当前压力状态、情感状态、应对模式（$\Omega_1 - \Omega_5$）以及备选的行为集合等。行为的效用 $u$ 由情感组合生成的主观期望效用（SEU）来表示。Agent 根据当前的压力状况对应一种决策风格（$\Phi$），通过计算行为的 SEU 做出最佳的回应（Best Response，BR）。

PMFServ 的关键特点是可以提供基于情感主观效用的决策模型，因此，PMFServ 作为一个重要的 Agent 框架，可作为其他认知框架的元层次情感中介，也可为仿真决策提供全功能的独立系统[211]，并广泛应用于各类突发事件的群体行为建模，例如对战略决策中意见领袖和追随者的群体行为影响要素[212]，以及不同社会文化背景的意见博弈和观点冲突等群体行为进行仿真[213]。本研究认为基于 PMFServ 集成框架建立网民群体情感主观效用的决策模型，可以综合考察网民在网络舆情演变过程中行动目的、行为标准、行为偏好和情感状态之间的关系。

## 5 社会舆情分析的专业研究机构与研究项目

### 5.1 社会舆情分析的专业研究机构

目前，国内已有不少从事舆情研究工作的专业机构，包括商业服务机构，如北京拓尔思（TRS）信息技术股份有限公司、北大方正智思软件、厦门市美亚柏科信息股份有限公司、广州市邦富软件有限公司等；科研机构，如南京大学网络传播研究中心、天津社会科学院舆情研究所、新传媒网络舆情技术实验室、中国传媒大学网络舆情（口碑）研究所、华中科技大学舆情信息研究中心、北京理工大学网络与分布式计算实验室、上海交通大学舆情研究实验室等；校企合作机构，如南京大学谷尼舆情分析研究实验室、清华优讯舆情实验室、暨南—红麦舆情研究实验室等；传媒机构，如人民网舆情监测室（又称人民日报社网络中心舆情监测室）、新华网"舆情在线"、正义网舆情工作室等。这些舆情研究机构成立时间大都不长，人民网舆情监测室是国内最早从事互联网舆情监测、研究的专业机构之一。

这些机构主要通过对传统媒体网络版（含中央媒体、地方媒体、市场化媒体、部分海外媒体）、网站新闻跟帖、网络社区/论坛/BBS、微博客、网络"意见领袖"的个人博客、网站时评等网络舆情主要载体进行监测，并进行专业的统计和分析，形成监测分析研究报告等成果。如人民网舆情监测室每年发布《XX年中国互联网舆情分析报告》等，对舆情发生、发展、演变的总体态势进行定性定量分析。除了发布研究报告，这些机构也会主办刊物或网站，承担课题研究，以促进网络舆情的发展，如南京大学谷尼舆情研究实验室主办的《中国网情研究》、上海交通大学舆情研究实验室主办的《新媒体与社会》杂志和舆情网（http://yuqing.sjtu.edu.cn/），复旦大学舆情研究实验室所主办的中国舆情网（PubTopic.org）等。其中，中国舆情网是国内最大的专业化舆情研究与舆情监测数据平台，其首推的中国地方舆情排行榜，是国内唯一按照地方来进行的专业舆情排行榜，在业内形成了广泛的影响力，是了解网络民意，进行舆情预警、监测、分析与研判的重要平台。课题研究方面：如人民网舆情监测室承担了国家软科学研究计划项目"科技舆情监测与形象传播研究"、国家社会科学基金项目"网络舆论引导规律研究"等。此外，这些机构还开发了一些专业的信息搜索平台，如TRS网络舆情监控系统、人民网互联网舆情监测服务平台、方正智思互联网舆情监控系统等。其中，TRS网络舆情监控系统充分利用中文信息处理、人工智能、数据挖掘等关键技术，提供了网络舆情的自动采集、自动分类聚类、突发事件识别、主题检测追踪、实时监测、新闻摘要生成、简报推送等功能，是一款相对比较成熟的产品。

国外也有许多进行舆情研究的公司，如 Buzzlogic，Nielsen，Visible Technologies，Reputation Defender，Cision 等，这些公司主要面向企业提供服务，通过监控网络舆情，进行网络舆情分析，帮助企业发现、吸引以及评估行业影响力，了解消费者需求，以改进服务。如数据分析公司 Buzzlogic 的"BuzzLogic Insights"服务通过对互联网上博客的分析，帮助企业发现、吸引和评估行业影响力，为营销人员提供产品反馈意见、品牌认知度等，为公关人员提供与知名博客建立关系、发现新舆情和跟踪产品问题服务。Reputation Defender 通过专有技术，帮助客户监控网络，删除负面舆论，为企业塑造良好的网络形象。

## 5.2 社会舆情分析的研究项目

在国外，舆情相关项目最为著名的要属美国的 TDT 项目，该项目产生于 1996 年，是在当时美国国防高级研究计划署（DARPA）支持下进行的，能在没有人工干预的情况下自动判断新闻数据流的主题，为信息识别、采集和组织等相关技术提供了新的测试平台，逐渐成为当前信息处理领域的研究热点。此外，美国国家科学基金会资助的舆情相关项目，主要分布在政治学，法律和社会科学，SoCS，方法、测量和统计数据等方向，如 2011 年加州大学河滨分校的"直接民主选举的舆论形成原因和后果"、2011 年宾夕法尼亚州立大学"面向公众舆论的多层次政策响应"、2011 年东北大学的"使用多模式数字足迹来推断公众情绪"以及 2014 年哥伦比亚大学的"基于多层次回归和事后分级测量研究动态公众舆论"等。国外代表性的研究项目还有欧盟的 EMM News EXPLOER 项目，此项目是由欧盟联合研究中心（DG-JRC）与 DG-Press 联合资助的，该项目关键技术之一是利用多语言主题词表 EUROVOC 进行跨语言主题提取和文本聚类，在此基础上开发了多语言新闻摘要系统，而且正确结果的测试率较高。欧盟委员会资助的社会舆情相关项目还包括 2009 年欧盟大学研究院"欧盟公众舆论的趋势和决策"、2011 年莱斯特大学的"民主响应比较视角：民主政府如何应对不同的公众意见的表达？"等。

国内方面，近 5 年来，每年都有国家社会科学基金项目和自然科学基金项目立项，国内学者研究视角不断拓宽，呈现出多学科、多视角的研究态势，舆情研究作为一个新兴的研究领域，引起了社会日益广泛的关注和重视。通过在"国家社会科学基金项目数据库"查询，自 2010 年起，我国在舆情研究领域共计有 76 项国家社会科学基金项目立项，其中，重大项目 6 项：包括上海交通大学的"突发事件网络舆情预警指标体系研究"、解放军信息工程大学的"突发事件网络舆情演化模型和仿真系统研究"、人民网股份有限公司的"突发公共事件舆情应对与效果评估信息平台建设研究"、上海外国语大学的"多语种涉华国际舆情案例数据库建设研究"、暨南大学的"大数据环境下社会舆情分析与决策支持研究"以及上海交通大学的"大数据环境下舆情分析与社会治理创新研究"。从学科分布上看，主要是以新闻与传播学和图书馆、情报与文献学这两大学科门类为主。除此之外，还包括了政治学、管理学、社会学、党史·党建等，共涉及 11 个学科；从选题上看，包括社会舆情基础理论研究、管控研究、突发事件舆情研究、地方性和民族性研究、应用实践研究等。其中，代表性的研究项目有华中科技大学的"突发事件网络舆情的信息要素分析与政府治理研究"、清华大学的"社会网络中的舆情演变机制研究"、中国传媒大学的"网络舆情监测与引导机制研究"、北京大学的"网络舆情研判的话语分析研究"、南京大学的"非常规突发事件舆情预警中的风险信号研究"、南京政治学院的"基于信息共享的网络舆情信息工作机制建构与服务内容研究"、西南民族大学的"云计算时代民族地区网络舆情监控与疏导研究"、南京理工大学的"大数据环境下社会舆情与决策支持方法体系研究"等。

在国家自然科学基金方面：通过在"国家自然科学基金项目查询与分析系统"查询，自 2010 年起，共计有 47 项舆情相关项目立项，主要涉及计算机科学、新闻传播、图书情报等领域，包括社会舆情基础理论研究、管控研究、技术与系统构建研究、应用实践研究等研究主题。涉及的学科集中在信息科学与管理科学两个方面。其中，代表性的研究项目如：中国科学院自动化研究所的"非常规突发事件情景演化的舆情涌现机制与人工舆情发生器研究"、南京理工大学"基于情感倾向性分析的网络舆情意见领袖识别与对策研究"、北京大学"面向网络舆情分析的微博社会化短文本分析技术研究"、上海交通大学的"海量网络舆情信息获取、分析及表达关键技术研究"、中央民族大学的"跨语言社会舆情分析基础理论与关键技术研究"、吉林大学的"大数据环境下多媒体网络舆情信息的语义识别与危机响应研究"等。

# 6 小结

根据国内外研究的热点与社会发展的需求，本文认为社会舆情分析研究在未来的发展趋势主要应体现在以下几个方面。

（1）借助大数据与信息技术的社会舆情分析将是支持政府决策的根本要求。在全球化、后工业化的背景下，中国社会转型过程中遭遇到虚拟社会的治理挑战，也面临着大数据背景下可能的机遇，而传统的政策阶段理论，即确定问题、设置议程、选定方案、实施与评估政策，在大数据背景下将出现越来越严重的局限。传统政策阶段分析模型将决策过程从一个阶段发展到另一个阶段，并在特定阶段引发系列活动，却忽略了各个阶段间的联系、动力和影响等核心因素：一是忽略了社会生态在以大数据方式呈现出来的各种相关性；二是忽略了基层行政工作在突发性问题应对时的积极性和灵活性；三是忽略了舆情变化过程中多个社会问题爆发的瞬时性和共时性；四是忽略了舆情所呈现的相关者的多样性和态势的快速变化；五是忽略了决策者对决策过程的把握及学习功能。因此，借助大数据思想与信息技术进行社会舆情分析并形成更加完善的决策支持系统及倡议联盟，既是面对虚拟社会治理挑战的题中之意，更是构建国家治理体系及实现治理能力现代化的根本要求。

（2）社会舆情信息经过深度的组织、关联与挖掘才能发挥其深层价值。如今，社会舆情传播处于浩瀚而非结构化的数据海洋中，使舆情信息的采集处理尤其是挖掘分析难度更大，效果更加难以体现。虽然，大数据等技术可完整记录公众当下的情绪、行为、关注点与兴趣点、归属地、移动路径、社会关系链等一系列特征数据，但由于缺乏对数据源进行有效评估、未对相关信息进行深度的组织，从而影响了其深层价值的发挥，有时甚至影响其实际应用效果。因此，在今后的研究中需要对社会舆情信息源进行质量评估，然后抽取出社会舆情的多维度特征，在此基础上对舆情信息进行深度的组织、关联和挖掘，从而发挥出大数据在社会舆情分析的深度价值。

（3）社会舆情分析是一项典型的交叉学科研究问题。传统的舆情事件分析缺乏不同舆情事件之间的关联和迁移分析，缺乏线上数据与线下数据的整合研究；舆情管理大而泛，缺乏符合中国不同地区文化与经济特色的舆情累积研究；舆情系统以监测分析为主，缺乏舆情的仿真系统、风险评估、预警机制及对决策支持的研究；全媒体与大数据环境下的社会舆情分析，已有许多学科开始涉猎，如：新闻传播、图书情报等学科，但是大多停留在舆情特点、规律等理论探讨阶段；而计算机学科大多聚焦于其中的可视化、舆情内容及关联语义挖掘等关键技术研究。那么，如何针对社会舆情进行全方面的联分析与深度挖掘，是一项涉及图书情报、计算机、新闻传播等多个学科的综合性研究课题。并以此为出发点，构建全媒体与大数据环境下的社会舆情分析系统，在应对社会舆情的过程中，综合多学科优势，充分利用大数据分析手段，并进一步提升政府部门针对社会舆情的预警与快速响应能力。

## 参考文献

[1] 冯希莹，王来华．舆情概念辨析［J］．社会工作：学术版，2011（5）：83-87.

[2] 王来华．舆情研究概论（理论、方法与现实热点）［M］．天津：天津社会科学院出版社，2003.

[3] 张克生．国家决策：机制与舆情［M］．天津：天津社会科学院出版社，2004.

［4］ 刘毅．略论网络舆情的概念、特点、表达与传播［J］．理论界，2007（1）：11-12．

［5］ 喻国明．中国民意研究［M］．北京：中国人民大学出版社，1993．

［6］ 虞崇胜，舒刚．社会转型期网络舆情治理创新——基于政治安全的视角［J］．行政论坛，2012（5）：1-8．

［7］ 姜胜洪．我国网络舆情的现状及其引导［J］．广西社会科学，2009（1）：1-4．

［8］ 王建龙．把握社会舆情［J］．瞭望新闻周刊，2002（20）：1．

［9］ 杨永军，张彩霞．社会舆情的传播效应探析［J］．现代传播（中国传媒大学学报），2012（1）：137-138．

［10］ 黄晓斌，赵超．文本挖掘在网络舆情信息分析中的应用［J］．情报科学，2009，27（1）：95-96．

［11］ 韩运荣，喻国明．舆论在社会生活中的角色扮演与功用发挥［J］．现代传播，2005（1）：54-58．

［12］ ROUSSEAU J J. The social contract［M］. New York：Cosimo Inc，2008：80-122．

［13］ TOSCANI G. Kinetic models of opinion formation［J］. Communications in Mathematical Sciences，2006，4（3）：481-496．

［14］ 程慧．网络舆情的形成机制研究［D］．南昌：江西师范大学，2011．

［15］ 柳明．网络热点舆情的形成及社会效应［D］．长春：东北师范大学，2012．

［16］ HU C，WU R，ZHOU A，et al. Study on the formation models of network public opinion based on incline degrees of opinions of agents［J］. Journal of Sichuan University（Engineering Science Edition），2009，41（4）：196-201．

［17］ SZNAJD-WERON K，SZNAJD J. Opinion evolution in closed community［J］. International Journal of Modern Physics C，2000，11（6）：1157-1165．

［18］ HEGSELMANN R，KRAUSE U. Opinion dynamics and bounded confidence models，analysis，and simulation［J］. Journal of Artificial Societies and Social Simulation，2002，5（3）：1-33．

［19］ DEFFUANT G，AMBLARD F，WEISBUCH G，et al. How can extremism prevail? A study based on the relative agreement interaction model［J］. Journal of Artificial Societies and Social Simulation，2002，5（4）：1-10．

［20］ 戴建华，杭家蓓．基于模糊规则的元胞自动机网络舆论传播模型研究［J］．情报杂志，2012，31（7）：16-20．

［21］ 朱恒民，李青．面向话题衍生性的微博网络舆情传播模型研究［J］．现代图书情报技术，2012（5）：60-64．

［22］ 姜鑫，田志伟．微博社区内信息传播的"小世界"现象及实证研究——以腾讯微博为例［J］．情报科学，2012，30（8）：1139-1142．

［23］ 刘继，李磊．基于微博用户转发行为的舆情信息传播模式分析［J］．情报杂志，2013，32（7）：74-77．

[24] 陈福集，胡改丽．网络舆情热点话题传播模式研究［J］．情报杂志，2014，33（1）：97-101．

[25] ZHANG J，HONG Y. Opinion evolution analysis for short range and long-range Deffuant-Weisbuch models［J］．Physica A：Statistical Mechanics and its Applications，2013，392（21）：5289-5297．

[26] 张合斌．高校百度贴吧舆情研究［J］．新闻爱好者，2009（9）：122-123．

[27] 方付建．突发事件网络舆情演变研究［D］．武汉：华中科技大学，2011．

[28] 周而重，钟宁，黄佳进．基于意见领袖引导作用的网络舆论演化研究［J］．计算机科学，2013，40（11）：287-290．

[29] 燕道成．国外网络舆论管理及启示［J］．南通大学学报：社会科学版，2007，23（2）：135-140．

[30] 崔鑫，胡勇，等．基于SNA网络中心势的网络舆论导向机理［J］．北京邮电大学学报，2011，34（2）：26-30．

[31] 袁利民．网络舆论危机的分析把握与管理引导研究［J］．思想理论教育，2006（11）：15-18．

[32] 孟令俊．突发事件中的微博传播与舆论引导［D］．武汉：华中师范大学，2011．

[33] 付业勤，郑向敏．国内外网络舆情研究的回顾与展望［J］．编辑之友，2014（12）：56-58．

[34] LI X，GAO L. The design and implementation of an internet public opinion monitoring and analyzing system［C］//Proceedings of Service Sciences（ICSS），2013 International Conference，Shenzhen，2013：176-180．

[35] 赵永升．基于微格式的分布式网络舆情监测系统［J］．计算机工程，2013，39（11）：272-275．

[36] 王青，成颖，巢乃鹏．网络舆情监测及预警指标体系构建研究［J］．图书情报工作，2011，55（8）：54-57．

[37] ANDREA E. Automatic generation of lexical resources for opinion mining：models，algorithms and applications［D］．Pisa：University dipisa. Italy，2008．

[38] 丁菊玲，勒中坚，王根生，等．一种面向网络舆情危机预警的观点柔性挖掘模型［J］．情报杂志，2009，28（10）：152-154．

[39] 许鑫，张岚岚．基于信号分析的突发事件网络舆情预警研究［J］．情报理论与实践，2010，33（12）：97-100．

[40] 谢耘耕．中国社会舆情与危机管理报告［M］．北京：社会科学文献出版社，2014：1-10．

[41] 杜骏飞．危如朝露：中国网络舆情报告［M］．杭州：浙江大学出版社，2011．

[42] 王来华，刘毅．2004年舆情研究综述［J］．天津大学学报：社会科学版，2005（4）：309-313．

[43] 张伟佳，丛帅，崔巍．论网络舆情监测系统中关键词智能追踪模型的建立［J］．计算机光盘软件与应用，2013（23）：29-30．

［44］ 杜阿宁. 互联网舆情信息挖掘方法研究 ［D］. 哈尔滨：哈尔滨工业大学，2007：29-42.

［45］ 邢梦婷，王曰芬. 国内外社会舆情研究的回顾与展望 ［J］. 情报理论与实践，2015 (11)：139-144.

［46］ 龚海军. 网络热点话题自动发现技术研究 ［D］. 武汉：华中师范大学，2008：7-13.

［47］ MORI M，MIURA T，SHIOYA I. Topic detection and tracking for news web pages ［C］. Web Intelligence，IEEE/WIC/ACM International Conference on IEEE Computer Society，2006：338-342.

［48］ 李华波，吴礼发，赖海光，等. 有效的爬行页面的网络爬行算法 ［J］. 成都：电子科技大学学报，2013 (1)：26.

［49］ 高天宏. 互联网舆情分析中信息采集技术的研究与设计 ［D］. 北京：北京邮电大学，2015：18-20.

［50］ Sentiment Metrics ［EB/OL］. ［2015-12-26］. http：//www. surveyanalytics. com/sentiment-metrics. html.

［51］ Product ［EB/OL］. ［2015-12-26］. http：//www. cision. com/us/products/? nav _ location＝main _ menu.

［52］ 陈丽萍. 校园 BBS 舆情数据收集与提取系统的设计与实现 ［D］. 武汉：华中科技大学，2009：9-19.

［53］ KINSELLA S，BRESLIN J G，PASSANT A，et al. Applications of semantic web methodologies and techniques to social networks and social websites ［M］. Reasoning Web. Springer Berlin Heidelberg，2008：171-199.

［54］ FININ T，SLEEMAN J. Computing FOAF co-reference relations with rules and machine learning ［C］ //Proceedings of the 3rd International Workshop on Social Data on Web，Shanghai，2010：595-608.

［55］ 王兰成，徐震. 主题舆情分析中的语义 Web 文本分类研究 ［J］. 情报学报，2012，31 (4)：340-344.

［56］ 王兰成. 网络舆情情报语义集成分析法的理论与实践探析 ［J］. 情报理论与实践，2013，36 (2)：48-50.

［57］ 邢梦婷. 面向政府决策支持的社会舆情信息采集及组织研究 ［D］. 南京：南京理工大学，2016.

［58］ WANG X，ZHAI C X，HU X，et al. Mining correlated bursty topic patterns from coordinated text streams ［C］ //Proceedings of the 13th ACM SIGKDD International Conference on Knowledge Discovery and Data Mining. ACM，2007：784-793.

［59］ DU Y，WU W，HE Y，et al. Microblog bursty feature detection based on dynamics model ［C］. Systems and Informatics (ICSAI)，2012 International Conference on. IEEE，2012：2304-2308.

[60] ALLAN J，PAPKA R，LAVRENKO V. On-line new event detection and tracking [C] //Proceedings of the 21st Annual International ACM SIGIR Conference on Research and Development in Information Retrieval. ACM，1998：37-45.

[61] 雷震，吴玲达，雷蕾，等. 初始化类中心的增量 K 均值法及其在新闻事件探测中的应用 [J]. 情报学报，2006，25（3）：289-295.

[62] WARTENA C，BRUSSEE R. Topic detection by clustering keywords [C]. 19th International Conference on Database and Expert Systems Application. IEEE Computer Society，2008：54-58.

[63] PETROVIĆ S，OSBORNE M，LAVRENKO V. Streaming first story detection with application to Twitter [C]. Human Language Technologies：The 2010 Annual Conference of the North American Chapter of the Association for Computational Linguistics. Association for Computational Linguistics，2010：181-189.

[64] PHUVIPADAWAT S，MURATA T. Breaking news detection and tracking in Twitter [C]. Web Intelligence and Intelligent Agent Technology（WI-IAT），2010 IEEE/WIC/ACM International Conference on. IEEE，2010：120-123.

[65] HA-THUC V，SRINIVASAN P. Topic models and a revisit of text-related applications [C] //Proceedings of the 2nd PhD workshop on Information and knowledge management. ACM，2008：25-32.

[66] 葛高飞. 突发事件微博新话题检测与跟踪系统的设计与实现 [D]. 北京：北京邮电大学，2014.

[67] KLEINBERG J. Bursty and hierarchical structure in streams [J]. Data Mining and Knowledge Discovery，2003，7（4）：373-397.

[68] FUNG G P C，YU J X，YU P S，et al. Parameter free bursty events detection in text streams [C] //Proceedings of the 31st International Conference on Very Large Data Bases. VLDB Endowment，2005：181-192.

[69] HE Q，CHANG K，LIM E P. Analyzing feature trajectories for event detection [C] //Proceedings of the 30th Annual International ACM SIGIR Conference on Research and Development in Information Retrieval. ACM，2007：207-214.

[70] VLACHOS M，WU K L，CHEN S K，et al. Correlating burst events on streaming stock market data [J]. Data Mining and Knowledge Discovery，2008，16（1）：109-133.

[71] 姚占雷，许鑫. 互联网新闻报道中的突发事件识别研究 [J]. 现代图书情报技术，2011（4）：52-57.

[72] 陈宏，陈伟. 基于突发特征分析的事件检测 [J]. 计算机应用研究，2011，28（1）：117-120.

[73] HURLOCK J，WILSON M L. Searching twitter：separating the tweet from the chaff [C]. ICWSM，2011：161-168.

[74] BENEVENUTO F，MAGNO G，RODRIGUES T，et al. Detecting spammers on

twitter [J]. Collaboration, Electronic Messaging, Anti-abuse and Spam Conference (CEAS), 2010 (6): 12-20.

[75] WENG J, LEE B S. Event detection in twitter [J]. ICWSM, 2011 (11): 401-408.

[76] MATHIOUDAKIS M, KOUDAS N. Twittermonitor: trend detection over the twitter stream [C] //Proceedings of the 2010 ACM SIGMOD International Conference on Management of data. ACM, 2010: 1155-1158.

[77] BECKER H, NAAMAN M, GRAVANO L. Beyond trending topics: real-world event identification on twitter [J]. ICWSM, 2011 (11): 438-441.

[78] LONG R, WANG H, CHEN Y, et al. Towards effective event detection, tracking and summarization on microblog data [M] //Web-Age Information Management. Springer, Berlin Heidelberg, 2011: 652-663.

[79] 薛峰, 周亚东, 高峰, 等. 一种突发性热点话题在线发现与跟踪方法 [J]. 西安交通大学学报, 2011, 45 (12): 64-69.

[80] DIAO Q, JIANG J, ZHU F, et al. Finding bursty topics from microblogs [C] // Proceedings of the 50th Annual Meeting of the Association for Computational Linguistics: Long Papers-Volume 1. Association for Computational Linguistics, 2012: 536-544.

[81] 赵文清, 侯小可. 基于词共现图的中文微博新闻话题识别 [J]. 智能系统学报, 2012, 7 (5): 444-449.

[82] YAO J, CUI B, HUANG Y, et al. Bursty event detection from collaborative tags [J]. World Wide Web, 2012, 15 (2): 171-195.

[83] CORDEIRO M. Twitter event detection: combining wavelet analysis and topic inference summarization [C]. Doctoral Symposium on Informatics Engineering, 2012 (8): 11-16.

[84] 王勇, 肖诗斌, 郭跎秀, 等. 中文微博突发事件检测研究 [J]. 现代图书情报技术, 2013, 29 (2): 57-62.

[85] 杨文漪. 面向微博的事件检测算法研究 [D]. 北京: 北京邮电大学, 2013.

[86] 郭跎秀, 吕学强, 李卓. 基于突发词聚类的微博突发事件检测方法 [J]. 计算机应用, 2014, 34 (2): 486-490.

[87] 张晓霞, 王名扬, 贾冲冲, 等. 基于突发词 H 指数的微博突发事件检测算法研究 [J]. 情报杂志, 2015, 34 (2): 37-41.

[88] 尉永清, 杨玉珍, 费绍栋, 等. 融合用户情感的在线突发事件识别研究 [J]. 情报理论与实践, 2015, 38 (2): 92-96.

[89] KATZ E, LAZARSFELD P F. Personal influence, the part played by people in the flow of mass communications [M]. Transaction Publishers, 1955.

[90] 陈然, 莫茜. 网络意见领袖的来源、类型及其特征 [J]. 新闻爱好者, 2011 (12): 6-7.

[91] 朱卫未，王海琴．基于社会网络和偏好排序的意见领袖识别方法研究——以"阿里平台为云南鲁甸募捐"为例 [J]．情报杂志，2015（6）：104-108，125.

[92] 罗晓光，溪璐路．基于社会网络分析方法的顾客口碑意见领袖研究 [J]．管理评论，2012（1）：75-81.

[93] 陈远，刘欣宇．基于社会网络分析的意见领袖识别研究 [J]．情报科学，2015，33（4）：13-19，92.

[94] 陈然．网络论坛舆论领袖的识别与筛选——对凯迪社区的实证研究 [J]．媒体时代，2010（2）：75-77.

[95] 蒋翠清，朱义生，丁勇．基于 UGC 下的意见领袖发现研究 [J]．情报杂志，2011，30（10）：82-85.

[96] LV L, ZHANG Y C, YEUNG C H, et al. Leaders in social networks, the delicious case [EB/OL]．[2016-02-21]．http：//journals. plos. org/plosone/article? id=10. 1371/journal. pone. 0021202.

[97] 吴凯，季新生，郭进时，等．基于微博网络的影响力最大化算法 [J]．计算机应用，2013，33（8）：2091-2094.

[98] 吴渝，马璐璐，林茂，等．基于用户影响力的意见领袖发现算法 [J]．小型微型计算机系统，2015，36（3）：561-565.

[99] 樊兴华，赵静，方滨兴，李欲晓．影响力扩散概率模型及其用于意见领袖发现研究 [J]．计算机学报，2013（2）：360-367.

[100] 陈波，唐相艳，于泠，等．基于胜任力模型的社交网络意见领袖识别方法 [J]．通信学报，2014，35（11）：12-22.

[101] 魏志惠，何跃．基于信息熵和未确知测度模型的微博意见领袖识别——以"甘肃庆阳校车突发事件"为例 [J]．情报科学，2014，32（10）：39-43.

[102] KENNEDY A, INKPEN D. Sentiment classification of movie reviews using contextual valence shifters [C] //Proceedings of Computational Intelligence. Publisher：John Wiley&Sons，2006：110-125.

[103] SHEN Yang, LI Shuchen, ZHENG Jing, et al. Emotion mining reasearch on micro-blog [C] //Web Society, 2009. SWS09. 1st IEEE Symposium，2009.

[104] 杨超，冯时，王大玲，等．基于情感词典扩展技术的网络舆情倾向性分析 [J]．中文信息学报，2010（4）：691-695.

[105] 陈晓东．基于情感词典的中文微博情感倾向性分析研究 [D]．武汉：华中科技大学．2012.

[106] 韩忠明，张玉沙，张慧，等．有效的中文微博短文本倾向性分类算法 [J]．计算机应用与软件，2012，29（10）：89-93.

[107] TURNEY P. Thumbs up or thumbs down? Semantic orientation applied to unsupervised classification of reviews [C] //Proceedings of Annual Meeting on Association for Computational Linguistics (ACL-02)，2002.

[108] JIANG Long, YU Mo, ZHOU Ming, et al. Target-dependent twitter sentiment

classification [C] //Proc. of the 49th Annual Meeting of the Association for Computational Linguistics. Portland, USA, 2011: 151-160.

[109] DMITRY D, OREN T, ARI R. Enhanced sentiment learning using twitter hashtags and smileys [C]. COLING 2010, International Conference on Computational Linguistics, In: Coling, 2010: 241-249.

[110] LUCIANO B, FENG Junlan. Robust sentiment detection on twitter from biased and noisy data [C]. COLING 2010, International Conference on Computational Linguistics, In: Coling, 2010: 36-44.

[111] 刘志明, 刘鲁. 基于机器学习的中文微博情感分类实证研究 [J]. 计算机工程与应用, 2012, 48 (1): 1-4.

[112] 林江豪, 阳爱民, 周咏梅, 等. 一种基于朴素贝叶斯的微博情感分类 [J]. 计算机工程与科学, 2012, 34 (9): 160-165.

[113] 张珊, 于留宝, 胡长军. 基于表情图片与情感词的中文微博情感分析 [J]. 计算机科学, 2012, 39 (11A): 146-148, 176.

[114] 梁军, 柴玉梅, 原慧斌, 昝红英, 刘铭. 基于深度学习的微博情感分析 [J]. 中文信息学报, 2014 (5): 155-161.

[115] 中国科学院计算技术研究所. 2014 年上半年突发事件政府舆情应对能力分析报告 [EB/OL]. [2015-10-15]. http: //wenku. baidu. com/link? url= _ f1i-QYmc-1S4nr2Vqyz9q48yp7hqfpOMK_jSwIC4VrGe572wrA9NF9biDxdCi3n7gnttmGV0-nSqmJNTxISg3SXXS94kHQxU9SevAHgmL-gC.

[116] 马映红. 网络舆情的基本特点、演变机理与社会效应 [J]. 学习月刊, 2010 (12): 115-117.

[117] 方娟. 网络群体性事件中网络舆情对行政决策的影响研究 [D]. 成都: 电子科技大学, 2010.

[118] 赵婷婷. 网络舆论对我国公共决策的影响研究 [D]. 北京: 首都经济贸易大学, 2011.

[119] BOURAS C, KATRIS N, TRIANTAFILLOU V. An electronic voting service to support decision-making in local government [J]. Telematics and Informatics, 2003, 20 (3): 255-274.

[120] SAFAI-AMINI M. Information technologies: challenges and opportunities for local governments [J]. Journal of Government Information, 2010, 27 (4): 471-479.

[121] 兰月新, 董希琳, 陈成鑫. 地方政府应对网络舆情能力评估和危机预警研究 [J]. 现代情报, 2012 (5): 8-12.

[122] 罗繁明. 地方社会舆情监测和决策支持管理系统构建研究 [J]. 情报资料工作, 2008 (4): 59-64.

[123] DE MEO P. Semantic approaches for accessing distributed information: challenges, methodologies and opportunities [M]. [S. I.]: Lambert Academic Publishing, 2010.

[124] KWON YE JIN, YOUNG BOM PARk. A study on automatic analysis of social network services using opinion mining [C] //Proceedings of Third International Conference, FGIT 2011 In Conjunction with GDC, 2011: 240-248.

[125] ADAM W, KATIE A, BENCH-CAPON T. Towards a structured online consultation tool [C] //Proceedings of 11th Proceedings of the Third IFIP WG 8.5 International Conference on Electronic Participation, 2011: 286-297.

[126] 张虹. 基于统计分析和知识挖掘的网络舆情管理决策平台研究 [J]. 科技信息, 2011 (7): 495-502.

[127] 陈祥, 洪福金, 张贤坤. 基于案例推理的网络舆情辅助决策系统研究 [J]. 计算机与现代化, 2012 (6): 13-16.

[128] 康伟. 突发事件舆情传播的社会网络结构测度与分析——基于"11·16校车事故"的实证研究 [J]. 中国软科学, 2012 (7): 169-178.

[129] SUO Shuguang, CHEN Yu. The dynamics of public opinion in complex networks [J]. Journal of Artificial Societies And Social Simulation, 2008, 11 (4).

[130] 潘新, 邓贵仕, 佟斌. 基于社会网络的舆情传播模型构建与分析 [J]. 运筹与管理, 2011 (2): 176-179.

[131] WATTS D J, STROGATZ S H. Collective dynamics of small world networks [J]. Nature, 1998, 393 (6684): 440-442.

[132] NEWMAN M E J, WATTS D J. Scaling and percolation in the small-world network model [J]. Physical Review E, 1999, 60 (6): 7332-7342.

[133] 刘锦德, 刘咏梅. 基于改进 Deffaunt 模型和小世界网络的舆情传播模拟与仿真 [J]. 系统工程, 2015 (3): 123-129.

[134] BARABÁSI A L, ALBERT R. Emergence of scaling in random networks [J]. Science, 1999, 286 (5439): 509-512.

[135] 高玉. 基于关联度的无标度网络演化模型的建立与分析 [D]. 武汉: 武汉理工大学, 2013.

[136] 约翰. 斯科特, 译. 社会网络分析法 [M]. 2版. 重庆: 重庆大学出版社, 2007.

[137] 《新媒体环境下危机传播与舆论引导研究》课题组. 抢盐事件中的舆情态势和传播规律研究 [J]. 国际新闻界, 2011 (7): 28-39.

[138] 金鑫. 基于复杂网络分析的微博网络舆情传播 [J]. 吉林大学学报: 工学版, 2012, 42 (1): 271-275.

[139] 石彭辉. 基于社会网络分析的网络舆情实证分析研究 [J]. 现代情报, 2013, 33 (2): 27-31.

[140] 陈京民, 韩永转. 基于虚拟社会网络挖掘的网络舆情分析 [J]. 中国制造业信息化, 2010, 39 (5): 65-67.

[141] 许玉. 基于微博的网络口碑研究 [D]. 南京: 南京大学, 2011.

[142] RHEINGOLD H. The virtual community: homesteading on the electronic frontier

　　　　　［M］.［S. L.］：MIT Press，1993.

［143］李星星. 学术虚拟社区成员关系社会网络研究——以"科学网"为例［D］. 武
　　　　汉：华中师范大学，2013.

［144］杨智. 基于社会网络分析的虚实社区特性研究［D］. 重庆：重庆大学，2010.

［145］纪雪梅，王芳. SNA 视角下的在线社交网络情感传播研究综述［J］. 情报理论与
　　　　实践，2015，38（7）：139-144.

［146］MCPHERSON M，SMITH-LOVIN L，COOK J M. Birds of a feather：homophily
　　　　in social networks［J］. Annual Review of Sociology，2001，15（4）：415-444.

［147］白磷. 浅析互联网社交传播的从众性［J］. 新闻研究导刊，2015（2）：34，136.

［148］KERNIGHAN B W，LIN S. An efficient heuristic procedure for partitioning graphs
　　　　［J］. Bell System Technical Journal，1970，49（2）：291-307.

［149］MATSUMURA N，OHSAWA Y，ISHIZUKA M. Influence diffusion model in
　　　　text-based communication［J］. Transactions of the Japanese Society for Artificial
　　　　Intelligence，2002（17）：259-267.

［150］ZHANG W，HE H，CAO B. Identifying and evaluating the internet opinion leader
　　　　community based on k-clique clustering［J］. Neural Computing and Applications，
　　　　2014，25（3/4）：595-602.

［151］刘毅. 网络舆情与政府治理范式的转变［J］. 前沿，2006（10）：140-143.

［152］陈彤旭，邓理峰. BBS 议题的形成与衰变——对人民网强国论坛的个案研究［J］.
　　　　新闻与传播研究，2002（1）：13-25.

［153］毕宏音. 网络舆情形成与变动中的群体影响分析［J］. 天津大学学报：社会科学
　　　　版，2007，9（3）：270-273.

［154］MICHAEL H，et al. Netizens：on the history and impact of usenet and the internet
　　　　（perspectives）［M］.［S. L.］：Wiley-IEEE Computer Society Press，1997.

［155］郑傲. 网络互动中的网民自我意识研究［M］. 成都：电子科技大学出版
　　　　社，2009.

［156］刘晔. 关于网络舆论传播的主体及客体分析［J］. 法制与经济（上旬），2012
　　　　（5）：81-82.

［157］祝华新. 2015 政务微博报告解读及趋势研判［EB/OL］.［2016-02-25］. http：//
　　　　www. cpd. com. cn/n15737398/n26490099/c31812105/content. html.

［158］全国微博账号突破 13 亿，媒体法人微博快速发展［EB/OL］.［2014-12-25］. ht-
　　　　tp：//news. xinhuanet. com/newmedia/2013-12/05/c _ 118424629. htm.

［159］戴维·波普. 社会学［M］. 10 版. 李强，等，译. 北京：中国人民大学出版
　　　　社，1999.

［160］陈浩，薛婷，乐国安. 集群行为诸相关概念分类新框架［J］. 广西民族大学学报：
　　　　哲学社会科学版，2010，32（6）：56-60，132.

［161］乐国安，薛婷，陈浩. 网络集群行为的定义和分类框架初探［J］. 中国人民公安
　　　　大学学报：社会科学版，2010（6）：99-104.

[162] JARDOSB A P, BELDING-ROYER E M, ALMEROTB K C, SURI S. Real-world environment models for mobile network evaluation [J]. IEEE Journal on Selected Areas in Communications, 2005, 23 (3): 622-632.

[163] 杨志谋, 司光亚, 李志强, 等. 群体行为建模理论基础与建模方法研究 [J]. 系统仿真学报, 2009 (16): 4921-4925, 4930.

[164] 张贯一. 组织行为学 [M]. 武汉: 理工大学出版社, 2006.

[165] 田育才. 网络集群行为与"周森锋事件"[J]. 新闻世界, 2009 (12): 135-136.

[166] 何炎祥, 陈萃萌. Agent 和多 Agent 系统的设计和应用 [M]. 武汉: 武汉大学出版社, 2001.

[167] 岳峰, 胡晓峰, 李志强, 等. 多智能体涌现生成的群体行为仿真 [J]. 系统仿真学报, 2008 (S1): 205-208.

[168] DeAngelis D L, MOOIJ W M. Individual-based modeling of ecological and evolutionary processes [J]. Annual Review of Ecology, Evolution and Systematics, 2005, 36: 147-168.

[169] 绍明. 基于 GPU 的运动路径匹配及人群仿真研究 [D]. 杭州: 浙江大学, 2010.

[170] BANERJEE B, KRAEMER L. Evaluation and comparison of multi-agent based crowd simulation systems: Agents for games and simulations II [M] Springer, 2011, 6525 (8): 53-66.

[171] OGUZ O, AKAYD in A. , et al. Emergency crowd simulation for outdoor environments [J]. Computers & Graphics, 2010, 34 (2): 136-144.

[172] 李可. 公共危机中的群体行为分析与对策研究 [D]. 北京: 国防科学技术大学研究生院, 2005.

[173] TAYLOR S E, 谢晓非, 译. 社会心理学 [M]. 北京: 北京大学出版社, 2004: 236.

[174] 樊春雷, 马谋超, 王詠, 等. 突发性危机情景下抢购现象的发生及其应对策略 [J]. 心理科学进展, 2003, 4 (10).

[175] 魏永山. 面向 Agent 软件工程方法研究 [D]. 青岛: 山东科技大学, 2003.

[176] WOOLDRIDGE M, et al. Intelligent Agents: theory and practice [J]. Knowledge Engineering Review, 1995, 10 (2): 115-152.

[177] 江世杰, 韩战钢. 复杂系统研究中基于 agent 的模型化方法 [J]. 上海理工大学学报, 2011 (2): 124-129.

[178] 刘雁飞, 吴朝晖. 驾驶 ACT-R 认知行为建模 [J]. 浙江大学学报: 工学版, 2006, 40 (10): 1657-1662.

[179] QIN Y, BOTHELL D, ANDERSON J R. ACT-R meets fMRI [M] //Web Intelligence Meets Brain Informatics. Berlin, Heidelberg: Springer, 2007: 205-222.

[180] STOCCO A, LEBIERE C, ANDERSON J R. Dopamine, learning, and production rules: the basal ganglia and the flexible control of information transfer in the brain [C] //Proceedings of the AAAI Fall Symposium: Biologically Inspired Cog-

nitive Architectures. MenloPark，CA，USA：AAAI，2009：169-175.

[181] OYEWOLE S A，FARDE AM，HAIGHT J M，et al. Evaluation of complex and dynamic safety tasks in human learning using the ACT-R and SOAR skill acquisition thories［J］. Computers in Human Behavior. 2011（27）：1984-1995

[182] LAIRD J E，JONES O M，NIELSEN P E. Coordinated behavior of computer generated forces in TacAir-Soar［C］// Fourth Conference on Computer Generated Forces & Behavioral Representation，1994：325-332.

[183] JONES R M，CHOWN E，HENNINGER A E. A Hybrid Symbolic-Connectionist Approach to Modeling Emotions（R），papers from the 2001 Fall symposium（Technical Report no：FS-01-02）［C］. Menlo Park，CA：AAAI Press，2001.

[184] LAIRD J E，It knows what you're going to do：adding anticipation to a quakebot ［C］//Agents 2001，Montreal，CA，2001：385-392.

[185] ZHONG S，ZHOU L，MA S，et al. Guidance compliance behaviors of drivers under different information release modes on VMS［J］. Information Sciences，2014，289：117-132.

[186] PUIGBO J Y，PUMAROLA A，CECILIO A，RICARDO T. Using a cognitive architecture for general purpose service robot control［J］. Connection Science，2015，27（2）：105-117.

[187] 李波，赵沁平，李未. SOAR：一种通用智能体系结构［J］. 计算机科学，1990（1）：6-13.

[188] 王新鹏. 基于符号主义范式统一认知模型的分析与研究［J］. 计算机应用与软件，2008，25（7）：60-62.

[189] 尹全军，冯磊，胡记文，张卫，查亚兵. 基于游戏引擎的人类行为建模与仿真［J］. 系统仿真学报，2009，21（3）：724-729，748.

[190] 孙向军，陆勤夫，孙翠娟. 舰艇编队智能防空决策模型研究［J］. 舰船科学技术，2010，32（2）：99-102.

[191] 冯磊. CGF 协同行为建模关键技术研究［D］. 长沙：国防科学技术大学，2011.

[192] 陈昊闻. 基于 SOAR 模型的车辆故障诊断技术研究［D］. 南京：东南大学，2011.

[193] WOOLDRIDGE M.. Agent-based Software Engineering［C］//Proceeding of IEE Proc. Software Engineering，1997.

[194] 郑楠. 基于 BDI 模型理论的面向目标迁移工作流方法研究［D］. 济南：山东大学，2008.

[195] BRATMAN M E. Intention，plans and practical reason［M］. Harvard University Press，Cambridge，1987.

[196] ZAMBONELLI F，OMICINI A. Challenges and research directions in Agent-Oriented software Engineering［J］. Autonomous Agents and Multi-Agent Sytems，2004，9（3）：253-283.

[197] 刘芳. 基于过程本体的异质 Agent 协作技术研究［D］. 长沙：国防科学技术大

学，2006.

[198] COHEN P R，LEVESQUE H J. Intention is choice with commitment [J]. Artificial Intelligence，1990，42（2-3）：213-261.

[199] WOOLDRIDGE M. Reasoning about rational Agents [M]. The MIT Press：Cambridge，MA，2000.

[200] RAO A S，GEORGEFF M P. Modeling rational agents within a BDI-architecture [J]. International Journal of Environmental Studies，1970，59（1）：171-172.

[201] BRATMAN Michael E.，ISRAEL D J，POLLACK M E. Plans and resource-bounded practical reasoning [J]. Computational Intelligence，1994，4（3）：349-355.

[202] GEORGEFF M P，INGRAND F F. Decision-making in an embedded reasoning system [C]. International Joint Conference on Artificial Intelligence（IJCAI 89），1989，65（4）：972-978.

[203] 史忠植. 智能主体及其应用 [M]. 北京：科学出版社，2000.

[204] JAQUES P A，VICARI R M. A BDI approach to infer student's emotions in an intelligent learning environment [J]. Computers & Education，2007，49（2）：360-384.

[205] VASUDEVAN K，SON Y J. Concurrent consideration of evacuation safety and productivity in manufacturing facility planning using multiparadigm simulations [J]. Computers & Industrial Engineering，2011，61（4）：1135-1148.

[206] GIBSON B J J. The ecological approach to visual perception：classic edition [M]. Psychology Press，2014.

[207] HENDY K C. Implementing a model of human information processing in a task network simulation environment [J]. Plos One，2015，10（3）：33-36.

[208] HURSH S R，MCNALLY R. Modeling human performance to predict unit effectiveness [J]. Army science：The new frontiers，military and civilian applications，1993：309-328.

[209] SILVERMAN B G，JOHNS M，CORNWELL J，et al. Human behavior models for agents in simulators and games：part I：enabling science with PMFserv [J]. Presence Teleoperators and Virtual Environments，2006，15（2）：139-162.

[210] BUCHANAN A. Justice，legitimacy，and self-determination：moral foundations for international law：moral foundations for international Law [M]. Oxford University Press，UK，2003.

[211] GOMEZ N P，O'BRIEN K，SILVERMAN B G，et al. Crowd simulation incorporating Agent psychological models，roles and communication [C] //Proceedings of the 1st International Workshop on Crowd Simulation. St. Philadelphia，PA：[s. n.]，2008：21-30.

[212] SILVERMAN B G，BHARATHY G，NYE B，et al. Modeling factions for

"effects based operations": part I leaders and followers [J]. Computational and Mathematical Organization Theory. 2007, 13 (4): 379-406.

[213] SILVERMAN B G, BHARATHY G, NYE B. Gaming and simulating ethnopPolitical conflicts [J]. Computational Methods for Counterterrorism, 2009: 275-301.

作者简介:

王曰芬，女，1963 年生，博士，教授，博士生导师，系副主任，发表论文 110 多篇，出版专著和教材 12 部。研究方向：竞争情报与信息分析、舆情分析与预警、专利技术分析与预测、知识挖掘与知识服务等。承担国家社会科学基金项目重点项目、国家自然科学基金面上项目、国家社会科学基金面向项目、教育部人文社科基金等省部级以上项目 12 项，作为子课题负责人承担国家社会重大项目和国防重点项目 4 项，主持或参与企事业课题近 10 项。

吴鹏，男，1976 年生，博士，美国匹兹堡大学信息科学学院访问学者，副教授，博士生导师，系主任。研究方向：网络用户行为挖掘与仿真、数据挖掘与知识工程、网络舆情。主持国家自然科学基金项目 2 项，国防和企事业单位项目多项，申请发明专利 2 项，发表高层次论文 20 余篇。

丁晟春，女，1971 年生，硕士，副教授。研究方向：电子商务、知识管理与数据挖掘、信息系统分析与设计。主持国家自然科学基金项目 1 项、国家社会科学基金项目 1 项、教育部人文社会科学项目 1 项、总装备部基础研究项目 3 项，参加国防基础科研重点项目和国家 2011 协同创新项目及其他应用项目多项。发表论文 50 多篇，软件著作权 2 项，出版教材、著作 6 部。

陈芬，女，1977 年生，副教授，硕士生导师，美国北卡大学访问学者。研究方向：电子商务、多媒体信息检索和挖掘以及用户行为研究。主持国家自然科学基金项目、教育部人文社会科学基金项目、中国博士后研究基金项目、中央高校基本科研业务费专项资金项目、南京理工大学项目等，参与国家自然科学基金项目、Open Video（美国北卡大学）、数字邯郸建设（世界银行资助）等。

# 大数据时代：思维变革、产业
# 转型与数据科学兴起

庞景安

（中国科学技术信息研究所，北京　100038）

**摘　要**：文章简要论述了大数据时代引发的各种变革及转型，包括：大数据正在冲击人们的传统思维与决策；大数据分析已经成为决定企业竞争力的关键因素；在大数据浪潮中应运而生的数据科学与数据技术；以及大数据时代科技情报工作面临的机遇与挑战。

**关键词**：大数据；大数据思维；大数据分析；数据科学；数据技术

## 1　大数据时代已经到来

随着互联网时代的深入发展，尤其是社交网络、电子商务，以及移动通信等现代信息技术的不断普及，人类社会已经发展到一个以"PB"（1024TB）作为数据信息计量标准的新时期。近些年，更涌现出像智能终端、云计算、物联网、传感技术等一大批现代化技术，使得人们面对习以为常的日常生活，产生了"一切皆可数据化"的思维[1]。数据的生产方式由"人机""机物"的二元世界向着融合社会资源、信息系统，以及物理资源的三元世界转变[2]。一个大规模生产、分享和应用数据的新时代正在开启，人类社会在经历了信息时代、互联网时代以后，开始快速进入以大数据为显著标志的大数据时代。

### 1.1　大数据的概念

大数据（Big Data）这一术语最早是由美国著名未来学家阿尔文·托夫勒（A. Toffer）在《第三次浪潮》一书中提出的[3]。2000 年 Diebold 所撰写论文是大数据第一次出现在学术期刊[4]。2012 年以后，大数据一词被频繁地提及和使用，但是自提出至今还没有形成统一的定义。

全球著名的管理咨询公司麦肯锡（McKinsey）是研究大数据的先驱。在他的研究报告"Big data：The next frontier for innovation, competition and productivity"中，将数据规模超出常规数据库工具获取、存储、管理和分析能力的数据集称为大数据[5]。

维基百科也给出类似的定义：巨量资料，或称大数据，指的是所涉及的资料量，规模巨大到无法通过目前主流软件工具在合理时间内达到采集、管理、处理，并整理成为对企业经营决策有帮助的资讯[6]。

中国科学院院士徐宗本在第 462 次香山科学会议的报告中，将大数据定义为：不能够集中存储、并且难以在可接受时间内分析处理，其中个体或部分数据呈现低价值性而数据整体呈现高价值的海量复杂数据集[7]。

我国大数据科学家赵国栋等在其撰写的《大数据时代的历史机遇》中，将大数据定义为：在多样的或者大量数据中，迅速获取信息的能力[8]。这个定义比较独特，他们不但描述大数据本身的特征，更关心大数据的功能。他们认为大数据的核心能力，是发现规律和预测未来。

V. Mayer-Schönberger 和 K. Cukier 在《大数据时代》中指出：大数据应具有 4V 特性：海量的数据规模（Volume）、快速的数据流速和动态的数据体系（Velocity）、多样的数据类型（Variety），以及巨大的数据价值（Value）[9]。

通过以上各种大数据定义，反映出人们开始深刻认识到，大数据将为人类的生活创造前所未有的可量化的维度。哈佛大学社会学教授加里·金（G. King）认为：这是一场革命，庞大的数据资源使得各个领域开始了量化进程，无论学术界、商界还是政府，所有领域都将开始这种进程[10]。

## 1.2　大数据的产生

近年来，世界二元融合信息技术得到蓬勃发展，如以射频识别（RFID）和 ETC 等为代表的物、机融合技术，以微信、微博、Facebook 等为代表的人、机融合技术。随着互联网和物联网的深入发展，未来将形成集人、机、物于一体的三元融合型信息世界。

大数据中的相当一部分来自于人类的自身活动。例如，人们日常携带的智能手机，现在已不仅仅是通话工具，而大都嵌入了加速度、陀螺仪、温度、地磁、方向、压力等各类传感器，它们每时每刻都在记录各种数据、信息，产生大量的音频、视频、照片，以及文本资料。同时，由于远程医疗和保健监测的普及发展，每个人的健康信息数据，也构成重要的大数据来源。

第二部分数据来源于机器，即信息系统本身。例如，数据中心的运行日志，网络传输协议规定的各种非有效载荷部分，机器之间的内容拷贝，数据库的自动备份，系统快照，虚拟机的镜像文件等。

第三部分数据，也就是最大的一部分数据产生于外部环境，即广阔的物理世界。当前，无处不在的传感器和微处理器是大数据产生的真正源泉。以视频监控为例，一个城市若安装几十万个交通和安防摄像头，每月产生的数据量就将达几十个 PB。同时，随着互联网、云计算、移动终端，以及物联网的兴起，海量的移动设备、射频识别、无线传感器每分每秒都在产生大量数据。数十亿用户的互联网服务，也在时刻产生各类型数据，数据量之大是人类史上前所未有的[2]。

根据国际数据公司（IDC）编制的《数字宇宙》研究报告显示，2008 年全球产生的数据量为 0.5ZB，2009 年的数据量为 0.8ZB，而 2010 年增长为1.2ZB，2011 年的数量更是高达 1.82ZB，相当于全球每人产生 200GB 以上的数据。从 2010 年，人类开始步入 ZB 时代。预计 2015 年全球数据量达到7.9ZB，2020 年将突破 35ZB，是 2008 年的 70 倍、2011 年的 29 倍[8]。

仅从海量的数据规模来看，全球 IP 流量达到 1EB 所需的时间，在 2001年需要 1 年，在 2013 年仅需 1 天，到 2016 年则仅需半天。全球新产生的数据年增 40%，全球数据总量每两年就可翻番。大数据以每两年翻一番的速度飞快增长，与 IT 界的摩尔定律极为相似，被专家们称为"大数据摩尔定律"。

### 1.3  大数据时代的进程

面对这一迅猛的数据化浪潮，全球著名的管理咨询公司麦肯锡率先提出"大数据时代"已经到来。他们认为，数据已经渗透到当今每一个行业和业务职能领域，成为重要的生产因素。人们对于海量数据的挖掘和运用，预示着新一波生产率增长和消费者盈余浪潮的到来[5]。

确实，麦肯锡公司的判断是准确的。从 2011 年以来，在国际与国内发生的一系列重大事件，标志着大数据时代已经到来。

2011 年 5 月，麦肯锡发布《大数据：创新、竞争和生产力的下一个前沿领域》的研究报告，该报告长达 150 页，涉及了大数据对国家、政府、企业等各部门的影响，将大数据概念从技术领域引入企业界。该报告是产业界关于大数据研究的先声，紧步其后，其他国际 IT 巨头，如 EMC、IBM、微软、Oracle 等先后发布相关的研究报告，并积极推出涉及大数据的产品和服务。

2012 年 3 月，美国奥巴马政府正式启动了"大数据研究与发展"计划。该计划涉及美国国防部、美国国防部高级研究计划局、美国能源部、美国国家卫生研究院、美国国家科学基金会，以及美国地质勘探局 6 个联邦政府部门。计划宣布将投资两亿多美元，用以大力推进大数据的收集、访问、组织和开发利用等相关技术的发展，进而大幅度提高从海量复杂的数据中提炼信息和获取知识的能力与水平。奥巴马政府及时推出"大数据研究与发展"计划，将大数据发展战略从商业行为上升到国家意志的层面。与"信息高速公路"计划前后衔接，将对美国未来十年的科技与经济发展带来深刻的影响。

2012 年 5 月，日本总务省信息通信政策审议会下设的 ICT 基本战略委员会召开会议，重点关注大数据的应用。随后，日本文部科学省在 2012 年 7 月发布了以学术云为主题的讨论会报告，指出为迎接大数据时代学术界面临的挑战，将重点推进大数据收集、存储、分析、可视化、建模、信息综合的各阶段研究，构建大数据利用的模型。

2012 年 7 月，联合国发布《大数据促发展：挑战与机遇》的白皮书。在白皮书中指出：大数据时代已经到来，大数据对于联合国和各国政府都是一次历史性的机遇。白皮书中讨论了如何利用大量丰富的数据资源帮助政府更好地满足社会需求，指导经济运行，并建议联合国成员国建设"脉搏实验室"，挖掘大数据的潜在价值。

2012 年 4 月，全球首家大数据公司 Splunk 在纳斯达克成功上市，上市当天市值达到 30 亿美元。Splunk 的成功上市，是产业界的一个重要里程碑，标志着美国 IT 业开启了大数据元年。同时也表明大数据正在成为继电子商务、物联网、云计算、移动互联等概念之后，另一个受到社会各界广泛关注、追捧的新热点概念。

2012 年 11 月，我国首届数据科学与信息产业大会召开，明确提出了"数据科学"这一新兴学科。标志着我国学术界、产业界、资本市场将相互联合，共同推进大数据的研究和发展。

2013 年，我国数十名院士联名向国家信息中心申请将大数据提升为国家战略地位，并由国家推动和组织相关的顶层设计，规范相关行业的准则，制定相关政策。

2015 年 9 月，我国政府以国务院的名义发布《促进大数据发展行动纲要》（简称《纲要》）。从国家发展战略的高度，全面论述了我国发展大数据的意义和任务，具体制定了发展大数据的方向和规划。

我国工信部部长苗圩在《大数据，变革世界的关键资源》一文中指出：大数据通过数据整合分析和深度挖掘，发现规律、创造价值，进而建立起从物理世界到数字世界和网络世界的无缝链接。大数据时代，线上与线下、虚拟与现实、软件与硬件重叠交错、跨界融合，将重塑我们的认知和实践模式，开启一场新的产业突破与经济转型[11]。

## 2 大数据改变传统的思维与认知

维克托·迈尔-舍恩伯格在其辉煌巨著《大数据时代：生活、工作与思维的大变革》的开篇就指出：大数据开启了一次重大的时代转型，就像望远镜让我们能够感受宇宙，显微镜让我们能够观测微生物一样，大数据正在改变我们的生活以及理解世界的方式，成为新发明和新服务的源泉，而更多的改变正蓄势待发[12]。大数据带来的强力风暴正在变革我们的生活、工作和思维，突破我们传统的认知习惯，改变人类探索世界的方法。

## 2.1 大数据的思维模式

在大数据时代，移动互联网、智能终端、新型传感器，快速渗透到地球的每一个角落，呈现出"人人有终端、物物可传感、处处可上网、时时在链接"的状况，致使数据爆发式的增长。同时，处理数据变得更加方便、快捷，人们可以在很短时间内分析、处理成千上万的数据。在这样的大数据环境中进行信息和数据分析，便会不可避免地产生显著的思维变化，形成特点鲜明的大数据思维模式。

（1）全数据模式，不是抽样，而是总体。在大数据时代，我们拥有前所未有的巨量数据，可以处理与探索目标相关的所有数据。因此，通常不再依赖于随机抽样，而是分析所有数据。维克托·迈尔-舍恩伯格认为：当数据处理技术已经发生了翻天覆地的变化时，在大数据时代进行抽样分析就像在汽车时代骑马一样。一切都改变了，我们需要的是所有的数据，"样本＝总体"[12]。

19世纪以来，随机抽样获得了极大的成功，成为现代统计、现代测量领域的主要分析方法和处理手段。为了使得统计分析更加准确、可靠，发展了许多有关随机抽样的理论。例如，统计抽样的精确性随着抽样的随机性加大而提高，但与样本数量的增加关系不大。因此，在小数据时代的统计分析中，研究者更加重视抽样选择的随机性，而不是所取样本的数量。随机抽样的最高目标就是以最少的数据获得最多的信息、最客观的结果。

但是抽样分析只是在无法获取和分析全部数据时的一种无奈选择，它本身存在许多难以克服的缺陷。首先，抽样的绝对随机性是无法实现的，一旦抽样过程出现偏差，统计结果就会大相径庭。其次，抽样分析不适合子类别的细分，因此往往忽略对细节的考察。

而在大数据时代，对于一个统计项目，我们能够收集全面而完整的数据，具备足够的数据处理和存储能力，并且拥有最先进的数据分析技术。这时就需要改变传统的思维方式，摒弃小数据时代的随机抽样，而使用和分析一切数据，树立"样本＝总体"的思想。

综上可知，大数据的思维模式之一，就是不用随机分析的方法，而采用所有数据的方法。这样可以对数据进行深度探讨和细节考察，为我们带来更高的精确性，揭示和发现随机抽样中无法获取的信息。

（2）接受混乱和不确定性，不再追求精确度。追求数据的准确性和精确度，一直是科学研究的基本准则，时至今日，我们的数字技术依然建立在精准的基础之上。但是，这种思维方式其实仅仅适用于小数据时代，由于需要分析的数据量比较少，使得我们有可能尽量精准地处理数据记录。

在大数据时代，数据纷繁混杂，优劣共存，分布在全球不同的服务器或智能终端上。处于这样的环境，使追求数据的精确度变得越来越困难。同时，由于我们时刻拥有海量的即时数据，也不必要非得追求数据的绝对精准度。因为人们开始认识到，适当放宽微观层面的精确度，能够更好地提高宏观层面的洞察力。

维克托·迈尔-舍恩伯格认为：执迷于精确性是信息缺乏时代和模拟时代的产物。只有 5% 的数据是结构化且能适用于传统数据库的。如果不接受混乱，剩下 95% 的非结构化数据都无法被利用，只有接受不精确，我们才能打开一扇从未涉足的世界的窗户[12]。

在大数据时代，人们的思维方式在许多方面需要转变。首先，大数据通常是用概率判断，而不是仅仅依靠精确性下结论。整个社会应努力习惯这种思维方式，当我们面对规模宏大的数据时，要接受甚至拥抱混乱。其次，大数据的简单算法往往比小数据的复杂算法更有效，也就是说，更多的数据量比算法系统的智能更重要。最后，纷繁的数据越多越好，接受数据的不确定性和混乱，我们反而能够更好地进行预测，更好地理解复杂多变的世界。

所以，大数据的另一个思维模式就是，必须学会接受混乱和不确定性。当选择放宽标准并忽略严格的精确性，将会深刻地影响我们对世界的理解和沟通。

（3）忽略因果关系，关注相关关系。维克托·迈尔-舍恩伯格在论述大数据时代的思维变革时深刻指出，大数据标志着人类在寻求量化和认识世界的道路上前进了一大步。过去不可计量、存储、分析和共享的许多东西都被数据化了。拥有大量的数据和更多不那么精确的数据为我们理解世界打开了一扇新的大门。社会因此放弃了寻找因果关系的传统偏好，开始挖掘相关关系的好处[12]。

大数据时代最大的转变就是，放弃对因果关系的探寻，而更加注重对相关关系的挖掘。这个转变颠覆了很多传统观念和思维惯例，对人类的认知和交流方式提出全新的挑战。因为人们普遍认为，找到一切事物发生的原因或生成的机理，是构建社会、理解自然的基础，也是进行科学研究的目标。但是在很多时候，寻找数据间的关系或关联，就能够获得我们需要的线索和结果。所以，只要知道"是什么"就解决问题了，而不需要知道"为什么"，没有必要对任何事物都探究其背后的原因，而是尽量用数据解释现象。

在小数据时代，人们已经开始重视对于相关关系的研究。例如，在数理统计中，通过计算两个事物间的相关系数，来考察两个事物间的联系程度。

但是，这种统计分析往往是费时费力的，有时甚至是难以完成的。

而现在我们拥有如此多的数据，以及高性能的计算机处理能力，使得大数据的相关分析更加准确、快速，而且不易受到数据偏差的影响。所以，建立在相关分析基础上的预测分析构成大数据的核心，大数据正在突破传统的思维模式和固有偏见，进而改变人类探索世界的方法。

### 2.2 大数据的认知框架

在国务院发布的《促进大数据发展行动纲要》中提出，信息技术与经济社会的交汇融合引发了数据迅猛增长，数据已成为国家基础性战略资源，大数据正日益对全球生产、流通、分配、消费活动以及经济运行机制、社会生活方式和国家治理能力产生重要影响。

大数据正在改变着我们的思维方式，让我们从因果关系的串联思维变成了相关关系的并联思维。大数据不仅仅是一门技术，更是一种全新的商业模式，它与云计算共同构成下一代经济的生态系统。正如维克托·迈尔-舍恩伯格所强调的：大数据是人们获得新的认知、创造新的价值的源泉。大数据还为改变市场、组织机构，以及政府与公民关系服务[12]。

我国大数据专家赵国栋等在《大数据时代的历史机遇》一书中，特别论述了有关大数据的认知框架[8]。

他们认为：围绕数据和最终用户，信息产业的发展将呈现三大趋势：第一，数据成为资产；第二，行业垂直整合；第三，形成泛互联网化。其中，"数据成为资产"是核心的产业趋势。以数据资产为核心将逐步形成租售数据、租售信息、数据使能、数字媒体、数据空间运营和大数据技术提供商 6 类商业模式。

（1）数据成为资产。在大数据时代，数据成为资产，并将成为独立的生产要素。数据已经成为工业化与信息化深度融合的关键枢纽，成为推动产业融合兼并的战略资产，成为各地城市转换发展思路的新思维，成为推动公司跨行业转型的根据地。

一个公司的价值将与其拥有的数据规模、活性，以及其解释、运用数据的能力成正比。数据资产将演绎精彩的商业模式，推动公司的变革。拥有独一无二的数据资产公司，将会获得难以置信的发展速度，培育出令人叹为观止的商业模式。事实上，它们具备了颠覆、冲击其他行业的压倒性优势。例如，像谷歌、Facebook、亚马逊等全球互联网巨头，在某种程度上，它们正在取代像 IBM、微软等传统的老牌巨头，开始引领 IT 产业的发展方向。

（2）行业垂直整合。围绕数据资产，产业间开始不断地融合和分立。具体到信息产业，表现为越靠近终端用户的公司，在产业链上拥有更大的发言权。这是大数据效应改变产业竞争格局的一个突出例证。企业一旦拥有用户的优势，就具备向产业链上游逆向整合的潜力。同时，产业链上游企业则积极向下游拓展，在整体发展上呈现出垂直整合的趋势。

造成信息产业这一发展趋势的主要原因有：第一，通用的平台型软件逐渐同质化，开源软件的兴起和繁荣客观上促进了软件的同质化；第二，企业和用户对自身业务和需求的关注超过了对计算能力的追求。处于这样的竞争环境中，拥有大量用户并了解客户业务需求的公司，就会获得巨大的发展机遇。例如，微软的股价十年内徘徊不前，而苹果的股价却连年高升。

（3）泛互联网化。泛互联网化是积累数据资产，形成竞争壁垒的重要范式。在泛互联范式中，强调终端、平台、应用三位与大数据形成一体。大型公司如苹果、谷歌、亚马逊等都是泛互联范式的典型公司，它们为小型公司发展壮大提供了典范和途径。应该注意的是，传统企业如果灵活运用泛互联范式，往往能取得意想不到的快速增长。因为，泛互联范式批判工业时代的标准化思维，提倡利用科技手段，碎片化应用来满足用户个性化的需求。通过应用泛互联范式，可以很好地解决标准化产品和用户个性化服务之间的矛盾。

（4）6种商业模式。

——租售数据：就是出售或者出租广泛收集、精心过滤、时效性强的数据。

——租售信息：这里的信息通常指经过加工处理，深度整合萃取，承载一定行业特征的数据集合。

——数据使能：通过大量的数据和有效的数据分析技术，为一些中小企业提供在运营中所遇问题的各种解决方案。

——数字媒体：这类公司的核心资源是所收集的实时、海量、有效的数据，以及强有力的大数据分析技术，通过精准营销和信息聚合服务而盈利。

——数据空间运营：从历史上看，传统的互联网数据中心（IDC）就是这种模式。这类公司的发展空间在于可以成长为数据聚合平台，通过多元化模式获得盈利。

——大数据技术提供商：这类公司通常以提供非结构化数据处理技术为主。例如，语音数据处理领域、视频数据处理领域、语义识别领域、图像数据处理领域都可能出现快速成长的大型公司。

## 2.3 思维决定数据创新

维克托·迈尔-舍恩伯格对于思维在数据应用及数据创新中的重要作用有着深刻的认识，他认为：数据已经成为一种商业资本，一项重要的经济投入，可以创造新的经济利益。事实上，一旦思维转变过来，数据就能被巧妙地用来激发新产品和新型服务。如今，我们正处在大数据时代的早期，思维和技术是最有价值的。大数据价值链的三大组成部分是：数据本身、技术和思维[12]。

基于以上价值链的三个组成部分，在商业领域出现了三种大数据公司。

（1）基于数据本身的公司。这类公司拥有大量数据或者可以收集到大量数据，但却不一定有从数据中提取价值或者用数据催生创新思想的技能。例如，美国的 Twitter 公司。

（2）基于技术的公司。这类公司通常是技术供应商或数据分析公司。它们掌握了专业的技术但不一定拥有数据或提出数据创新应用的能力。例如，为美国沃尔玛公司提供营销策略服务的天睿公司就是一家大数据分析公司。

（3）基于思维的公司。对于某些公司而言，数据和技术可能并不是成功的关键。而其创始人或员工的创新思维是促使这些公司脱颖而出的主要因素，他们具有使数据产生新价值的独特想法。例如，Jetpac 公司的创始人皮特·华登（P. Warden）就是利用想法获得价值的范例，他通过用户分享到网上的旅游相片，为人们推荐希望旅游的目的地。

由于第三类公司的兴起和发展，近年来催生了一种新的职业——数据科学家。数据科学家是统计学家、软件程序员、图形设计师与作家的结合体。全球著名的麦肯锡咨询公司曾极端地预测，数据科学家是当今和未来稀缺的资源。

以上第三类公司或个人常常被称为具有大数据思维。他们的优势在于能先人一步发现商机或提出创新的想法，尽管他们本身并不拥有数据也不具备专业技能。同时，由于他们是外行或局外人，他们的思维往往更加纯粹，不受所谓业务框架的限制。例如，布拉德福德·克罗斯（B. Cross）与四个朋友创办了 FlightCaster 公司。他们的创新思维是：基于分析过去十年里每个航班的情况，然后将其与过去和现实的天气情况进行匹配，通过这些数据预测未来航班是否会晚点。而实际上，这类数据的拥有者，如美国运输统计局、美国联邦航空局、美国气象局，以及各家航空公司，它们碍于行业的各种限制，都不可能做这种预测。

在大数据时代，人们的思想已经发生了很大转变，他们不再认为数据是静止和陈旧的，开始意识到通过大数据思维可以使数据不断地创新。正如维克托·迈尔-舍恩伯格所指出：数据就像一个神奇的钻石矿，当它的首要价值被发掘后仍能不断给予。它的真实价值就像漂浮在海洋中的冰山，第一眼只能看到冰山的一角，而绝大部分都隐藏在表面之下[12]。

通过大数据思维的启动，可以开展一系列的数据创新。例如，数据的再利用、数据的重组、可扩展数据、数据废气，以及开放数据，等等。所以，数据真正的价值在于近乎无限的再利用，不断发掘它的潜在价值。收集数据仅仅是重要的第一步，关键是要对数据不断地使用和创新。

## 3　大数据分析挖掘数据的最大价值

大数据时代已经到来，如何从海量的数据中，发掘隐藏在大数据中的模式、趋势和相关性，揭示社会变革与发展的规律，以及思考可能的商业价值开发，成为 IT 行业及企业界争相研究的热点问题。由此也催生出一个非常重要的研究领域——大数据分析（Big Data Analytics，BDA）。

大数据时代的战略意义，不仅仅是拥有大量的数据，而更重要的是如何有效、有序、系统地处理和应用这些数据，发现和理解数据内容以及数据与数据之间的关系。因此，大数据分析是大数据研究的核心内容之一，构成发挥和提高数据价值的最关键环节。

### 3.1　大数据分析的概念

关于大数据分析，目前还没有确切的定义。简单说，就是将先进的分析技术用于规模巨大的数据。具体而言，就是在大数据环境下，如何实现对大数据的采集、存储、分析和应用。在这里列举一些大数据分析的定义，以便于我们理解和感悟大数据分析的概念及内涵。

大数据分析是大数据理念与方法的核心，是指对海量的、类型多样、增长快速、内容真实的数据进行分析，从中找出可以帮助决策的隐藏模式、未知的相关关系，以及其他有用信息的过程[13]。

大数据分析是在强大的支撑平台上运行分析算法，发现隐藏在大数据中潜在价值的过程[14]。

从异构数据源抽取和集成的数据，构成了数据分析的原始数据，而大数据分析的核心问题是如何对这些数据进行有效表达、解释和学习[15]。

大数据分析是在数据密集型环境下，对数据科学的重新思考和进行新的模式探索的产物。严格来说，大数据分析更像是一种策略而非技术，其核心理念就是以一种比以往有效得多的方式，管理海量数据并从中提取价值[16]。

综上所述，有的学者提出更加全面的定义：大数据分析是根据数据生成机制，对数据进行广泛的采集与存储，并对数据进行格式化清洗，以大数据分析模型为依据，在集成化大数据分析平台的支撑下，运用云计算技术调度计算分析资源，最终挖掘出大数据背后的模式或规律的数据分析过程[17]。

中文互联网数据咨询中心的专家将大数据分析过程划分为 4 个步骤，即数据采集、导入与预处理、统计与分析，以及数据挖掘[18]。

（1）数据采集。大数据的采集，是指利用多个数据库来接收发自客户端（Web、App 或者传感器形式等）的数据，并且用户可以通过这些数据库来进行简单的查询和处理工作。例如，电商会使用传统的关系型数据库

MySQL 和 Oracle 等来存储每一笔事务数据，此外，Redis 和 MongoDB 这样的 NoSQL 数据库也常用于数据的采集。

（2）导入与预处理。虽然采集端已设有很多的数据库，但是如果想对这些海量数据进行有效分析，还需要将这些前端的数据，导入到一个集中的大型分布式数据库中，或者分布式存储集群中。在导入的基础上，可以做一些简单的清洗和预处理工作。也有一些用户会在导入时，使用来自 Twitter 的 Storm 对数据进行流式计算，以满足部分业务的实时计算需求。

（3）统计与分析。统计与分析主要利用分布式数据库，或者分布式计算集群来对存储于其内的海量数据进行普通的分析和分类汇总处理，以满足大多数常见的分析需求。在这方面，一些实时性需求会用到 EMC 的 Green-Plum、Oracle 的 Exadata，以及基于 MySQL 的列式存储 Infobright 等。而一些批处理，或者基于半结构化数据的需求，则需要使用 Hadoop。

（4）数据挖掘。与前面的统计和分析过程不同，数据挖掘一般没有预先设定好的主题，主要是利用现有的数据，进行基于各种算法的计算，从而达到预测的目的，满足一些高级数据分析的需求。比较典型算法有用于聚类的 K-Means、用于统计学习的 SVM，以及用于分类的 Naive Bayes。主要使用的工具有 Hadoop 的 Mahout 等。

## 3.2 大数据分析的方法和工具

大数据分析的常用方法：

（1）可视化分析（Analytic Visualizations）。不管是对数据分析专家还是普通用户，数据可视化是数据分析工具最基本的要求。

（2）数据挖掘算法（Data Mining Algorithms）。可视化是给人看的，而数据挖掘是给机器看的。无论集群、分割、孤立点分析，还是其他的算法，都让我们能够深入数据内部，挖掘价值。

（3）预测性分析能力（Predictive Analytic Capabilities）。数据挖掘可以让分析员更好地理解数据，而预测性分析可以让分析员根据可视化分析和数据挖掘的结果做出一些预测性的判断。

（4）语义引擎（Semantic Engines）。由于非结构化数据的多样性，给大数据分析带来新的挑战。我们需要设计语义引擎能够从"文档"中智能解析、提取和分析数据信息。

（5）数据质量和数据管理（Data Quality and Master Data Management）。通过标准化的流程和工具对数据进行处理，可以确保一个预先定义好的高质量的分析结果。

大数据分析常用处理工具：

（1）Hadoop。Hadoop 是一个能够对大量数据进行分布式处理的软件框架，是与谷歌的 MapReduce 系统相对应的开源式分布系统的基础架构。它通过把大数据变成小模块，然后分配给其他机器进行分析，实现了对超大量数据的处理。

Hadoop 具备高可靠性、高扩展性、高效性和高容错性等多重优点。Hadoop 带有用 Java 语言编写的框架，因此运行在 Linux 生产平台上是非常理想的。但是其他语言编写应用程序，如 C＋＋，也可以在 Hadoop 上使用。目前，Hadoop 几乎与大数据划上了等号。它不断发展壮大，已成为一个完整的生态系统。

（2）HPCC。HPCC 是高性能计算与通信（High Performance Computing and Communications）的缩写。1993 年，由美国科学、工程、技术联邦协调理事会向国会提交《重大挑战项目：高性能计算与通信》的报告，被称为 HPCC 计划报告。

该项目主要由五部分组成，分别是高性能计算机系统（HPCS）、先进软件技术与算法（ASTA）、国家科研与教育网格（NREN）、基本研究与人类资源（BRHR），以及信息基础结构技术和应用（IITA）。

作为 Hadoop 之外的一种选择，HPCC 这种大数据平台的特点是速度非常快，而且扩展性超强。除了免费社区版外，HPCC 还提供收费的企业版、收费模块、培训、咨询及其他服务。

（3）Storm。Storm 是自由的开源软件，是一个分布式的、容错的实时计算系统。Storm 可以非常可靠地处理庞大的数据流，用于处理 Hadoop 的批量数据。它的处理速度惊人，每个节点每秒钟可以处理 100 万个数据元组。Storm 使用简单，可以支持多种编程语言。

Storm 有许多应用领域，包括实时分析、在线机器学习、不停顿的计算、分布式 RPC（远过程调用协议，通过网络从远程计算机程序上请求服务）、ETL（Extraction-Transformation-Loading，即数据抽取、转换和加载）等。

（4）Apache Drill。为了帮助企业用户寻找更为有效的 Hadoop 数据查询的方法，Apache 软件基金会发起了一项名为"Drill"的开源项目。

该项目将创建出开源版本的谷歌 Dremel Hadoop 工具，谷歌使用该工具来为 Hadoop 数据分析工具的互联网应用提速。而"Drill"将有助于 Hadoop 用户实现更快查询海量数据集的目的。这个项目让用户可以使用基于 SQL 的查询，查询 Hadoop、NoSQL 数据库，以及云存储服务。它可用于数据挖掘和即席查询，支持一系列广泛的数据库。

（5）RapidMiner。RapidMiner 是世界领先的数据挖掘解决方案，具有很先进的数据处理技术。耶鲁大学已将其成功地应用于许多领域，包括文本挖掘、多媒体挖掘、功能设计、数据流挖掘、集成开发的方法，以及分布式数据挖掘等。

RapidMiner 声称拥有 25 多万个用户。它提供·系列广泛的开源版和收费版，但是免费的开源版只支持 CSV 格式或 Excel 格式的数据。

（6）Pentaho BI。Pentaho BI 平台不同于传统的 BI 产品，它是一个以流程为中心的，面向解决方案的框架。其目的在于将一系列企业级 BI 产品、开源软件、API 等组件集成起来，方便商务智能应用的开发。

Pentaho BI 平台构建于服务器、引擎和组件的基础之上。这些提供了系统的 J2EE 服务器、安全、portal、工作流、规则引擎、图表、协作、内容管理、数据集成、分析，以及建模功能。这些组件的大部分是基于标准的，可使用其他产品替换。

### 3.3 数据化加速事物量化的进程

大数据产生于各种各样的来源，包括传感器、智能终端、移动互联网、气候信息、公开信息、购买交易记录、网络日志、医院病历、监控视频、图像档案，以及大型电子商务等。这些都基于人类对于外部世界和内心情感的测量、记录与分析的渴望，它成为促进大数据发展的真正动力。

（1）数据化的核心——促进事物的量化。现代信息系统和信息技术使大数据成为了可能，而数据化则把我们身边的现象转变为可制表分析的量化形式。在大数据时代，一切都转变成了数据，从而使一切事物都有量化的可能。

——文字转变成数据。谷歌利用能识别数字图像的光学字符识别软件来识别文本的字、词、句和段落。这样，书页的数字化图像就被转化成了数据化文本。依靠这项技术，谷歌建设了数字图书馆。文字数据化，不仅使人类实现了电子阅读，也使计算机可以方便地处理和分析文本数据。同时，文字数据化还使抄袭学术作品的行为变得越来越无处躲藏。

——方位转变成数据。继全球定位系统（GPS）实现以后，谷歌、苹果和微软都研发了自己的地理定位系统。随着汽车装上了无线传感器，这些数据提供了汽车行驶的时间、地点及路线的详细信息。数据化实时位置信息也被应用于人类本身，例如，iPhone 就被戏称为"移动间谍"，它在用户不知情的情况下收集位置和无线数据，然后传回到苹果公司。数据化实时位置信息还推动了麻省理工学院开展的所谓"现实挖掘"研究，该项研究通过处理大量来自手机的数据，发现和预测人类的行为。

——交流变成了数据。社会交流信息的数据化，直接涉及我们的关系、经历和情感。Facebook 通过"社交图谱"，将过去一直以信息存在的社会关系实现数据化。Twitter 通过创新，使人们能轻易记录和分享各自的零散想法，从而实现情绪的数据化。而 LinkedIn 甚至可以将我们过去漫长的经历进行数据化处理。这些新颖数据的潜在用途比比皆是，正显示出越来越好的应用前景。

——整个世界实现数据化。在大数据时代，几乎在所有领域，对于任何事情，我们都可以通过采集信息并将其存储为数据形式，然后加以处理、分析和利用。只要我们变革思维，善于想象，整个世界都可以实现数据化，从而使一切皆可量化，实现数据统治世界。维克托·迈尔-舍恩伯格指出：一旦世界被数据化，就只有你想不到，而没有信息做不到的事情了。将世界看作信息，看作可以理解的数据的海洋，为我们提供了一个从未有过的审视现实的视角，它是一种可以渗透到所有生活领域的世界观[12]。

（2）大数据时代的"用户画像"概念。在大数据时代，消费者的一切行为在企业面前似乎都是"可视化"的。企业的专注点日益聚焦于怎样利用大数据开展精准营销，进而深入挖掘潜在的商业价值。于是，"用户画像"的概念应运而生。

"用户画像"的核心就是为用户做"标签"，标签通常是人为规定的高度精炼的特征标识，如年龄、性别、地域、用户偏好等。最后将用户的所有标签进行综合分析，就可以勾勒出该用户的立体"画像"了。

"用户画像"平台的具体应用。

——按需设计：改变原来先设计、再销售的传统模式。在研发新产品前，先基于产品期望定位，在"用户画像"平台中分析该用户群体的偏好，有针对性地设计产品。从而改变原先新产品高失败率的现象，提高销售额。

——精准营销：针对已有产品，寻找对该产品偏好的精准人群分类，以及这些人群在信息渠道和购买渠道上的分布比例，来决定广告投放和活动开展的位置、内容等，实现精准营销。

### 3.4 大数据分析的前沿研究

（1）移动互联网分析。移动互联网已成为商业领域的下一个前沿，直接促进了移动互联网分析的深入发展。移动互联网分析类似于互联网分析，但从数据收集、基本概念、评估、报告，以及分析方法等方面来看，移动互联网分析要复杂得多，因为它需要考虑两种互联网行为的不同架构。

移动互联网分析主要包括对移动网站和移动应用的测算和分析，这与测算网站的方法是不同的。对移动网站的分析也可以采用指标、报表和分析等网站分析的方法。对移动应用的分析可以模仿和复制网站应用测算的功能，但在特色、流量、内容等方面有自己的特点。例如，一些移动应用在使用中会调用浏览器，这时需要另外一种互联网分析技术，即要能测量从移动应用向网站的跳转。

在移动互联网分析中会使用一些新的术语，如屏幕浏览、扫描接入和跳转，还需要使用新的软件开发工具包（SDK）和应用编程接口（API）等技术。由于移动终端平台的开放或封闭的性质，移动互联网分析会面临一些挑战和不同，尤其是在采集移动数据的准确性和完整性方面[19]。

（2）非结构化数据分析。在未来的 5 年中，全球数据预计将以 800% 的增长速度发展，其中 80% 是非结构化数据。因此，揭示非结构化数据中所隐含的意义和价值，已成为全社会的普遍需求。

所谓非结构化数据或信息是指那些没有一个预定义数据格式，并且/或者不符合关系数据型数据库表的数据或信息。非结构化数据通常并不具备可识别的结构，并且可能包括位图图像/对象、文本及其他数据类型，并不属于典型的数据库[19]。大量的非结构化数据由社交媒体、聊天和 Email、网络日志、位置流，以及客户和市场动态中的数据构成。

非结构化数据分析的基本流程包括 5 个步骤：

——为分析研究准备非结构化的数据。

——在抽取和建模之前，将语言统计和机器学习技术应用到非结构化文档。

——从文本的非结构化数据源抽取并建模。

——将非结构化文本转变成在分类、建构等方面可供高级分析使用的格式。

——将数据转化成可操作的智能，以解决商业领域的各种挑战，例如，商业欺诈探测、财务投资策略，以及消费者情感等。

促进非结构化数据分析未来发展的 4 个主要动力：

——市场的需求信息。

——客户的反馈意见。

——对于语义的探索。语义及将语义的抽离已经成为文本分析今后研究的重点。

——文本分析与预测分析的整合。

（3）新型数据库的设计。传统的关系数据库是在数据稀缺时代设计的，所以有条件仔细策划，使其能够准确地回答用户的明确提问。现在我们拥有各种类型的海量数据，很少有数据能完全符合预先设定的数据种类。这样的现实促使人们开发设计新型数据库。

近年来开始出现非关系型数据库，它不需要预先设定记录结构，允许处理超大量的、类型各异的数据。但由于包容了结构多样性，数据库就需要设计更多的处理和存储资源。

传统数据库的设计要求在不同的时间提供一致的结果。但是新型数据库设计将很难保持这种一致性。因为新型数据库并不是固定在某个地方，它一般分散在多个硬盘和多个电脑上。为了确保其运行的稳定性和速度，一个记录可能会分开存储在两三个地方。当数据量很大时，就很难实现数据的同步更新了。

最能代表这个转变的，就是 Hadoop 的流行。Hadoop 非常善于处理超大量的数据。它的输出结果没有关系型数据库输出的结果那么精确，但是它比其他系统的运行速度快得多。例如，信用卡公司 VISA 使用 Hadoop，将处理两年内 730 亿单交易所需的时间，从一个月减少至 13 分钟[12]。

# 4 数据科学与数据技术

在大数据时代，越来越多的自然事物和社会现象不断地数据化，带给人们观察世界的新方法——从大量的数据中，发现世界运行的内在规律。由于这些不同类型的数据，例如，文本、图像、声音，甚至人类的情绪，都可以通过几类相似的数学模型进行处理和分析，从而促进了数据科学与数据技术的兴起与发展。用数据来研究科学，科学地研究数据，这是大数据时代科学领域发生的深刻变革，它将极大地改变人类探索世界的思维和方法。

## 4.1 数据科学的兴起

数据科学（Data Science）这一术语，在 20 世纪 60 年代就已经被学者提出，但是当时并未受到学术界的关注和认可。1974 年，彼得·诺尔出版了《计算机方法的简明调查》，其中将数据科学定义为："处理数据的科学，一旦数据与其代表事物的关系被建立起来，将为其他领域与科学提供借鉴。"1996 年，在日本召开的"数据科学、分类和相关方法"的会议上，开始将数据科学作为会议的标题和关键词。2001 年，美国统计学教授威廉·S·克利夫兰发表了题为《数据科学：拓展统计学的技术领域的行动计划》的论文，被认为是首次将数据科学作为一个单独的学科，奠定了数据科学的理论基础[20]。2012 年 11 月，我国召开首届数据科学与信息产业大会，明确地提出了数据科学这一新兴学科，大大推动了我国数据科学与数据技术的发展。

数据化是将现实世界中的事物和现象，以数据的形式被采集和存储的生产过程。这些数据是自然和生命的一种描述形式，它们记录了人类的行为和社会的发展。数据科学是关于数据的科学或者研究数据的科学。我国学者朱扬勇等在其专著《数据学》中，将数据科学定义为：研究探索 Cyberspace 中数据界奥秘的理论、方法和技术，研究的对象是数据界中的数据。数据科学主要包括两个内涵：一是研究数据本身，研究数据的各种类型、状态、属性，以及变化形式和变化规律；二是为自然科学和社会科学研究提供一种新的方法，即科学研究的数据方法，其目的在于揭示自然界和人类行为的现象和规律[21]。鄂维南院士认为：数据科学主要包括两个方面，即用数据的方法来研究科学和用科学的方法来研究数据。前者包括生物信息学、天体信息学、数字地球等领域，后者包括统计学、机器学习、数据挖掘、数据库等领域。这些学科都是数据科学的重要组成部分，但只有把它们有机地放在一起，才能形成整个数据科学的全部[8]。

大数据时代在科学领域的突出表现就是数据科学的兴起，这主要源于两个基本条件：海量数据的广泛性和多样性，以及数据研究的共同性。在一切皆可数据化的背景下，许多学科都已经与信息科技深度融合，形成新的研究领域，所以"用数据的方法来研究科学"自然而然成为科学研究的重要手段。这一现象甚至表现在社会科学领域，例如，出现了"计算社会学"这样的新兴学科。同时，大量混乱无序、非结构化的数据，需要用科学的方法来整序、处理和分析，才能挖掘数据的价值，真正让"数据"说话，即"用科学的方法来研究数据"。另外，产业界在生产经营中积累了丰富的数据，而学术界则有许多等待实践检验的模型和算法。数据科学为学术界和产业界的紧密结合建立了桥梁和纽带、直接促进了产、学、研的深度融合。

随着数据科学的兴起，大数据将改变人类探索世界的方法。我们的研究始于数据，也将在数据的指导下探索世界，预测未来，不再拘泥于各种假设或猜想，科学研究开始由假想时代向数据的时代过渡。2008年，美国《连线》杂志主编克里斯·安德森（C. Anderson）指出：现在已经是一个海量数据时代，应用数学已经取代了其他所有学科工具。而且只要数据足够，就能说明问题。如果你有1PB字节的数据，只要掌握了这些数据之间的关系，一切就都迎刃而解了[22]。这种"理论的终结"的观点，在高度评价大数据功能的同时，又将人们带入从此不再需要理论的荒谬死胡同。

### 4.2 数据科学的研究范畴

2009年，朱扬勇等出版专著《数据学》，对数据科学的研究内容及体系框架给予比较详细的论述[21]。

基础理论研究：研究数据推理的理论和方法，包括数据的存在性、数据测度、时间、数据代数、数据相似性与簇论、数据分类与数据百科全书等。

实验和逻辑推理方法研究：建立数据科学的实验方法并通过这些实验方法和理论体系，开展数据界的探索研究，从而认识数据的各种类型、状态、属性，以及变化形式和变化规律，进而揭示自然界和人类行为的现象和规律。

领域数据学研究：将数据科学的理论和方法应用于其他领域，形成专门领域的数据学，如脑数据学、行为数据学、生物数据学、气象数据学、金融数据学、地理数据学等。

数据科学研究的工作过程：从数据界中获得一个数据集——对该数据集进行勘探以发现整体特性—进行数据分析研究或者进行数据实验—揭示数据的规律以及数据之间的关系。

鄂维南院士指出[8]：数据科学将对许多传统学科的发展带来极大的影响。首先是对数学，因为数据科学的基本原理本身就来自于数学。所以数据科学在数学和实际应用之间建立了一个直接的桥梁。同时，大数据分析几乎涉及现代数学的所有分支，所以数据科学对数学研究的推动是全面的，数据应该成为数、图形和方程之外数学研究的基本对象之一。

数据科学对计算机科学的发展也带来很大的影响。计算机未来发展的趋势主要将围绕着应用展开，而应用领域中提供的主要研究对象就是数据，数据在计算机科学研究中所占的地位将得到进一步的加强。

在数据科学的框架之下，统计学的发展也会受到很大的冲击。首先是关于数据模型将会跳出传统的统计模型的框架，像拓扑、几何和随机场的概念将会在数据分析中扮演重要的角色。其次是算法和计算机上的实现将成为统计学研究的中心课题之一。

数据科学对传统的社会科学领域也会产生较大的冲击，例如，对于社会学和语言学，甚至直接催生了新兴学科计算广告学的诞生。

在大数据时代，数据科学将成为科研体系中的重要组成部分，逐渐达到与包括物理、化学、生命科学等学科在内的自然科学分庭抗礼的地位。未来的科研和教育体系将基本由两条主线组成：一条是以基本原理为主线，包括传统的物理学、化学、机械工程学，以及生命科学等。另一条是以数据为主线，包括统计学、数据挖掘、机器学习、生物信息学，以及社会科学等。应该引起人们关注的是，数据科学的兴起，将极大地推动许多社会科学学科朝着量化的方向发展，使它们逐步由经验性的模式向着科学性的模式转变。

## 4.3 数据技术的发展

所谓数据技术是指为满足企业在大数据时代的数据处理需求而发展起来的数据采集、过滤、变换、分析和挖掘等一系列相关工具、技术的总称[8]。原有的数据采集、存储等技术，由于数据规模的迅速膨胀，以及对实时性要求的不断提高，已无法应对大数据时代的需求。

（1）大数据管理系统 Hadoop。Hadoop 的设计原理源于谷歌 GFS 和 MapReduce 模型，可认为是这些软件开源形式的发展。由于 Hadoop 可以运行在对硬件配置要求低、扩展性好、容错能力强，以及强大的并行处理能力等特点的设备上，所以应用非常广泛，成为目前大数据领域的热门技术。

在商业应用方面，Hadoop 技术已经在多个领域得到广泛应用，以满足企业存储和处理海量数据的需求。这些企业包括像 IBM、Facebook、亚马逊、雅虎、Twitter 等全球互联网巨头，以及国内主要的互联网公司百度、腾讯、新浪、搜狐等。美国国家航空局也采用 Hadoop 的相关技术和系统处理包括星空图像在内的庞大数据。

当前 Apache 框架下 Hadoop 相关项目的组成结构：

——Core 和 Avro 为底层支持框架。其中 Core 提供了一系列分布式文件系统和通用 I/O 的组件和接口；Avro 是一个高效、跨语言的数据序列号工具，用于数据的持久化存储。

——HDFS 是一个块结构的分布式文件系统，用于集群中数据的存储和管理。

——MapReduce 提供了一种并行处理大规模数据的编辑逻辑。

——Zookeeper 主要用于分布式数据管理的服务框架，如统一服务命名、集群管理等。

——Pig 是基于类 SQL 语言进行海量数据检索的数据流语言编程平台。

——Hive 是基于 Hadoop 的数据仓库工具，可以将结构化数据映射为一张数据表，并提供 SQL 查询功能。

——HBase 是一种基于 HDFS 的分布式、列式数据库系统，其实现原理是基于 Google 的 Bigtable

——Chukwa 是一种基于 HDFS 的分布式数据收集和分析系统。

这些项目涵盖了基本的文件操作、基于分布式文件系统的分布式编程模式、数据库操作及数据分析等方面，形成了一个相对比较完善的大规模管理和处理体系，以满足不同的业务需求。

（2）数据挖掘技术。Hadoop 系统的发展虽然解决了大数据的存储和处理能力的问题，但是系统本身却无法对数据进行分析和理解。如何从海量的数据中发现有价值的信息和知识，为企业或机构提供决策的支持和指导，则是数据挖掘技术要完成的任务。

大数据时代的数据挖掘技术在基本原理方面与传统的数据挖掘并无本质的区别，只是由于所需要处理的数据规模庞大，而且价值密度低，在处理方法和逻辑上被赋予了新的含义。例如，传统数据挖掘由于数据量较小，为真实反映实际情况，需要构建相对复杂的模型。而大数据时代拥有海量的数据，所以相对简单的模型也能够满足研究的需求。

数据挖掘的基本流程：通常包括商业理解、数据准备、数据理解、模型建立、模型评估及模型应用等几个步骤。

比较常见的数据挖掘技术包括：关联规则分析、分类和预测、聚类分析、推荐技术、链接分析、孤立点分析、数据演变分析等。

（3）计算广告系统。实现广告精准定向投放的技术称为计算广告学

（Computational Advertisement），其核心内容包括：对页面内容的分析，对用户的兴趣、性别、年龄等属性信息的挖掘，广告检索以及广告点击率、转换率的预测等[8]。计算广告学所使用的技术，涵盖了数挖掘领域的绝大部分研究内容，形成一个庞大的技术体系。

正是利用计算广告技术，互联网广告可以根据用户特点进行个性化广告展示，实现"千人千面"的营销目的，使其成为区别于传统行业的新兴市场。在计算广告最新的应用进展中，最引人关注的是移动广告和广告交易平台。随着移动智能终端的迅速发展，谷歌、苹果、Facebook 等都积极推广自己的移动广告战略，2012 年移动广告的市场规模已扩大至 50 亿美元。而随着实时竞价技术的发展，广告交易平台也逐渐成为一种新兴的广告投放渠道。

在大数据时代，借助以 Hadoop 为基础的数据管理工具及相关的数据挖掘技术，计算广告系统已取得了很大成功。但由于所需处理的数据规模急剧扩大，计算广告系统的发展也面临着巨大的技术挑战。

## 4.4　数据科学家的崛起

在大数据时代，人们发现在各个专业领域专家的影响力正在逐渐减弱。例如，在传媒界，美国许多重要报刊和互联网站上传播的热点新闻通常取决于数据，而不再取决于编辑或记者的新闻敏感度；亚马逊老板贝索斯发现算法推荐能够促进图书销售量时，他就不再依靠公司的书籍评论员了。从大数据的发展历程可以发现，通过大数据取得成功的人们，往往并不来自他们所擅长并已取得成就的领域，他们通常是数据分析家、人工智能专家、数学家或统计学家。当他们将所掌握的知识或技术应用到其他专业领域时，往往会取得意想不到的成功。

正如维克托·迈尔-舍恩伯格所说：行业专家和技术专家的光芒都会因为统计学家和数据分析家的出现而变暗，因为后者不受旧观念的影响，能够聆听数据发出的声音[12]。

伴随领域专家影响力的降低，数据科学家正在崛起，大数据人才将与领域专家一样可以身居高位，参与决策。专业技能就像精确性一样，只适用于小数据时代。因为当时掌握的数据不多也不够准确，一般需要依靠直觉和经验指导，所以那时更注重于专业人才，深度就是财富。而当你拥有海量数据时，你就能通过挖掘数据而得到更多。大数据分析家会把过去看成是迷信和成规，这不是因为他们更聪明，而是因为他们拥有了数据这个财富之源。

在谷歌、亚马逊、Facebook、Uber、Airbnb 等公司成功的背后，都有这样一批人：他们可以将大量的数据变为有价值的金矿。例如，搜索结果、定向广告、准确的商品推荐、可能认识的好友列表等。他们被誉为"今后

10 年 IT 行业最重要的人才"——数据科学家（Data Scientist）。现在的互联网行业，越来越多的企业对数据科学家求贤若渴。

在《数据之美》一书中，我们可以看到 Facebook 对于数据科学家起源的描述[23]：在 Facebook，我们发现传统的头衔如商业分析师、统计学家、工程师，以及研究科学家都不能确切地定义我们团队的角色。该角色的工作是变化多样的：在任意给定的一天，团队的一个成员可以用 Python 实现一个多阶段的处理管道流，设计假设检验，用工具 R 在数据样本上执行回归测试，在 Hadoop 上为数据密集型产品或服务设计和实现算法，或者把我们分析的结果以清晰简洁的方式展示给企业的其他成员。为了掌握完成这多方面任务所需要的技术，我们创造了"数据科学家"这种新角色。

尽管对数据科学家的需求一直在快速增长，但至今还没有数据科学家的准确定义。有人开玩笑说，数据科学家就是住在硅谷的数据分析师；或者数据科学家就是解决复杂数据所带来问题的人。比较准确、全面的"数据科学家"的定义：运用统计分析、机器学习、分布式处理等技术，从大量数据中提取出对业务有意义的信息，以易懂的形式传达给决策者，并创造出新的数据运用服务的人才[23]。

## 5　科技情报工作面临的机遇与挑战

如前所述，大数据开启了一次重大的时代转型，它正在改变我们的生活、工作，以及理解世界的方式。大数据时代对人类处理数据的能力提出新的挑战，也为人们获得更加深刻、全面的观察分析能力提供了技术条件和物质基础。对于科技信息工作来说，同样获得了前所未有的发展机遇和严重挑战。大数据将对科技信息工作现有的管理体制和组织结构、研究内容与发展方向、学科建设与人才培养，以及科技情报工作与产业、社会发展之间的关系带来深刻的变化和革新。

### 5.1　传统科技情报工作的转型

传统的科技情报工作，即我们各级科技情报部门以及图书情报单位日常进行的工作，包括信息采集、信息检索，数据库建设、机器翻译等，在工作性质和研究内容方面都与大数据应用有许多的相似和共性。但传统的科技情报工作是在小数据环境下发展起来的，它的各种设计和要求仅能够适应小数据时代的需求。当面对海量的复杂数据时，传统科技情报工作就会遇到很大的困难，甚至根本无法处理。因此，急需对传统科技情报工作进行转型和变革，以适应大数据时代发展的要求。

（1）海量数据信息的采集与检索。科技情报领域的信息采集与信息检索主要面对的是文本信息和书目信息，信息数量较少，而且格式规范。在大数据时代，移动互联网、智能终端、新型传感器已经渗透到世界的各个角落，数据与信息呈爆发式增长。所以，对于新一代科技情报系统架构和技术的要求应该是能够对数量巨大、来源分散、格式多样的数据和信息进行采集、存储、检索，并进行实时的关联性分析。对于科技情报者来说，这是一个非常大的挑战，但也是一个难得的机遇。构建新型信息采集与信息检索的任务和流程，将是科技情报工作研究的重点和发展的方向。

（2）非关系型数据库建设。传统科技情报工作的中心任务之一，就是建设各种类型的文本型或事实型数据库。由于那时的数据量小，数据的格式也非常规范，所以传统的关系型数据库都经过仔细的设计和策划，能够满足用户的各种检索和查询需求。在前文中提到，未来的 5 年中，全球数据预计将以 800％的增长速度发展，其中 80％是非结构化数据。因此，揭示非结构化数据中所隐含的意义和价值，已成为全社会的普遍需求。面对这样的现实情况促使人们开发设计新型数据库——非关系型数据库。

非关系型数据库不需要预先设定记录结构，允许处理超大量的、类型各异的数据。只是由于包容了结构多样性，数据库需要设计更多的处理和存储资源。随着存储数据价格的下降，这已经不构成新型数据库设计的难题。Hadoop 是这种新型数据库应用的典型范例。它通过把大数据变成小模块然后分配给其他机器进行分析，实现了对超大量数据的处理。

开展对于非关系型数据库的开发与研制，也是摆在科技情报工作者面前紧迫而艰巨的任务。我们应该树立大数据时代的思维模式：在数据处理上摒弃精确性，接受混杂性，坚持纷繁的数据越多越好的原则；在数据分析上忽略对因果性的追求，而强调对数据关联性的揭示。例如，汤森路透公司（Thomson Reuters）在 Web of Knowledge 中，通过耦合数据与同引数据揭示文献的相关性，从而达到检索相关文献的目的。

（3）谷歌翻译系统的启示。机器翻译是在 20 世纪 40 年代，美国为了翻译所得到的大量苏联资料而发展起来的。我国科技情报界对机器翻译也非常重视，从 20 世纪 70 年代就开展对于机器翻译的研究，投入了大量的人力、物力，但是所取得的成果并不尽如人意。

最初，机器翻译研究人员是将语法规则和双语词典结合在一起，让机器自动识别。但在获得短暂成功之后，就陷入了困境。研发人员意识到，机器翻译远比他们想象的要困难得多。

20 世纪 80 年代后期，IBM 的研发人员提出了一个新的想法。他们试图让计算机自己估算一个词或一个词组适合用来翻译另一种语言中的一个词或词组的可能性，然后再决定某个词和词组在另一种语言中的对等词和词组。IBM 把这个项目命名为 Candide，研究工作大约持续了 10 年时间，投入了很多资金，但取得的成效不大。最终，IBM 公司还是放弃了这个项目。

2006 年，谷歌公司开始研究机器翻译。谷歌公司的开发目标是收集全世界的数据资源，并让人人都可以享受这些资源。于是，谷歌公司开始利用一个更大更繁杂的数据库，就是全球的互联网资源，而不仅仅只利用两种语言之间的文本翻译。谷歌翻译部的负责人弗朗兹·奥奇（F. Och）指出[12]：谷歌的翻译系统不会像 Candide 一样只是仔细地翻译 300 万句话，它会掌握用不同语言翻译的、质量参差不齐的数十亿页的文档。事实上，上万亿的语料库就相当于 950 亿句的英语资源。

到 2012 年，谷歌数据库涵盖了 60 多种语言，甚至能够接受 14 种语言的语音输入，并有很流利的对等翻译。谷歌翻译系统的成功，并不是因为它拥有更好的算法机制，而是它比 IBM 的 Candide 系统多利用了成千上万的数据，包括有错误的数据。它是将语言视为能够判别可能性的数据，而不是语言本身，这是利用大数据取得成功的又一个范例。

谷歌翻译系统的成功给予我们科技情报界很好的启示，为我们进一步深化机器翻译研究提供了方法和手段。现在应该变革传统的思维方式，认识到这是大数据时代机器翻译发展唯一正确的途径和方向。

### 5.2 信息分析研究的变革

信息分析是我国科技情报部门的主流业务之一，有着很强的研究实力和科研队伍，在为政府决策咨询和企业创新服务中发挥了重要的作用。经过几十年的工作实践，信息分析在统计分析、计量模型、数据挖掘、知识发现，以及可视化应用等领域，积累了丰富的经验和大量的方法，建立了相对严格、完善的科研体系。大数据分析与信息分析有着天然的继承与发展关系，两者既有共性，又存在着一定的差异。我们应该在发挥信息分析既有优势的基础上，认真研究大数据分析的特点和方法，将大数据资源尽快应用于企业和社会。

（1）将大数据应用于社会各个领域。在大数据时代，科技情报领域的信息分析人员应该尽快向数据科学家转型，使自己具备大数据的思维和技能，努力对数据进行正确的处理和分析，为社会和企业提供急需解决问题的答案。数据科学家虽然自己可能不拥有数据资源，但是这可以使他们不受各种因素的影响，更加顺利地实践自己的想法，将大数据应用于社会各个领域。

范例 1：麻省理工学院的研究人员设计了一款大数据分析系统——数据科学机（Data Science Machine），该系统的目的是帮助人类寻找数据背后隐藏的规律。麦克斯·坎特（M. Kanter）指出[24]：我们将数据科学机作为对人类智慧的天然补充。因为有太多的数据需要进行分析，但是目前我们并没有充分利用。

数据科学机能够以"非人"的速度完成其预测计算，每次提交答案所需时间仅为 2～12 小时之间，而人类参赛队伍则需要工作数月时间，才能完成相应的计算。哈佛大学计算机科学教授马戈·塞尔策（M. Seltzer）对其给予了高度评价：数据科学机本身就是一项令人难以置信的伟大项目，因为它成功地将尖端研究运用到解决实际问题中去，提供了一种全新的看待该问题的方式[24]。

范例 2：汤森路透（Thomson Reuters）是我国科技情报界非常熟悉的信息与媒体公司，它在科技领域最重要的影响，就是利用 Web of Knowledge 中的数据来分析和预测最有影响力的科研人员，根据其发表研究成果的总被引频次预测未来诺贝尔奖获得者。

令人惊奇的是，汤森路透还是生物医学大数据方面的顶级研究团队。它利用其在信息领域的优势，构建了一个设计独特、规模强大的大数据分析平台，其代表产品便是 MetaCore。MetaCore 上的数据内容均经过专业人员审阅，并集成数据挖掘、系统生物学算法和可视化工具，可用于各类生物医学数据进行功能性分析。例如，科学家将试验所得的数据，放入到 MetaCore 中，做基因网络和通路的富集测试，并将结果可视化。这样便能非常直观地观察到某组基因是如何相互关联影响的，哪些基因在通路中对其他基因的表达起关键作用，从而帮助科学家们更好地寻找药物靶点。

（2）为企业大数据开发服务。现在再也没有企业怀疑大数据分析的力量，并且都在竞相利用大数据来增强自己企业的业务竞争力。但是，目前我国大部分企业开展的大数据分析，还处于非常初级的阶段。到处充斥着无从分析的非结构化数据，即使结构化数据分析也面临方法不科学、周期冗长、性价比低、不能直接产生经济效益等诸多问题，使企业处于进退两难的尴尬境地。

这是大数据时代我国科技情报人员和技术专家面临的机遇和任务。通过大数据分析为企业解除难题、摆脱困境，从观念、方法、技术、工具各个方面为企业提供支持和帮助。或者以外包的形式，与企业共同开发大数据资源，挖掘数据潜在的价值，为企业创造最大的经济效益。

我们可以借鉴美国大学研究中心为企业开展大数据分析的情况。由美国数据科学家、北卡罗来纳大学（UNC）夏洛特分校助理教授、夏洛特图像可视化中心主任，以及非结构化数据智能分析平台 Taste Analytics 首席执行官 Derek Wang（汪晓宇）博士一手打造的 Taste Analytics 团队，就在为企业进行"预测分析"技术的研发。它摆脱了传统的"舆情分析"和"情感分析"的框架，更进一步，把人们在社交网站和其他平台上产生的数据都收集起来，进行实时、全面的分析，帮助企业建立用户的立体形象，了解他们的品味和喜恶，从而提供预测性的判断。这个核心技术的突破，就可以实现对于整个数据分析市场的革新变化。

汪晓宇博士举例说[25]：如果"预测分析"技术发展成熟的话，就会非常接近美国科幻电影《少数派报告》里的情景——它会根据你在网络留下的痕迹，来理解你的性格、行为、情绪，建立一个随时更新的、立体的形象。无论是人力资源、企业经理、客户服务、公共机构等都可以根据这些信息来提供真正的前瞻性、个性化的服务。

（3）开放数据的有效利用。开放数据是各国政府建立"数字文明"的标志，它可以促使政府更加高效、更加透明、更加廉洁、更加创新。开放数据为我们提供了丰富、全面的数据资源，为科技情报人员开发利用提供了便利条件和物质基础。我们可以根据自己的需求去抽取、聚合、分析数据，挖掘其潜在价值，最大程度地发挥数据的价值，更好地为社会和大众服务。

2012 年，美国奥巴马政府发布《大数据研究与发展计划》，作为开放政府计划的一部分和具体执行单位，www.data.gov 成为全球第一个政府数据开放平台。美国政府利用该网络平台，公开政府的信息，鼓励政府和公众交流，以提高政府的效率；推动企业与政府合作，促进政府管理向开放、协同、合作迈进。

至 2012 年 12 月，Data.gov 已经包含 37.9 万组包括地理数据在内的原始数据，横跨 180 个政府部门或下属机构。基于这些公开的数据，政府已开发了 1264 个应用，社会开发了 236 个应用[8]。其中包括健康生活的、高效能源的、教育的等。人们通过智能手机或电脑就可以方便地使用。

Data.gov 网站发布三类数据：原始数据集，用于快速查看、下载与操作系统无关的各种格式的机读数据；联邦数据集管理工具，提供各种数据摘录、抽取、分析工具，提供常用电子数据文件格式转换工具，以及标准的应用程序接口（API）；地理数据，美国政府中 80％的内容与地点有关，因而Data.gov 提供综合地理数据，用户可以将这些数据与地理基础信息叠加，生成地理空间信息服务。

Data.gov 开放以来，受到社会各界广泛的关注，使用者来自世界各地。他们安装应用，浏览、下载和分析各类数据。值得注意的是，在 Data.gov的海外访问者中，数量最多的是中国人。可以看出国内的科研人员对数据需求的迫切程度。

继美国政府推出 Data.gov 以后，欧盟委员会的开放数据平台——OpenData Portal（ODP）也于 2010 年 4 月向公众开放。欧盟委员会副主席N.Kroes 说[8]：这将打开一个金矿，通过这个系统，公众获得这些数据会更便捷，成本更低，获得数据的内容更广泛。至 2013 年 1 月，ODP 已经开放了 5815 个数据集，其中 5638 个数据集是来自欧盟统计局 Eurostal，包括地理、大气、国际贸易、农业等各类信息。

## 5.3　信息咨询公司新机遇

20 世纪 80 年代，我国科技情报界开始出现信息咨询公司。他们利用信息、知识、智慧及技术，为社会和企业提供诸如技术转让、技术开发、决策支持、系统设计等各类型信息咨询服务，在社会上取得了很好的声誉。

当前，我们正处于大数据发展的早期，拥有如此多的数据，但是缺少能够从数据中提取价值的观念、方法和技术。因此，思维和技能成为人们追逐的热点，数据科学家成为社会和企业求贤若渴的稀缺人才。这为大数据时代信息咨询公司的深入发展和产业转型，提供了良好的环境和难得的契机。

（1）大数据思维公司。大数据思维公司是大数据时代的特有产物。对于这类公司来说，可能并不拥有数据和技术，但是其领导者或员工的创新思维能够促使公司在商场上脱颖而出、突破取胜，关键因素是他们具有使数据产生新价值的独特想法。

事实上，大数据思维就是一种意识，即只要对公开数据进行正确的处理和分析，就能为千百万人急需解决的问题提供答案。在现实社会中，拥有大数据思维的领导者，由于自己并不拥有数据和技术，反而使得他们不易受到各种因素的影响，能够更加顺利地实践自己的想法。大数据思维公司的成功为新时代科技信息领域咨询公司的转型和发展提供了途径和方向。

我们可以从美国《连线》杂志主编凯文·凯利（K. Kelly）《数据是未来》讲演中的精彩部分，体会大数据思维对于企业创新发展的意义和作用[26]。

——个人数据才是大未来。今后很多数据会留在本地进行处理，甚至以每个家庭为单位处理的信息总量会比留在本地的数据总量还要大。再扩大一个层面，每个人每天都会产生很多数据。我认为未来就是每一个人传递自己信息的时代。

——所有生意都是数据生意。不管你现在做什么行业，你做的生意都是数据生意，所有的东西都在我们的数据流里。然后，就需要了解如何量化自己，有很多非常前沿的数据测量工具。例如，有一种工具可以分析我们呼吸气体里的化合物，从而判断你的血液情况。苹果推出的手表也在不停地采集你的数据，通过 APP 进行处理。

——注意力在哪儿，钱就在哪儿，注意力经济是一个颠覆性的领域。现在的广告投放模式是花钱投给广告公司，为什么不直接把钱花在用户上，让他看广告就能拿到钱呢？这样我们就可以了解这人的关注度在哪儿，然后用钱去买他的注意力，让他看我们的广告。一种新的商业模式是，我们应该有权让自己成为媒体，在自己的社会化媒体上放置广告赚钱。这将彻底颠覆广告行业。

（2）大数据技术公司。大数据既是一类数据，也是一项技术。大数据通过数据整合分析和深度挖掘，发现规律、创造价值，进而建立起从物理世界到数字世界和网络世界的无缝链接。在这一资产向价值转移的过程中，技术或技能起着至关重要的作用，它是实现数据价值的决定性因素。随着大数据技术不断发展，新技术层出不穷，许多信息咨询公司开始转型为以发展计算机、互联网专项技术为主，向各行各业的公司提供最有效的数据处理技术。

例如，华盛顿中心医院与微软研究中心合作分析了多年来的匿名医疗记录，涉及患者人口统计资料，检查、诊断、医疗资料，等等。这项研究发现了医疗与患者之间很多惊人的相关关系，他们据此提出改进医院医疗现状的许多建议。这些相关关系是机器从一大堆数据中筛选出来的，仅凭人力是永远不可能发现的。在这个过程中，微软公司并没有数据，微软只是提供分析工具，通过 Amalga 系统发现有价值的信息。

近几年，美国在非结构化语义分析以及人机互动的图像可视化等技术领域取得关键性突破。全美五大图像可视化中心之一的北卡罗来纳大学（UNC）夏洛特图像可视化中心的汪晓宇博士及其团队，从学术界走向工业界，推出了实时动态的、结果易读的综合智能数据分析平台——The Taste Signals Platform。对美国企业而言，不论是非结构化数据，还是实时数据分析，这些以往常见的数据分析难点都被一一攻克了。

目前，美国很多企业不仅开始分析非结构化数据，并通过引入"实时分析"、"数据驱动"（Data-driven）、"人机互动"等最新的数据分析理念，实现了企业数据分析与经济效益的有效联动。

汪晓宇博士介绍说[25]：在面对新的技术和工具时，美国企业高层都会迅速做出决断，考虑怎么把数据分析和现有业务进行快速整合。这就意味着，大数据分析工具应该越来越实用化。

（3）时代弄潮儿——数据中间商。在数据、技术和思维三足鼎立的大数据价值链上，有些时候还会出现许多特殊的中间人，被称为数据中间商。他们会从各种地方收集数据进行整合，然后再提取有用的信息进行分析利用。数据拥有者有时也允许这样的中间商开展工作，因为有些数据的价值只有通过中间商的整合处理，才有可能被挖掘出来。这些中间商在大数据价值链上占据了一个收益丰厚的位置，但是他们并没有影响数据提供者的利润和收益，所以相辅相成，实现商业上的双赢。

早期的中间商例子有 Hitwise 和 Quantcast 等。Hitwise 与一些互联网服务公司合作，他以固定的低价格购买和使用这些公司的数据，而不是按所得的利润分成，这使 Hitwise 得到数据分析收入的大部分利润。而 Quant-cast 是向网站提供一个有线系统，帮助网站记录用户的网页浏览历史，测评用户的年龄、收入、喜好等个人信息。然后 Quantcast 公司通过分析这些数据，向用户发放有针对性的定向广告。

Inrix 是典型的独立运作的大数据中间商，他汇聚了来自美洲和欧洲近 1 亿辆汽车的实时交通数据。Inrix 把这些数据与历史交通数据进行对比，再综合考虑天气和其他信息，然后预测未来的交通状况。数据软件分析出的结果会被同步到汽车卫星导航系统中，供政府部门和商用车队使用。

Inrix 的汽车实时交通数据来自很多的汽车制造商，将它们汇集到一起所产生的价值，要远远超过它们被单独使用时的价值，而且随着数据量的激增，预测的结果会越来越准确。显然，汽车制造商的兴趣和精力主要集中在制造汽车上，因此他们乐于将预测分析工作委托给第三方的中间商来完成。

Inrix 收集的交通状况数据还被挖掘出许多新的价值，例如，它可以被用来评测一个地方的经济情况，因为它可以提供关于失业率、零售额、业余活动等信息。2011 年，Inrix 数据成功预测了美国经济复苏开始减缓，这与当时大多数政治家和经济学家的意见都不一致。

## 5.4 科技情报人才培养方向的转变

随着大数据、云计算、物联网、移动互联网等新技术及相关创新应用的不断涌现，促进了数据科学与数据技术的兴起与发展。它改变了人们习惯的思维方式和研究方法，给信息科学和情报教育的发展方向，以及科技情报人才的培养模式带来很大的转变和挑战。如何适应大数据时代不断变化的技术需求，为社会和企业培养出更多、更好的大数据人才，是我国科技情报界必须承担的艰巨任务和历史责任。

（1）大数据环境人才需求状况。目前，无论是政府还是企业都已深刻认识到，如果想要成功地运用大数据技术和开展大数据分析，最大的制约因素就是大数据人才的缺乏，这已经成为阻碍大数据技术推广和利用的直接瓶颈。

在大数据时代，最热门的人才是数据科学家，而不是传统的信息科学家，也不是数据工程师。开发大数据的战略意义不在于掌握或拥有海量的数据信息，而在于对这些数据的深度分析挖掘和专业处理能力，而这种能力的激发离不开数据科学家的培养和使用。随着市场环境越来越复杂，单纯凭直观判断的市场决策已不能适应企业和社会竞争的需求，越来越多的项目和业务依赖于对内外部数据的深度解读。在未来的企业竞争和战略发展中，数据科学家将扮演更加重要的角色。因此，企业对数据科学家的需求缺口日益增大。

LinkedIn 网站对数据分析人才的需求报告显示，从 2000 年之后，企业对数据分析人才的需求量一直呈指数增长。2011 年 6 月，美国麦肯锡公司曾经预测：到 2018 年，仅美国本土就可能缺乏 14 万～19 万具有深入分析数据能力的数据分析师，同时还可能缺乏 150 万能提出正确问题，并且能利用分析结果做出有效决策的管理者和分析师[27]。

为什么这个领域会变得如此火爆呢？美国芝加哥的猎头公司，博奇工程的总经理琳达·博奇（L. Burtch）表示[27]：尽管像谷歌、亚马逊、Netflix 及 Uber 这样的高科技公司，已经拥有了自己的数据科学团队。但那些非高科技公司，像 Neiman Marcus、沃尔玛、Clorox 及 Gap 等，它们现在也需要这方面的人才，很多公司都在物色数据科学家。这些公司希望，数据科学人才可以挖掘新的信息，帮助公司开源节流。例如，IBM 负责大数据业务的副总裁 A. Bhambhri[27]表示，航空航天制造商 Pratt & Whitney 现在可以预测出飞机发动机何时需要进行维护，准确率达到 97%，这可以帮助它更加有效地开展业务。显而易见，这些都是开展大数据分析的结果。

（2）大数据时代人才培养模式。信息科学与数据科学有着天然的继承和包容关系。从数据科学已有的一些方法和技术看，它包括了数据获取、数据存储与管理、数据安全、数据分析、数据可视化等相关技术及软件工具。而这也正是信息获取、信息存储与管理、信息安全、信息分析、信息可视化等涉及的技术方法及软件工具。同时，从数据的物理属性来说，它应该是信息集合中的一个子集合。因此，数据科学可以视为信息科学在大数据时代的扩展和延伸。我国情报学专家叶鹰和马费成认为[28]：对护理知识体系的信息科学界或情报学界来说，用信息科学涵盖数据科学也不失为理智选择，数据科学彰显新颖，信息科学较为成熟，技术方法则相互共通。

这是信息科学或情报学深化发展的良好契机，我们应该对传统情报学的学科结构、教育体系及人才培养模式进行大幅度的变革和创新，以适应大数据时代培养数据科学人才的迫切需要。

那么要培养数据科学家，需要哪些基础知识和专业技能呢？

中国科学院院士鄂维南在关于数据科学的专著中论述了数据科学的教育体系[8]，对理解上述问题有很好的启发意义和参考价值。

——数学基础知识。除了微积分、线性代数和概率论这三大基础学科的知识以外，还需要随机过程、函数逼近论、图论、拓扑学、几何、变分法、群论等学科的知识。应该设计一些新型的"高等数学"课程来概括这些学科的内容。

——计算机科学基本知识。例如，计算机语言、数据库、数据结构、可视化技术等。

——算法方面基础知识。例如，数值代数、函数逼近、优化、蒙特卡洛方法、网络算法、计算几何等。

——数据的模型。例如，回归、分类、聚类、参数估计等。

——专业课程。例如，图像处理、时间序列分析、视频处理、自然语言处理、文本处理、语言识别、图像识别、推荐系统等。

——其他专业课。例如，生物信息学、天体信息学、金融数据分析等。

不难看出，数据科学的教育体系所包含的内容与现有信息科学的教学内容有很多相似与共通的部分，这为信息科学与数据科学的兼容并蓄、扩展交融提供了良好的基础和条件。科技情报界应该抓住这一难得的机遇，积极筹建数据科学的学科基础，并及早设立该学科的硕士和博士学位。

据美国爵硕大学教授 I. Y. Song[29]统计，截至 2014 年 8 月，全球已有66 所大学专门新设了数据科学硕士学位。国内一些大学也开始了类似行动，例如，清华大学成立数据科学研究院并于 2014 年秋季开始跨学科培养硕士研究生；复旦大学从 2010 年开始招收数据科学博士研究生，并于 2015 年成立大数据学院和大数据研究院。

(3) 数据科学家的素养与技能。在大数据时代，数据科学家成为最热门的求职岗位与最受企业和社会欢迎的技术专家。目前，根据数据科学家的研究目标和工作任务大致可以分为三类：

——理论数据科学家。致力于数据科学的理论研究，为其他的数据科学家创造框架和工具。

——应用数据科学家。专注于如何运用大数据去解决实际问题。应用数据科学家的工作是首先进行系统设计、构建，然后再用大数据进行分析、验证。

——领域数据科学家。具备特定领域的专业知识，并将其与数据技术有效结合。利用大数据分析方法、解决领域的实际应用问题。

要培养一名合格的数据科学家，需要使其具备哪些基本技能？

——编程和数据库处理能力。掌握对处理大数据所必需的 Hadoop，Mahout 等大规模并行处理技术与机器学习的相关技能。能够熟练利用 python 获取数据，整理数据，以及使用 Matplotlib 展现数据。例如，虽然 IBM 刚刚推出了基于云计算的 Watson Analytics 免费增值工具，但是，为了分析非结构化数据，数据科学家常常不得不亲自动手编写专门的软件程序。

——数学、统计和数据挖掘知识。除了数学和统计学的基础知识，还需要具备使用 SPSS，SAS 等主流统计分析软件的技能。其中，面向统计分析的开源编程语言及其运行环境"R"最近备受瞩目。R 语言不仅包含丰富的统计分析库，而且具备将结果生成可视化高品质图表的功能，被称为大数据进入 R 时代。

——数据可视化技术。分析结果的优劣很大程度上依赖于其表达方式。通过开发 Web 原型，使用外部 API，将图表、地图、Dashboard 等其他服务统一起来，达到使分析结果可视化的目的。

除了以上所述的基本技能外，作为合格的数据科学家，还需要具备基本的专业素养，这对于正确开展大数据分析，并能够取得满意结果是至关重要的。

——领导能力和软科学才能。数据科学家之所以被称为"科学家"，而不是"数据工程师"或"数据分析师"，主要因为数据科学家对数据有敏锐的直觉和本质的认知，对问题和业务有深入的洞察和理解，因而能够解决复杂数据带来的问题，并挖掘其中的潜在价值。

美国游戏公司 Playstudios 的数据科学家乔恩-格林伯格（Jon Greenberg）指出[27]：要做好数据科学工作，你必须得有分析头脑，还要有好奇心。你必须具备灵活性和创造性，构思出不同的方法来解决问题。

A. Rajpurohit 是一名独立的数据科学家兼公司顾问。他认为[27]：数据科学家最重要的素质就是能够快速学习东西，与专长于任何特定编程语言相比，泛型编程技巧更加重要。尽管数据科学和艺术毫不沾边，但是你需要把艺术和科学很好地结合起来。科学部分就是数学、程序设计等，而艺术部分则是创造力、对语境的深刻理解等。

## 参考文献

[1] 彭宇，庞景月，刘大同，等. 大数据：内涵、技术体系与展望 [J]. 电子测量与仪器学报，2015，29（4）：469-482.

[2] 武延军. 大数据时代已经来临——人机物融合的大数据时代 [J]. 高科技与产业化，2015（5）：46-49.

[3] TOFFER A. The third wave [M]. New York：Bantam Books，1981.

[4] DIEBOLD F X. "Big Data" dynamic factor models for macroeconomic measurement and forecasting [M] // Advances in economics and econometrics，eighth world congress of the econometric society. Cambridge：Cambridge University Press，2003：115-122.

[5] MANYIKA J，CHUI M，BROWN B，et al. Big data：the next frontier for innovation，competition and productivity [R]. Mckinsey Global Institute，2011.

[6] Big data [EB/OL]. [2012-10-02]. http：//en. wikipedia. org/wiki/Big _ data.

[7] 徐宗本，张维，刘雷，等. 数据科学与大数据的科学原理及发展前景——香山科学会议第 462 次学术讨论会专家发言摘登 [J]. 科技促进发展，2014，10（1）：66-75.

［8］ 赵国栋，易欢欢，糜万军，鄂维南．大数据时代的历史机遇［M］．北京：清华大学出版社，2013：21，25，33，285，294，304，316，328，345，299．

［9］ MAYER-SCHONBERGER V，CUKIER K. Big data：a revolution that will transform how we live，work，and think［M］．John Murray Publishers Ltd，2013：174-180．

［10］ 尤春兰，张雪超，安靖，等．大数据与信息化教学［J］．中国信息技术教育，2015（22）：74-76．

［11］ 苗圩．大数据，变革世界的关键资源［J］．中国经贸导刊，2015（11）：10．

［12］ 维克托·迈尔-舍恩伯格，肯尼思·库克耶．大数据时代——生活、工作与思维的大变革［M］．盛杨燕，周涛，译．杭州：浙江人民出版社，2013：11，1，17，27，45，23，9，8，157，160，127，125，63，180，53．

［13］ 李广健，化柏林．大数据分析与情报分析关系辨析［J］．中国图书馆学报，2014，40（5）：14-22．

［14］ 陶雪娇，胡晓峰，刘洋．大数据研究综述［J］．系统仿真学报，2013（S1）：142-146．

［15］ 程学旗，靳小龙，王元卓，等．大数据系统和分析技术综述［J］．软件学报，2014，25（9）：1889-1908．

［16］ 张春磊，杨小牛．大数据分析（BDA）及其在情报领域的应用［J］．中国电子科学研究院学报，2013，8（1）：18-22．

［17］ 官思发，孟玺，李宗洁，等．大数据分析研究现状、问题与对策［J］．情报杂志，2015，34（5）：98-104

［18］ 大数据分析与处理方法介绍［EB/OL］．［2013-09-23］．http：//www. 199it. com/archives/153799. html．

［19］ ISSON J P，HARRIOTT J S. 大数据分析——用互联网思维创造惊人价值［M］．漆晨曦，刘斌，译．北京：人民邮电出版社，2014：264-265，316．

［20］ 李金昌．从政治算术到大数据分析［J］．统计研究，2014（11）：5-16．

［21］ 朱扬勇，熊赟．数据学［M］．上海：复旦大学出版社，2009．

［22］ ANDERSON C. The end of theory［J］．Wired，2008，16（7）．

［23］ 大数据邦．数据科学家：大数据金字塔尖的神人［EB/OL］．［2015-08-24］．http：//www. haokoo. com/else/8160918. html．

［24］ 人工智能或将取代人类直觉：数据背后隐藏规律［EB/OL］．［2015-10-20］．http：//tech. sina. com. cn/d/i/2015-10-20/doc-ifxiwazu56 22035. shtml．

［25］ 美国数据科学家为你预见大数据的未来［EB/OL］．［2015-10-16］．http：//www. aiweibang. com/yuedu/57203195. html．

［26］ 凯文·凯利．创业大多完蛋，数据是未来［EB/OL］．［2015-06-23］．http：//www. vccoo. com/v/7fd6f8．

［27］ 数据科学家成为 2015 年最热门职业？ ［EB/OL］．［2015-01-03］．http：//tech. qq. com/a/20150103/002380. htm．

［28］ 叶鹰，马费成．数据科学兴起及其与信息科学的关联［J］．情报学报，2015，34
（6）：575-580．

［29］ SONG I Y. Big data and data science：what school should do? Data science work-
shop PPT［M］．Korea：SKKU，2014．

作者简介：

庞景安，男，1950 年生，硕士。历任中国科学技术信息研究所战略研究中
心研究员、研究生培训中心授课教授、中国科学技术信息研究所博士后工作
站合作导师，发表论文 60 余篇，出版著作十几部。研究方向：科技创新评
价与管理，科学计量学，网络信息资源管理等。

# 国内外开放获取进展

初景利[1]，王应宽[2]，王　铮[1]，赵　艳[1]，
刘凤红[1]，魏　蕊[3]，韩　丽[4]，栾瑞英[1]

（1. 中国科学院　文献情报中心，北京　100190；2. 农业部规划
设计研究院，北京　100125；3. 河北大学　管理学院，河北　保定
071002；4. 中国科学院　微生物研究所，北京　100101）

**摘　要：** 自 20 世纪 90 年代末以来，开放获取（OA）得到快速的发展，受到包括学术界、出版界、图书情报界的广泛关注。国际组织、专业组织、政府组织、科研机构、科研资助机构发布了相当数量的开放获取政策与倡议，开放出版资源数量稳步增长，开放出版资源质量逐步得到认可，开放获取的经济模式正在形成，在金色 OA 和绿色 OA 上都取得了长足进展。学术专著开放获取正在出现新的突破，专著的开放获取数量越来越多。除开放获取期刊、图书外，科学数据开放获取也在快速向前推进，开放数据的相关政策相继出台。国内外图书馆参与开放获取的积极性非常高涨，在开放获取中扮演重要角色，发挥了十分重要的作用。

**关键词：** 开放获取；机构知识库；学科知识库；开放数据；学术专著开放获取

开放获取（Open Access，OA）经过 10 多年的发展，其意义和作用正在得到各国政府、科研人员和社会公众越来越广泛的认识。OA 已经不仅仅是一种新的出版模式，而且代表了一种新的学术信息交流模式，能够为全社会带来更多的公共利益。在过去的五年时间里，OA 运动在全球范围内加快发展，影响力不断扩大。OA 不仅涉及出版者和图书情报机构，而且与政府和科研机构的政策、广大作者和读者的利用行为有着密切的关系。OA 已经从期刊拓展到学术专著、科学数据，各利益相关方在 OA 运动中也在发挥着不同的作用。

## 1　国际开放获取主要活动

OA 运动于 20 世纪 90 年代末在国际学术界、出版界和图书情报界兴

起，此后迅速在全球范围内发展。2010—2015 年是全球范围内 OA 运动非常重要的发展阶段。2011 年是《布达佩斯开放获取倡议》（2001）发布十周年[1]，2013 年是《开放获取柏林宣言》（2003）发布十周年[2]，也是全球最大的 OA 期刊目录网站 DOAJ 创办十周年[3]。从 21 世纪初至今，开放获取运动从共识形成政策，从设想变为现实，从最初科研领域的专业议题逐渐拓展深化，成为国际和国家层面支持发展、支撑创新的政治议题，成为驱动企业创新和创业活动的经济议题，成为影响全社会各类机构和群体的公共议题，最终成为有利于大众福祉的民生议题。

本节内容以 OA 活动中的各种利益相关者为线索，梳理 5 年来国际 OA 运动从宏观到微观、从顶层设计到具体实施，从操作运行到发挥效用的主要情况和进展。

### 1.1 国际组织和各国政府层面的活动

#### 1.1.1 国际组织的活动

国际组织可以分为政府间国际组织和为发展某一项专门事业而形成的专业国际组织。在政府间国际组织方面，联合国教科文组织（UNESCO）首先于 2012 年发布了《开放获取科学信息政策指南》[4]指导各成员国更好地理解和制定 OA 政策，随后于 2013 年开始实行本机构内出版物数据开放获取政策[5]，向全世界免费提供 UNESCO 附带开放许可的数字出版物，成为联合国机构中首家通过出版物开放式获取政策的机构。此外世界卫生组织（WHO）[6]、世界银行（World Bank)[7]等全球性组织也相继发布了 OA 政策或指南。

在区域性组织方面，2012 年启动的欧盟科研和创新领域新一轮框架计划《地平线 2020》（Horizon 2020)[8]规定全面实施 OA 并给予资金等各方面的保障，同时建议欧盟各成员国指定本国的 OA 政策。八国集团（G8）于 2013 发布了《G8 开放数据章程》，承诺支持开放科学数据，同意公共基金资助的科研数据应该在最大程度上以最少的限制向公众开放[9]，这些举措将 OA 活动在内容层面引向深入。

在专业国际组织方面，美国国家科学基金会、德国科学基金会和中国科学院等机构发起的全球研究理事会（GRC）于 2013 年通过了《科技论文开放获取行动计划》[10]。在 2014 年的 GRC 北京会议上 OA 成为中心议题之一。受 GRC 北京会议影响，许多国家纷纷出台相应的政策措施响应 GRC 的 OA 理念[11]。

#### 1.1.2 各国的政府行动

我国李克强总理在 2014 年 GRC 北京会议上指出中国奉行互利共赢的开放战略，支持建立公共财政资助的科学知识开放获取机制[12]，充分体现了中国政府支持 OA 的立场。以此次会议为契机，中国科学院和国家自然科学基金委员会分别发表了《中国科学院关于公共资助科研项目发表的论文实行开放获取的政策声明》[13]和《国家自然科学基金委员会关于受资助项目科研论文实行开放获取的政策声明》[14]。

五年来 OA 的价值已普遍被各国政府接受认同，推进 OA 正成为各国政府支持创新发展的战略举措。2013 年 2 月美国白宫科技政策办公室（OS-TP）颁布《提高联邦资助科学研究成果获取的备忘录》[15]，对联邦机构所资助项目产出的科研成果实现 OA 做出要求。同年 5 月，美国总统奥巴马签署行政命令，要求所有政府数据以计算机可读形式向公众开放[16]。同年 12 月奥巴马政府还发布了新的开放政府国家行动计划，承诺向公众开放数据[17]。美国的伊利诺伊州、纽约州、加利福尼亚州等都相继开启 OA 立法进程。纽约市议会也通过了授权发布开放数据的地方法令[18]，通过开放内容促进城市发展。

## 1.2 科研机构和教育机构的活动

### 1.2.1 科研资助机构和科研管理机构

近年来各国科研资助与管理机构一方面继续建立和完善支持开放存储的政策。如澳大利亚研究理事会[20]、澳大利亚国立卫生与医学研究理事会[21]、加拿大国家研究院[22]、丹麦国家研究基金会[23]、挪威研究委员会[24]、美国国立卫生研究院（NIH）[25]等均颁布了新的 OA 政策，强制要求受资助研究产出的研究论文开放存储。

另一方面，资助机构逐渐将资助侧重点转到开放出版领域，通过支持创建 OA 期刊、资金资助、税费减免等措施推动开放出版发展，支持对象也从期刊论文扩展到图书开放出版。如 2013 年英国研究理事会（RCUK）发布升级的 OA 政策及指南[26]，提出自 2014 年起 RCUK 在接受开放存储的同时，倾向采用开放出版模式将研究成果发表在 OA 期刊上，并将拨付专项资金支付开放出版费用。

### 1.2.2 科研组织和教育机构

各级各类科研组织和教育机构是受 OA 政策影响并执行政策的主要机构。美国大学协会（AAU）、美国研究图书馆协会（ARL）和美国公立赠地大学协会（APLU）联合成立了 SHARE 项目，旨在支持科研产出的长期保存、获取与再利用[27]。支持开放出版的典型案例如 2012 年 6 月德国马普学会、美国霍华德休斯医学研究所、英国惠康基金会联合资助出版 OA 期刊"eLife"[28]，旨在打造全球顶级的学术期刊与"Nature"和"Science"竞争。

各类学协会和专业研究机构致力于实现本学科或本领域的研究成果的开

放获取，如欧洲科学基金会和欧洲医学研究委员会共同发布《生物医学研究中的开放获取》简报，促进欧洲生物医学领域的开放获取。美国一些具有研究属性和科研任务的机构如美国宇航局（NASA）、美国国立卫生研究院（NIH）、国家海洋及大气管理局（NOAA）、美国农业部（USDA）等遵照2013年2月的白宫指令均发布了公共访问计划。

专业研究机构在OA策略选择上较多采取开放存储模式，如提交机构知识库。而专业学协会由于和期刊关系密切较多采取开放出版模式，如英国皇家学会[29]、英国物理学会[30]、电化学学会[31]等均在尝试各类的开放期刊出版模式。

在教育机构方面，大学采取OA政策正成为全球范围的趋势。哈佛大学推出了OA政策实施最佳实践[32]，哥伦比亚大学、加州大学、普渡大学、佐治亚理工大学等都纷纷开始实施OA政策。以肯尼亚、南非为代表的南半球发展中国家或新兴经济体国家的大学也开始实施OA政策[33-34]。近年来大学等教育机构开始关注"开放学术专著"和"开放教科书"的发展和利用，"开放教育资源"成为继"开放获取期刊论文"和"开放数据"之后OA领域新的生长点。

### 1.3 开放获取专业组织的活动

开放获取专业组织大多诞生于21世纪以后，是OA运动蓬勃开展的产物。这些机构类型多样，如新型开放出版机构、开放获取专业联盟、开放获取平台、开放获取项目组等，其近五年来的主要活动包括：

（1）对开放获取的规范和质量控制。如学术出版与学术资源联盟（SPARC）、开放获取学术出版商协会（OASPA）和科学公共图书馆（PLOS）于2013年联合发布了期刊开放获取频谱（How open is it）[35]，对评价期刊的"开放度"具有指标性价值。DOAJ也于2013年发布了新的OA期刊选择标准[36]。

（2）开放获取模式的探索和试点。近年来各国都成立了OA推进小组，如美国的COAPI和COPE、英国的OAIG以及中国的机构知识库推进工作组，在OA政策制定和实施中发挥了重要作用[37]。

（3）作为联盟在开放获取活动中发挥整体作用和协调作用。如2012年成立的国际粒子物理开放出版资助联盟（SCOAP3）[38]开创了系统地将一个领域的期刊转为开放获取的新模式，具有里程碑式意义[39]。再如开放获取知识库联盟（COAR）创建了"知识库观测站"项目小组并定期发布动态、报告和最佳实践，促进COAR成员间的互相交流和共同进步。

### 1.4 出版机构的活动

随着OA运动的蓬勃发展，商业机构的态度从早年的抵制逐步转变为近年来的接纳甚至争取主导，但出版商从自身商业利益出发，仍不免与 OA 活动的其他利益相关者出现冲突。五年来 Springer 和自然出版集团、Elsevier、Wiley、牛津大学出版社（OUP）、英国物理学会出版社（IOPP）、剑桥大学出版社等均提供了开放出版模式。商业性出版机构基于资金、技术、商业手段和内容资源上的优势，往往能率先采用更为领先的服务与模式，如 Wiley 在衡量 OA 论文时引入新型计量指标 Altmetric，自然出版集团发布了面向科研数据共享和利用的 Scientific Data 平台[40]。

尽管传统出版商在开放获取内容的使用方面已经趋向于采用更为开放的使用许可，但是仍设置了种种限制。典型案例如 Elsevier 于 2015 年 4 月发布的共享和存储政策就遭到了 SPARC，COAR 等组织的一致抵制，反对者认为这项政策所包含的诸多限制为知识传播和利用带来了明显的障碍[41]。

## 1.5　社会各群体及公众层面的活动

传统上 OA 活动主体局限于资助者、学协会、出版者、图书馆、研究教育机构等角色，但是随着近年来 OA 运动的突飞猛进发展，以及全球范围内开放式创新环境的逐渐形成，参与 OA 活动主体逐步扩展到更为广泛的企业及公共群体。

（1）更广泛的科研群体。科研机构的 OA 政策逐步影响到越来越多的科研群体，他们在 OA 运动中的表现也越来越活跃。例如近年来科学界经常发起争取开放获取权益的各类声明、联署、倡议等活动都有力地推进了 OA 的发展。

（2）企业和创业群体。已经有很多证据表明了各类 OA 资源对企业创新活动的巨大影响，例如帮助企业弥补知识缺口、提升创新能力等[42]。

（3）社会公众。随着近年来开放获取的内容从期刊论文扩大到开放教育资源、开放数据等各类开放内容，OA 影响的对象也从专业领域科研人员扩大到整个社会，并且这股趋势与开放科学、开源运动、开放式创新等潮流相结合，正将 OA 运动推向新的高度。例如当前各国的 OA 政策都将面向公众开放、支持公众发现和利用开放资源作为基本内容。伦敦[43]、纽约[44]等城市已经通过开放数据平台将各类市政数据向公众开放，支持大众的获取、利用和创新。

## 2　国家和机构开放获取政策

OA 的初衷是解决"学术期刊出版危机"，推动科研成果通过互联网自由传播和使用，促进学术信息的交流，提升科学研究的公共利用程度，保障科学信息的长期保存[45]。到目前为止，OA 主要关注的还是学术期刊论文的出版。近年来，人们对数字图书、电子报告和学位论文、研究数据、课件等教育资源开放的研究和关注也正与日俱增。本节内容主要围绕有关 OA 的国家和机构战略、立法、政策展开。

## 2.1 国家政府层面的开放获取立法、战略与政策

五年以来越来越多的国家通过增加 OA 科学出版物的立法，明确表示支持 OA。截至 2015 年，已经制定实施直接针对 OA 立法的国家包括美国、西班牙、德国、意大利、立陶宛、阿根廷和秘鲁等国[46]。

（1）美国支持 OA 的立法与政策。美国在支持 OA 的立法方面遥遥领先。2008 年的美国《综合拨款法案》是美国国立卫生研究院 NIH 的 OA 政策的立法基础[47]。因为这个法令，美国成为世界上第一个采用全国性强制开放获取的国家。美国卫生研究院具有开创性的公共获取政策声明要求：所有受 NIH 资助的研究者必须在不晚于正式出版日期 12 个月之内向国家医学图书馆文献服务检索系统中心提交一份他们最终的经同行评议的论文电子版[48]。2013 年 2 月美国国会引入"公平获取科学技术成果研究法案（FAS-TR）"。同时美国白宫科技政策办公室（OSTP）签署了关于 OA 的命令，也要求所有研究经费超过 1 亿美元的联邦机构实施联邦研究公共获取政策。2013 年 9 月，美国白宫众议院，引入了一项建立在 OSTP 公共存取命令之上新的 OA 立法——公共科学公共存取（PAPS）[49]。

（2）英国的 OA 国家战略、政策和方案。英国一直是 OA 期刊发展的领导者，英格兰高等教育资助委员会（HEFCE）和英国研究委员会（RCUK）不断推动有关公共财政支持的 OA 研究的发展壮大。2012 的《芬奇报告》引起了更多的关于 OA 方面的讨论。在此基础上，2013 年由芬奇领导的工作小组起草了 OA 政策，提出 5 年内使得政府资助的所有研究成果实现开放获取。

英国是金色 OA 模型的坚定支持者。2012 年 6 月由英国商务、创新与技能部（BIS）、出版商协会、RCUK 和 HEFCE 联合支持的工作小组，提交了他们关于开放获取的调查结果和建议。2012 年 7 月，英国政府宣布任何人都可以免费阅读公共财政资助的科学研究成果。2013 年 2 月，英国上议院科学技术特别委员会启动了一项针对政府 OA 政策实施的简短的调查，调查报告中表达了对学术和出版组织的关心。2013 年该政策得到修订，英国研究理事会表达了对金色 OA 和绿色 OA 的立场。

（3）海外其他国家的 OA 政策。2013 年 10 月德国颁布了法令允许作者可以将他们通过公共财政支持的科研项目产出的所有文章在首次出版后 12 个月之内，可以不需要经过出版商的同意就能以非商业目的公开获取和使用[50]。意大利 2013 年 10 月颁布的关于科学出版物的法律要求研究者通过公共资助的研究项目的科研成果发表在 OA 期刊上，或者在文章发表后 18 至 24 个月之内将其成果存档到 OA 仓储[51]。2009 年立陶宛立法要求政府机

构和非政府机构使用公共资金进行的科技活动成果，如果不涉及知识产权和保护商业、国家或工作机密，都必须对公众开放[52]。巴西于 2007 年立法要求高等教育机构和研究机构必须建立机构知识库开放仓储科技研究成果，并提供免费获取[53]。2011 年丹麦开放获取委员会发布了基于绿色 OA 和质量保证的包括 16 项建议的全国 OA 政策[54]。波兰政府立法推动使公共资金支持的研究成果开放获取并在全国实施强制开放获取[55]。在 2013 年波兰行政与数字化部发布了一项针对开放公共资源法令的指导方针草案[56]。

虽然很多国家还没有直接针对开放获取的立法，但大都以不同形式制定了倡导和支持开放获取的战略与政策。欧洲研究区域组织包括英国、法国、荷兰、以色列、丹麦、土耳其等 34 个成员国，其中的一些国家已经制定了针对 OA 的国家性的政策、方案和原则[57]。

## 2.2 公共资助机构的 OA 政策

国际上很多基金资助机构都制定实施了 OA 政策。惠康基金会的政策是基金资助者的典型。2013 年 5 月，该基金会宣布将会扩大 OA 政策至图书专著[58]。根据 JULIET 项目统计，目前有 156 个基金资助机构制定了明确的强制或推荐 OA 政策[59]：其中英国有 78 个（占比 50%），加拿大有 15 个（10%），美国 14 个（9%），国际基金机构 5 个，丹麦 5 个，爱尔兰 5 个，瑞典 5 个，澳大利亚 3 个，其他国家基金机构 14 个。基金资助机构关于出版物开放存档方面，要求强制 OA 存档的 104 个（占比 67%），鼓励实施 OA 存档的 19 个（12%），没有明确 OA 存档政策的 29 个（19%）；基金资助机构关于开放获取文章出版方面，要求强制 OA 出版的 38 个（占比 24%），鼓励实施 OA 出版的 47 个（30%），没有明确 OA 出版政策的 67 个（43%）；基金资助机构关于数据开放存档政策方面，要求强制 OA 存档的 41 个（占比 26%），鼓励实施 OA 存档的 18 个（12%），没有明确 OA 存档政策的 93 个（60%）。另据 ROARMAP[60] 和 MELIBEA[61] 的统计数据，制定实施支持开放获取政策的基金资助机构分别为 133 个和 177 个。

从 2010 年以来，在开放数据和信息获取政策的支持下，公众已经可以通过网站获取世界银行支持的大多数研究成果。2013 年 4 月，联合国教科文组织（UNESCO）宣布，遵循执行委员会关于使用公开许可证后可以免费获取其数字出版物的决定[62]。2013 年 12 月，联合国教科文组织介绍了它全新的知识库，在知识共享政府组织许可下，包含了超过 300 种数字报告和文章都是可见的[63]。世界卫生组织（WHO）2014 年 1 月公布一项新的 OA 政策并在 7 月份开始生效[64]。

## 2.3 研究机构的 OA 策略

OA 运动得到了大学和研究机构的积极推动。截至 2014 年 4 月，在欧洲、巴西、加拿大、日本和美国等国的 293 个机构制定实施了 OA 政策，70 个提出要制定实施强制 OA 政策。制定实施强制 OA 政策机构数最多的国家是美国，其次是英国、意大利、芬兰、葡萄牙、加拿大、西班牙、瑞士、比利时、巴西、法国、爱尔兰、荷兰、挪威、瑞典、丹麦、德国等。

在美国，哈佛大学关于学术论文开放存档的 OA 政策是一个被普遍认可和借鉴的典例。作为世界上最大的公共研究大学，加州大学（UC）的 10 个分校在 2013 年 8 月接受了强制性 OA 政策。加州部分其他大学也接受了这个政策，包括斯坦福教育学院和加州理工学院[65]。

根据开放存储政策登记系统（ROARMAP）的统计数字[60]，截至 2015 年 3 月，制定和实施强制 OA 条令与政策的机构情况如下：研究机构 512 个，研究机构分支机构 71 个，跨部门多重研究机构 8 个，研究机构兼基金资助机构 54 个，基金资助机构 79 个。另据 MELIBEA 统计数据[61]，支持 OA 政策的研究机构有 342 个，基金资助机构有 177 个，其中 84% 支持强制 OA 指令，16% 支持鼓励性 OA 政策。

## 2.4 各个国家和机构的开放数据政策

经济合作与发展组织（OECD）于 2007 年颁布了《公共资助科研数据开放获取原则与指南》，提出了 13 条原则（开放、灵活、透明、合法、保护知识产权、正式负责、专业、互操作、品质、安全、有效、可追责、可持续）[66]。英国皇家学会发布《科学是一项开放的事业》报告[67]，指出因科研论文和研究数据不能广泛共享，严重影响了科研成果的可靠性评价和验证，阻碍了充分利用科研数据进行知识发现和科研创新。2011 年欧盟委员会颁布《开放数据：创新、增长和透明治理的引擎》报告[68]，要求欧盟及其成员国建立支持数据重用的法律机制，采取支持开放数据的财政措施，促进各国在开放数据领域的合作。2013 年 12 月 11 日，欧盟委员会发布了第一版关于《地平线 2020》科技出版和研究数据开放获取指导意见，要求所有由欧盟财政资金支持的研究成果都必须实现开放获取，并阐释了适用于《地平线 2020》资助或联合资助开放获取项目成果的使用环境和解释说明，在其指南中明确指出：用户能够免费地获取、挖掘、探勘利用、重制以及传播的开放型可评估的科学论文和科学数据[69]。

美国政府提出开放政府计划，推出一系列开放数据计划[70]。2013 年 2 月，美国白宫科技政策办公室（OSTP）要求，由联邦资金全部资助或部分资助所产生的科研数据进行存储并为公众提供免费的最大化访问。2013 年 11 月，美国信息技术与创新基金会发布了一份名为《支持数据驱动型创新的技术与政策》的研究报告，建议世界各国政府采取积极措施，鼓励公共和私营部门开展数据驱动型创新；政府应该发挥的一项重要作用是，不仅要收集和提供数据，还要制定推动数据共享的法律框架，并提高公众对数据共享的重大意义的认识[71]。英国政府提出《开放数据白皮书》[72]和"公共数据原则"[73]，均将公共数据开放获取作为准则。研究基金资助机构也都制定实施了开放数据政策。英国研究理事会提出数据政策原则[74]，指出公共资助项目产生的科研数据是公共知识，应尽可能提供公共使用。美国科学基金会发布数据共享政策[75]，要求自 2011 年起所有申请资助者都要提供项目科研数据的管理与共享计划。

惠康基金（Wellcome Trust）等 9 个基金会也发布了各自的开放数据政策，包括用基金支付开放数据出版费等[76]。其他大多数基金资助机构也都发布了数据政策，但开放程度和范围各异。这些政策和原则声明推动了科学数据以尽可能少的限制和及时负责人的方式提供开放共享。2011 年 9 月 20 日，巴西、印度尼西亚、墨西哥、挪威、菲律宾、南非、英国、美国等 8 个国家联合签署《开放数据声明》，成立开放政府合作伙伴组织。截至 2014 年 2 月 10 日，全球已有 63 个国家加入开放政府合作伙伴组织[77]。纵观全球发展情况，开放数据是大势所趋，只有尽快制定政策措施，积极推进，才能在科技创新中争取先机，不然就会被动落伍。

## 3 金色 OA 进展

近年来 OA 的蓬勃发展引人瞩目，包括开放出版期刊在内的开放学术信息资源正在逐步成为学术信息资源的主流资源[78]。开放出版作为 OA 的主要模式之一，又被称为金色开放获取（Gold Open Access，以下简称金色 OA），可以实现研究成果的立即开放获取，已经成为可靠的学术资源来源和得到证明的商业模式。本节内容通过对国内外相关文献的检索，以及对全球重要科研资助机构、出版商、开放获取出版联盟、开放获取宣传网站的调研，以能够反映开放出版发展趋势与热点的内容为侧重点，选取近年来出版的论文及发布的政策文件、研究报告和动态消息等，系统梳理、分析和总结近年来开放出版的研究和实践进展及面临的问题与挑战。

### 3.1 开放出版已经得到全球的普遍认可和积极支持

马普学会数字图书馆的 R. Schimmer 认为：OA 论文是科学出版最具活力的增长点。开放出版的迅速发展，受益于出版机构和学术期刊的积极支持，也逐步得到作者和用户的认可，越来越多的机构开始支持开放出版。

#### 3.1.1 开放出版资源数量稳步增长

截至 2015 年底，DOAJ（OA 期刊指南）收录开放出版期刊 10702 种，覆盖 136 个国家的 2007613 篇文章[79]；DOAB（OA 图书目录）收录开放出版图书 3465 本，覆盖 126 个国家[80]，均呈持续增长趋势。美国 Bradley 大学图书馆的研究者测算 2012 年出版且被 Scopus 收录的论文中 OA 论文量已经达到 38％，较 2009 年 OA 论文增长了 18％，并推测当前 OA 论文的数量已经达到全球论文出版量的 50％[81]。根据统计完全开放出版（Full OA）期刊论文数量正以每年 1％的速度稳步增长[82]。有研究预计在 2017 到 2021 年间，开放出版论文比例将达到全部学术期刊论文的 50％；在 2020 至 2025 年间，该比例将达到 90％[83]。

### 3.1.2 出版机构和学术期刊积极支持开放出版

越来越多的出版社加入到开放出版行列。开放学术出版社协会（OAS-PA）会员已经达到 72 家[84]，其中既包括 Wiley，Springer Nature，AIP 等传统出版机构，也包括 PLOS，PeerJ，BMC 等完全开放（Full OA）出版社。另外 Elsevier，IEEE，Science 等几乎所有期刊出版社也都已出版开放期刊，而且几乎所有的订购期刊也都允许作者在支付论文处理费（APC）后以 OA 方式发表论文。

### 3.1.3 开放出版资源质量逐步得到认可

据统计 SCI 收录的开放出版论文数量约占其收录论文总量的 13％；已经有 1314 种开放出版期刊进入 SCIE 来源期刊，占其收录期刊总量的 7.7％[85]。据 JCR 在 2014[86] 年的数据显示，PLoS Medicine 影响因子 14.429，排名 7/154（SCI 同主题领域 154 中期刊中第 7 名）；PLoS One 影响因子 3.234，排名 9/57；BMC 的 Genome Biology 影响因子 10.810，排名 5/163；2012 年 10 月才开始正式发文的 eLife，影响因子 9.322，排名 3/85；Wiley 出版社的 Molecular Systems Biology 影响因子 10.872，排名 10/290；Elsevier 出版社的 Materials Today 影响因子 14.107，排名 8/260。

### 3.1.4 开放出版作者数量显著增长

根据 John Wiley & Sons 对 8000 多名作者所做的 OA 调查分析[87]，2013 年发表过开放论文的 Wiley 作者的数量是 2012 年该指标的将近两倍，从 32％增长到 59％。在 2015 年 Nature 出版社对全球作者的调查中[88]，中国和世界其他国家发表开放论文作者比例较 2014 年又有增加，增幅分别为 3％和 7％。2014 年 Taylor & Francis 的 OA 调查结果显示[89]，研究人员对 OA 的态度是积极的，并且满意度在增长。

### 3.2 支持开放出版已成为公共科技资助政策的重要部分

包括中国在内的世界主要科技国家的科技资助机构均允许受资助者使用资助经费支付 OA 论文 APC，例如美国国立健康研究院（NIH）、美国科学基金会（NSF）、澳大利亚研究理事会、瑞士国家科学基金会、奥地利科学基金会（FWF）等，以及我国的国家自然科学基金委、科技部、教育部、中国科学院等。与此同时，鉴于支持学术论文开放出版的必要性和合理性[90]，科研资助机构和教育科研机构专门制定政策，采取多种形式，支持公共资助项目学术论文的开放出版。

### 3.2.1 制定开放出版政策

英国研究理事会（RCUK）[91]、欧盟委员会 Horizon 2020 研究计划[92]、全球研究理事会《开放获取行动计划》[93]等，均支持公共科研资助项目学术论文以开放出版形式发表。英国政府和 RCUK 分别投入经费支持研究性大学为作者支付开放出版 APC。中国科学院发布的开放获取政策中特别指出[13]，支持公共资助科研项目在具备可靠质量控制和合理费用的开放出版学术期刊上发表论文。

### 3.2.2 实施开放出版资助

据 SHERPA/JULIET 数据库统计[59]，全球已有 39 家资助机构要求资助项目论文开放出版，47 家机构鼓励论文开放出版。例如，英国研究理事会（RCUK）[94]、德国科学基金会（DFG）[95]通过专项拨款方式，美国哈佛大学等 51 家北美大学通过设立开放出版基金[96]、德国马普学会（MPG）通过长期资助等方式，支持所资助项目作者或所在单位作者的学术论文的开放出版。2014 年 10 月多家医学研究机构与惠康基金会共同成立了开放获取慈善基金会（Charity Open Access Fund，COAF），为 36 个英国研究机构提供巨额资助，在最初两年的试点期间共提供大约 1200 万英镑的资助[97]。

### 3.2.3 参与集团支付 APC

许多科研教育机构参加到开放出版社的集团资助 APC 计划中，资助本机构成员在开放期刊上发表论文。据统计以多种形式资助作者在 BioMed Central 开放期刊上发表论文的机构已经超过 560 家[98]，其中包括中国科学院、中国医学科学院和上海交通大学等；资助作者在开放期刊 PeerJ 上发表论文的机构已接近 50 家[99]；PLoS 的集团支付成员数量已经超过 40 家[100]。

## 3.3 开放出版的经济模式不断发展

通过收取 APC 来支持开放出版可持续运行的方式已经得到普遍认可。前文提到的科技资助机构对个人发表开放论文或者对开放期刊的支持，实际上是资助机构或教育科研机构"购买知识获取权"的一种新方式。通过 SCOAP3、若干订阅期刊出版社根据开放论文比例减少订阅费用、部分机构与订阅期刊出版社合作将订阅费与成员发表论文实行 OA"绑定"等方式，开放出版的经济模式不断发展变换。

### 3.3.1 SCOAP3 开创了崭新的开放出版经济模式

国际粒子物理开放出版资助联盟（SCOAP3）由欧洲粒子研究中心（CERN）主持和组织，首次实现了按学科领域进行的开放出版转换，开辟了实现开放出版的新思路。

SCOAP3 的开放出版模式是通过向出版社支付"购买知识获取权"直接将高能物理领域的高水平学术期刊和论文转换为开放出版。作为参与条件，出版社必须向订购了包含 SCOAP3 内容的所有图书馆（无论其是否是 SCOAP3 联盟成员）扣减相应的订购费。这种模式实质上是将图书馆订购经费转化为了支持 OA 的经费，同时通过集体谈判和招标保证了 APC 和整体投入的合理性[101]。

### 3.3.2 "抵扣"方式为开放出版模式的转换提供了可能

"抵扣"方式目前包含两种主要形式：一是根据所发表的开放论文比例，直接降低复合期刊的订购费；二是用订购费用来抵扣（全部或部分）开放出版费用。

（1）根据所发表的开放论文比例，降低复合期刊的订购价格。复合开放获取（Hybrid OA）期刊既收取订购费又收取开放论文 APC，存在"双重收费"（Double Dipping）的不合理性。因此 Wiley[102]，Springer[103]，Taylor & Francis 等出版社都支持按照开放论文比例扣减复合期刊订购费，有些还公布了其"抵扣"政策和订购价格调整政策。由于这种价格调整是针对其全球销售定价进行的，因此又被称为"Global Offsetting"。由于出版商通常并不公开订购费用扣减额度的算法和测算依据[104]，其扣减方案的公平性、合理性等往往无从评判。为此，英国联合信息委员会（Joint Information Systems Committee，JISC）专门制定了《扣减协议原则》[105] 作为订购机构和出版社审核扣减方案合理性的基础。

2014 年奥地利[106]、英国[107] 分别与英国物理学会（Institute of Physics，IOP）达成订购合作，在 Global Offsetting 的基础上实行 Local Offsetting，即出版社依据开放出版资助机构资助的开放论文发表比例对该机构实施的个性化订购费用扣减。Local Offsetting 通常是用机构支付的 APC 来抵扣（全部或部分）订购费用。在以上合作中，21 家英国研究型大学、奥地利学术联盟（the Austrian Academic Consortium，KEMÖ）成员机构可用其支付的 APC 抵销订购费用，最高抵扣额不超过该机构 APC 总费用的 90%。2015 年初，中国科学院与 IOP 达成了同样的合作方案意向[108]。

（2）用订购费用抵扣（全部或部分）开放出版费用。2012 年英国皇家化学学会（RSC）的"Gold for Gold"销售方案[109] 首次提出，对其 Gold Collection 产品的订购机构，其作者在 RSC 复合期刊上发表开放论文的 APC 费用可从机构订购费中进行部分抵冲。美国化学会（ACS）从 2014 年开始，对 ACS 期刊数据库的订购机构作者提供 APC 折扣[110]。2015 年，Springer 与 JISC[111]、荷兰高校协会（The Association of Dutch Universities，VSNU）[112]、奥地利[113]、德国马普学会（Max Planck Society，

MPG)[114]等机构达成协议，在这些机构支付订购费以后，其作者可免费在 Springer 的 1600 种复合期刊上发表开放论文，无需支付 APC。SAGE 与 JISC 合作，把 NESLi2 联盟机构作者在它的复合期刊上发表开放论文的 APC 减至 200 英镑[115]。

### 3.4  开放出版面临的问题与挑战

#### 3.4.1  开放出版期刊学术质量良莠不齐

尽管订购期刊也存在质量问题，而且许多开放出版期刊已经取得很好的学术质量水平和学术影响力，但欺诈行为在开放出版领域确实较为突出[116]，人们对作者付费模式下出版的研究成果的质量尤其担心[117]。因此如何识别、调查和规避欺诈型期刊（Predatory Journals）成为开放出版研究和实践中的重要问题。

2014 年 10 月，公共科学图书馆（PLoS）、学术出版和学术资源联盟（SPRAC）和开放获取学术出版商联盟（OASPA）共同发布了开放获取频谱（Open Access Spectrum）指南的升级版本[118]，用于指导出版选择、政策发展、合规性检查等活动。OASPA[119]、DOAJ[120]等都提出了对开放出版期刊的遴选原则，国际出版伦理委员会（COPE）还和 DOAJ、OASPA 一起提出了期刊出版透明性原则[121]，一些研究还提出了欺诈型期刊或欺诈型出版商名单[122]，有关研究归纳了相关的原则和标准[123]，这些都为鉴别期刊与出版商是否正规提供了帮助。

#### 3.4.2  开放论文 APC 定价缺乏有效控制

通过收取 APC 来支持开放出版期刊可持续运行的方式已经得到普遍认可，但有研究指出由于学术期刊出版市场处于弱竞争环境、由公共资金支付的 APC 价格对个人作者的信号作用较小、数字信息技术红利没能如实反映到 APC 价格上等因素，开放出版价格存在价高、价格市场不平衡、定价机制不透明、定价缺乏控制机制等问题。有关开放出版成本和合理定价的讨论层出不穷[124]。在 2012 至 2015 年，国外学者持续对与开放出版市场相关的潜在风险进行分析，并探索解决这些风险问题的对策[125-127]。研究中的经济分析表明，混合开放期刊的平均 APC（2727 美元）几乎是生来就完全 OA（Born OA）期刊平均 APC（1418 美元）的两倍。

除了前文提到的 SAGE，IOP，Taylor & Francis 以及其他一些出版商制定有抵扣政策之外，一些出版社还探索了新的 APC 定价机制。2015 年 3 月，Taylor & Francis 集团的开放获取出版社 Cogent OA 创建了 Freedom APCs 机制[128]，支持作者探究资助其文章发表的所有途径，比如资助机构、协会或企业，以基于他们的不同情况和支付能力从一系列选项中选定与其支付能力相匹配的 APC。

### 3.4.3　开放出版与订购模式并存造成公共资金重复投入

在订购模式与开放出版模式并存的出版市场中，科研资助机构一方面允许作者用科研项目经费支付 APC；另一方面仍然通过支付订购经费去获取文献，造成了再一次的重复投资，增加了文献获取的成本，造成了公共财政资金的浪费。但是这些经费来自不同渠道，互相难以统筹，导致各个渠道由于自身经费限制而难以满足需要，导致多个层次上的重复支付，导致同样来源于公共财政的多方面经费不能形成统一力量去引导市场博弈。

有研究指出[129]对于从事研究的机构来说，文献的获取成本由订购经费、APC 费用和各种相关的管理成本共同构成，其中管理成本主要来自于管理 APC 费用、制定 OA 政策等。通过对英国 23 家高校的调查分析[124]，部分学校预测他们的 APC 花费到 2018 年将会超过现在的一倍，远远超出可承受范围，并呼吁加大 APC 和订购费用间的"抵扣"力度。

### 3.4.4　将订购经费大规模转为开放出版支持经费的探索已经开始

出于对上文中各种风险进行有效规避的考虑，德国马普学会等机构在 2015 年提出了将订购经费大规模转为开放出版支持经费的提议，并在其《马普数字图书馆开放获取政策白皮书》[84]中提出，目前全球投入出版体系的文献获取经费足以支持出版市场大规模向开放出版转型并可持续运营，号召全球机构共同探讨支持这种转型的有效措施、路线图以及重构出版支付流程。

2014 年 7 月，DFG 和马普数字图书馆联合启动了文章费用效率与标准 (Efficiency and Standards for Article Charges，ESAC) 项目[130]，旨在解决开放出版论文费用管理中面临的挑战、提出开放出版费用管理流程最佳实践和流程指南。2015 年 12 月，德国马普学会将在德国柏林召开的第 12 届柏林开放获取会议上，与全球重要研究机构、资助机构和图书文献机构，就推进图书馆订购经费向开放出版资助经费转化等达成共识，共同谋求在全球共同推进订阅期刊向开放出版方式的转变。

## 4　绿色 OA 进展

虽然实现开放获取的途径多种多样，但期刊和知识库一直是两种最主要的实现途径[131]，前者称之为金色开放获取，后者则称为绿色开放获取 (Green Open Access，以下简称绿色 OA)。绿色 OA 被认为是对于资金资助者、机构和其他利益相关人员而言最为经济有效的方式[132]。过去几年里，绿色 OA 并未随金色 OA 的快速壮大而缩小其开放数量和扩展速度，反而在金色 OA 所不能涉猎和比拟的方面有着突飞猛进的发展，在资源数量、资源类型、平台功能、服务改善、政策制定，甚至对机构和大学所发挥的战略作用上，都有了进一步发展，并出现了新的变化。

## 4.1　知识库资源数量持续增加

　　绿色 OA 在资源数量上一直呈现出强劲的增长趋势。根据开放获取知识库目录（DOAR）[133] 截止到 2015 年 10 月的统计数字，世界范围内已有 2526 个组织机构建立了知识库，涉及自然科学、社会科学和人文艺术科学在内的多个学科。另据开放获取知识库登记系统（ROAR）的统计数字显示注册的知识库有 4053 个[134]。与机构知识库的快速发展趋势一样，学科知识库的资源数量和使用量也在迅速增加，如典型的 arXiv 预印本文献库已经有 107 万多篇预印本[135]，PubMed Central 中存储了 360 万份论文，包括 1736 种期刊的所有论文和 3414 种期刊的相关内容[136]。在社会科学方面，经济学领域知识库 RePEC 存储了来自 86 个国家 2300 种期刊的 190 万篇预印本，并且大约有 45000 个作者注册过，平均每周收到 75000 份电子邮件订阅[137]。根据开放存储政策登记系统（ROARMAP）的统计数字，截止到 2015 年 10 月，有 650 多家资助机构、教育科研机构登记了自己的开放存储政策[138]。

## 4.2　知识库收录资源类型日益丰富

　　OA 资源类型总体可分为文本资源和非文本资源；具体的资源类型可能包括经过同行评审的研究论文，即将接受同行评审但尚未评审的研究论文的预印本、学位论文、研究数据、政府数据、源代码、会议资料（文本、幻灯片、视频、声频等）、学术专著、小说、故事、戏剧、诗歌、报纸、档案记录和手稿、图片（艺术品、照片、图表、地图等）、教学和学习资料（"开放教育资源"和"开放课件"）、数字化的印刷作品等。虽然文本资源（以学术期刊和论文为主，也包括图书等）一直是开放获取的主要学术资源，学科知识库和机构知识库也以存储文本资源为主。但非文本资源作为科研信息的重要组成部分，对于许多学科而言，往往是基础的和主要的组成部分[139]。近年来随着数字技术的发展，对非文本资源的传播、共享、处理和管理都成为可能，对非文本资源公开发表或公开存储的要求也日益突出，因此，为维系知识库在数字科研环境下的贡献力，其也需要有效支持各类非文本资源[140]。随着非文本资源的价值越来越受到重视，知识库存储的开放资源类型也趋于多样化，开始向支持非文本资源方向发展。

　　虽然随着非文本资源价值的凸显和信息技术的发展，诸如数据期刊、视频期刊、音频期刊等以非文本资源为主的金色 OA 期刊不断涌现，但其所占份额仍然十分微小。在推动不同资源类型的开放获取方面，绿色 OA 是比金色 OA 更为有效的途径[131]，至少在现阶段如此。这也可能是虽然金色 OA 发展迅速，但绿色 OA 存在的意义依然十分重大，并不可取代的原因之一[131]。过去几年里，非文本知识库的资源量增长异常迅速，从表 1 列举的部分知识库的资源量上可见一斑。此外，非文本知识库的发展和重要性从使用量上也可以体现出来。比如数据存储库 Dryad 的月均下载量达 10 余万次。MIT 的开放课件系统（MIT OpenCourseWare），用户遍及全球，用户数高达 1 亿 7000 万，他们来自各行各业，不仅包括教育工作者、学生，还包括很多自学者。此外，以存储文本资源为主的机构知识库也开始支持着力于对非文本资源的存缴和开放（如中国科学院机构知识库联盟）。

表 1　部分非文本知识库资源数量

| 开放平台 | 资源类型 | 资源量 |
|---|---|---|
| CSIRO releases ScienceImage | 开放图像和视频 | 4000 多张图像和视频 |
| Museum Victoria Collections | 开放图像 | 150000 多幅图像 |
| Museum of New Zealand Te Papa Tongarewa | 开放图像 | 30000 多张照片 |
| Special Collections of the Getty Research Institute | 开放图像 | 8000 多张图像、70000 多份视频 |
| Dryad | 开放数据 | 10132 个数据包、32446 份数据文件 |
| Registry of Research Data Repositories | 开放数据仓储 | 1000 多个数据仓储 |
| The Open Video Project | 开放视频 | 4000 多份视频 |
| MIT OpenCourseWare | 开放教育课件 | 3000 多个课件（包含视频和音频） |
| Global Biodiversity Information Facility | 开放数据、图像等 | 15000 多个数据集、160 多万份标本图像、5 亿 7000 多万份数据记录 |

### 4.3　知识库平台功能持续优化

过去，知识库很难吸引研究人员高度参与。对康奈尔大学的一项有关机构知识库的调查发现，教职工参与度非常低[140]。有研究对使用 DSpace 的 40 家机构调查发现用户参与度甚至低到 4.6%[141]。针对教职人员的自存储行为的调查发现，个人网页、研究组网站和院系网站都比机构知识库和学科知识库被频繁用于自存储[142]。Web 2.0 技术为开放知识库的设计带来了有别于传统信息服务的新理念和新模式，在一定程度上改善了这种用户参与度低的局面。Web 2.0 的使用增加了 OA 知识库的个性化服务，增强了系统的开放性，增加了系统和用户之间的交互，可显著提高用户参与度。此外，基于 Web 2.0 的 OA 知识库还能满足虚拟环境服务的需求。如支持用户根据内容或个人兴趣形成群组，支持用户对内容进行标记、评论，还支持用户订阅 RSS 种子资源。总之，基于 Web 2.0 技术 的 OA 知识库，改善了用户和知识库之间的交互环境，因此对用户而言更有吸引力。此外，从知识库管理和建设的角度而言，将 Web 2.0 技术运用到 OA 知识库，还有助于对用户行为进行微观分析[143]。

研究者通过比较哥伦比亚大学 2 个机构知识库（一个应用了 Web 2.0，一个未应用 Web 2.0）同一个团体用户的贡献和参与程度，发现应用 Web 2.0 的机构知识库受到了更高关注，用户贡献度得到极大改善[144]。罗格斯大学图书馆的成功经验也表明，使用 Web 2.0 技术显著增加了教职人员对机构知识库的参与程度[145]。于成杰等对以 Open DOAR 中收录的 OA 知识库作为研究对象，探讨了 OA 知识库使用 Web 2.0 工具的情况。发现使用 Web 2.0 工具的知识库数量非常有限。因此建议将 Web 2.0 的互动技术更多地运用到 OA 知识库中[143]。

近年来，随身知识库（Pocket Knowledge，PK）的研究和应用逐渐增多。随身知识库可以看作是一种特别的机构知识库[146]，可以作为一个独立网站，也可以作为插件放到机构知识库网站上。通过 PK 上添加的内容可以直接在机构知识库网站展示出来，可以通过 PK 增加资源访问量。PK 不仅可以用于单个用户存储内容，还能够帮助用户通过评论的形式分享观点，而且还可以通过 Email 对用户的帖子评论进行实时提醒。具有共同兴趣的用户可以组建群组，这使得 PK 又可以成为一个帮助用户获取机构内部最新研究工作的富社交媒介。

此外，机构知识库在针对科研人员个人、机构管理、用户等推出了更为丰富的功能和服务，如可为机构内科研人员提供单独的履历界面，整合个人信息和存储资源信息到一个界面；可视化显示个人的学术脉络和学术合作关系；为机构管理人员提供更为多样和细粒度的统计数据分析；为用户提供更为便捷的数据导出和分析功能[157]。

## 4.4　知识库整合趋势明显

正如前文所言，知识库的发展非常迅速，资源数量不断增加。随着科研的日益全球化和跨学科化，知识库也需要反映科研团体的需求和确保科研人员获取全球范围内的科研成果。怎样将不同知识库进行资源整合，采用网络间的通用标准支撑互操作，以实现不同知识库间的数据交换，并增加知识库内容的跨区域访问，从而增加知识库内容的可见度，是知识库发展所面临的新问题[147]。2014 年来自澳大利亚、加拿大、中国、欧洲、拉丁美洲和美国等主要国家和地区的知识库代表在罗马共同商讨制定知识库活动协同策略。中国科学院文献情报中心牵头组织的 IR 知识网格，整合全院所有研究所层级的机构知识库，体现了不同机构知识库之间的整合。此外，中国科学院文献情报中心与汤森路透合作，后者的 Web of Knowledge 平台上将增加来自于前者知识库的全文链接，并且这项功能不只局限于中国科学院文献情报中心本身的机构知识库，由其牵头的所有中国科学院研究所的机构知识库都加入其中，极为有效地推动了各个机构科研成果的可见度[148]。

### 4.5　知识库与出版社之间的互动加强

目前，机构知识库和学科知识库已经非常普及，以中国科学院为例，几乎所有的研究所都建立了自己的机构知识库平台，学科知识库也涵盖了包括自然科学、社会科学和人文艺术科学的多个学科。虽然较过去相比，作者和科研人员对开放知识库的作用以及由此为其个人所带来的科研影响力的提升有着更为清晰的认识，但他们中的很大一部分仍然不十分情愿花费时间自行存缴其科研产出，对各个出版社的绿色 OA 政策也不十分了解。针对这个问题，中国科学院文献情报中心提出并设计了论文自动转发系统 iSwitch，该系统可以在接受出版社推动的论文数据后，自动解析论文元数据、识别论文作者及其所在机构，从而将论文自动分发给作者所属机构的知识库；该系统还向暂时没有对应机构知识库的作者提供保存服务，同时接受作者和机构的自动存缴，并提供论文在知识库和该系统上的双向使用数据服务[149]。这个系统搭建了出版社与 IR 之间数据共享和推送的桥梁，也是各商业出版社在推动绿色 OA 上迈出的重要一步。此外，学科知识库和机构知识库也日渐成为科技期刊所发论文的科学数据的有效存储平台。

## 5　学术专著开放获取进展

2012 年 9 月，《布达佩斯新 10 年倡议》[150]首次明确指出：在 OA 运动发展中，学术专著与科研论文、学位论文、科研数据、政府数据、教育资源具有同等重要的作用。学术专著作为重要的学术生产模式，必须融入开放获取的框架，虽然目前还没有统一的 OA 解决方案，但未来关于开放获取的建议都要考虑和适用于专著。2012 年开放获取运动的三大里程碑事件，欧洲开放出版网络（Open Access Publishing in European Networks，OAPEN）发布开放获取图书目录（Directory of Open Access Books，DOAB）、公共知识计划（Public Knowledge Project，PKP）成立开放专著出版社，Springer 宣布将开放出版项目推广到图书，预示着 OA 图书出版时代的到来[151]。学术专著作为一种新的 OA 资源，它的开放获取与开放出版将成为 OA 运动中一个新兴的理论研究与实践探索领域，研究学术专著开放出版具有重要的意义。

## 5.1 学术专著开放获取的理论研究进展

### 5.1.1 开放出版与传统出版关系研究

进入 21 世纪，主流的专业出版商开始关注电子图书的发展，尝试通过不同的平台、不同的运营模式在线提供电子书服务。数字出版的发展可能有利于走出学术危机，但在 2014 年，至少 17 家商业出版商与大学出版社决定提高学术图书馆与联盟的电子图书订购费[152]。JISC 战略支持部主管 H. Look 与曼彻斯特大学出版社首席执行官、Knowledge Unlatched（KU）常务董事 F. Pinter 认为将传统印本出版模式直接复制到数字出版的做法不能从根本上改变已经出现的危机，更加开放的内容许可与发行方式才有助于重振学术图书出版，刺激新的市场[153]。

学术专著开放获取不仅不会影响印本的销量，还可以增加专著的阅读量和提高电子版专著的可发现性，甚至提高专著的被引量。1997 年，NAP 以连续页面图像的方式提供 1000 多个报告的免费浏览服务，1998 年的统计显示 OA 方式可以增加销量或至少促使用户浏览到页末[154]。2009 年，澳大利亚默多克大学的 M. C. Calver 与 J. S. Bradley 比较了 2000 年后出版图书的被引量来试验开放获取是否可以增加被引量，显示作者自存储的 OA 图书章节的被引量是同本图书其他非 OA 章节的 8 倍[155]。2010 年，荷兰阿姆斯特丹大学出版社 R. Snijder 试验学术专著开放出版是否可以提高可使用率，结果表明开放出版可以提高可发现性和在线咨询率，开放出版与被引率没有直接的关系，开放出版不会影响印本的销量；Google Book Search 项目在传播方面更优于机构库[156]。加拿大阿萨巴斯卡大学的 R. McGreal 与 Chen N S 也选择了非 OA 大学出版社与 AUPress 进行分析比较，单向方差的分析结果显示前者印本销售无显著差异，但 AUPress 开放电子版则拥有较高的下载量[157]。

2008 年欧盟委员会正式启动首个资助的学术图书 OA 模式研究的国际项目欧洲开放出版网络 OAPEN[158]。2013 年 10 月，OAPEN-NL 子项目发布的《探索荷兰 OA 学术图书出版项目》最终报告[159]显示：开放出版没有影响图书销售，而且在很大程度上促进了在线使用与发现。2014 年夏，OAPEN-UK 子项目发布的《图书馆员调查》[160]也显示：目前 91% 的图书馆倾向于采购电子版图书；98% 的图书馆采购的电子书资源使用受限，开放获取有助于解决电子图书受限使用的问题，因此 87% 的图书馆希望在自有 IR 中管理 OA 学术专著，图书馆员对学术专著 OA 运营模式也有较高的认识，也积极支持学术专著开放获取。

### 5.1.2 学术专著开放获取必要性研究

2012 年 6 月，由英国政府委托曼彻斯特大学的芬奇组织调研的《可访问性、可持续性与发展：英国 OA 之路》报告（简称"芬奇报告"）[161]发布，提出支持公共资助科研成果开放共享是资助科研的内在内容，资助开放出版是支持学术出版可持续发展的重要机制，大学、资助机构与学术团体应共同推动试验向数字格式和在线获取转变比期刊慢的学术专著实施开放出版。2013 年 6 月，瑞典国家图书馆联合瑞典研究理事会（SRC）等发布的《瑞士开放获取图书国家联盟》报告[162]指出，学术专著尤其是在瑞典出版和公共资助的图书都应该通过 OA 版本提供访问。2015 年 1 月，英国高等教育拨款委员会（HEFCE）联合其他机构的调查发现：学术专著作为重要且独特的科研交流方式，必须持续开放获取[163]。

### 5.1.3　学术专著开放出版的模式研究

学术专著是一种新型的 OA 资源，学术专著开放出版是开放获取领域新的研究内容。在初期，为应对学术专著出版危机，学术界提出借鉴期刊论文开放出版的成功实施学术专著开放出版，并在此基础上讨论学术专著开放出版的新型模式。2008 年，福特汉姆大学的 A. N. Greco 与 R. M. Wharton 通过调查美国大学出版社过去 7 年主要依赖的销售渠道和市场竞争情况来预测现有模式的未来市场份额变化提出：随着 OA 期刊出版模式的发展，出版社应开始采用同行评议的 OA 业务模式，制定合理的 OA 收费制度，证明同行评议的 OA 电子图书与印本图书具有同样的价值[164]。2012 年 9 月，开放获取学术出版联盟（OASPA）年会首次将"OA 图书出版"作为独立的主题分会，包括"OA 图书的资助和出版"、"出版模式"与"利益相关方如何看待 OA 图书"三场主题演讲[151]。2013 年 6 月，"开放获取与学术专著研讨会"，召开，以期为学术出版社、图书馆员、研究资助者与学术思想领袖提供机会探讨学术专著面临的挑战和 KU 在改进学术交流方面的影响力[165]。2013 年 7 月，人文社科类 OA 学术专著会议探讨解决了人文与社会科学领域面临的专著开放获取问题[166]。此外，2013 年欧洲召开的第一次 OA 学术图书会议，倡议建立 OA 学术图书存储服务[167]。

H. Look 与 F. Pinter 提出两种业务模式[153]，即有助于增加发行量解决传统低销量问题的电子图书格式的学术专著出版与发行模式和基于集团需求和数字文本首发成本支付出版商费用的联盟出版模式。F. Pinter 也积极通过实践验证模式的可行性，2008 年创办了 Bloomsbury Academic 试验第一种模式，但后来否定了将所有成本分摊到预期单位销售的业务模式的可持续性；在 2012 年离开转而试验联盟出版模式 KU。但宾夕法尼亚大学出版社的 S. G. Thatcher 认为[168]：最简单易行的专著开放出版模式不是建立 KU 等新机构，而是通过促进大学提高员工的薪酬来承担全部 OA 成本。2011 年底，E. S. Hellman 提出学术图书开放出版的六种运营模式[169]，包括 DIY

出版模式、免费增值模式、广告与推广模式、公共资助、众包模式与集资模式。2010 年 3 月，OAPEN 发布《人文与社会科学电子书开放获取模式综述》研究报告，概括了当前实施 OA 图书出版模式的项目，分析其出版模式、业务方式和资助策略、开放获取的集成与最终的合作策略。2010 年 8 月 OASPA 年会，E. Ferwerda 分析了学术专著实现 OA 的意义，介绍了 OAPEN 项目 OA 图书出版模式、法律许可与付费方式[166]。2013 年，魏蕊与初景利借鉴 OAPEN 开放获取出版模式的内容框架，从商业/出版模式、服务模式、法律框架三方面分析国外典型 OA 图书出版项目[170]，总结出机构资助、开放出版成本支付、合作出版、复合内容出版、免费内容＋增值服务等 6 种开放出版模式。2015 年 4 月，OAPEN-UK 发布了《学术专著开放获取运营模式 SWOT 分析报告》[171]，从质量、可持续性、多样性、创新性与完整性评价作者/机构/资助机构支付模式、出版商/出版社承担出版风险模式与联合支付模式。

## 5.2 学术专著开放出版的实践探索进展

在新兴的学术专著开放出版模式中，学术交流模式中的科研资助机构、科研作者、图书馆、科研用户、大学出版社等利益相关方开始利用长期形成的资金、基础设施、技能、内容优势与新的技术参与到学术专著开放出版中来。科研资助机构的项目主要包括美国国家科学院出版社、南非人类学研究理事会出版社、欧洲开放出版网络（Open Access Publishing in European Networks）、巴西 SciELO Books。图书馆项目有加州大学出版社电子书馆藏项目、田纳西州大学图书馆 Newfound 出版社、密歇根大学数字文化图书项目、加州大学 eScholarship、澳大利亚阿德莱德大学出版社、加拿大卡尔加里大学出版社。大学出版社项目有澳大利亚国立大学电子出版社、澳大利亚莫纳什大学出版部、康奈尔大学 Internet-First 大学出版社、加拿大阿瑟巴斯卡大学出版社、荷兰阿姆斯特丹大出版社、俄亥俄州立大学出版社联合图书馆合作启动开放获取计划等。此外，开放出版商项目有 InTech、开放图书出版商公司（Open Book Publishers），Punctum books，Ubiquity Press，Knowledge Unlatched 等，商业出版商项目如 Bloomsbury Academic，De Gruyter Open，Palgrave Open，SpringerOpen books，Brill Open 等。

## 5.3 学术专著开放获取与开放出版政策

随着开放获取运动的发展，越来越多的科研资助机构与教育机构开始制定和实施开放获取与开放出版资助政策。特别是欧洲国家的科研资助机构，在期刊论文开放出版资助政策的基础上，将资助范围拓展到学术专著，探索学术专著开放出版的新型学术交流模式。2009 年 10 月，为了提高学术专著的出版质量，促进非营利性科研成果的出版与建立新的出版模式、扩大科研成果更大范围的使用与提高奥地利的国际科研影响力，奥地利科学基金委（FWF）率先在欧洲颁布了学术专著开放出版资助政策[172]，要求所有资助的科研人员必须通过 OA 出版机构直接发表成果，或将已出版原始出版物的电子副本存储到专业的 IR，且必须经过同行评议。2012 年 6 月，欧洲研究理事会（ERC）发布《ERC 资助科研人员开放获取指南》[173]，将出版物范围从同行评议出版物修订为科研论文与学术专著，但只针对生命科学领域的学者。2012 年底，德国科学基金会（DFG）开始呼吁研究 OA 学术专著研究出版成本、流程与运营模式[174]。2013 年 5 月，英国惠康基金会也宣布将 OA 政策扩展到学术专著与图书章节[58]。2014 年 4 月，瑞士科学基金会（Swiss National Science Foundation，SNSF）也发布支持数字与开放图书出版物 OA 政策[175]，要求受资助的发表论文与出版专著必须开放出版，但可自由选择绿色或金色形式。

## 6　科学数据开放获取进展

作为开放获取的重要组成部分，科学数据开放获取是由开放获取运动在实践应用层面的巨大需求所推动的[176]，随着全球科研产出的快速增长以及可引用的数据集逐渐成为学术记录的合法贡献部分，对科学数据、开放信息、开放知识等开放资源利用的广度与深度也成为人们关注的焦点。科学数据是指作为科研成果并且用以佐证科学论点的数据，它的开放本质上是一种开放的数据的增值方式。开放获取科学数据，就是能够使科学数据无障碍地被利用、学习、复制、修改、传播等。在这个崭新的数据密集型时代，如何开发利用、开放获取科学数据资源已经成为引领开放获取运动的新的热点。

2002 年《布达佩斯开放获取计划》中指出[177]：通过对文献的"开放获取"，在公共网络上人们可以自由获取，并下载、复制、分发、打印、搜索或链接全文及进行数据传输，同时建立索引，开展深度检索。论文是经过加工、整理而发表的文章，其中的数据部分仅是用来支持论文观点的辅助性材料，那些关于文章及内容的深入挖掘并未涉及数据层面，虽然有很多开放获取的期刊和数据库，但它们大多是基于原文的，而科学实验等原始数据不可重复使用，因此没有太多的增值，但这些数据对于科学家间的交流却是十分重要的[178]。

开放获取科学数据不同于开放获取的论文，它以数据为主体，数据作为保存及再利用的资源，以开放数据集达到数据再利用、再增值的目的。开放数据与共享数据也有很大不同。共享数据是仅供少数人使用且具有保密性质的数据，而开放数据则是所有人均可随意获取的数据[179]。开放数据不同于开放获取论文及共享数据的特点，正好体现了开放数据的本质特征，即数据具有无限制的可获取性。

## 6.1 开放数据的实践进展

杜克大学（Duke University）的 H·Piwowar 等研究发现，在论文出版 5 年后，将研究数据开放的科学家能获得更高的论文被引次数，这进一步支持了开放数据有利于促进科学进展的观点[180]，也使得各国加大了开放科学数据的投入及支持，相关政策不断出台，相关组织机构均积极推动开放数据的发展。

### 6.1.1 各国积极参与开放数据

随着开放获取运动不断深入，开放数据作为开放获取中的重要组成部分，也受到了各国政府、组织、机构等的关注，并已投入大量人力物力发展开放数据。早在 2003 年 10 月发布的《柏林宣言：科学与人文科学知识的开放获取》中就强调学术论文、教育资源、科学数据的开放共享[2]。这之后的 2009 年，经济合作与发展组织（OECD）34 个成员国的部长级会议上通过了《OECD 关于公共资助的科学数据获取的指导方针和原则》，明确"开放性意味着在同等条件下，国际研究界以最低的成本——最好不超过传播的边际成本——来获取科学数据。公共资助的科学数据的公开获取应该是容易获取的、及时的、用户友好的，并且最好是基于互联网的"[66]。

2013 年 2 月美国白宫发布的开放政府政策声明："无论全部或者部分受到联邦政府资助的科研项目所产生的数字形式的科学数据都应该存储起来，且提供搜索、检索和使用等的公共访问共享。"[15]2014 年 1 月欧盟在《地平线 2020》计划中关于科技信息的获取包括了科学论文及科学数据，其中明确指出科学数据应为"用户能够免费获取、挖掘、勘探利用、重制及传播的开放型可评估的科学数据"[8]。

### 6.1.2 专业组织的开放数据活动

2014 年美国能源部发布联邦资助研究成果的公共获取计划，明确表示："共享和保存数据是通过结果验证保护科学诚实性的核心所在，同时也是通过增加研究数据对所有学科（而非原有单一学科）乃至整个社会所产生价值来推动科学发展的关键所在。"[181]

大量研究机构纷纷推出各个领域内的开放数据平台，如开放知识启动临床试验开放在线数据库 Open Trials[182]；WHO 创建 VigiAccess 以提供对 WHO 全球药物安全数据库[183]；Jisc 为医学研究数据的安全可靠共享提供保障，通过网络为研究人员提供数据和资源[184]。与此同时，大量整合平台的创立，最大限度地利用各种数据资源，发挥价值最大化。三家数据领域的知名组织科学技术数据委员会（The Committee on Data for Science and Technology）、世界数据系统（World Data System）、科学数据联盟（Research Data Alliance）联合签署合作谅解备忘录，共同协调数据利用，通过汇集全球的科研人员、档案管理员、数据科学家、图书馆员和计算机科学家团体，来为社会解决数据核心问题[185]。2015 年 3 月开放科学中心公布了"开源与开放科学"会议报告，明确"科学数据和软件开发培训"可用于向人们介绍开放科学，与此同时，开放科学社区正在兴起，它将为科学数据的共享和使用提供一切可能的帮助[186]。

**6.2　开放数据的发布形式**

从目前进展来看，数据主要通过 3 种方式出版，即数据发表（很多数据知识库支持科学数据发表）、数据资料（一方面作为论文的支撑材料，一方面将论文的相关数据存入数据知识库中）、数据期刊[187]。数据知识库存储数据集的元数据描述，同时对数据质量进行基本控制。数据期刊则以发表数据描述符（Data Descriptor）来保障数据的查验，对于可信度高的数据则多发表在了学术期刊上[188]。

### 6.2.1　专业学术期刊的数据政策

学术期刊随着开放政策的发展不断推进开放获取。"Science"与"Nature"的数据政策明确要求作者在提交论文的同时，必须将形成论文结论的相关数据进行存储，在论文发表之后进行完全的开放共享[189]。

"PLoS"系列期刊是最早的、最富盛名的采用开放获取的期刊之一，为完全达到数据挖掘、二次引用的需求，它于 2014 年推出了一种全新的、丰富的引用格式 Rich Citations，用于提供人机可理解、开放许可下可随意访问使用的引文等详细引用信息[190]。同时，PLoS 与 Dryad 合作，启动数据仓储集成合作伙伴计划，共同建立一个存储各种科学和医学领域出版物的底层数据库，使科学数据变得可发现、可自由再利用和可引用[191]。

Elsevier 作为商业机构，从 2007 年起关注科学数据，并同许多其他 STM 出版商一起签署了《布鲁塞尔宣言》，表示"所有研究人员都应该能够免费获取原始的研究数据"。它利用自身平台，通过在文章和数据之间创建双向链接、发行数据期刊以及提出合适的数据引用标准等，支持研究人员存储、共享、发现和使用数据。同时，Elsevier 开放数据试点，在接受文章之后在 ScienceDirect 上同时公布文章和可开放获取的数据文档，给作者提供选择，上传他们的原始数据作为补充文件，无论是作者还是读者均不收费，并在知识共享署名 CC-BY 用户许可协议下重用，同时数据集将被永久地保存和归档，此举措帮助研究人员使他们的数据实现可获取[192]。

### 6.2.2　数据期刊

在开放数据蓬勃发展的同时，作为开放数据的一种体现形式，数据期刊（Data Journal）也随之兴起。从 2008 年起，BioMed Central 出版社就试水出版了开放数据期刊"BMC Research Notes",随之而来的是国际大型学术出版商的争相效仿,其中以 Springer,Elsevier,Nature,Wiley 等为代表,从 2012 年起,数据期刊的出版迎来了高速发展期,截止到 2014 年 10 月 10 日（Dyrad 网站的线索）国际上已经开展数据出版的期刊达 85 种[193]。其中,比较知名的数据期刊有:"BMC Research Notes""F1000 Research""Scientific Data""Genomics Data""SpringerPlus"等。这些数据期刊以数据论文为主导,学科分布多元化,普遍采用开放获取方式出版,对数据注册、数据保存及数据仓储的开放性都有一定的要求,同时在版权处理及出版费用等方面进行了一些有意义的尝试[194]。

### 6.2.3　数据知识库

科学数据知识库（Research Data Repository）是用于数据发布的基础设施的总称,包括数据档案、数据中心、数字图书馆、数字典藏和其他名称等,它能确保数据在最大程度上进行永久保存和开放共享。自 2012 年启动 re3data.org 项目以来,截止到 2013 年 7 月,已有 400 个科学数据知识库向 re3data.org 登记,以协助科研人员遴选合适的知识库[195],其中比较重要的数据知识库有:Figshare,Dryad,PANGAEA 等[196]。不同的开放数据知识库的注册和引用、共享与重用及保存都有所不同[197],但它们大多都使用 DOI 来彼此连接。2014 年 CrossRef 和 DataCite 宣布合作——加快科研人员采用数据出版和引用的 DOI,从而实现所有研究结果的无缝导航,包括论文和数据,并使数据成为学术记录中一流的、易识别、可参考、可引用的元素[198]。同时,汤森路透亦与 DataCite 合作来提高研究数据被发现的几率[199]。

### 6.3　开放数据目前面临的问题与挑战

随着开放数据的不断深入,其开放共享的困难也逐渐凸显出来:有体制机制的问题,如科研评价体系的缺乏、科研管理体系的忽视、共享权益的分配等;也有认知的问题,如科学数据的贡献未定、数据供应者未被认可[200]。在这一系列问题的背后,仍有很多技术问题急需解决,如数据的"开放"与数据的"许可"机制,基于语义网、云计算环境下的开放关联数据的研究,开放数据的多领域应用及深度挖掘等。

### 6.3.1　数据的存储、管理和复用

数据格式是实现科学数据开放共享的前提条件,人们已经认识到了只有统一的数字对象识别符才能够进行更有效的共享,也只有这样才能达到数据的更有效的挖掘与利用[200]。如文献的标识期刊名、作者名、单位、联系地址、题名、卷期号、页码等,网址的 URL 等,数字资源对象的 DOI 和 Arxiv 等,科学家唯一识别 ORCID 和 Research ID 等,文献和数据之间的关

联服务 DataCite 等，文献参考对象的关联服务 CrossRef 和 PLOS 的 Rich Citation 等。ODI 和汤森路透联合发布了一项新的白皮书《在开放数据世界中利用标识符创造价值》充分肯定了标识符的价值，同时表示可以利用标识符去创造开放数据中的额外价值[201]。

科学数据的应用可以产生新的数据，因此，科学数据的开放共享会产生数据返回到科研生命周期中的数据收集阶段，进而产生良好的循环效益[202]。Datacite 和 ODI 正在联合致力于帮助开展支撑开放研究的开放数据复用，进而促进科学发展和创新。最终，为了有效地复用数据，复用数据的条件必须是透明和可连接的，致力于数据复用的创新者必须处在一个决策的位置，并且要描述数据复用的条件[203]。

### 6.3.2 科学数据的评价

科学数据的开放获取要求数据质量能够达到可获取、可理解、可评估、可利用。而传统的学术出版未能对数据质量进行有效的同行评议，实验数据与研究论文间存在着严重的数据鸿沟，因此针对开放的科学数据，也应进行同行评议，在对科学数据进行有效的质量评估的基础上才能更好地将数据共享和再利用。而针对不同种科研数据的出版模式，专业的学术期刊、数据期刊、数据知识库采用了不同的评议标准及流程。但目前仍存在数据鸿沟、数据本身具有复杂性、数据指令的提高及控制需要与数据生产的全生命周期配合、数据政策不明确等问题，这些问题的解决仍需假以时日。

### 6.3.3 相关利益方的权益平衡

科学数据的开放获取涉及了资助者、使用者、发布者、存储者、处理者、分析者、收集者、被测者等多方利益。对于资助者，他们关注公共资助的项目为公所用并希望最大程度地向公众开放获取；对于使用者，如何得到数据的授权许可，使得开放数据从法律角度能够真正做到可以无障碍地获取，而不触犯任何相关的法律法规，这方面的授权及相关立法的完善不断推动着开放数据的发展[204]，目前普遍使用的有 6 种科研数据的许可权的设置标准，如 CC 协议、公共领域许可、开放数据协议许可等，其中 CC-BY 是最推荐的协议模式。由于使用者的使用也引发了一系列的数据挖掘的权益问题。对于发布、存储、分析、处理、收集等相关利益方则共同关心数据的识别、数据的来源、数据的更新、修改、删除等问题，如何平衡各方利益还需在今后的实践中不断完善。

## 6.4 开放数据未来的发展方向

随着技术的发展及人们对共享数据的渴求，科学数据的开放将势不可挡：政府及组织将形成统一立场，积极促进开放数据，政策的不断完善将保障开放数据的发展。而技术层面中，云计算的发展，将解决由于开放数据带来的大量数据的存储及海量增长的问题，人们利用云存储的可扩展性及可靠性，为海量数据提供了存储及处理的可能，极大提高了这些数据的二次利用、深度挖掘的几率[205]。尽管如此，向开放数据的转变既不容易实现也不是免费的：它需要基础设施和技术的投资，但更为重要的是，它要求科研文化的改变，这需要经历时间才能生效[206]。

## 7 图书情报机构在开放获取中的角色和作用

图书情报机构是 OA 运动最早的推动者、宣传者和参与者之一，对 OA 的发展作出了积极而重要的贡献。近五年来，图书情报机构在 OA 中仍然十分活跃，始终扮演着非常关键的角色，发挥着不可或缺的作用。

### 7.1 国际相关研究

#### 7.1.1 OA 对于学术信息交流体系和图书情报机构的冲击与影响

国外图情界更多地从学术交流系统的角度认识和考察 OA 运动。C. Oppenheim 在《电子学术出版与开放获取》一文中，对开放获取的两种类型开放获取（金色 OA 和绿色 OA）的优势与劣势进行了讨论，文章认为尽管迄今为止还没有证据表明转向 OA 将导致图书馆取消订购期刊，但这种情况可能在未来会发生[207]。《OA 对科学知识管理的影响》一文分析了 OA 对科学知识的创造、检索和传递所产生的影响，明确了 OA 与传统的订阅出版模式相比的潜在优势，发现 OA 加速了科学知识的创造和传播。学科知识库为科学知识的检索提供了最佳条件。而且从经济效能看 OA 能够大幅度地降低学术交流的成本[208]。

图书情报机构特别是各类研究型图书馆和大学图书馆是学术信息交流体系的重要组成部分。OA 在本质上改变了学术信息的发布与出版模式，改变了学术信息链条上游的生态，其影响也势必会传导到处于中下游。图书馆传统的资源订购、建设和服务模式一方面受到了冲击，但是也面临着新的发展机遇，如果能够对这些机遇有效识别并妥善加以运用，很可能会扭转图书情报机构在学术信息交流体系中传统的"弱势"形象与地位，提升图书情报工作的功能与价值。

#### 7.1.2 图书情报机构的功能向出版上游拓展

机构知识库已经成为科学交流的重要媒介，而很多知识库都是由图书情报机构来负责建设、维护和运营的。如今很多的开放存储是机构存储。机构知识库有四种基本定位：出版平台、收藏场所、文化遗产保存、存储空间。这些定位受到了机构的权威性、机构战略及其数字基础设施的影响。研究显示相较之于金色 OA，绿色 OA 占所有已出版期刊论文的比例逐年上升[209]。但是有学者指出，对于图书情报机构来说，如果忽视科学交流的需求，机构知识库的命运将如图书馆目录和其他数据库一样——确实有使用价值，但并非是必不可少的[210]。

OA 带来出版界的新变化促成了数字图书馆发展的新模式。开放获取出版模式正在通过各种不同的途径实现数字图书馆的目标。尽管在过去的时间里，以用户为中心的数字图书馆评价吸引了大量关注，而现在人们越来越多地从出版、经济学和科学计量学的角度看待这些系统[211]。

## 7.2 国内相关研究

国内发表的有关图书情报机构在 OA 中的角色和作用，主要围绕着如下几大领域开展研究。

### 7.2.1 OA 对图书情报机构整体定位的影响

OA 与图书情报机构有着密切的关系，潘卫、兰小媛认为 OA 运动风生水起，大学和研究机构的图书馆一直以来都是 OA 运动的积极参与者之一，并将 OA 纳入近年来图书馆用户服务发展的十大层面[212]。OA 并非是孤立的事物，而是与科技领域的变化直接相关。张晓林从 3O（OA、开放知识、开放创新）会聚推动开放知识服务模式的角度，认为科技信息迅速走向OA，3O 会聚为知识服务机构支持用户驱动的知识服务创新提供了巨大机遇。研究图书馆应建立支持用户进行知识服务创新的开放资源体系、开放知识工具集合、开放协同创新支持机制以及相应政策与服务机制[213]。

OA 是对学术交流系统的重构。魏宇清针对由于商业主控科学出版而导致的学术交流危机，认为图书馆界应该与学术界、出版界加强合作，重拓新的学术交流模式，建议的措施是成立联盟，改变学术期刊出版的机制；大力倡导 OA 这一新型出版模式；与学术机构合作，协助学术单位建立机构库[214]。OA 对图书馆有积极影响，图书馆也应积极参与 OA 运动中，体现图书馆的主体作用。OA 对图书馆的影响表现在 OA 符合图书馆利用作品的特点，能使图书馆获得大量丰富的信息资源，提高了图书馆获得信息资源的时效性，降低图书馆的经费支出。图书馆参与 OA 运动的对策是：积极宣传OA 的作用与意义、建设和利用 OA 资源、成为 OA 期刊的机构会员、严格遵守 OA 规则、开展对 OA 授权模式的比较选择[215]。

### 7.2.2 OA 对图书情报机构资源的影响

图书情报机构常常将 OA 内容作为一种资源来看待。孙波提出图书馆应该加强对 OA 资源的选择和组织，便于用户利用。图书馆应充分挖掘和利用互联网上的免费全文期刊资源，并根据馆藏制度和本馆实际情况选择 OA 资源，充分利用网络技术，建立导航数据库和检索平台，为用户提供 OA 资源引导和检索的导航系统[216]。OA 对图书馆资源建设的影响是多方面的，也将是深刻的。这种影响主要体现在对图书馆信息资源建设对象的影响、对图书馆信息资源共享方式的影响、对图书馆信息资源建设经费的影响、对图书馆信息资源建设质量、著作权方面的影响[217]。牛琳琳从馆藏和服务的角度提出 OA 对图书馆信息资源建设的影响：拓宽图书馆资源建设的范围，提高馆藏质量；开拓图书馆服务领域，改变传统服务方式；开创图书馆信息资源建设新契机[218]。而孙波、黄颖从资源内在结构提出 OA 对图书馆信息资源建设的影响：对信息资源建设经费的影响、对信息资源建设工作人员的影响、对图书馆资源建设理念的影响[219]。李咏梅进一步提出 OA 环境下馆藏发展的措施和建议：制定 OA 发展策略，建立相关组织机构；加强 OA 资源与馆藏资源的整合；积极参与 OA 资源的创建；加强合作与共建共享[220]。

### 7.2.3 图书情报机构对 OA 资源的有效利用

将 OA 内容作为图书情报机构的一种资源，其最终目的在于对其加以利用。在关于图书馆如何开发与利用 OA 资源问题上，黎艳提出从机构库的角度获取 OA 资源，从 OA 期刊的角度获取 OA 资源，从预印本存储库的角度获取 OA 资源，同时提出要建立统一检索平台，实现开放资源与馆藏资源的整合，利用 OA 资源建立个人数字图书馆，制作免费资源导航[221]。OA 资源的利用还必须解决一系列相关的问题。郑垦荒提出 OA 面临的问题主要是技术与管理问题、质量控制问题、运行费用问题、知识产权问题、数字存档等，并提出我国图书馆界应该主动与其他具有共同目标的机构一起，认真研究 OA 这一全新的学术交流模式的各种运行机制，并积极参与这一活动，例如广泛开展宣传活动提高对开放资源的认知程度、提供数字存档仓库、实现开放资源与馆藏资源的整合、加强开放资源的搜集与揭示等[222]。赵宁也分析了 OA 环境下国内图书馆面临的主要问题，包括用户对 OA 的认知度和认可度不高、OA 期刊现行主要出版运行模式的困境、图书馆对 OA 资源的开发利用程度低、知识产权保护问题和文献质量控制问题等，并提出应对措施：OA 理念要深入人心、实现开放资源与馆藏资源的整合、加强 OA 文献的质量控制、加强 OA 的知识产权保护、提高 OA 出版论文的社会认同度、建立科学的 OA 成果评价体系[223]。

通过观察重点大学对 OA 资源的利用情况，可以更好地揭示 OA 资源的利用现状和问题。王宝英等通过对 107 所"211"高校图书馆 OA 资源的调研发现，有 46 所图书馆没有对任何一种 OA 资源进行组织或链接，有 59 所图书馆不同程度地整合组织了一些 OA 资源，但链接数量普遍较少，多数仅链接了 5 个以下 OA 资源站点，有 25 所院校仅在首页链接了中国科技论文在线一种 OA 仓储资源[224]。另一项对 39 所 985 高校图书馆 OA 资源调查发现，985 高校图书馆比较重视 OA 资源的建设与揭示，92.3％（36 所）对 OA 资源进行了揭示；一些图书馆通过建立开放访问文献典藏，努力促进开放访问运动的发展。存在的问题是：没有科学合理的收藏、揭示 OA 资源，无意识将 OA 资源整合到免费资源列表[225]。

### 7.2.4 图书情报机构成为机构知识库建设的主体

2005 年 7 月，50 余所高校图书馆馆长在武汉大学签署了《中国大学图书馆合作与资源共享武汉宣言》，呼吁建立一批有特色的"学术机构知识库"，促进学术资源的 OA。这应成为高校图书馆建设机构库、推动开放获取的里程碑。徐速提出，大学图书馆不仅应该积极参与 IR 建设，而且也有理由成为 IR 的领导者。因为大学图书馆能够提供 IR 所需要的技术，大学图书馆具有良好的用户基础，而且大学图书馆与大学其他部门建立了良好的关系[226]。

苏建华提出 OA 运动和机构库对图书馆来说，是一种新的发展机遇。OA 运动为图书馆伸张用户权利、发展公益服务起到了推动的作用，机构库又为图书馆拓展新的服务提供了良机。他提出高校图书馆构建机构库的策略是：制定科学合理的政策、解决好知识产权问题、扩大宣传争取政策和经费支持、进行质量控制保证机构库中论文的质量、强化图书馆的教育职能培养所需人才[227]。

## 7.3 图书情报机构在 OA 中的角色和作用总结

各类图书情报机构特别是研究型图书馆和大学图书馆在传统处于科学传播体系的中下游，一端承接着各类内容提供机构，另一端桥接着广大读者和全体用户。在 OA 的多年作用之下，图书情报机构一方面受到开放获取及学术信息交流模式变化带来的冲击甚至颠覆，另一方面也获得了在开放获取环境中寻求新定位并呈现新价值的难得机遇[228]。

近年来图书情报机构在开放获取活动中表现活跃、角色多样，创新型的服务与支持手段层出不穷，概括起来主要表现在以下几个方面。

### 7.3.1 继续发挥作为机构知识库的核心作用，支持开放存储

经过多年发展，开放存储已成为图书馆支持所在机构管理知识资产的重要任务，构建、维护与推广机构知识库已成为图书馆在开放获取环境中的重要使命。

图书馆自诞生以来就是保存人类文化遗产的重要机构，是人类社会的记忆保存装置。科研和教育领域的图书情报机构为支持所在部门的教学研究活动发挥了不可替代的作用。进入 20 世纪以来由于商业出版机构的兴起和对于论文等科研成果的垄断，对图书馆及其下游广大用户造成了"期刊危机"和"许可危机"，严重地制约了图书馆对于科学研究成果的保存和广大读者对于有关资源的获取，OA 运动就在这种状况下应用而生，而图书情报机构从自身核心使命出发，一直是 OA 运动的坚定推动者和捍卫者。

近五年来，OA 运动兴旺发展，也为图书馆的传统定位和核心使命带来了新的内涵。其中最重要的一点就是图书馆在开放环境下继续履行内容资源保存机构的职能，但是内容资源的来源不再仅仅依赖于传统的订购渠道，而是拓展为开放存取和机构知识库模式，使图书馆能够更为直接和有效地支撑所属机构的资源保存需求，同时也更有利于所在机构成果的传播、推广、共享和利用。在这一过程中，图书馆可以拓展很多新的服务，并发挥了新的价值，例如完善和健全机构知识库平台功能与服务、建立和监控机构知识成果的呈缴和利用情况、进行知识库使用培训，在此基础之上为机构提供全面系统的知识资产管理。

### 7.3.2 支持和介入开放出版，变革馆藏建设范式

在 OA 运动的多年作用影响下，在出版模式的变革过程中，以大学图书馆为代表的图书情报机构直接介入或从事出版业务，并形成"图书馆出版"（Library Publish）模式。另外图书馆在经费使用模式上将原先用于传统资源的"文献采购费"转移到用于"开放出版服务费"（如 SCOAP3），这些都对图书馆的馆藏建设范式带来变革性的影响。

如前文所述，图书情报机构在传统上处于学术信息交流链条的中下游，而 OA 运动让图书馆的定位和功能可以向上游延伸，其直接表现就是图书馆支持或介入开放出版。这样一来，图书馆改变了"出版商出版，图书馆购买"[229]的传统模式，而是以"出版者"的新角色进入学术信息出版领域，使图书馆从单一的资源保存者转变为资源的创造者、从资源的购买者转变为资源的提供者。

在新的 OA 政策引导下，图书馆传统的采购经费开始向资助开放出版转移。除了资源建设经费使用模式变化之外，图书馆馆藏建设范式的转变还表现在人员配置、机构设置、内容获取、推广发行、质量控制、长期保存等多个方面。

### 7.3.3 扩展图书馆馆藏资源的内涵，打造基于开放内容的服务

开放获取资源的"主流化"必然要求图书馆将开放内容纳入资源建设和服务范畴，将本地馆藏扩大为开放资源[230]，对其进行发现、采集、整合、评价乃至更高级的知识复用、挖掘、关联和创新。图书馆基于开放内容的开放知识服务是未来的趋势，正如英国研究图书馆（RLUK）2014—2017 年战略规划指出的：在越来越开放的世界里，人们希望自由复用、融会、注释及分享他们所获取的信息，而图书馆正基于开放学术为研究成果交流创造一个新环境[231]。

无论是金色 OA 还是绿色 OA，无论是建设机构知识库还是支持开放出版，图书馆内容资源建设模式的转变也必将最终导致服务模式的转变。在 OA 所带来的开放环境中，图书馆定位和角色的演化将沿着从"开放资源"

到"开放服务"的路径发展。SPARC 的一份研究报告指出，除了用户需求、核心资源、运行经费等因素外，图书馆的服务内容也是影响图书馆未来发展的关键因素[232]。

作为图书情报机构需要明确：OA 不仅仅是一种出版模式的变革，也不仅仅是一种孤立单一的趋势，而是和全社会的开放创新环境的形成相同步的，在这种环境中，图书馆需要将自身打造成为新一代的知识基础设施[213]，其中凝聚的不仅有 OA 内容资源，还包括开放平台、开放工具、开放社群、开放的硬件实体空间以及开放的服务实施手段，从而真正使图书情报机构借助 OA 的积极力量实现在新时代的蜕变。

## 参考文献

［1］ Budapest Open Access Initiative ［EB/OL］.［2015-11-11］. http：//budapestopenac-cessinitiative. org.

［2］ Berlin Declaration ［EB/OL］.［2015-11-11］. http：//openaccess. mpg. de/Berlin-De-claration.

［3］ About DOAJ ［EB/OL］.［2015-11-11］. https：//doaj. org/about.

［4］ Open access to scientific information：policy guidelines released ［EB/OL］.［2015-11-11］. http：//www. unesco. org/new/en/media-services/single-view/news/open _ access _ to _ scientific _ information _ policy _ guidelines _ for _ open _ access _ re-leased/JHJ. VhKQSoWAKGt.

［5］ UNESCO adopts open access policy ［EB/OL］.［2015-11-11］. http：//www. unesco. org/new/fileadmin/MULTIMEDIA/HQ/ERI/pdf/oa _ policy _ rev2. pdf.

［6］ WHO policy on open access ［EB/OL］.［2015-11-11］. http：//www. who. int/about/policy/en/.

［7］ World Bank announces open access policy for research and knowledge，launches open knowledge repository ［EB/OL］.［2015-11-11］. http：//www. worldbank. org/en/news/press-release/2012/04/10/world-bank-announces-open-access-policy-for-re-search-and-knowledge-launches-open-knowledge-repository.

［8］ Towards better access to scientific information ［EB/OL］.［2015-11-11］. http：//www. eesc. europa. eu/resources/docs/2012-09 _ 26 _ -better-access-to-scientific-infor-mation. pdf.

［9］ G8 open data charter national action plan ［EB/OL］.［2015-11-11］. https：//www. gov. uk/government/publications/g8-open-data-charter-national-action-plan.

［10］ Action plan towards open access to publications ［EB/OL］.［2015-11-11］. http：//www. globalresearchcouncil. org/sites/default/files/pdfs/grc_action_plan_open_ac-cess％20FINAL. pdf.

［11］ 郭进京，彭乃珠，张梦霞，等 . 2014 年国际开放获取实践进展 ［J］. 图书情报工作，2015，59 (9)：119-126.

［12］ 李克强在全球研究理事会 2014 年北京大会上的致辞 ［EB/OL］. ［2015-11-11］. http：//www. gov. cn/guowuyuan/2014-05/27/content _ 2688219. htm.

［13］ 中国科学院关于公共资助科研项目发表的论文实行开放获取的政策声明 ［EB/OL］. ［2015-11-11］. http：//www. cas. cn/xw/yxdt/201405/P02014051655941425 9606. pdf.

［14］ 中国国家自然科学基金委员会关于受资助项目科研论文实行开放获取的政策声明 ［EB/OL］. ［2015-11-11］. http：//www. las. cas. cn/xwzx/zyxw/201405/P020- 1405-20508249160205. pdf.

［15］ Memorandum for the heads of executive departments and agencies-Increasing access to the results of federally funded scientific research ［EB/OL］. ［2015-11-11］. http：//www. whitehouse. gov/sites/default/files/microsites/ostp/ostp _ public _ access _ memo _2013. pdf.

［16］ Executive order：making open and machine readable the new default for government information ［EB/OL］. ［2015-11-11］. http：//www. whitehouse. gov/the-press-office/2013/05/09/executive-order-making-open-and-machine-readable-new-default-government.

［17］ Second open government national action plan ［EB/OL］. ［2015-11-11］. http：// www. whitehouse. gov/sites/default/files/docs/us _ national _ action _ plan _ 6p. pdf.

［18］ Local Law 11 of 2012-Publishing Open Data ［EB/OL］. ［2015-11-11］. http：// www. nyc. gov/html/doitt/html/open/local _ law _ 11 _ 2012. shtml.

［19］ Es ley el acceso libre a la información científica services ［EB/OL］. ［2015-11-11］. http：//www. mincyt. gob. ar/noticias/es-ley-el-acceso-libre-a-la-informacion-cienti-fica-9521.

［20］ Research intelligence-measured weights and measures ［EB/OL］. ［2015-11-11］. http：//www. timeshighereducation. co. uk/story. asp? sectioncode ＝ 26&storycode＝ 421579&c＝1.

［21］ Revised policy on dissemination of research findings ［EB/OL］. ［2015-11-11］. http：//www. nhmrc. gov. au/media/notices/2012/revised-policy-dissemination-re-search-findings.

［22］ NRC Research Press ［EB/OL］. ［2015-11-11］. http：//www. nrcresearchpress. com/page/open-access/options.

［23］ Open Access policy ［EB/OL］. ［2015-11-11］. http：//dg. dk/en/about-us/open-access-policy/.

［24］ Open Access policy ［EB/OL］. ［2015-11-11］. http：//www. forskningsradet. no/en/Open _access/1254008537671.

［25］ Public access compliance monitor：a new resource for institutions to track public ac-cess compliance ［EB/OL］. ［2015-11-11］. http：//grants. nih. gov/grants/guide/notice-files/NOT-OD-13-020. html.

［26］ RCUK Policy on Open Access and Supporting Guidance ［EB/OL］. ［2015-11-11］.

http：//www. rcuk. ac. uk/RCUK-prod/assets/documents/documents/RCUKOpenAccessPolicy. pdf.

[27] About share [EB/OL]. [2015-11-11]. http：//www. share-research. org/about/about-share/.

[28] eLife [EB/OL]. [2015-11-11]. http：//www. elifesciences. org/.

[29] Royal Society Joins Open-Access Bandwagon [EB/OL]. [2015-11-11]. http：//news. sciencemag. org/europe/2014/02/royal-society-joins-open-access-bandwagon.

[30] IOP publishing introduces open access option on 23 journals [EB/OL]. [2015-11-11]. http：//www. iop. org/news/11/june/page _51127. html.

[31] ECS journals take their first steps toward open access [EB/OL]. [2015-11-11]. http：//www. electrochem. org/images/pdf/pr _oa _launch _020714. pdf.

[32] Good practices for university open access policies [EB/OL]. [2015-11-11]. http：//cyber. law. harvard. edu/hoap/Good _practices _for _university _open-access _policies.

[33] Universities in Kenya，Slovenia and Ukraine adopt OA policies [EB/OL]. [2015-11-11]. http://www. eifl. net/news/universities-kenya-slovenia-and-ukraine-adopt.

[34] TUTDOR opens global doors to digital informations [EB/OL]. [2015-11-11]. http：//www. tut. ac. za/News/Pages/TUTDO Ropens-globaldoorstodigitalinformation. aspx/.

[35] "HowOpenIsIt? ®" Open Access Spectrum (OAS) [EB/OL]. [2015-11-11]. https：//www. plos. org/open-access/howopenisit.

[36] DOAJ announces new selection criteria [EB/OL]. [2015-11-11]. https：//doaj. org. = 0.

[37] 李麟，朱曼曼，左丽华. 2012 年国际开放获取实践进展综述 [J]. 图书情报工作，2013，57 (20)：136-142.

[38] SCOAP3 [EB/OL]. [2015-11-11]. http：//scoap3. org.

[39] 曾燕，郑建程，赵艳，张晓林. SCOAP3：开放出版新模式及其影响 [J]. 图书情报工作，2013，57 (1)：37-42.

[40] Scientific Data [EB/OL]. [2015-11-11]. http：//www. nature. com/sdata/.

[41] New Policy from Elsevier Impedes Open Access and Sharing [EB/OL]. [2015-05-20]. http：//www. sparc. arl. org/news/new-policy-elsevier-impedes-open-access-and-sharing.

[42] Benefits to the private sector of open access to higher education and scholarly research [EB/OL]. [2015-11-11]. http：//open-access. org. uk/wp-content/uploads/2011/10/OAIG _Benefits _OA _PrivateSector. pdf.

[43] London's health records open up with the launch of London's Pulse [EB/OL]. [2015-11-11]. http：//www. jisc. ac. uk/news/londons-health-records-open-up-with-the-launch-of-londons-pulse-28-oct-2013.

[44] New York City's latest open data release [EB/OL]. [2015-11-11]. http：//tech-

president. com/news/24367/property-records-and-building-permits-part-new-nyc-open-data-release.

[45] 王应宽. 中国科技学术期刊的开放存取出版研究 [D]. 北京：北京大学，2006.

[46] ARCHAMBAULT E，CARUSO J，NICOL A. State-of-art analysis of OA strategies to peer review publications [S]. Deliverable D. 2. 1. （2014 Update）. Version 5b. 2014.

[47] National Institutes of Health. （2013）. National Institutes of Health History of Congressional Appropriations，Fiscal years 2000-2012 [EB/OL]. [2015-11-11]. http：//officeofbudget. od. nih. gov/br. html.

[48] National Institutes of Health Manuscript Submission System. （2013）. NIHMS Statistics，monthly aggregate submission statistics [EB/OL]. [2015-11-11]. http：//nihms. nih. gov/stats/.

[49] WESOLEK A. New public access legislation [EB/OL]. [2015-11-11]. http：//oanow. org/2013/09/new-public-access-legislation.

[50] Buch Report. （2013，June）. Green light for green way [EB/OL]. [2015-11-11]. http：//www. buchreport. de/nachrichten/verlage/verlage _ nachricht/datum/2013/06/28/gruenes-licht-fuergruenen-weg. htm? utm _ source＝twitterfeed&utm _ medium ＝twitter.

[51] MOSCON V. （2013）. Italy：Open access in Italy [EB/OL]. [2015-11-11]. http：//merlin. obs. coe. int/iris/2014/1/article32. en. html.

[52] Republic of Lithuania. （2009，April）. Republic of Lithuania Law on Higher Education and Research [EB/OL]. [2015-11-11]. http：//www3. lrs. lt/pls/inter3/dokpaieska. showdoc_l? p_id＝366717.

[53] Brazil House of Representatives. （2007）. PL 1120/2007，Projeto de Lei [EB/OL]. [2015-11-11]. http：//www. camara. gov. br/proposicoesWeb/fichadetramitacao? idProposicao＝352237.

[54] Danish Agency for Libraries and Media. （2011）. Recommendations for implementation of open access in Denmark：final report from the Open Access Committee [EB/OL]. [2015-11-11]. http：//fivu. dk/en/publications/2011/files-2011/recommendations-for-implementation-ofopen-access-in-denmark-final-report-from-the-open-access-committee. pdf.

[55] SCHMIDT B，KUCHMA I. Implementing open access mandates in Europe：OpenAIRE study on the development of open access repository communities in Europe [R]. A report of the Universitastverlag Gotingen Produced for OpenAIRE，2012.

[56] Polish Ministry of Administration and Digtization （2012）. Draft guidelines for the proposal of the act on open public resources [EB/OL]. [2015-11-11]. http：//mac. bip. gov. pl/prawo-i-pace-legislacyjne. projekt-zalozen-projektu-ustawy-o-otwar-

tych-zasobach-publicznych. html.

[57]　CARUSO J, NICOL A, ARCHAMBAULT E. Open access strategies in the European research area. August 2013. [EB/OL]. [2015-11-11]. http：//www. science-metrix. com/pdf/SM_EC_OA_Policies. pdf.

[58]　Wellcome Trust. (2013, May). Wellcome Trust extends open access policy to include scholarly monographs and book chapters [EB/OL]. [2015-11-11]. http：//www. wellcome. ac. uk/News/Media-office/Press-releases/2013/WTP052746. htm.

[59]　Some JULIET Statistics [EB/OL]. [2015-08-13]. http：//www. sherpa. ac. uk/juliet/stats. php? la＝en&mode＝simple.

[60]　The Registry of Open Access Repository Mandates and Policies [EB/OL]. [2015-11-11]. http：//roarmap. eprints. org/.

[61]　MELIBEA-Directory and estimator policies for open access to scientific production [EB/OL]. [2015-11-11]. http：//www. accesoabierto. net/politicas/default. php.

[62]　UNESCO. (2013, May 14). UNESCO to make its publications available free of charge as part of a new open access policy [EB/OL]. [2015-11-11]. http：//unesdoc. unesco. org/images/0022/002208/220872E. pdf.

[63]　UNESCO. (2013, December 10). UNESCO publications now freely available through a new Open Access Repository [EB/OL]. [2015-11-11]. http：//www. unesco. org/new/en/media-sevices/sigle-view/news/unesco_to_make_its_publications_available_free_of_charge_as_part_of_a_new_open_access_repository/JHJ. UxN2Ofk7ssB.

[64]　World Health Organization. WHO's vision for information sharing [EB/OL]. [2015-11-11]. http：//www. who. int/about/who_reform/change_at_who/isste4/information-sharing/en/JHJUxKQc_k7ssA.

[65]　Caltech. (2013, December 11). Caltech announces open-access policy [EB/OL]. [2015-11-11]. http：//www. caltech. edu/content/caltech-announces-open-access-policy.

[66]　OECD. OECD principles and guidelines for access to research data from public funding [EB/OL]. [2015-08-16]. http：//www. oecd. org/sti/sci-tech/38500813. pdf.

[67]　Royal Society. Science as an open enterprise [R/OL]. [2015-11-11]. https：//royalsociety. org/policy/projects/science-public-enterprise/Report/.

[68]　European Commission. Open data：an engine for innovation, growth, and transparent governance [EB/OL]. [2015-08-16]. http：//eur-lex. europa. eu/legal-content/EN/TXT/? uri＝celex：52011DC0882.

[69]　European Commission (2013). Guidelins on open access to scientific publications and research data in Horizon 2020 [EB/OL]. [2015-08-16]. http：//ec. europa. eu/research/participants/data/ref/h2020/grants_manual/hi/oa_pilot/h2020-hi-oa-pilot-guide_en. pdf.

[70] White House Launches More Open Data Initiatives [EB/OL]. [2015-08-16]. http://www. informationweek. com/government/open-government/white-house-launches-more-open-data-initiatives/d/d-id/1316732.

[71] 美国智库建议政府支持数据驱动型创新 [EB/OL]. [2015-08-04]. http://www. qstheory. cn/kj/ywcz/201403/t20140303_326356. htm.

[72] UK Cabinet Office. Open Data White Paper: unleashing the potential [EB/OL]. [2015-11-11]. https://www. gov. uk/government/publications/open-data-white-paper-unleashing-the-potential.

[73] Public Data Principles [EB//OL]. [2015-08-16]. http://data. gov. uk/library/public-data-principles.

[74] RCUK Common Principles on Data Policy [EB/OL]. [2015-11-11]. http://www. rcuk. ac. uk/research/datapolicy/.

[75] NSF Data Sharing Policy [EB/OL]. [2015-08-15]. http://www. nsf. gov/bfa/dias/policy/dmp. jsp.

[76] Overview of funders' data policies [EB/OL]. [2015-11-11]. http://www. dcc. ac. uk/resources/policy-and-legal/overview-funders-data-policies.

[77] 全球政府开放数据运动方兴未艾 [EB/OL]. [2015-08-04]. http://cyyw. cena. com. cn/2014-02/25/content_215098. htm.

[78] 张晓林，李麟，刘细文，等. 开放获取学术信息资源：逼近"主流化"转折点 [J]. 图书情报工作，2012，56 (9)：42-47.

[79] Directory of Open Access Journals [EB/OL]. [2015-11-08]. https://doaj. org/.

[80] Directory of Open Access Books [EB/OL]. [2015-11-08]. http://doabooks. org/.

[81] CHEN Xiaotian. Open access in 2013: Reaching the 50% milestone [J]. Serials Review，2014，40：21-27.

[82] RALF S, KAI K G, ANDREAS V. Disrupting the subscription journals' business model for the necessary large-scale transformation to open access [EB/OL]. [2015-11-08]. http://hdl. handle. net/11858/00-001M-0000-0026-C274-7.

[83] LEWIS D W. The inevitability of open access [J]. College & Research Libraries，2012，73 (5)：493-506.

[84] OASPA Members [EB/OL]. [2015-11-08]. http://oaspa. org/membership/members/.

[85] REUTERS T. Web of science [EB/OL]. [2015-11-08]. http://www. isiknowledge. com/.

[86] Journal Citation Reports 2014 [EB/OL]. [2015-11-08]. http://adminapps. webofknowledge. com/JCR/.

[87] John Wiley & Sons, Inc. Generation gap in authors'open access views and experience, reveals wiley survey [EB/OL]. [2015-10-20]. http://www. wiley. com/

WileyCDA/PressRelease/pressReleaseId-109650. html.

[88] Nature Publishing Group. Author insights 2015 survey [EB/OL]. [2015-10-08]. http：//dx. doi. org/10. 6084/m9. figshare. 1425362.

[89] Taylor & Francis Group. 2014 Open Access Survey：examining the changing views of Taylor & Francis authors [EB/OL]. [2015-06-30]. http：//editorresources. taylorandfrancisgroup. com/? p＝5900.

[90] 张晓林，李麟. 资助学术论文开放出版的挑战与政策建议 [J]. 中国科技期刊研究，2014 (9)：1093-1099.

[91] RCUK policy on open access [EB/OL]. [2015-10-20]. http：//www. rcuk. ac. uk/research/openaccess/policy/.

[92] Towards better access to scientific information：boosting the benefits of public investments in research [EB/OL]. [2015-11-08]. http：//ec. europa. eu/research/science-society/document _library/pdf _06/era-communication-towards-better-access-to-scientific-information _en. pdf.

[93] Action plan towards open access to publications [EB/OL]. [2015-11-08]. http：//www. dfg. de/download/pdf/dfg _magazin/internationales/130528 _grc _annual _meeting/grc _action _plan _open _access. pdf.

[94] RCUK announces block grants for universities to aid drives to open access to research outputs [EB/OL]. [2015-10-08]. http：//www. rcuk. ac. uk/media/news/2012news/Pages/121108. aspx.

[95] DFG. Information on the open-access publishing programme [EB/OL]. [2015-11-08]. http：//www. dfg. de/en/research _ funding/programmes/.

[96] North American campus-based open access funds：a five-year progress report [EB/OL]. [2015-11-08]. http：//www. sparc. arl. org/sites/default/files/OA％ 20Fund％ 205％20Year％20Review. pdf.

[97] Wellcome Trust announces launch of charity fund to support open access research publications [EB/OL]. [2015-09-29]. http：//oaspa. org/wellcome-trust-announces-charity-open-access-fund/.

[98] Members [EB/OL]. [2015-09-29]. http：//www. biomedcentral. com/inst/.

[99] Institutional plans [EB/OL]. [2015-09-29]. https：//peerj. com/pricing/institutions/.

[100] Institutional Account Program [EB/OL]. [2015-09-29]. https：//www. plos. org/about/get-involved-2/institutional-account-program/.

[101] 曾燕，郑建程，赵艳，等. SCOAP3：开放出版新模式及其影响 [J]. 图书情报工作，2013，57 (1)：37-42.

[102] Subscription pricing for hybrid journals [EB/OL]. [2015-11-08]. http：//olabout. wiley. com/WileyCDA/Section/id-816521. html.

[103] Springer adjusts prices of subscription journals with significant open choice share in

2014 price list〔EB/OL〕.〔2015-11-08〕. http：//resource-cms. springer. com/springer-cms/rest/v1/content/2146/data/Springer＋statement＋on＋the＋journal＋price＋adjustments＋2014. pdf.

〔104〕 DAVID P. The costs of double-dipping〔EB/OL〕.〔2015-10-29〕. http：//www. rluk. ac. uk/about-us/blog/the-costs-of-double-dipping/.

〔105〕 Principles for offset agreements〔EB/OL〕.〔2015-10-29〕. https：//www. jisc-collections. ac. uk/Global/News％20files％20and％20docs/Principles-for-offset-agreements. pdf.

〔106〕 New open access funding pilot for Austria〔EB/OL〕.〔2015-10-29〕. http：//iop-publishing. org/newsDetails/2014/Austria-open-access.

〔107〕 IOP Publishing and UK university libraries collaborate on open access offsetting pilot〔EB/OL〕.〔2015-10-29〕. http：//www. rluk. ac. uk/news/iop-publishing-uk-university-libraries-collaborate-open-access-offsetting-pilot/.

〔108〕 中国科学院文献情报中心与英国物理学会出版社就支持中国科学院学术论文开放获取正式达成合作意向〔EB/OL〕.〔2015-10-29〕. http：//las. cas. cn/xwzx/tpxw/201503/t20150316_4322168. html.

〔109〕 Gold for gold〔EB/OL〕.〔2015-10-29〕. http：//www. rsc. org/Publishing/librarians/GoldforGold. asp.

〔110〕 American Chemical Society extends new open access program designed to assist authors〔EB/OL〕.〔2015-10-29〕. http：//www. acs. org/content/acs/en/pressroom/newsreleases/2013/october/acs-extends-new-openaccess-program-designed-to-assist-authors. html.

〔111〕 UK researchers will now benefit from innovative open access agreement between Springer and Jisc〔EB/OL〕.〔2015-10-29〕. http：//www. springer. com/gp/about-springer/media/press-releases/corporate/uk-researchers-will-now-benefit-from-innovative-open-access-agreement-between-springer-and-jisc/836734.

〔112〕 Agreement with the Association of Dutch Universities and Academy Institutes〔EB/OL〕.〔2015-10-29〕. http：//www. springer. com/gp/open-access/springer-open-choice/agreements/42388.

〔113〕 Austrian Open Access Agreement with Publisher Springer〔EB/OL〕.〔2015-10-29〕. https：//www. fwf. ac. at/en/news-and-media-relations/news/detail/nid/20150916-2144/.

〔114〕 Max Planck Society researchers to benefit from open access agreement with Springer〔EB/OL〕.〔2015-10-29〕. http：//www. springer. com/gp/about-springer/media/press-releases/corporate/max-planck-society-researchers-to-benefit-from-open-access-agreement-with-springer－/835358.

〔115〕 SAGE Open Access statement on "double dipping"〔EB/OL〕.〔2015-10-29〕. https：//www. jisc-collections. ac. uk/News/SAGE-OA-statement/.

[116] Ethical challenges of open-access publishing [EB/OL]. [2015-10-29]. http：//www. universityaffairs. ca/ethical-challenges-of-open-access-publishing. aspx.

[117] Why is open access not growing faster? Part three- the publishing market [EB/OL]. [2015-10-29]. http：//openscience. com/open-access-growing-faster-part-three-publishing-market/.

[118] Updated How Open Is It? Open Access Spectrum Guide [EB/OL]. [2015-10-29]. http：//www. sparc. arl. org/blog/updated-howopenisit-open-access-spectrum-guide/.

[119] Code of Conduct [EB/OL]. [2015-10-29]. http：//oaspa. org/membership/code-of-conduct/.

[120] DOAJ Selection Criteria [EB/OL]. [2015-10-29]. http：//doaj. org/about criteria/.

[121] Principles of transparency and best practice in scholarly publishing [EB/OL]. [2015-10-29]. http：//oaspa. org/principles-of-transparencyand-best-practice-in-scholarly-publishing/.

[122] JEFFREY B. Criteria for determining predatory open-access publishers (2nd edition) [EB/OL]. [2015-10-29]. http：//scholarlyoa. com/2012/11/30/criteria-for-determining-predatory-open-access-publishers-2ndedition/.

[123] 路彩女，张晓林，李麟. 开放出版期刊遴选的挑战与指南 [J]. 中国科技期刊研究，2014 (12)：1443-1450.

[124] LORRAINE E. What price open access? [EB/OL]. [2015-10-29]. http：//www. researchinformation. info/news/news _ story. php? news _ id=1804.

[125] BJORK B C, SOLOMON D. Open access versus subscription journals：a comparison of scientific impact [J/OL]. [2015-10-29]. BMC Medicine, 2012 (10). http：//www. biomedcentral. com/1741-7015/10/73.

[126] BJORK B C, SOLOMON D. How research funders can finance APCs in full OA and hybrid journals [J]. Learned Publishing, 2014, 27 (2)：93-103.

[127] BJORK B C, SOLOMON D. Article processing charges in OA journals：relationship between price and quality [J]. Scientometrics, 2015, 103 (2)：373-385.

[128] Experimental "pay what you can" OA model launched [EB/OL]. [2015-10-27]. http：//www. researchinformation. info/news/news _ story. php? news _ id=1876.

[129] STEPHEN P, JENNIFER S, PETER A. The "total cost of publication" in a hybrid open-access environment：Institutional approaches to funding journal article-processing charges in combination with subscriptions [J/OL]. [2015-10-29]. http：//onlinelibrary. wiley. com/doi/10. 1002/asi. 23446/full.

[130] Announcement of the initiative ESAC-Efficiency and Standards for Article Charges [EB/OL]. [2015-10-29]. http：//esac-initiative. org/.

[131] 彼得·萨伯. 开放获取简编 [M]. 李武，译. 北京：海洋出版社，2015.

[132] HOUGHTOn J, SWAN A. Planting the green seeds for a golden harvest：com-

ments and clarification on " going for gold" [J/OL]. [2015-10-29]. D-Lib Maga-zine,2013,19(1/2). http：//www. dlib. org/dlib/january13/houghton/01houghton. html.

[133] OpenDOAR [EB/OL]. [2015-11-11]. http：//www. opendoar. org/index. html.

[134] Registry of Open Access Repositories [EB/OL]. [2015-11-11]. http：// roar. eprints. org/.

[135] arxiv [EB/OL]. [2015-11-11]. http：//arxiv. org/.

[136] PMC [EB/OL]. [2015-11-11]. http：//www. ncbi. nlm. nih. gov/pmc/.

[137] RePEc [EB/OL]. [2015-11-11]. http：//repec. org/.

[138] Registry of Open Access Repositories Mandatory Archiving Policies, ROARMAP [EB/OL]. [2015-11-11]. http：//roarmap. eprints. org/.

[139] 张晓林. 机构知识库的发展趋势与挑战 [J]. 现代图书情报技术，2013（2）：1-7.

[140] DAVIS P M, MATTHEW J L. Institutional repositories：evaluating the reasons for non-use of cornell university's installation of DSpace [J/OL]. [2015-11-11]. D-Lib Magazine, 2007，13（3/4）. http：//www. dlib. org/dlib/march07/davis/03davis. html.

[141] XU Hong. The current situation of faculty participation in Institutional Reposito-ries—A study of 40 DSpace mplementations supporting IRs [C] //Proceedings of the American Society for Information Science and Technology，2007，44（1）.

[142] KIM J. Faculty self-archiving：motivations and barriers [J]. Journal of the Ameri-can Society for Information Science and Technology，2010，61（9）：1909-1922. DOI：10. 1002/asi. 21336.

[143] 于成杰，张军亮，汪环. Web 2. 0 技术在 OA 知识库中的应用研究 [J]. 图书馆学研究，2014（21）：29-32.

[144] COCCIOLO A. Can Web 2. 0 enhance community participation in an institutional re-pository? The case of pocket knowledge at Teachers College，Columbia University [J]. The Journal of Academic Librarianship，2010，36（4）：304-312. DOI：10. 1016/j. acalib. 2010. 05. 004.

[145] WILSON M，JANTZ R. Building value-added services for institutional repositories (IRs)：modeling the rutgers experience. Rutgers University Community Reposito-ry，2011 [EB/OL].[2015-11-11]. http：//dx. doi. org/doi：10. 7282/T31N7ZHX.

[146] ASUNKA S，HUI SOO CHAE，NATRIELLO G. Towards an understanding of the use of an institutional repository with integrated social networking tools：a case study of Pocket Knowledge [J]. Library & Information Science Research，2011，33：80-88.

[147] 祝忠明. 机构知识库的新功能 [C]. 2015 开放获取周. 北京：中国科学院文献情报中心，2015.

[148] 宁笔. 汤森路透助力中科院机构知识库 [C]. 2015 开放获取周. 北京：中国科学

院文献情报中心，2015.

[149] 张晓林，梁娜，钱力，等. 开放获取论文推送转发服务系统 iSwitch：概念、功能与基本框架 [J]. 现代图书情报技术，2014 (10)：4-8.

[150] Budapest Open Access Initiative. Ten years on from the Budapest Open Access Initiative：setting the default to open [EB/OL]. [2014-06-05]. http：//www. budapestopenaccessinitiative. org/boai-10-recommendations.

[151] ADEMA J. Spotlight on open access books at COASP 2012 [EB/OL]. [2013-01-26]. http：//oaspa. org/guest-blog-janneke-adema/.

[152] KELLEY M. Check it out with Michael Kelley：the rise in digital pricing [EB/OL]. [2015-05-27]. http：//www. publishersweekly. com/pw/by-topic/industry-news/libraries/article/63187-check-it-out-with-michael-kelley-the-rise-in-digital-pricing. html.

[153] LOOK H，PINTER F. Open access and humanities and social science monograph publishing [J]. New Review of Academic Librarianship，2010，16 (S1)：90-97.

[154] Wikipedia. National academies press [EB/OL]. [2015-02-08]. http：//en. wikipedia. org/wiki/National_Academies_Press.

[155] CALVER M C，BRADLEY J S. Patterns of citations of open access and non-open access conservation biology journal papers and book chapters [J]. Conservation Biology，2010 (3)：872-880.

[156] SNIJDER R. The profits of free books：an experiment to measure the impact of open access publishing [J]. Learned Publishing，2010 (4)：293-301.

[157] MCGREAL R，CHEN N S，MCNAMARA T. A comparison of an open access university press with traditional presses：two years later [J]. Information Services & Use，2011，14 (3)：231-239.

[158] Open Access Publishing in European Networks [EB/OL]. [2013-04-20]. http：//project. oapen. org/.

[159] FERWERDA E，SNIJDER R，ADEMA J. OAPEN-NL：a project exploring open access monograph publishing in the Netherlands [EB/OL]. [2013-11-07]. http：//apo. org. au/sites/default/files/docs/OAPEN-NL-final-report. pdf.

[160] OAPEN-UK. Librarian survey [EB/OL]. [2015-04-15]. http：//oapen-uk. jiscebooks. org/research-findings/librarian-survey/.

[161] FINCH J. Accessibility，sustainability，excellence：how to expand access to research publications [EB/OL]. [2013-10-14]. http：//www. researchinfonet. org/wp-content/uploads/2012/06/Finch-Group-report-FINAL-VERSION. pdf.

[162] LAWRENCE D，NEIDENMARK T，PELLING M，et al. A national consortium for open access books in Sweden [EB/OL]. [2013-11-07]. http：//www. kb. se/Dokument/Om/projekt/open_access/2013/A_Consortium_Approach_to_OA_Books_final_report_2013-08-27. pdf.

[163] HEFCE. Monographs and open access [EB/OL]. [2015-02-01]. http://www.hefce.ac.uk/pubs/rereports/year/2015/monographs/JHJd.en.99908.

[164] GRECO A N, WHARTON R M. Should university presses adopt an open access [electronic publishing] business model for all of their scholarly books? [EB/OL]. [2013-11-02]. http://elpub.scix.net/data/works/att/149_elpub2008.content.pdf.

[165] MONTGOMERY L. Open access and scholarly books: workshop report [EB/OL]. [2013-11-06]. http://www.knowledgeunlatched.org/wp-content/uploads/2013/09/BerkmanWorkshopReportFinal.pdf.

[166] JISC Collections. Open access monographs in the humanities and social sciences conference [EB/OL]. [2013-10-13]. http://www.jisc-collections.ac.uk/JISC-Collections-events/oabooksconf/.

[167] FERWERDA E. Open access book publishing [EB/OL]. [2013-10-20]. http://river-valley.tv/open-access-book-publishing/.

[168] ESPOSITO J. Seeking a path toward open access for books [EB/OL]. [2013-10-13]. http://scholarlykitchen.sspnet.org/2013/10/10/seeking-a-path-toward-open-access-for-books/.

[169] HELLMAN E S. Open access e-books [M] //POLANKA S. The no shelf required guide to e-Book purchasing. Chicago: ALA Editions, 2011: 18-27.

[170] 魏蕊, 初景利. 国外开放获取图书出版模式研究 [J]. 图书情报工作, 2013, 57 (11): 12-18.

[171] BEECH D, MILLOY C. Business models for open access monographs: a summary document [EB/OL]. [2015-05-24]. http://oapen-uk.jiscebooks.org/research-findings/swot/bmoverview/.

[172] HASLINGER D. OA books and funding of publications: example of FWF [EB/OL]. [2015-11-11]. http://www.fwf.ac.at/de/public_relations/oai/pdf/OA_Books_and_Funding_of_Publications-Example_of_a_Research_Funder.pdf.

[173] European Research Council. Open access guidelines for researchers funded by the ERC [EB/OL]. [2015-11-11]. http://erc.europa.eu/sites/default/files/document/file/open_access_policy_researchers_funded_ERC.pdf.

[174] FERWERA E, MILLOY C. Europe needs a unified approach to open-access books [EB/OL]. [2015-11-11]. http://www.researchresearch.com/index.php?articleId=1338074&option=com_news&template=rr_2col&view=article.

[175] Swiss National Science Foundation. Publication funding: new focus on digital publishing and open access [EB/OL]. [2015-11-11]. http://www.snf.ch/en/researchinFocus/newsroom/Pages/news-140416-publication-funding-new-focus-digital-publishing.aspx.

[176] 李佳佳. 信息管理的新视角: 开放数据 [J]. 情报理论与实践, 2010 (7):

35-39.

[177] Read the Budapest Open Access Initiative [EB/OL]. [2015-11-11]. http：//www. soros. org/openaccess/read. shtml.

[178] Rustpm. Open data in science [J]. Serials Reviews，2008 (1)：52-64.

[179] Data sharing is not open data [EB/OL]. [2015-11-11]. http：//theodi. org/blog/data-sharing-is-not-open-data.

[180] Scientists who share data publicly receive more citations [EB/OL]. [2015-11-11]. http://www. upi. com/Science_News/Blog/2013/10/01/Scientists-who-share-data-publicly-receive-more-citations/7861380637421/JHJixzz2hDpRhGCN；https：//peerj. com/articles/175/.

[181] U. S. department of energy increases access to results of doe-funded scientific research [EB/OL]. [2015-11-11]. http：//www. energy. gov/sites/prod/files/2014/08/f18/DOE_Public_Access%20Plan_FINAL. pdf.

[182] Open trials：open knowledge announce plans for open，online database of clinical trials [EB/OL]. [2015-11-11]. http：//blog. okfn. org/2015/04/21/open-trials-open-knowledge-announce-plans-for-open-online-database-of-clinical-trials/.

[183] WHO launches open access to the WHO global medicines * safety database [EB/OL]. [2015-11-11]. http：//www. who. int/medicines/news/glob_pharmvig_database_media/en/.

[184] Jisc enables the safe and secure sharing of medical research data [EB/OL]. [2015-11-11]. http：//www. jisc. ac. uk/news/jisc-enables-the-safe-and-secure-sharing-of-medical-research-data-02-oct-2014.

[185] Open data is not enough making data sharing work [EB/OL]. [2015-11-11]. http：//www. icsu-wds. org/files/PressReleaseCODATA_RDA_WDS. pdf.

[186] Open source，open science' meeting report-March 2015 [EB/OL]. [2015-11-11]. http：//blogs. plos. org/tech/open-source-open-science-meeting-report-march-2015.

[187] 吴蓉，顾立平，刘晶晶. 国外学术期刊数据政策的调研与分析 [J]. 图书情报工作，2015 (7)：99-105.

[188] 林和弘，村山泰啓. 研究データ出版の動向と論文の根拠データの公開促進に向けて [J]. 科学技術動向研究，2015：4-9.

[189] 何琳，常颖聪. 国内外科学数据出版研究进展 [J]. 图书情报工作，2014 (5)：104-110.

[190] Rich citations：open data about the network of research [EB/OL]. [2015-11-11]. http：//blogs. plos. org/tech/rich-citations/.

[191] Make data sharing easy：PLoS launches its Data Repository Integration Partner Program [EB/OL]. [2015-11-11]. http：//blogs. plos. org/tech/make-data-sharing-easy-plos-launches-its-data-repository-integration-partner-program/.

[192] "Open science needs open minds" research data Alliance meeting draws 500+ —

and Elsevier announces its Open Data pilot [EB/OL]. [2015-11-11]. http：//www. elsevier. com/connect/open-science-needs-open-minds/.

[193] 欧阳峥峥，青秀玲，顾立平，王辉，吴鸣. 国际数据期刊出版的案例分析及其特征 [J]. 中国科技期刊研究，2015（5）：437-444.

[194] 刘晶晶，顾立平. 数据期刊的政策调研与分析——以 Scientific Data 为例 [J]. 中国科技期刊研究，2015（4）：331-339.

[195] 顾立平，译. 呈现科研数据知识库：re3data. org 注册机制 [J]. 现代图书情报技术，2014（3）：26-34.

[196] 黄永文，张建勇，黄金霞，王昉. 国外开放科学数据研究综述 [J]. 数字图书馆，2013（5）：21-27.

[197] 余文婷. 开放科学数据仓储资源开发模式比较分析——以 SRDA、eCrystals 和 Dryad 为例 [J]. 图书馆学研究，2014（11）：58-62，92.

[198] CrossRef and DataCite announce new initiative to accelerate the adoption of DOIs for data publication and citation [EB/OL]. [2015-11-11]. https：//www. datacite. org/CrossRefDataCiteinitiative/.

[199] Thomson Reuters Collaborates with DataCite to Expand Discovery of Research Data [EB/OL]. [2015-11-11]. http：//www. datacite. org/node/135.

[200] 顾立平. 数据级别计量——概念辨析与实践进展 [J]. 中国图书馆学报，2013（2）：56-71.

[201] Thomson Reuters Collaborates with DataCite to Expand Discovery of Research Data [EB/OL]. [2015-11-11]. http：//thomsonreuters. com/corporate/pdf/creating-value-with-identifiers-in-an-open-data-world-summary. pdf.

[202] 促进数据统计：数据计量先导计划 [EB/OL]. [2015-11-11]. http：//ir. las. ac. cn/handle/12502/7545.

[203] Datacite and Open Data Institute (ODI) join forces to boost data reuse [EB/OL]. [2015-11-11]. http：//www. datacite. org/node/140.

[204] 图书馆著作权法律动态跟踪 2013 年第 12 期（总第 32 期）[EB/OL]. [2015-11-11]. http：//ir. las. ac. cn/handle/12502/6636.

[205] Cloud cover：a favorable forecast for open access in agriculture [EB/OL]. [2015-11-11]. http：//ictupdate. cta. int/Regulars/Dispatches/Cloud-Cover-A-Favorable-Forecast-for-Open-Access-in-Agriculture/（79）/1423912386.

[206] The RECODE project：enabling open access to research data [EB/OL]. [2015-11-11]. http：//www. researchinformation. info/news/news _story. php? news _ id＝1777/.

[207] OPPENHEIM C. Electronic scholarly publishing and open access [J]. Journal of Information Science，2008，34（4）：577-590.

[208] BERNIUS S. The impact of open access on the management of scientific knowledge [J]. Online Information Review，2010，34（4）：583-603.

［209］ BJORK B C，et al. Anatomy of green open access ［J］. Journal of the Association for Information Science and Technology，2014，65（2）：237-250.

［210］ SCHOPFEL J，PROST H. Institutional repositories：observations on a new form of scientific information ［J］. Canadian Journal of Information and Library Science，2013，37（2）：122-136.

［211］ TSAKONAS G，PAPATHEODOROU C. Exploring usefulness and usability in the evaluation of open access digital libraries ［J］. Information Processing & Management，2008，44（3）：1234-1250.

［212］ 潘卫，兰小媛. 近年来图书馆用户服务发展的十大层面 ［J］. 图书馆建设，2008（10）：16-21.

［213］ 张晓林. 开放获取、开放知识、开放创新推动开放知识服务模式——3O 会聚与研究图书馆范式再转变 ［J］. 现代图书情报技术，2013（2）：1-10.

［214］ 魏宇清. 图书馆如何在现代学术交流体系中发挥作用 ［J］. 图书馆工作与研究，2007（2）：23-25.

［215］ 林敏. 试论开放存取对图书馆的影响和对策 ［J］. 图书情报工作，2005（12）：130-132，136.

［216］ 孙波. 泛在知识环境下图书馆信息资源建设策略探析 ［J］. 图书馆学研究，2009（9）：51-53.

［217］ 张天赐. 开放存取及其对图书馆资源建设的影响 ［J］. 图书馆理论与实践，2010（12）：18-19.

［218］ 牛琳琳. 开放存取环境下图书馆馆藏发展政策研究 ［J］. 情报理论与实践，2009（3）：81-84.

［219］ 孙波，黄颖. 开放存取与图书馆信息资源建设 ［J］. 图书馆杂志，2009（5）：27-29，41.

［220］ 李咏梅. 基于开放存取的馆藏发展策略研究 ［J］. 图书馆论坛，2010（5）：70-72.

［221］ 黎艳. 图书馆如何开发与利用开放存取资源 ［J］. 现代情报，2010（1）：66-69.

［222］ 郑垦荒. 开放存取面临的主要问题及图书馆的应对策略 ［J］. 情报理论与实践，2006（3）：311-313.

［223］ 赵宁. 开放存取环境下国内图书馆面临的问题探析 ［J］. 图书情报工作，2008（11）：118-120，84.

［224］ 王宝英，张永杰，马爱芳. 我国高校图书馆对开放存取资源的组织与揭示现状调查——以"211 工程"院校为例 ［J］. 情报理论与实践，2008（4）：582-585.

［225］ 周庆梅，梁冬莹，张木兰. 我国"985"工程院校图书馆开放存取资源调查分析 ［J］. 情报科学，2010（6）：879-883.

［226］ 徐速. 机构知识库 ［J］. 图书馆理论与实践，2008（1）：39-41.

［227］ 苏建华. 机构库给高校图书馆带来的发展机遇 ［J］. 情报理论与实践，2007（4）：499-501.

［228］ 王铮，胡芳，孙杰. 转变·重塑·再造——2013 年英美等国图书馆发展战略评述

[J]. 图书情报工作，2014，58（11）：104-114.

[229] 孙杰，李淑媛. 国外大学图书馆学术出版服务实践进展［J］图书情报工作，2016，60（2）：64-70.

[230] 张晓林，李麟，刘细文，曾燕. 开放获取学术信息资源：逼近"主流化"转折点［J］. 图书情报工作，2012，56（9）：42-47.

[231] Powering Scholarship［EB/OL］.［2015-11-11］. http：//www. rluk. ac. uk/wp-content/uploads/2014/02/RLUK-Strategy-2014-online. pdf.

[232] Library publishing service：strategies for success［EB/OL］［2015-11-11］ht-tp：//wp. sparc. arl. org/lps/.

作者简介：

初景利，男，1962 年生，博士，教授，博士生导师，中国科学院文献情报中心科技期刊研究与培训中心主任，学位评定委员会主席。《图书情报工作》杂志社社长、主编，《知识管理论坛》主编，《中国科技期刊研究》常务副主编，《智库理论与实践》执行副主编，中国科学院自然科学期刊研究会常务副秘书长。国际图联信息素质专业委员会常设委员，国家社科基金评审专家。出版著作 5 部，国内外发表论文 150 余篇。研究方向：图书情报发展战略，学科服务，编辑出版等。

王应宽，男，1971 年生，博士，农业部规划设计研究院农业工程科技信息中心主任。《国际农业与生物工程学报》（IJABE）主编、《农业工程学报》副主编和《农业工程技术》社长兼总编。主持或参加国家科研课题 20 多项，累计发表论文 100 多篇（含 SCI/EI 收录 20 余篇），出版译著 1 部，合作参编出版著作 8 部。研究方向：农业机械，生物质能，编辑出版，开放存取，网络传播和国际科技交流。

王铮，男，1986 年生，博士生，发表论文 10 余篇。研究方向：网络信息服务，知识管理与信息咨询。

韩丽，女，1980 年生，编辑博士生。

赵艳，女，1977 年生，中国科学院文献情报中心资源建设部主任，副研究馆员。国际图联资源采访与馆藏建设专业委员会委员。

刘凤红，女，1981 年生，博士。"Journal of Data and Information Science"（JDIS）编辑部主任。发表中英文学术论文多篇。

魏蕊，女，1982 年生，博士，河北大学管理学院图书馆学系讲师。发表论文多篇。研究方向：开放出版，机构知识库建设，图书馆出版服务等。

栾瑞英，女，1987 年生，博士生。研究方向：网络信息服务，图书馆出版服务等。

# 信息质量评价研究进展

刘 冰

（天津师范大学 管理学院，天津 300387）

**摘 要：** 信息质量问题的普遍存在性作为一个社会性问题，已经成为社会广泛关注的议题。信息质量的科学评价是解决信息质量问题的基础条件和根本保证。文章从信息质量评价理论基本流派、信息质量评价模型与构成维度、信息质量评价方法与工具、网络信息质量评价、信息质量评价应用等方面对国内外信息质量评价研究进行系统梳理与综述，以发现国内外该领域的研究脉络、主要研究观点、研究热点等，并对该领域未来的研究趋势作出分析。

**关键词：** 信息质量评价；信息质量管理；网络信息质量评价；评价模型；评价方法；研究进展

信息社会，信息作为重要的社会资源，"数据驱动的决策方法"（Data-Driven Decision Making）与"基于实证的事实"成为决策基础[1]。然而，随着日益泛滥的劣质信息、虚假信息的冲击与困扰，社会各界对信息质量的满意度日趋下降[2]，高质量信息价值凸显，信息质量问题的普遍存在性成为广泛关注的社会性问题。

信息质量的科学评价作为解决信息质量问题的基础和前提，成为国内外学术界关注的焦点问题之一，成为大数据时代各国政府与机构（尤其是网络信息服务机构）的关注与研究重点。

20世纪80年代末期，美国麻省理工学院（MIT）全面数据质量管理（TDQM）研究项目正式启动，在数据质量研究领域开展了开拓性工作，为后来MIT信息质量（MITIQ）项目研究工作奠定了基础[3]。

美国政府于2000年通过《数据质量法》，以确保联邦政府所发布信息及统计数据质量的"客观性、实用性以及完整性"。其他国家政府也相继从立法与政策角度进行尝试性治理。同时，各国各类机构逐步重视信息质量评价研究问题，医学机构、电子商务型网站运营机构等在信息质量评价研究方面获得了部分有价值的研究成果。

近年来，随着信息质量研究的拓展与深入，信息质量评价成为管理信息系统、数据库、企业管理、会计与审计、信息管理、知识管理等众多领域的研究对象。结合该领域的学科特点和信息特点，国内外学者基于对信息质量的不同理解、不同的研究视角，对信息质量评价问题进行了广泛研究，取得了较多的研究成果。

# 1 信息质量评价理论基础研究

## 1.1 信息质量基本内涵研究

信息质量概念界定和基本内涵阐释是信息质量评价研究的基础，是信息质量评价理论体系的核心。基于哲学层面，信息质量涵盖狭义和广义两个方面。其中，狭义信息质量是基于认识论（或曰理论信息学）意义上对信息的质与量的分别考察与研究；而广义的信息质量是指哲学本体论意义上的信息质与量融合统一[4]。

由于不同领域中信息、数据的属性与特点差异较大，数据质量和信息质量作为具有多维属性的概念，依据学者不同研究视角、研究观点而呈现出不同特征[5]。因此，至今尚未形成统一的、成熟的信息质量概念。

（1）基于数据视角的信息质量。信息质量研究始于数据质量（Date Quality）研究。随着以计算机为代表的新兴信息技术在数据管理中的逐步应用，人们生产与处理数据的能力大幅提升。尤其是在 20 世纪 70 年代，随着大量大型数据库的建立，数据质量问题开始受到各方关注重视[6]。学者们开始以信息本体论为基础，以管理信息系统、数据库、数据模型的数据质量为主要研究对象，展开数据质量概念与基本内涵的研究。

数据质量就是指数据的一致性、正确性、完整性和最小性[7]，信息质量是对数据的真实性、准确性、一致性、完整性和集成性的综合描述[8]。从数据属性角度的数据质量阐释一直是数据质量概念界定的核心。

在此基础上，数据质量即为最适合直接使用的数据的水平，是数据"使用的适合性"[9-10]。并强调指出，"数据质量"主要是指数据库中构成信息产品的数据的精度[11]。M. Bovee 等基于"数据"角度，认为数据质量是指数据的相对"合适的"属性，因为"数据质量"在某些方面使用方便，但在其他方面则不具备足够属性[12]，

同时，META Group 指出，数据质量是一种通过测量和改善数据综合性特征来优化数据价值的过程，可以通过数据收集、数据识别/匹配、数据标准化、数据清理和数据富集来实现[13]。

基于数据视角的信息质量是以数据自身为核心，强调数据的内在属性。学者们对信息质量概念的认识较为模糊，将信息质量与数据质量作为同一

概念。

（2）基于产品视角的信息质量。Fink-Shamit 和 Bar-Ilan 指出，信息质量作为一个概念，它是信息产品的"一种难以捉摸……并且是一种出类拔萃的品质，与卓越同义"[14]。

信息质量是系统产生的、以报告形式的信息的质量[15]，是对信息系统内容质量的一种评价[16]。

部分学者在研究中指出，虽然将信息质量定义为信息的基本属性，认为是对用户来说具有很高价值的信息，但信息质量的核心是关于信息产品特征的质量，信息质量＝f（事物，时间，空间，状态，来源，载体，表达方式），其间的每个质量变量的缺陷都将引发信息质量问题[17]。

L. P. English 认为，信息质量是信息产品内在属性和实用属性的结合，包括清晰的数据定义、正确的数据值和可理解的描述等方面。从数据质量内容与构成角度，L. P. English 更进一步指出，信息质量是关于信息产品特征的质量，在数据名称、定义、有效价值以及符合商业规则等基础上，信息质量是对信息内容质量、集合质量、表达质量、效用质量的综合描述[18]。同时，信息因其具有的价值，一旦被存储，信息质量就不仅局限于适合特定目的，而是适合于所有目的，包括未来的目的[19]。

可见，基于产品视角的信息质量与数据质量密切相关。不同之处在于，基于产品视角信息质量内涵阐释更为全面、系统，突出了信息质量的整体性与多维性。不仅涵盖信息产品的内容质量，也包括了信息产品的特征质量；既突出其语法质量，更强调其语义质量，能够较为全面地反映出信息质量的本质特征和属性。

（3）基于用户视角的信息质量。随着信息社会的发展，信息用户的地位日益凸显。基于朱兰"Fit to use"质量概念，研究者对信息质量概念进行了更深入地探讨与阐释，信息质量基本内涵得到进一步拓展。

信息质量是迎合用户信息需求的必备条件，能够伴随用户信息需求持续不断改进的信息才是高质量信息[20]。这是基于用户视角的信息质量的核心内涵。

R. Y. Wang 和 D. M. Strong，M. J. Eppler 等，在系统剖析基于产品视角的信息质量内涵基础上进一步指出，信息的适用性是由信息用户的判断所决定的[9]。因此，更进一步来讲，信息质量是信息对信息消费者（用户）的适用性及满足程度，用户需求满足度是信息质量核心内涵[8]。

M. Gerkes 指出，信息质量是用户为特定目标所需要的信息与实际所获得的信息之间的差距。差距越小信息质量越高。理想状态下，最佳信息质量是指所需信息与所得信息间的差距为零，其内涵的核心在于"达到要求并当超出用户期望"[21]。

可见，基于用户视角的信息质量强调用户的需求和个性化评估，是对信息用户个人的"信息有用性和优良品质的一种主观判断"[22]。因此，从用户的角度来看，信息质量相当于信息对用户任务的支持程度和用户可以对信息系统的信赖程度，主要目的是为用户提供可靠和最新的信息质量的估计[23]。

从用户信息需求角度，周毅在研究中进一步指出，信息质量的基本内涵包括两个方面：一个方面与数量需要相关，是指用户对信息产品或服务在数量上的满足程度，是一种比较具体的质量需要，仅反映用户对信息质量问题的基本态度；另一方面是指用户对信息产品或服务在质量要求方面的满足程度，是一种比较抽象的信息质量需要[24]。

从企业管理角度，有学者指出，信息质量是信息满足工作流程上相关工作者和企业决策者信息需求的程度。作为不可或缺的生产要素，信息在企业中的用途可归结为知情、累积、转化、物化、知化、决策、控制和反馈，信息质量是企业管理水平和状态的映射[25]。

基于用户视角的信息质量界定是具有开创性，突破了以往以数据和产品为中心的局限，是信息质量研究视角的重要转折与突破。信息的语用内容质量、信息价值效用和用户信息需求满足程度成为信息质量的核心内涵。

（4）产品与用户融合视角的信息质量。信息质量作为一个多维概念，依据研究者的视角不同而呈现出不同特征[5]。随着人们对信息质量认识与研究的不断深入，为更加全面而有效地揭示信息质量的本质特征，需要将信息自身价值、信息系统、信息用户等不同视角有机结合起来来认识和探讨信息质量内涵。

因循数据质量研究思路，有学者指出，信息质量是基于数据角度的用户信息满足程度和数据规范性程度[26]。

R. S. Kenett，S. Galit 则在研究中指出，信息质量是一个数据集能够满足特定目标（科学的或实践的）的潜力，即 InfoQ（f, X, g）＝U {f（X | g）}，由 g（目标定义质量）、X（数据质量）、F（分析质量）和 U（效用度量质量）和它们彼此间的关系所决定的。因此，与数据质量和分析质量存在较大差异[27]。

在信息产品、信息用户研究视角基础上，虽然是由信息消费者最终判断一个信息产品是否适用，但信息用户实际上并没有足够的能力通过判别错误信息来改变他们的信息使用方式。因此，R. Y. Wang 和 D. M. Strong 等指出，信息质量是满足用户需求的规范性信息产品质量，其基础是数据产品，是符合规格和要求的信息；前提条件是满足或超越用户预期的信息特征；而其核心则是高质量的信息产品满足用户需要程度[28]。

具体而言，信息质量是对信息生产者、管理者、消费者和专家信息需求的满足程度，具体表现在功能、技术、认知和审美等方面[29]，是以信息内容、形式、时间等方面特性给用户所带来的价值效用程度。因此，需要从信息效用角度进行系统的分析与阐释。

在用户持续使用意向方面，Zheng Yiming 等指出，信息质量和系统质量则是信息用户个人利益和满意度的直接体现，是影响用户信息交换和持续使用意向的重要因素[30]。

通过以上几个视角的信息质量内涵阐释研究进展的梳理可见，国内外学者对信息质量的认识与了解是一个循序渐进过程。历经由以数据基本属性为主要对象，以信息产品为主要对象，转向以用户为主体、基于用户视角内涵阐释，发展到融合产品与用户的综合阐释的历程。在此发展过程中，信息质量概念与内涵的研究经历了一个由表及里、由浅入深、由静态到动态、由现象到本质的过程。在此过程中，也经历了主体视角的转换，由以数据生产开发者为主体、站在信息系统角度审视信息资源，到以用户为主体、站在用户的角度审视信息资源的信息管理理念的转变过程[6]。

由此，信息质量是信息的产品或服务达到或超过消费者期望的程度[31]，是对信息产品满足信息消费者需求程度的衡量，是信息用户对通过信息搜索与获取过程所获信息内容固有特性（明示的、隐含的或必须履行的）、系统功能和服务性能的主观特性、信息需求或期望满足程度的一种全面、综合评价[32]。这种评价既包括用户通过使用对信息产品基本特征、功能和价值的客观评价，又包括用户通过体验与感知而对信息服务、系统交互效果与其期望值的衡量比较结果的主观评价。

由信息质量内涵发展历程可见，信息质量和信息产品质量是既有一定联系、又有一定区别的两个概念。

从两者联系来看，信息质量与信息产品质量是一脉相承的。信息质量产生于信息产品质量，是以信息产品质量为基础，信息产品质量是信息质量的内核之一。然而，两者在质量观念、关注对象、侧重点等方面却存在较大差异。具体而言，信息质量具有比信息产品质量更丰富的内涵。信息产品质量是一个相对客观的概念，包括内容质量与外部特征质量。而信息质量是一种以产品或服务为导向的概念，而不是专注于信息产品生产过程，它不是一个绝对的概念，依据不同主体和相同主体的不同需求，常表现出不同的重要性[33]。信息质量常与用户需求相联系，具有很强的"场景"特点。是一个具有丰富内涵、具有多维度的综合概念，强调信息的使用价值，又强调信息的社会价值。

"互动是互联网的真谛"[34]。网络环境中，多种动力因素共同推动用户在实体空间和虚拟空间中持续的社会性信息交流与学术性信息交互。

　　网络环境中，网络信息资源日趋丰富，成为信息资源的重要构成部分。网络信息质量问题逐渐引起社会各界的关注。尤其是随着开放条件下用户提供与产生信息水平的变化，由用户所生产的信息（用户生成内容，UGC）成为重要的信息来源之一[35]。用户生成内容中的信息质量问题直接影响到它在决策中的价值[36]。用户不再仅仅是网络内容的获取者与阅读者，不再仅仅局限于独特个性的创造性信息消费的展现，用户更是主动参与到信息构建之中，成为内容创作者和信息贡献者[37]，以求获得更大的满足感和成就感。从信息交互过程中用户信息体验与感知角度对信息质量进行全面、系统、综合地分析，从用户信息需求、信息期望主要特征和变化以及对用户信息行为影响角度深入剖析信息质量内涵发展，是网络环境信息质量认知的关键所在。

　　与传统信息质量关注数据、关注产品、关注用户相比，网络环境中，普通用户成为关键的信息生产者，成为成功的关键驱动力。网络信息质量，尤其是用户生成内容中的信息质量内涵发生了较大变化。信息生产者（内容创建者）的特征和信息生产者的期望，以及内容创建者的能力、动机及其专业知识水平等成为影响和决定信息质量水平的重要因素[38-39]。要正确理解由普通人创造的数据质量，就必须要考虑个人贡献者的动机、能力和专业知识[40]。因此，应对传统条件下的信息质量内涵进行更进一步的研究与修正，以应对用户生成内容等新兴领域的挑战。

　　在原有信息质量概念界定基础上，R. Lukyanenko 等指出，群体生成信息质量（Crowd Information Quality，Crowd IQ）是指由信息生产者（贡献者）所感知的，所存储的信息能够代表数据用户（或项目发起人）兴趣现象的程度[41]。与传统信息质量定义相比，该概念突出了与 Web 2.0 时代和嵌入式的社交元素相关的内容[36]。

## 1.2　基于不同视角的信息质量评价理论

　　经过 40 余年的发展，信息质量研究领域已经形成了完整的理论体系，成为信息管理理论的重要构成部分。

　　运用潜在语义分析（LSA）方法，Zhang Tan 等系统梳理分析了信息质量领域的核心研究区域和研究演化。围绕信息管理周期，信息质量研究主要包括五个核心研究领域，且每个领域的研究均具有相对的稳定性。其中，信息质量评价理论是其核心领域之一[42]。

　　以信息质量内涵的不同视角为核心，信息质量理论形成了不同的研究流派，每个流派的研究视角、研究思路、研究工具与方法均有其独特性。因此，形成了不同视角的信息质量评价理论。

　　（1）数据质量评价理论。如前所述，信息质量研究源于数据质量的研究。尤其是随着大量大型数据库的建设，其间所涉及的数据质量评价成为研究的重点，逐渐形成数据质量视角的信息质量评价理论。

数据质量评价理论的核心思想可以概括为：以数据质量评价为核心，以问题为导向的研究和以技术为导向的研究相结合，重点关注过程管理、实践应用中具体数据质量评估和影响，以及计算技术在数据质量评价中的处理与应用。

数据质量评价理论发展大致经历了两个阶段：第一阶段是基于数据库技术的数据质量评价，着眼于微观层面上的信息系统和数据组织；第二阶段是多领域的数据质量评价阶段，从管理角度着眼于中观层面上的系统、过程中的数据质量的评价。

以数据库或信息系统（MIS）中数据质量为基本对象，全面数据质量管理（TDQM）框架主要从界定、测量、分析和提升循环角度，致力于持续数据质量提升[43]，构成数据质量评价体系的核心构架，是 MIT 全面数据质量管理项目的核心。也形成数据质量评价理论的核心思想。

以该理论的基本视角为基础，侧重从信息广度、深度、数量等角度对信息产品质量（尤其是数据质量）评价进行研究，构建形成数据质量评价指标体系。R. Y. Wang 等在研究中，开发形成一种质量实体—关系（ER）建模方法，形成全面数据质量评价体系，作为数据库概念设计阶段元数据评价标准[44-45]。研究者尤其关注数据质量在正确率、完整性、一致性等方面的评价，并尝试在评价研究基础上，用多种技术手段加以控制[46]。

同时开展了数据清理工具，用于数据重复、缺乏、无效记录问题的处理；数据质量的调查、分析与评价工具、评价方法、评价体系的研究；描述与评价数据流程图的 IP-Map（Information Product Map）的分析技术等方面的研究[47]。

管理数据质量是数据质量评价理论第二阶段的核心。数据质量不佳可能会危及组织战略的有效性[48]。数据质量对决策的影响是数据质量评价理论的内容之一[49]。研究数据质量的组织影响，开发数据质量评估方法和工具，最大限度地发挥积极影响和减轻负面的机制。但由于信息系统和信息产品制造工艺的复杂性，准确而有效的数据质量评价是具有挑战性的[50]。

建立数据质量管理体系，系统地设计、管理和控制信息质量是数据质量评价理论该阶段的核心研究目标。围绕该目标，该理论主要涵盖了数据质量测度、数据质量建模、数据质量改进与优化等主要方面[51]。

数据质量评价理论中的计算技术是技术导向型的，主要围绕实体标识、数据库和编程方法、网络分析技术中的数据质量/信息质量、数据整合和清洁等主题与内容展开[42]。G. Karvounarakis 等指出，对建模扩展和查询应答机制的开发与研究是该理论的重要构成部分，包括质量指标、隐私、安全性和数据谱系等，以适应相关元数据的数据质量管理之需要[52]。

近些年来，与信息系统的具体应用领域相关的数据质量问题，如客户关系管理（CRM）、知识管理（KM）、供应链管理、企业资源管理（ERP）。该理论在信息质量评价理论中一直占有重要位置，不断进行完善与拓展，尤其是随着大数据发展，对大数据质量评价成为值得关注的问题。

（2）以产品与过程为核心的信息质量评价理论。持续增加的数据形式、媒体品种，以及通信技术的快速发展，都从根本上影响着信息生成、存储、操作和消费，信息质量的科学评价面临着新的挑战[50]。

信息产品和信息系统质量直接影响到个人利益和用户满意度，最终关系到用户的持续使用意向[30]。单纯技术角度的评价理论已经不能够对信息质量做出全面、系统地评价，不能有效解决信息社会多方面、多层次的信息质量问题。

作为信息系统的结果，信息产品质量是有价值的；作为系统成功的下游中介变量，信息过程质量直接影响信息使用和系统设计间的反馈回路效果[40]。信息产品质量分析与评估技术框架的科学性，将有助于避免由于缺乏对信息质量性质的清晰、精确的理解而导致的高昂代价[53]。围绕产品和过程视角的信息质量评价理论体系逐渐形成。

首先，该评价理论侧重于将"信息"作为一个具有多样性特征和多维属性的整体，在把握其信息质量基本要素与特征基础上，侧重于信息质量测量维度、评价标准的研究。在外部特征基础上，突出基于内容特征的信息产品价值评价。

该评价理论的核心是将信息作为社会系统的产品，倾向于采用产品质量管理与评价的思路、方法、手段，进行信息质量评价的标准化研究，以及各种符合性标准的检查、验收、缺陷判断、误差分析及改善措施等[54]。其目的是帮助研究者和实践者通过信息产品价值的评价，为其分析或决策提供有价值的产品[27]。

其次，该评价理论以向信息用户提供符合内容标准的信息产品为目标，以任务为驱动，以"信息生产者→信息管理者→信息用户"流程管理为研究方向，侧重于从业务流程、信息流程全过程的信息质量评价，以及对组织绩效的影响。

A. L. McNab 和 D. A. Ladd 指出，"信息质量"可以说是信息系统构建最重要方面[40]。从信息流程角度，基于运作管理理论和质量管理理论，D. M. Strong，R. Y. Wang 等在系列研究中，主要运用过程管理、全面质量管理（TQM）、六西格玛（Six Sigma）、统计过程控制等方法，从信息流程全过程及各个环节角度展开信息质量评价研究，构建形成具有代表性的信息质量评价理论。

与此同时，从社会学和经济学角度，以产品和过程为核心的信息质量评价理论受到消费主义和后现代思潮的广泛影响。作为置身于文化市场框架内的一种文化产品，信息质量受到资本消费市场中广告、营销和追求额外剩余价值等因素的影响，成为信息质量评价理论的内容构成[55]。

（3）以用户为核心的信息质量综合评价理论。信息质量评价是对特定环境中信息质量赋予数值的过程。信息质量是相对的，不同主体的评价结果可能存在差异，用户多样性是造成信息质量评价复杂性的主要原因之一[56]。

随着信息用户在信息社会中角色与地位的改变，学者们对信息质量内涵有了全新理解，认为信息质量是对用户信息需求的满足程度。在此为基础，将信息用户、信息产品、信息过程相融合的信息质量综合评价理论逐步形成，成为信息质量评价理论的重要构成部分。

以用户满意度和用户适用性为信息质量的重要因素，信息质量综合评价理论强调将用户信息质量要求传递到"数据生产者"，使生产者在原始数据"一次开发"过程就开始关注按相应用户信息质量要求规范其数据生产活动[6]。研究范围涵盖信息（数据）生命流程的整个完整过程，使信息生产形成一个完整的从"信息用户→信息管理者→数据生产者"流程。在此基础上，通过对信息质量的全方位科学评价，以最大限度提高组织的信息资产价值，满足用户的信息需求与信息期望[57]。

以 R. Y. Wang，D. M. Strong，Z. J. Gackowski，K. T. Huang，M. J. Eppler 等为代表，吸收借鉴服务营销学、顾客心理学等相关理论成果，分别从用户需求、用户满意度等多个角度展开研究，构建形成信息服务质量评价体系。

随着对信息质量内涵的深入理解，从主观、客观和过程角度的用户感知、信息本身和信息访问过程等成为信息质量评价理论的重要构成部分。而技术或组织、认知、感情和社会等也是信息质量评价理论关注的问题[58]。

在信息的潜有价值是已知和稳定的前提下，信息质量评价研究的核心是适用性研究，专注于组织、资格和贡献者的专业知识，以便信息采集与信息用户的需求相一致[41]。

信息质量综合评价理论主要研究集中于基于用户、产品、过程全方位角度的信息质量测量模型、评价维度和指标，重点在于用户个人目的和信息需求基础上的信息质量度量、分析及信息质量提升方面[59]。

纵观信息质量评价理论，国内外信息质量评价理论的发展与信息质量概念内涵发展脉络基本相一致，历经从"数据质量"到"信息质量"的转变，信息质量评价理论的核心也经历了由以数据基本属性为主要评价对象，转向以信息产品为主要评价对象，再到以用户为主体、基于用户视角评价研究的历程。

需要指出的是，不同视角的信息质量评价理论之间不是简单的替代演进关系，每个理论流派均有其适用的范围和领域，在不同应用领域中均得到有效讨论与发展。

## 2 信息质量评价模型与评价体系研究

信息质量评价模型以及依据模型构建形成的评价体系是信息质量评价理论的重要构成部分和核心内容。评价模型和评价体系是信息质量评价理论联系实际的桥梁与纽带，也是信息质量评价研究的焦点问题之一。

M. Helfer 和 M. Ge 指出，把信息质量评价框架分为三个层次，即度量层、维度层和方法层。其中，方法层包含信息质量评价模型、评价框架与评价方法；维度层由体现信息质量特征的维度所构成；而度量层则包括描述不同信息质量问题的具体度量要素[60]。

在不同信息质量评价理论和流派中，研究者依据不同研究视角，构建形成了各类概念化的、包含多个维度的、各具特点的信息质量评价模型和评价体系，反映了不同的关注点。而随着研究的发展与深入，不同模型和体系间又存在着一定的共同特征。

### 2.1 信息质量评价模型研究

C. Batini 等从导向、指标维度、应用范围等方面，对 13 种综合或专业信息质量评价模型进行了系统梳理[61]。在 C. Batini 的研究基础上，近些年对信息质量评价研究不断拓展与深入，不同阶段信息质量评价模型具有其特点与特色。

在信息质量评价早期研究中，数据质量评价是研究的主要方向。MIT 数据质量研究项目，建立的全面数据质量管理（TDQM）框架模型，以全面质量管理理论（TQM）为依据，以基于数据（信息）自身内外属性的数据价值评价为模型核心[43]。该模型为数据质量评价奠定了基础。

基于 TDQM 的思想，从数据质量角度，S. Baskarada 提出了基于信息质量管理（IQM）的能力成熟度模型（CMM），通过对每个阶段信息管理范围和 IQM 进程区域的定位，帮助组织评估和提高 IQM 能力[62]。

与此同时，以 ISO 9000 为基础，基于物理产品和数据产品间的类比，R. Y. Wang 等建构形成了由管理责任、操作和保证成本等七方面影响因素构成的数据质量评价模型，是对数据质量评价的进一步完善[63]。

M. Jeusfeld 等提出了 DWQ（Data Warehouse Quality）模型，该模型延续了 TDQM 的思想，以数据库的元数据为核心，将数据来源、数据产品和信息用户等纳入到模型构建之中，涵盖质量需求和期望、质量价值、评价定量等内容[64]。

MIT 数据质量研究项目也在其 TDQM 基础上提出 TIQM（Total Information Quality Management）模型。与 TDQM 模型相比，该模型在信息产品内在属性基础上，增加了应用层面指标，突出了对用户满意度和信息价值维度的评价，是一个视角更为全面、应用更为广泛的模型[65]。

以上两个模型均是以 TDQM 模型为基础，并将用户因素和信息价值作为模型的核心。

而 Naumann 和 Rolker 从主观、客观、过程三个角度构建形成信息质量评价模型，在主观标准中引入了用户角色、用户体验与感知等要素，并在整体评价模型中发挥着举足轻重的作用[53]。该模型吸收与借鉴了服务营销学、顾客心理学等相关理论观点。

基于定标比超理念，W. L. Yang 等提出 AIMQ（A Methodology for Information Quality Assessment）模型。该模型以用户（管理者）期望为评价基础，包括了产品与服务两个方面，是一个基于用户视角的主观信息质量评价模型[66]。

由此可见，与信息质量研究的进一步拓展相伴随，信息质量模型构建理念、思路、内容也在不断发展，日趋多样。而主观评价与客观评价的融合，成为信息质量评价模型发展的核心脉络。

B. K. Kahn 等在整合两种质量观点基础上，提出了一个产品与服务绩效相结合的 PSP/IQ 模型。在这个模型中，Kahn 等加入了服务质量这一指标，并将质量分成两类，即符合特定规范（客观的）及满足并超越用户期望（主观的)[28]。L. L. Pipino 等在 DQA（Data Quality Assessment）模型中，延续了前期其他学者的研究思路。该模型包括主观评价和客观评价两个方面。其中，主观评价是测量信息对于信息用户的适用程度，反映信息用户的需要与体验，其重点是信息的当前质量与用户期望值间的差别。而客观评价是测量信息符合质量规范以及相关参考要求的程度，其重点是系统设计与数据生成过程中可能发生的信息质量缺陷，是一种主客观两方面相融合的模型，其突出特点是强调了信息质量评价的情境[67]。

基于用户对信息系统信赖程度视角，在对通过系统跟踪信息质量变化流程研究基础上，I. G. Todoran 等据此构建形成基于流程视角的信息质量评价模型，突出了信息对任务的支持程度，以帮助用户在决策过程中采取更为适当的行动[23]。

与此同时，越来越多的评价模型将更为广泛的要素囊括在其中，以提升其适用范围。D. McGilvray 在信息质量评价模型中，除了包括数据、流程和技术外，还将用户和组织涵盖在内[68]。A. J. Pickard 和 P. Dixon 则构建形成由技术或组织、认知、感情和社会四个维度构成的电子信息资源质量评价框架[69]。D. Loshin 从成本与收益角度，提出 COLDQ（Cost-Effect Of Low Data Quality）模型，从战略数据流、运营数据流两个模型角度，主要通过数据质量评价角度来衡量数据质量的成本收益，是从劣质信息对商业过程影响程度角度的定量评价[70]。

面对越来越复杂的各种结构化、非结构化、半结构化数据质量，Batini 等构建形成 Complete Data Quality 评价模型，是一种全面、灵活、简洁的评价模型，可以有效地评价各类结构的数据，还包括了信息过程、信息技术等内容[71]。

不同于以上模型研究思路，A. L. Mcnab 和 D. A. Ladd 在研究中指出，信息质量必须在一定特定的"上下文"情境中，用以描述为一组客户提供特定的目的信息总体水平。在这个意义上，信息质量定义为一种权衡，而不是必然通过维度构建和分析来获取更高质量[40]。

## 2.2 信息质量评价体系构成维度研究

评价维度是判断、说明、确定评价体系多方位、多角度、多层次的条件，是统筹各具体评价指标的框架脉络，是评价体系和模型的主要构成。信息质量作为一个多维结构概念，通过运用特定属性作为信息质量中相对存在的指标，可以使信息质量评价模型具有适用性。

从数据质量到信息质量认识的逐步深入，从数据信息产品到信息流程，再到用户视角的信息质量内涵发展，信息质量评价维度也在随着信息质量评价模型的发展而不断完善、拓展和丰富。同时，不同领域管理人员和研究人员由于专业的独特性和信息多样性，其评价信息质量的维度也因领域不同而不断变化[72]。

基于数据或信息自身多方面角度选取与设定的评价维度一直是各信息质量评价体系框架构成的核心。

作为数据质量研究早期最有代表性的模型，在以 R. Y. Wang 等为代表的 MIT 数据质量项目研究团队构建提出的 TDQM、TIQM 模型中，主要包括数据内部特征与外部特征两个方面的四个评价维度，即数据内在质量（Intrinsic DQ）、语境信息质量（Contextual DQ）、数据表达质量（Representational DQ）和数据存取质量（Accessibility DQ）。其中，数据内在质量的重点是数据本身质量，语境信息质量强调在特殊语境中的信息质量需求，数据表达质量的核心是信息利用率，而数据存取质量意指数据是可以被访问且安全的[9]。该体系是引用率最高的体系之一。在进一步研究中，将信息质量评价体系进一步修正为固有信息质量、可达性信息质量、环境信息质量、表象性信息质量等四个维度[10]。

而 W. L. Yang 等在其所提出另一个具有代表性的 AIMQ 模型中，主要包括信息产品和信息服务评价两个方面。其中信息产品评价由信息的内在属性维度、表征属性维度和关系属性维度等方面构成。并详细地描述到，信息的内在属性维度，主要表明信息所具有的、独立于上下文的属于自己质量权利，即代表数据或信息固有属性，而不考虑上下文使用情况或情境。信息的表征属性维度集中于对信息产品的外部特征属性及易于理解程度的评价，"必须相关的、及时的、完整的、适当数量的等"，以满足信息利用的目的。在此基础上，W. L. Yang 等进一步指出，信息过程中的可获得性，即信息的易获取程度，包括信息的可用性和信息的及时性等方面，也成为信息质量评价中重要的维度[61]。以上四个方面成为众多信息质量评价模型的基本评价维度。

在相继的研究中，C. Batini 等认为信息质量评价应围绕内在的、外在的、上下文的、表征的等方面展开[71]。

R. S. Kenett 等采用统计分析和数据挖掘方法，构建形成由数据分析、数据结构、数据集成、概括性、数据时间相关性、数据与目标间的时序关系、数据构建的可操作化和数据的有效表述八个维度所构成的信息质量评价模型[27]。

由此可见，不同信息质量评价模型中，虽然研究者们提出的各维度的名称有较大差异，但其所反映的信息质量的性质、方向没有出现大的变化。与此同时，通过以上各模型构成维度可以发现，部分维度，如表征性维度、可访问性维度、可获得性等均是关注与反映促进用户之间交互的系统和工具角色的水平，是用户对与系统交互的过程中的评价，反映出评价维度选取视角的拓展和变化。

随着信息质量研究的不断深入和信息质量理论的发展，用户不再仅以获得符合标准的高质量数据、内容全面的信息为关注重点，信息的语用内容、信息价值效用及其满足用户需求程度成为信息质量的核心内涵。基于用户视角的评价维度成为评价体系的突出特点和重要构成。

R. Y. Wang 等基于 ISO 9000 为基础所构建的数据质量评价体系，涵盖了管理责任、操作和保证成本、研发与开发、产品、分销、人力资源管理、法律功能七个维度，与前期评价体系相比，有了较大的突破，囊括了更广泛的范围[63]。

M. Helfert 从符号学的语法、语用和语义三个完整层次架构的信息质量评价模型，其中，语法层次主要体现信息表述性，语义层次重点关注信息与现实世界目标关联性，而语用层次则涉及信息过程和信息用户两个方面，其重点体现在语用层次维度[73]。

用户情感、体验与感知等越来越成为信息质量评价模型的重要构成部分。F. Naumann 和 C. Rolker[58]，A. Pickard 和 P. Dixon[74]均在所构建的评价体系中，将用户感知作为重要评价维度。尤其是基于用户使用系统经验而对信息系统性能评价方面的感知质量。

A. Dedeke 吸收与借鉴了人因工程学相关研究成果与观点，建构了由人因工程学质量、可访问性质量、处理质量、语境质量、表达质量等维度构成的信息质量评价指标体系[75]。

综上，A. Ofer 和 K. Rick 指出，信息质量的现有研究更多关注信息质量概念化和它的底层维度（如准确性、完整性、代表性、客观性等），以及测量质量维度工具的开发，但缺少对信息质量可测性的研究。并进一步指出，信息质量维度中，有些维度的一致性与可测性存在差异，而可测性的差异源于对质量维度的认知差异和用户情境与偏好[76]。

用户的相关性评估涉及使用各种相关标准，包括信息质量的特点。这是通过定义文档的相关性的主观看法。这一方法的特点也有一定的解释，而信息质量的特点，包括真实性、作者的资格和偏见等都是主观的。

### 2.3 信息质量评价主要指标要素研究

信息质量作为一个多维概念，其评价体系是由多层次、多维度所构成的复合体，是由可用以描述信息质量不同维度的多个度量评价指标的集合所构成。指标体系设置是信息质量评价体系的核心。因此，信息质量的科学评价依赖于两个条件：一是评价指标是否科学、合理、客观；二是评价主体是否有专业的评价知识和科学的方法[66]。

以数据库、管理信息系统、数据模型、知识管理、医疗数据管理等领域信息质量评价指标体系为代表，在国内外的相关研究中，研究者基于不同领域的特点建构形成了由众多差异性较大指标所构成的评价体系。

综观这些评价体系，具体评价指标要素的选取主要概括为：①以信息本体论为基础，侧重从信息广度、深度、数量等角度选取评价指标；②从信息流程角度，基于信息流程全过程及各个环节的构成要素对信息质量评价体系进行研究；③以用户为中心，从用户需求、用户满意度等角度选取评价指标。

表 1 是具体代表性的几个典型的信息质量评价体系。

表 1　典型信息质量评价体系及其构成

| 研究者 | 评价体系名称 | 信息质量评价维度与评价指标要素 |
|---|---|---|
| R. Y. Wang 和 H. B. Kon[77] | Total Data Quality Management | 固有信息质量：准确性、客观性、可信性、知名度等；<br>Intrinsic Quality：Accuracy，Objectivity，Believability，Reputation，etc.；<br>可达信息质量：可访问性、安全性等 |

表1 （续表）

| 研究者 | 评价体系名称 | 信息质量评价维度与评价指标要素 |
|---|---|---|
| R. Y. Wang 和 H. B. Kon[77] | Total Data Quality Management | Accessibility Quality：Access，Security，etc.；<br>语境信息质量：相关性、附加价值、时效性、完整性、适宜性等；<br>Contextual Quality：Relevance，Value added，Timeliness，Completeness，Quantity of data etc<br>表达信息质量：可解释性、易理解性、简洁性、表达的一致性等；<br>Representational Quality：Interpretability，Ease of understanding，Concise representation，Consistent representation，etc. |
| L. P. English[18] | Total Information Quality Management | 内在维度：定义一致性、业务规则的一致性、完整性、准确性、精准性、不可复制性、冗余数据等价性；<br>Inherent dimensions：Definition conformance（consistency），Completeness，Business rules conformance，Accuracy（to surrogate source），Accuracy（to reality），Precision，Nonduplication，Equivalence of redundant data，etc.；<br>语用维度：可达性、及时性、清晰性、完整性、可用性、正确性、费用等；<br>Pragmatic dimensions：accessibility，timeliness，contextual clarity，Derivation integrity，Usability，Rightness（fact completeness），cost，etc. |
| A. A. Dedeke[75] | Quality Framework of Information Systems | 人因工程质量：易于导航性、舒适性、可学习性、音频信息等；<br>Ergonomic Quality：Ease of Navigation，Comfortability，Learnability，Visual signals，Audio signals，etc.；<br>可访问性质量：系统可用性、数据可访问性、数据可转换性等；<br>Accessibility Quality：Technical access，System availability，Technical security，Data accessibility，Data sharing，Data convertibility；<br>处理质量：可控性、容错能力、适应性、系统反馈能力、响应速度等； |

表 1 （续表）

| 研究者 | 评价体系名称 | 信息质量评价维度与评价指标要素 |
| --- | --- | --- |
| A. A. Dedeke[75] | Quality Framework of Information Systems | Transactional Quality：Controllability，Error tolerance，Adaptability，System feedback，Efficiency，Responsiveness；<br>语境质量：增值性、相关性、适时性、完全性、数据适当性等；<br>Contextual Quality：Value added，Relevancy，Timeliness，Completeness，Appropriate data；<br>表达质量：可解释性、一致性、简明性、结构性、可读性等；<br>Representation Quality：Interpretability，Consistency，Conciseness，Structure，Readability，Contrast |
| H. Lesca 和 E. Lesca [78] | Qualité de l'information et performances de l'entreprise" | 信息产品评价维度：有效性、易理解性、相关性、完整性、表达的充分性、一致性、透明性等；<br>Information Quality：Availability，Understandability，Relevance，Completeness，Sufficiency of representation，Consistency，Transparency，etc.；<br>信息获取过程维度：可达性、客观性、可信性、交互性等；<br>Process Quality：Accessibility，Objectivity，Believability，Interactivity，etc. |
| W. L. Yang，D. M. Strong，B. K. Kahn 等[66] | A Methodology for Information Quality Assessment | 可访问性、适宜性、可信性、完整性、简洁、一致性、便于操作性、可解释性、客观性、关联性、信誉度、安全性、时效性、可理解性等；<br>Accessibility，Appropriateness，Believability，Completeness，Concise/Consistent representation，Ease of operation，Freedom from errors，Interpretability，Objectivity，Relevancy，Reputation，Security，Timeliness，Understandability |

表 1 （续表）

| 研究者 | 评价体系名称 | 信息质量评价维度与评价指标要素 |
| --- | --- | --- |
| L. L. Pipino 等[67] | Data Quality Assessment | 客观评价维度：客观性、安全性、时效性、完整性、增值性等；<br>Objective dimensions：Objectivity，Security，Timeliness，Completeness，Value added，etc. ；<br>主观评价维度：可访问性、适量性、可信度、一致性、易于操作性、关联性、解释性等；<br>Subjective dimensions：Accessibility，Appropriate amount of data，Believability，Consistency，Ease of manipulation，Relevance，Understandability，etc. |
| M. J. Eppler[8] | Information Quality Measurement | 可访问性，一致性，时效性，简洁性，可维护性，通用性，方便，速度快，适用性，全面性，条理清晰，准确，安全，可追溯性，正确性，交互性；<br>Accessibility，Consistency，Timeliness，Conciseness，Maintainability，Currency，Applicability，Convenience，Speed，Comprehensiveness，Clarity，Accuracy，Traceability，Security，Correctness，Interactivity |
| 查先进，陈明红[2] | 信息资源质量评价指标体系 | 信息资源内容：新颖性、完整性、相关性、正确性等；<br>信息资源表达形式：准确性、易用性、精简性、标准化程度；<br>信息资源系统：完备性、可获取性、快速响应性、可靠性；<br>信息资源效用：可用性、适量性、利用率、价值增值性等 |

表1 （续表）

| 研究者 | 评价体系名称 | 信息质量评价维度与评价指标要素 |
|---|---|---|
| F. Naumann 和 C. Rolker[58] | Assessment Methods for Information Quality Criteria | 客观维度：完备性、史实性、客观性、可靠性、时效性、可验证性等；<br>Object Criteria：Completeness, Documentation, Objectivity, Reliability, Timeliness, Verifiability etc<br>主观维度：可信度、表述简洁性、可解释性、关联性、信誉度等；<br>Subject Criteria：Believability, Concise representation, Interpretability, Relevancy, Reputation, etc.；<br>过程维度：精确性、数据量、可获得性、一致性、潜在性等；<br>Process Criteria：Accuracy, Amount of data, Availability, Consistent representation, Latency, etc. |
| M. Gharib, P. Giorgini[79] | A Methodology to Evaluate Important Dimensions of Information Quality in Systems | 数据质量维度：准确性、可靠性、客观性、关联性、时机性、完整性、可解释性、一致性、可获得性等；<br>Date Quality Dimensions：Accuracy, Reliability, Objectivity, Relevance, Timing, Completeness, Interpretability, Consistency, Accessibility；<br>信息质量维度：正确性、可靠性、信誉性、相关性、可理解性、公正性等；<br>Information Quality Dimensions：Correctness, Reliability, Reputation, Relevance, Understandability, Fairness, etc. |
| G. L. Rogova, E. Bosse[80] | Information Quality in Information Fusion | 信息内容质量：有用性、可获得性、时效性、相关性、可信性、一致性、完整性等；<br>Quality of information content：Availability, Accessibility, Timeliness, Relevance, Reliability, Consistency, Completeness, etc.；<br>信息源质量：主观来源（真实性、客观性、专业水平、声誉）；客观来源（可靠性、可信性、相关性）；<br>Quality of information source：Subjective sources (Truthfulness, Objectivity, Level of expertise, Reputation)；Objective sources (Reliability, Credibility, Relevance) |

表 1 （续表）

| 研究者 | 评价体系名称 | 信息质量评价维度与评价指标要素 |
|---|---|---|
| G. L. Rogova, E. Bosse[80] | Information Quality in Information Fusion | 信息表达质量：易懂性、完整性、可解释性、时效性；<br>Quality of information presentation：Understand-ability, Completeness, Interpretability, Timeless |
| 高智勇等[17] | 基于信息结构要素的信息质量评价体系 | 语法层次：载体认同、符号认同、样式认同<br>语义层次：个体信息（真实性、准确性、时变性）；集合信息（相关性、一致性、顺序性、可比性）；<br>语用层次：个体信息（有用性、重要性、精确性、及时性、时效性、时限性）；集合信息（完整性、适量性） |

由表 1 具有代表性的典型信息质量评价体系指标构成可见，对信息质量评价指标的选取往往依赖于特定目标，或与特定目标密切相关的要素[81]。同时，面对众多的评价指标，有学者指出，在信息质量所有评价指标中，各指标的重要程度是不同的，某些评价要素在评价中要比其他要素更重要，如精确度、客观性、完整性和代表性[82]。

在信息质量评价体系建构的基础上，根据具体研究领域、研究对象和研究目的，部分学者对各构成指标要素的基本内涵进行了详细的阐释，以明确其评价与测度的适用范围与适用程度。

与此同时，针对部分指标的具体评价方法，部分学者也进行了相关的研究。如可信度、信誉度、清晰度、全面性等指标要素，大部分研究指出，其具体评价数据应来自于用户的调查。针对可达性指标，有学者指出，其评价数据为：可达性＝max(0,1−(交货时间−请求时间)/(期限时间−请求时间))[83]。而 W. L. Yang 等[66]，L. L. Pipino 等[67] 开发了全面数据质量评估工具，且采用适当的函数形式对每个维度进行评价。

由于用途不同，对信息质量要求也存在较大差异。应该为具有特定目的的信息产品建议相应的一组信息质量指标。为有效阐明各维度间的关系，H. Zhu 和 R. Y. Wang 提出了由三维矩阵所构成的信息质量评价系统（如图 1 所示）[57]。

随着对信息质量内涵理解的持续深入，如前所述，吸收与借鉴其他学科领域的相关观点，信息质量评价指标要素日趋丰富，更加完善。基于服务营

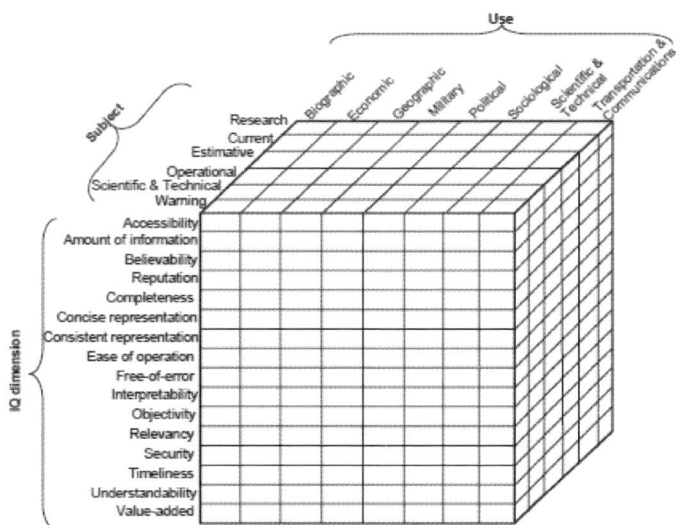

图 1　基于不同用途的信息质量评价指标体系

销学、消费者心理学等相关理论，用户体验、用户感知、用户期望等方面因素融入到质量评价相关维度之中，更突出了用户视角的评价。J. C. Strieter 和 C. B. Tankersley 将感知有用性作为重要评价指标[84]；苏强等以 "使用户感到满意" 为宗旨，增加了易理解性、可信性、易用性等指标[46]；D. O. Case 则通过研究指出，情境相关、适用性、心理相关等因素将影响用户信息获取过程与最终结果[85]。

Jakob，Nielsen 等提出了对用户信息体验启发式评估中的可用性设计原则，并指出，这些原则也可作为网站系统可用性评价维度用于评价用户体验。具体包括系统状态的可见性（Visibility of System Status）、系统与现实统一（Match between System and the Real World）、用户自主操控性（User Control and Freedom）、一致性和标准化（Consistency and Standards）、错误预防（Error Prevention）、重新认知替代回忆（Recognition rather than Recall）、操作的灵活性和高效性（Flexibility and Efficiency of Use）、设计的美观和简洁（Aesthetic and Minimalist Design）等[86]。

由以上信息质量评价体系构成维度和要素的研究可见，信息质量评价指标要素是随着信息质量内涵的深入和评价模型的发展而持续完善、丰富的。除信息产品、信息过程、信息用户角度选取的信息质量评价指标外，越来越多的社会因素、经济因素也成为影响信息质量的重要因素，将成为未来信息质量评价体系的重要构成要素。

## 3 网络信息质量评价研究

网络环境中，随着以图像、声音等为代表的半结构化和非结构化信息数量不断增加，随着信息交互复杂性和信息来源多样性特征的日益凸显，如果不能对网络信息质量进行有效控制，将影响到网络信息的全面质量[61]。

近些年来，随着网络信息质量研究的展开，网络信息质量评价成为深入了解与把握网络用户满意度重要途径[5]。网络信息质量是互联网信息服务的基础，是网络用户价值评价的重要构成维度。在以 Web 2.0 为代表的网络环境中，方便、快捷、主动、频繁的信息交互使得用户每次良好的信息体验都是一种心流体验[87]，用户在信息交互与信息体验中获得的认知、情感、意向等心理因素直接影响其对系统和服务的感知、对信息质量的评价以及满意度等[88]。而网站产品功能属性与社会属性的提升都将对参与者最佳体验（Flow）产生显著影响[89]。

在虚拟社区中，信息质量影响社区用户的满意度和参与意愿，并将决定他们的忠诚度。更高的感知质量会提升用户对社区的感知有用性，并影响用户的信息搜寻和共享行为[90]。研究发现，随着信息质量、系统质量的提升，不但能够提升用户的满意度和忠诚度，还可以提升虚拟社区的信誉度和社区发展中用户的归属感[91]。

如前所述，用户生成内容正在日益成为具有较高价值的网络信息来源和组织资源，其信息质量成为关注的重点[41]。高质量的 UGC 信息，其异质性突出了对如信息检索、记录链接和重复数据删除、数据可视化等新技术所产生的信息资源的有效整合和利用，能够有效地将存在噪声的或离散数据转换成适合于组织决策的信息形式。

因此，网络信息质量评价研究逐渐成为国内外学者关注的焦点和研究热点。

P. Katerattanakul 等所构建的网络信息质量评价体系，涵盖了固有信息质量、语境质量、可访问性质量等维度，具体包括网络信息准确性、相关链接正确性、视觉效果、版面特点、活泼有吸引力、导航工具质量等体现具有网络条件特点的具体评价指标[92]。刘冰综合运用多种研究方法，从用户体验与感知角度构建形成由信息价值属性、系统技术功能、服务交互品质、感观心理体验等维度所构成的网络信息质量综合评价体系[32]。这些研究是网络信息质量评价的一般性研究，具有一定的普遍性。

针对具体类型、特定性质网站的信息质量评价，不同领域的专家进行了有针对性的研究。

Sun Xiaoning 等运用实证研究方法构建了社交问答网站信息质量评价体

系，该体系由信息源、内容质量、性能质量、情感质量四个维度的 19 个关键指标所构成。在研究中，Sun Xiaoning 等从用户感知角度，通过社交问答网站中高质量答案识别和交互设计效果，对以上评价体系的有效性进行进一步验证[93]。

Y. M. Zheng 等在信息互换虚拟社区信息质量、系统质量对用户持续使用意图影响的实证研究中发现，有效导航、互动性、个人隐私保护、信息安全是该类虚拟社区信息质量评价的关键要素。而虚拟社区的信息质量和系统质量直接影响用户个人利益和满意度，最终影响用户的持续使用意向和信息提供意愿[30]。

与此同时，N. Kupferberg 等[94]、D. Rusch-Faja 等[95]、J. Testa[96]、李月琳等[97]运用多种研究方法，基于用户视角研究了影响用户对学术型网站信息质量评价的主要因素与指标，信息内容、网站性能、网络设计、网站安全等因素不同程度地影响用户的可用性和信息质量评价。甘利人等在一系列相关研究中，通过对科技文献数据网站用户满意度评价的实验与实证研究，获得了基于用户感知维度与指标，从信息资源质量和信息系统质量两个方面，从信息资源可靠性、信息资源收藏范围、信息资源时效性、系统易用性、服务功能、系统响应性、搜索功能科学性等维度对网络信息资源质量进行评价[98]。

而 R. Cullen 等[99]，A. G. Smith[100] 以新西兰政府网站为研究对象，Torres 等[101]以欧洲 33 个城市政府网站为样本，研究从公众角度构成政府网站服务质量和信息质量的核心要素，表明公众对政务型网站的服务成熟度、传递成熟度的体验和感知直接影响其评价结果，具体包括以站点定位、流通性、服务、隐私、安全性等方面为主的信息内容，以链接质量、反馈机制、可到达性、适航性等为主要构成的易使用性等多个方面。曹庆娟则在研究中指出，通过提高政府网站的有用性、全面性、时效性、易用性、亲和性和可信性等六大用户体验特性，可以提升用户对政府网站的认知度和满意度[102]。

商务型网站综合质量是由技术质量、功能质量、安全特性、设计质量、信息质量所决定的，信息交互过程中的用户体验和感知影响其对信息质量评价[103]。用户在利用商务型网站过程中，其购物态度、定向和行为不仅仅受其内在因素影响，也受到网站质量影响[104]。Z. L. Yang 等在研究中指出，网站设计、可靠性、反应性、信息准确性、可获得性、交互性、信任与个性化等是各类商务网站具有共性的信息质量评价指标[105]。S. M. Fosrythe 等认为，网站吸引力、便利性、可选择性等情境与体验因素是商务网站关键成功要素[106]。而 S. P. Lee 等则指出，网站娱乐性质、网页视觉效果、在线购物交互性、在线购物综合体验、风险感知等是影响商务型网站信息质量的关键要素[107]。Yoo 等[108]、Cai 和 Jun[109]通过实证研究进一步指出安全性、隐私/安全、信任、及时/可靠是影响信息服务与信息质量的关键维度。

## 4 信息质量评价方法与评价工具

信息质量评价作为一种社会问题，其研究呈现出主体多样性、对象层次性、维度丰富性、指标系统性、方法差异性等特点。在信息质量评价模型构建和评价维度、评价指标选取过程中，在评价体系实际应用过程中，评价方法和工具的选择与运用直接影响到体系建构的科学性、应用的有效性。信息质量评价方法和评价工具的选择是信息质量评价理论体系的重要构成部分。

信息质量评价应以信息价值哲学为指导，既要从实用价值、科学价值、社会价值、人文价值等方面进行主观分析和评定，又要通过数字或其他科学手段进行客观判定和分析，使得评估结果更加科学、客观、公正[2]。L. L. Pipino 等指出，信息质量主观评价是对信息适于信息用户使用程度的测量，反映了信息用户的需要与体验，其重点是信息的当前质量与用户期望值间的差距。而信息质量客观评价则是对信息符合质量规范及相关参考要求程度的测量，其重点在于揭示系统设计与数据生成过程中可能发生的信息质量缺陷[67]。

沿袭主观评估与客观评价两个基本思路，基于信息质量内涵的不同剖析视角，结合研究的针对性，国内外学者在其研究过程中采用了多种研究方法和研究工具。

R. Y. Wang 和 D. M. Strong 在研究中提出，可以用直观法、理论法和实证法三种方法来研究信息质量。其中，直观法是利用研究者的经验和个性化需求来获取信息质量维度，理论法则是通过基于数据产生过程中的基本数据缺陷来获取信息质量维度，而实证法主要基于数据对于数据用户的适用性来提出信息质量维度[9]。

L. L. Pipino 等在对其所提出的 DQA 信息质量评价模型的应用研究过程中指出，该模型中的主观指标主要可通过利益相关者的认知、需求和经验调查进行衡量，而客观指标包括与任务无关和任务相关的两类，均可通过对应用程序上下文知识的数据质量、业务规则、公司和政府法规和数据库约束条件的定量数据获得[67]。

而 T. Redman、K. T. Huang 等、B. Stvilia 等也相继在研究中提出并运用调查法、软件法、模型法、案例法等多种研究方法对信息质量评价展开研究。

如前所述，信息质量评价的社会性、情境性、主观与客观相结合的特点决定了其研究方法的多样性。基于此，借鉴与利用其他社会领域的研究方法，从多个视角揭示信息质量评价的核心与本质推动了信息质量评价模型构建和评价维度、指标选取研究的更进一步拓展。

在基于用户视角的信息质量评价研究中，社会科学领域诸如社会学、心理学、行为学、管理学、市场营销学等学科的研究方法与研究工具广为使用，为信息质量评价的深入研究提供了有力支持。

为提升信息质量评价与测量的精准度和深入性，在以上社会科学研究方法基础上，根据具体研究目的，概率论、人工智能理论、模糊集理论、数据挖掘方法等被逐步应用于信息质量评价研究中，用来衡量信息不确定性和信息能够为用户决策任务提供帮助的程度[23]。

马小闳等采用层次分析法（AHP），有效地将信息质量评价指标体系中的多目标问题转化为单目标问题[110]。而 E. M. Pierce 则采用控制矩阵方法来评估数据质量[111]。

面对复杂社会因素对信息质量评价的影响，为有效分析各因素内在关系，T. L. Williams 领导的研究团队，以系统动力学基本理论为基础，采用计算机仿真方法模拟分析社会因素各种组合对信息质量的影响，分析用户彼此间的交互关系对信息质量的影响[112]，获得信息质量评价维度和指标，建构了评价体系。

近年来数据挖掘技术在信息质量（尤其是数据质量）评价与测量中逐渐得到应用，R. S. Kenett 等利用该方法分析了信息质量构成成分，即目标定义质量、数据质量、分析质量和效用度量质量间的彼此关系。并通过使用特定数据集实现对给定分析目标的有效性评估，以及对数据集满足特定目标（科学的或实践的）潜力的评价[27]。

网络环境中，随着用户生成与贡献信息的日益增加，一些适用于半结构化和非结构化信息质量评价与测量研究方法逐渐得到应用[113]。

在使用知识表示和自动推理技术实现异构系统的语义互操作基础上，S. Madnick 和 H. Zhu 结合运用人工智能方法来提高数据质量的可解释性和一致性维度，以有效提升系统性能和用户体验[114]。而 L. Floridi 采用 Bi-categorical 方法，依据元数据标签、同行评审、专家干预、网络声誉、自动优化等类别，将信息价值与质量评价维度联系在一起。Bi-categorical 方法的主要优势在于，不但可支持量化指标，还可以支持和促进基于不同目的互动信息质量评价[53]。

为了有效全面了解数据质量研究概况，Zhu Hongwei 等在相关研究综述与概述基础上，构建形成了一个易于使用的框架。该框架全面概括了数据质量评价中的主要研究主题与研究方法（见表2）[50]。

表 2　信息质量评价研究的主要主题与方法

| 研究主题 | 研究方法 |
|---|---|
| 1. 数据质量的影响<br>· 应用领域（如 CRM、KM、SCM、ERP）<br>· 性能、成本/效益和运营<br>· IT 管理<br>· 组织变化和过程<br>· 战略和政策 | 行动研究<br>人工智能<br>案例研究<br>数据挖掘<br>设计科学<br>计量经济学<br>经验<br>实验<br>数学建模<br>定性<br>定量<br>统计分析<br>系统设计与实施<br>调查<br>理论和论述 |
| 2. 数据质量为目的数据库相关技术解决方案<br>· 数据集成和数据仓库<br>· 企业架构和概念建模<br>· 实体解析、记录链接和企业内在关系<br>· 监测和清洗<br>· 谱系、出处和来源标记<br>· 不确定性（如不精确、模糊的数据） | |
| 3. 计算机科学和 IT 领域中的数据质量<br>· 测量和评估<br>· 信息系统<br>· 网络<br>· 隐私<br>· 协议和标准<br>· 安全 | |
| 4. 数据质量管理 | |

## 5　信息质量评价应用研究

随着信息质量评价研究的发展与不断深入，作为一个社会性问题，信息质量评价、网络信息质量评价研究成果与会计、统计、健康卫生、科技数据等诸多领域具体问题相结合，得到进一步的发展，且一些具体领域的信息质量研究发展成为相对独立的研究领域。

在上述具有一般意义和普适性信息质量评价模型基础上，不同领域的机构和学者构建形成具有特定适用领域的针对性的信息质量评价模型。如主要用于对健康信息质量评价的 Canadian Institute for Health Information methodology（CIHI）模型，用于人口普查信息质量评价的 ISTAT（Italian National Bureau of Census）模型，用于制造业运营数据中信息质量评价的 AMEQ（Activity-based Measuring and Evaluating of Product information Quality）模型等，并在研究将这些模型有效应用于相关领域，取得了一定的效果。

在企业管理领域，信息质量评价应用研究关注企业运营的方方面面。许多公司及组织如 IBM、AT&T 公司等基于信息质量评价进行严格的信息质量控制，以提高生产效率[31]。随着信息技术的发展，信息质量评价成为越来越多企业在使用和评价各类信息系统的关键，成为帮助企业有效提升生产效率、降低成本、增加利润的重要途径[115]。

L. P. English 基于数据质量基本理论，提出三个类别的成本概念，即低质量数据成本（Costs of Non-quality Information）、评估检验成本（Costs of Assessment or Inspection）、流程改进与缺陷预防成本（Costs Associated with Process Improvement and Defect Prevention）。其中的低质量数据成本为企业商业运营和客户关系管理提出新的管理视角[19]。

而企业生产计划与控制过程（MPC）中信息质量评价应用也成为学者研究与关注的焦点。Forslund 等[116]、M. Gustavsson 等[117]分别指出，及时性、简洁性、可靠性、及时性、有效性、易用性等是制造企业在 MPC 中信息质量评价与衡量的重要指标。与此同时，MPC 中信息质量的科学评价和有效控制与企业绩效显著相关，彼此间的协同规划等问题是值得进一步研究的问题[117]。

从另一个角度 J. O. De Sordi 等指出，可靠性、及时性和全面性（尤其是前两个维度）是企业管理者评价与衡量信息质量与信息价值的重要维度[118]。同时，及时性、相关性、可理解性、有意义等则是评估企业 KMS 中信息质量影响的关键性指标[119]。

随着会计学领域研究的深入，会计信息质量研究已经成为一个独立的学科分支，尤其是会计信息质量评价的研究与会计实际工作紧密相关，广泛应用于会计实践工作之中。

在健康、医疗、卫生领域，信息质量评价与应用备受各国政府、相关部门和研究者的关注。美国卫生信息技术研究所成立的卫生高层工作小组（HSWG），制定形成由可信性、内容、公开性、链接、设计、交互性、警告七个维度构成评估标准，用于对网络上的健康信息质量进行公正、可接受的评估[120]，具有较强的示范作用。诸多研究将准确性、完整性和时效性作为不同国家监测和评价普查、日常健康信息质量的关键性指标[121-122]。

而针对不同国家、地区健康、医疗、卫生信息质量评价报告，以及信息质量评价、控制与改进应用研究成果也越来越多出现在各类出版物上。与此同时，针对特定类型疾病、具体领域健康方面的针对性的信息质量评价与应用也逐渐发展成为该领域的重要研究方向。

在具体研究中，Y. W. Lee 等基于构建的信息产品地图（IPMAP），将其开发应用于一家大型教学医院，用于模拟、分析和改进其 LTH 健康系统中患者层数据的质量，并对该医院所应提交给州政府健康计划与发展部（the Office of State Wide Health Planning and Development，OSHPD）的数据质量提升提出应对与改进方案[59]。

S. Chumber 等运用可靠性评分系统，以原创者、属性、公开度、时效性、互补性、公正性、透明度、广告等为重要的评价标准，用于评估在线健康信息质量[123]。而 A. Civan，W. Pratt 则基于普通健康卫生信息用户角度，从内容、参考、作者和出版商等角度确定健康信息质量四个方面的核心特征，并在此基础上，设计形成多维健康信息质量评价体系，形成了健康信息质量新的视角和对用户需求的支持[124]。

基于教育视角，P. Ghezzi 等指出，信息素养的缺乏削弱了专业人士专业知识，并运用健康信息质量评价方式，提升医学专业学生的信息获取有力和信息素养[125]。

在其他领域，M. Gharib 等构建形成面向工程的信息质量需求分析模型，并研究开发出其支撑的 CASE 工具（ST-IQ 工具）[79]。该模型虽然是对工程领域的用户信息需求的分析，主要包括目标信息关系以及信息产品特征等方面，但可以为该领域、该角度的信息质量评价奠定基础。

G. Shmueli 在科技数据领域的研究中指出，信息质量是目标、数据、数据分析和效用的函数，而数据解析、数据结构、数据集成、时间关联性、普遍性、数据和目标顺序、可操作性年表构建、沟通八个维度可以用于科技信息质量评价[126]。

# 6 信息质量评价发展趋势与展望

以上，我们从信息质量内涵发展、评价模型和评价维度与指标构成、网络信息质量评价、评价研究方法等方面对信息质量评价研究进展进行了梳理与综述。随着信息社会的日趋成熟和信息技术发展，信息用户的主体地位与信息行为方式的改变，信息质量的内涵将日趋丰富。作为跨学科的研究领域，信息质量评价研究将会由管理信息系统、计算机科学、信息资源管理向与其相关的具体应用领域，如客户关系管理、知识管理、供应链管理、企业资源管理、智能决策等更进一步拓展，并将与多学科更深入地融合，信息质量评价研究必将会涵盖越来越广泛的议题。

第一，大数据质量评价将成为未来具有挑战性的研究议题。近年来，大数据已成为社会各领域关注的热点话题，在各领域的管理与决策过程中发挥着越来越重要的作用。缺乏经过科学质量评价的大数据，其结果将是灾难性的。然而，有关大数据质量衡量、评价与治理问题，却没有引起太多关注。

大数据战略从顶层设计到底层实现过程中，数据质量评价标准、评价体系、评价方法与手段等研究，将为大数据有效治理，为其有效决策提供支持。但大数据特点决定了其质量评价研究的难度，对其有效评价研究是具有挑战性的。

第二，基于社会因素的信息质量评价综合研究将是信息质量评价理论的重要构成部分。随着社会发展，信息质量已经不再仅是数据库、信息系统领域技术层面、产品层面和过程层面的问题。在信息质量领域所遇到的许多具有挑战性的问题，更多是一种组织、政治和社会问题。现在越来越多的信息质量评价方法或框架认识到这个现实。因此，在未来的研究中，需要进一步探讨、量化和预测社会和政治问题对信息质量评价的影响[127]，关注社会技术系统、公众和组织系统组成等在信息质量评价体系的位置[128]。

作为受到各方面因素影响与制约的社会问题，信息生产者、传播者、管理者、利用者等多方信息主体应成为信息质量评价进一步研究的重要方面。在信息产品固有属性与效用价值评价基础上，多方信息主体的认知、动机、情感、期望及对技术功能、信息特征、服务水平等方面体验与感知等成为信息质量全面、系统、综合衡量与评价的重要方面。

第三，具体领域的信息质量评价是研究进一步发展的重要领域。随着各领域环境的发展，用户的期望和数据质量的看法也将改变。"适合使用"的数据质量观点已经取得了基本认可，并拓展到某些领域的相关问题[45]。在信息质量评价基本理论、基本评价模型基础上，会计、统计、健康卫生、科技数据等具体领域的信息质量评价研究取得了较大发展，并与具体应用相结合，有效地促进了所在领域信息质量的提升。信息质量作为社会性的问题，不同领域信息质量有其独特性，且彼此间存在较大差异。结合不同领域、不同专业特点而进行的信息质量理论、评价模型、测量工具及手段等方面的研究将会逐步全面展开。

第四，网络信息质量评价研究将成为持续深入研究的焦点领域。如前所述，网络信息质量评价已成为研究的热点问题之一，国内外学者针对各类网络数据库、主要类型网站的信息质量评价进行了较为广泛的研究。然而，随着 Web 2.0 技术发展，随着移动终端用户网络使用率的提升，随着用户网络信息生成、生产意愿的提升，随着来源多途径、结构异质化、类型多样化网络信息的激增，网络信息质量评价研究面临着新的挑战。为此，用户生成信息质量评价、移动终端信息质量评价和复杂结构信息质量评价将成为网络信息质量评价进一步深入研究的关注点。

第五，多源、异构信息质量评价研究是未来值得关注的潜在焦点问题。随着信息化和信息技术的发展，来源于多种信息源、多种类型信息日渐增长，半结构化和非结构化信息成为组织的重要资源。多源信息整合与有效利用越来越成为决策所面对的新的挑战，尤其是多个领域、多个学科的交叉，在这些领域发展半结构化和非结构化数据的数据质量技术需要更高程度的交叉学科[56]。在知识管理、网页保存、地理信息系统等重要研究领域，非结构化和半结构化信息质量研究已经引起学者的关注。因此，对于多源、异构信息质量的综合评价研究，将成为信息质量评价研究的重要领域。

## 参考文献

［1］ ESTY D C. Governing by number：the promise of data-driven policymaking in the information age ［M］. ［S. l.］：Reece Rushing，2007：4.

［2］ 查先进，陈明红. 信息资源质量评估研究 ［J］. 中国图书馆学报，2010 (3)：46-55.

［3］ MADNICK S E，WANG R Y，DRAVIS F，CHEN X. Improving the quality of corporate household data：current practices and research directions ［C］//Proceedings of the Sixth International Conference on Information Quality，Cambridge，MA，November 2001：92-104.

［4］ 张辑哲. 论信息形态与信息质量 （下）：论信息的质与量及其意义 ［J］. 档案学通讯，2006 (3)：20-22.

［5］ KNIGHT S A，BURN J. Developing a framework for assessing. information quality on the World Wide Web ［J］. Informing Science Journal，2005 (8)：159-172.

［6］ 宋立荣，李经思. 从数据质量到信息质量的发展 ［J］. 情报科学，2010，28 (2)：182-186.

［7］ AEBI D，LARGO R. Methods and tools for data value re-engineering ［M］//Applications of databases. Berlin Heidelberg：Springer，1994：400-411.

［8］ EPPLER M J. Management information quality：increasing the valve of information in knowledge-intensive products and processes ［M］. 2nd ed. Heidelberg：Springer，2006：46-55，65-84.

［9］ WANG R Y，STRONG D M. Beyond accuracy：what data quality means to data consumers ［J］. Journal of Management Information Systems，1996，12 (4)：5-34.

［10］ STRONG D M，LEE Y W，WANG R Y. Data quality in context ［J］. Communications of the ACM，1997，40 (5)：103-110.

［11］ WANG R Y，ZIAD M，LEE Y W. Data quality ［M］. Heidelberg：Springer，2001：26-36.

［12］ BOVEE M，SRIVASTAVA R P，MAK B. A conceptual framework and belief-function approach to assessing overall information quality ［J］. International Journal of Intelligent Systems，2003，18 (1)：51-74.

［13］ GROUP M. Data warehouse scorecard：cost of ownership and successes in application of data warehouse technology ［M］//Data warehousing. Vieweg ＋ Teubner

Verlag，1999：211-222.

[14] FINK-SHAMIT N，BAR-IIAN J，FINK-SHAMIT N，et al. Information quality assessment on the Web—an expression of behaviour [J]. Information Research，2008，13（4）：556-563.

[15] DELONE W H，MCLEAN E R. Information systems success revisited [C] //2013 46th Hawaii International Conference on System Sciences. IEEE Computer Society，2002：238.

[16] ONG C S，DAY M. Y，HSU W L. The measurement of user satisfaction with question answering systems [J]. Information & Management，2009，46（7）：397-403.

[17] 高智勇，高建民，王侃昌，等. 基于信息结构要素的信息质量定义与内涵分析 [J]. 计算机集成制造系统，2006，12（10）：1724-1728.

[18] ENGLISH L P. Total information quality management：a complete methodology for IQ management [J]. D M Review，2003（9）：1-7.

[19] ENGLISH L P. Improving data warehouse and business information quality：methods for reducing costs and increasing profits [J]. Quality Progress，1999，33（5）：125-126.

[20] CROSBY P B. Quality without tears，the art of hassle free management [M]. New York：McGraw Hill Inc，1995：62.

[21] GERKES M. Information quality paradox of the Web [EB/OL]. [2011-02-16]. http：//izumw. izum. si/～max/paper. htm.

[22] HILLIGOSS B，RIEH S Y. Developing a unifying framework of credibility assessment：construct，heuristics，and interaction in context [J]. Information Processing & Management，2008，44（4）：1467-1484.

[23] TODORAN I G，LECORNU L，KHENCHAF A，et al. A methodology to evaluate important dimensions of information quality in systems [J]. Journal of Data & Information Quality，2015，6（2-3）：1-11，23.

[24] 周毅. 用户信息需要与信息质量控制 [J]. 情报理论与实践，1999，22：238-247.

[25] 王侃昌，高建民，高智勇，等. 企业信息质量研究现状及研究趋势分析 [J]. 中国制作业信息化，2006，35（5）：1-5.

[26] ORR K. Data quality and system theory [J]. Communication of the ACM，1998，41（2）：66-71.

[27] KENETT R S，GALIT S. On information quality [J]. Journal of the Royal Statistical Society，2014，177：3-38.

[28] KAHN B K，STRONG D M，WANG R Y. Information quality benchmarks：product and service performance [J]. Communication of the ACM，2002，45（4）：184-192.

[29] EPPLER M J. The concept of information quality: an interdisciplinary evaluation of recent information quality frameworks [J]. Studies in Communication Sciences, 2001 (1): 167-182.

[30] ZHENG Y M, ZHAO K, STYLIANOU A. The impacts of information quality and system quality on users' continuance intention in information-exchange virtual communities: an empirical investigation [J]. Decision Support Systems, 2013, 56: 513-524.

[31] LEE Y W, PIPINO L L, FUNK J D, et al. 数据质量征途 [M]. 黄伟, 王嘉寅, 苏秦, 等, 编译. 北京: 高等教育出版社, 2015.

[32] 刘冰. 网络环境中基于用户视角的信息质量评价研究 [M]. 北京: 中国社会科学出版社, 2015.

[33] 索传军, 吴启琳. 国内外网络信息资源评价研究进展 [J]. 现代图书情报技术, 2006 (8): 55-59, 93.

[34] GARRETT J J. The elements of user experience: user-centered design for the Web [M]. NewYork: AIGA New Riders Publishing, 2003: 10-20.

[35] LUKYANENKO R, PARSONS J. Information quality research challenge: adapting information quality principles to user-generated content [J]. Journal of Data and Information Quality (JDIQ), 2015, 6 (1): 1-3.

[36] ARAZY O, NOV O, PATTERSON R, et al. Information quality in Wikipedia: the effects of group composition and task conflict [J]. Journal of Management Information Systems, 2011, 27 (4): 71-98.

[37] 邓胜利, 张敏. 基于用户体验的交互式信息服务模型构建 [J]. 中国图书馆学报, 2009, 35 (1): 65-70.

[38] WIGGINS A, BONNEY R, GRAHAM E, et al. Data managment guide for public participation in scientific research. DataOne Working Group 1-41 [EB/OL]. [2015-10-02]. http://www.dataone.org/sites/all/documents/DataONE-PPSR-Data ManagementGuide.pdf.

[39] JEFFREY P, ROMAN L, YOLANDA W. Easier citizen science is better [J]. Nature, 2011, 471 (7336): 37-37.

[40] MCNAB A L, LADD D A. Information quality: the importance of context and trade-offs [C] //System Sciences (HICSS), 2014 47th Hawaii International Conference on. IEEE, 2014: 3525-3532.

[41] LUKYANENKO R, PARSONS J, WIERSMA Y F. The IQ of the crowd: understanding and improving information quality in structured user-generated content [J]. Information Systems Research, 2014, 25 (4): 669-689.

[42] ZHANG T, WU Y, ZHANG H, et al. Identifying data quality/information quality research: framework and evolution [M]. [S.l.]: ToKnowPress, 2013: 97-108.

[43] MADNICK B S, WANG R. Introduction to the TDQM research program [C] //

TDQM Working Paper Series，1992.

[44] WANG R Y，KON H B，MADNICK S E. Data quality requirements analysis and modeling [C] //Data Engineering，1993. Proceedings. Ninth International Conference on. IEEE，1993：670-677.

[45] WANG R Y，REDDY M P，KON H B. Toward quality data：an attribute-based approach [J]. Decision Support Systems，1995，13：349-372.

[46] 苏强，梁冰. 信息质量及其评价指标 [J]. 计算机应用系统，2000（7）：63-65.

[47] PIERCE E M. Extending IP-MAPS：incorporating the event-driven process chain methodology [C] // 7th International Conference on Information Quality（IQ2002），2002：266-278.

[48] FISHER C W，KINGMA B R. Criticality of data quality as exemplified in two disasters [J]. Information & Management，2001，39（2）：109-116.

[49] JUNG W，OLFMAN L，RYAN T，et al. An experimental study of the effects of contextual data quality and task complexity on decision performance [C] //Information Reuse and Integration，Conf，2005. IRI-2005 IEEE International Conference on. IEEE，2005：149-154.

[50] ZHU Hongwei，MADNICk S，LEE Yang，WANG R. Computing handbook，third edition：information systems and information technology，volume 2 [M]. Taylor & Francis Group，Chapman & Hall/CRC，2014.

[51] PIERCE E M. Developing，implementing and monitoring on information product quality strategy [C]. The 9th International Conference on Information Quality（MIT-ICIQ-2004），2004.

[52] KARVOUNARAKIS G，IVES Z G，TANNEN V. Querying data provenance. [J]. Sigmod，2010（4）：951-962.

[53] FLORIDI L. Information quality [J]. Philosophy & Technology，2013，26：1-6.

[54] 宋立荣. 农业科技信息共享中信息质量管理研究 [M]. 北京：中国农业科学技术出版社，2009：13.

[55] TAYLOR A R. Information quality and truth：consumerism，deception and the postmodern age [EB/OL]. [2015-09-22]. http：//mcs. open. ac. uk/dtmd/DT-MD15/Abstracts/Taylor-abstract. pdf.

[56] GERTZ M，ÖZSU M T，SAAKE G，et al. Report on the dagstuhl seminar：data quality on the Web [J]. Sigmod Record，2004，33：1-25.

[57] ZHU H，WANG R Y. Information Quality framework for verifiable intelligence products [M] //Data engineering. [S. l.]：Springer，2009：315-333.

[58] NAUMANN F，ROLKER C. Assessment methods for information quality criteria [EB/OL]. [2010-01-22]. http：//mitiq. mit. edu/iciq/iqdownload. aspx? ICIQ-Year＝2000 & File＝AssessmentMethods4IQCriteria. pdf.

[59] LEE Y W，PIPINO L L，FUNK J D，et al. Journey to data quality [J]. Electron-

ic Library，2006，25（6）：793-794.

［60］ GE M，HELFERT M. A Review of information quality research：develop a research agenda. ［C］//Proceedings of the IET China-Ireland International Conference on Information and Communications Technologies，2007：951-958.

［61］ BATINI C，CAPPIELLO C，FRANCALANCI C，MAURINO A. Methodologies for data quality assessment and improvement ［J］. ACM Computing Surveys，2009，41（3）：75-79.

［62］ BASKARADA S，KORONIOS A，GAO J. Towards a capability maturity model for information quality management：a TDQM approach ［J］. Social Science Electronic Publishing，2006：499-510.

［63］ WANG R Y，STOREY V C，FIRTH C P. A framework for analysis of quality research ［J］. Knowledge & Data Engineering IEEE Transactions on，1995，7（4）：623-640.

［64］ JEUSFELD M A，QUIX C，JARKE M. Design and analysis of quality information for data warehouses ［M］//Conceptual modeling-ER'98. Berlin Heidelberg：Springer，1998：349-362.

［65］ ENGLISH L P，ENGLISH L P. Process management and information quality：how improving information production processes improves information（product）quality. ［C］//MIT Conference on Information Quality，2002：206-209.

［66］ YANG W L，STRONG D M，KAHN B K，et al. AIMQ：a methodology for information quality assessment ［J］. Information & Management，2002，40（2）：133-146.

［67］ PIPINO L L，LEE Y W，WANG R Y. Data quality assessment ［J］. Communications of the ACM，2003，45（4）：211-218.

［68］ MCGILVRAY D. Executing data quality projects ［M］. Elsevier LTD，Oxford，2008.

［69］ PICKARD A J，DIXON P. Measuring electronic information resource use：towards a transferable quality framework for measuring value ［J］. The Journal of Information and Knowledge Management Systems，2004，34（3）：126-131.

［70］ LOSHIN D. Enterprise knowledge management：the data quality approach. series in data management systems ［M］. San Diego：Morgan Kaufmann，2004.

［71］ BATINI C，SCANNAPIECO M. Data quality：concepts，methodologies and techniques ［J］. Data-Centric Systems and Applications，2006.

［72］ SAGAWA J K，NAGANO M S. Integration，uncertainty，information quality，and performance：a review of empirical research ［J］. International Journal of Advanced Manufacturing Technology，2015，79（1-4）：1-8.

［73］ HELFERT M. Managing and measuring data quality in data warehousing ［C］//Proceedings of the World Multi conference on Systemics，Cybernetics and Informatics. Florida：Orlando，2001：28-39.

[74] PICKARD A，DIXON P. The applicability of constructivist user studies：how can constructivist inquiry inform service providers and systems designers？［J］. Information Research，2004，9（3）.

[75] DEDEKE A A. Conceptual framework for developing quality measures for information systems ［C］. The 5th International Conference on Information Quality，2000.

[76] OFER A，RICK K. On the measurability of information quality ［J］. Journal of the American Society for Information Science & Technology，2011，62（1）：89-99.

[77] WANG R Y，KON H B. Toward total data quality management（TDQM）［J］. Information Technology in Action Trends and，1993：179-197.

[78] LESCA H，LESCA E，CARON-FASAN M L，et al. Gestion de l'information：qualité de l'information et performances de l'entreprise ［J］. Ed Ems，2010.

[79] GHARIB M，GIORGINI P. Modeling and reasoning about information quality requirements ［M］//Requirements engineering：foundation for software quality. Springer International Publishing，2015：49-64.

[80] ROGOVA G L，BOSSE E. Information quality in information fusion ［C］//Information Fusion（FUSION），2010 13th Conference on. IEEE，2010：1-8.

[81] ALTMAN M. Mitigating threats to data quality throughout the curation lifecycle ［EB/OL］.［2015-11-18］. https：//docs. google. com/document/d/1LXtK9-P6F65tLZTy533y1Q62ePDYlGgFElWHw0-Ouk4/edit.

[82] BRUCE T R，HILLMANN D. Metadata quality in a linked data context ［EB/OL］.［2015-10-28］. http：//blog. law. cornell. edu/voxpop/2013/01/24/metadata-quality-in-a-linked-data-context.

[83] EPPLER M J，MUENZENMAYER P. Measuring information quality in the web context：a survey of state-of-the-art instruments and an application methodology ［C］//Proceedings of the 7th International Conference on Information Systems（ICIQ），2002.

[84] STRIETER J C，TANKERSLEY C B. Information usefulness as a function of information quality：differences among functional areas ［M］//Proceedings of the 1999 Academy of Marketing Science（AMS）Annual Conference. Springer International Publishing，2015：38-42.

[85] CASE D O. Looking for information：a survey of research on information seeking，needs and behavior ［M］. Bingley，UK：Emerald Group Publishing，2012：58-66.

[86] NIELSEN，JAKOB. Ten usability heuristics ［EB/OL］.［2015-10-22］. http：// useit. com/papers/heuristic/heuristic _ list. html，

[87] 李桂华. 信息服务设计与管理 ［M］. 北京：清华大学出版社，2009.

[88] 刘冰，张耀辉. 基于网络用户体验与感知的信息质量影响因素模型实证研究 ［J］. 情报学报，2013，32（6）：663-672..

[89] 李仪凡. 互联网用户体验结构模型：以 Flow 理论挖掘网站功能、社会属性作用机制 [D]. 上海：复旦大学，2009：120-122.

[90] PARK J H, KONANA P, GU B, et al. An investigation of information sharing and seeking behaviors in virtual communities [J]. Computers in Human Behavior, 2010, 31 (1).

[91] ZHANG Z. Feeling the sense of community in social networking usage [J]. IEEE Transactions on Engineering Management, 2010, 57 (2): 225-239.

[92] KATERATTANAKUL P, SIAU K. Measuring information quality of web sites: development of an instrument [C] //Proceedings of the 20th International Conference on Information Systems. Association for Information Systems, 1999: 279-285.

[93] SUN Xiaoning, ZHAO Yuxiang (Chris), ZHU Qinghua. Developing the measurement scale of information quality for social Q&A sites [EB/OL]. [2015-11-28]. http: //aisel. aisnet. org/pacis2015/15.

[94] KUPFERBERG N, JONES H L. Evaluation of five full-text drug databases by pharmacy students, faculty and librarians: do the groups agree ? [J]. Journal of the Medical Library Association, 2004, 92 (1): 66-71.

[95] RUSCH-FAJA D, SIEBEKY U. Evaluation of usage and acceptance of electronic journals: results of an electronic survey of max planck society researchers including usage statistics from elsevier, springer and academic press [J]. D-Lib Magazine, 1999, 5 (10).

[96] TESTA J. Current Web content: developing web site selection indicator [EB/OL ]. [2011-09-18]. http: //www. isinet. coom/hot/essays/23. html.

[97] 李月琳，张向民. 用户个体差异对数字图书馆可用性评价的影响 [J]. 情报学报，2011, 30 (9): 980-989.

[98] 甘利人，马彪，李岳蒙. 我国四大数据库网站用户满意度评价研究 [J]. 情报学报，2004, 23 (5): 524-530.

[99] CULLEN R, HOUGNTON C. Democracy online: an assessment of new Zealand government web site [J]. Government Information Quality, 2000, 17 (3): 243-267.

[100] SMITH A G. Applying evaluation criteria to new Zealand government websites [J]. International Journal of Information Management, 2001, 21 (2): 137-149.

[101] TORRES L. PINA V, ACERETE B. E-government developments on delivering public services among EU cities [J]. Government Information Quarterly, 2005, 22 (2): 217-238.

[102] 曹庆娟. 基于用户体验的政府网站用户满意度研究 [J]. 情报科学，2009, 27 (10): 1470-1474.

[103] 苏秦，刘野逸，曹鹏. 基于服务交互的 B2C 电子商务服务质量研究 [J]. 情报学报，2009, 28 (5): 784-790.

[104] 李君君，孙建军. 网站质量、用户感知及技术采纳行为的实证研究 [J]. 情报学报，2011，30 (3)：227-236.

[105] YANG Z L，CAI S H，ZHANG Z，et al. Development and validation of an instrument to measure user perceived service quality of information presenting we portals [J]. Information & Management，2005，42 (4)：575-589.

[106] FOSRYTHE S M，SHI B. Consumer patronage and risk perceptions in internet shopping [J]. Journal of Business Research，2003，56 (11)：867-875.

[107] LEE S P，KWOK R C，HUYNH M Q. The contribution of commitment value in internet commerce：an empirical investigation [J]. Journal of the Association for Information Systems，2003 (4)：39-64.

[108] YOO B，DONTHU N. Developing a scale to measure the perceived quality of internet shopping site (SITEQUAL) [J]. Quarterly Journal of Electronic Commerce，2001，52 (1)：31-47.

[109] CAI S H，JUN M J. Internet users' perceptions of online service quality：a comparison of online buyers and information searchers [J]. Managing Service Quality，2003，13 (6)：504-519.

[110] 马小闳，龚国伟. 信息质量评估研究 [J]. 情报杂志，2006 (5)：19-21.

[111] PIERCE E M. Assessing data quality with control matrices [J]. Communications of the ACM，2004，47 (2)：82-86.

[112] WILLIAMS T L，BECKER D，REDMAN T C，et al. Modeling and simulating the impact of social issues on information quality [C] // Proceedings of the International Conference on Information Quality，2013.

[113] CARO A，CALERO C，CABALLERO I，et al. A proposal for a set of attributes relevant for Web portal data quality [J]. Software Quality Control，2008，16 (4)：513-542.

[114] MADNICK S，ZHU H. Improving data quality through effective use of data semantics [J]. SSRN Electronic Journal，2006，59 (2)：460-475.

[115] MANDAL P，EL-HOUBI A. Business practices and information strategy in performance improvement [J]. International Journal of Productivity & Quality Management，2009，4：715-729.

[116] FORSLUND H，JONSSON，P. The impact of forecast information quality on supply chain performance [J]. International Journal of Operations & Production Management，2007，27 (1)：90-107.

[117] GUSTAVSSON M，WÄNSTRÖM C. Assessing information quality in manufacturing planning and control processes [J]. International Journal of Quality & Reliability Management，2009，26 (4)：325-340.

[118] SORDI J O D，MEIRELES M，AZEVEDO M C D. Information selection by managers：priorities and values attributed to the dimensions of information [J]. On-

line Information Review，2014，38（5）：661-679.

[119]　KUO Ren-Zong，LEE Gwo-Guang. KMS adoption：the effects of information quality [J]. Management Decision，2009，47（10）：1633-1651.

[120]　ASSOCIATION A P H. Criteria for assessing the quality of health information on the Internet [J]. American Journal of Public Health，2001，91（3）：513-4.

[121]　MPHATSWE W，MATE K S，BENNETT B，NGIDI H，REDDY J，BARK-ERB P M，ROLLINS N. Improving public health information：a data quality intervention in KwaZulu-Natal，South Africa [J]. Bull World Health Organ，2012，90（3）：176-182.

[122]　LEDIKWE J H，GRIGNON J，LEBELONYANE R，et al. Improving the quality of health information：a qualitative assessment of data management and reporting systems in Botswana [J]. Health Research Policy & Systems，2014，12（2）：270-273.

[123]　CHUMBER S，HUBER J，GHEZZI P. A methodology to analyze the quality of health information on the internet [J]. Diabetes Educ，2015，41（1）：95-105.

[124]　CIVAN A，PRATT W. Information system and healthcare XXII：characterizing and visualizing the quality of health information [J]. Communications of Ais，2007：30.

[125]　GHEZZI P，CHUMBER S，BRABAZON T. Educating medical students to evaluate the quality of health information on the Web [M] //The philosophy of information quality. [S. l.]：Springer International Publishing，2014：183-199.

[126]　SHMUELI G，KENETT R. An information quality（InfoQ）framework for ex-ante and ex-post evaluation of empirical studies [M] //The 3rd international workshop on intelligent data analysis and management. [S. l.]：Springer Netherlands，2013：1-13.

[127]　TALBURT J，WILLIAMS T L，REDMAN T C，et al. Information quality research challenge：predicting and quantifying the impact of social issues on information quality programs [J]. Journal of Data & Information Quality，2014，5（1/2）：1-3.

[128]　GHARIB M，GIORGINI P. A framework for information quality requirements engineering [EB/OL].[2015-11-18]. http：//ceur-ws. org/Vol-1342/01-Posters. pdf.

作者简介：

刘冰，教授，博士后，研究生导师，发表论文 40 余篇。主持完成国家社会科学基金重点项目、国家社会科学基金一般项目、中国博士后科学基金等 20 余项科研课题。